"大目标"与"小目标"
腐败治理成功的逻辑

蒋来用 ◎ 著

中国社会科学出版社

图书在版编目(CIP)数据

"大目标"与"小目标":腐败治理成功的逻辑/蒋来用著. -- 北京:中国社会科学出版社,2024.6 (2025.1重印)
ISBN 978 - 7 - 5227 - 3634 - 1

Ⅰ.①大… Ⅱ.①蒋… Ⅲ.①反腐倡廉—研究—中国 Ⅳ.①D630.9

中国国家版本馆 CIP 数据核字(2024)第 110701 号

出 版 人	赵剑英
责任编辑	田　文
特约编辑	周晓慧
责任校对	杨沙沙
责任印制	张雪娇

出　　版	中国社会科学出版社
社　　址	北京鼓楼西大街甲 158 号
邮　　编	100720
网　　址	http://www.csspw.cn
发 行 部	010 - 84083685
门 市 部	010 - 84029450
经　　销	新华书店及其他书店
印　　刷	北京君升印刷有限公司
装　　订	廊坊市广阳区广增装订厂
版　　次	2024 年 6 月第 1 版
印　　次	2025 年 1 月第 2 次印刷
开　　本	710×1000　1/16
印　　张	24.25
插　　页	2
字　　数	348 千字
定　　价	128.00 元

凡购买中国社会科学出版社图书,如有质量问题请与本社营销中心联系调换
电话:010 - 84083683
版权所有　侵权必究

目　　录

引　言 …………………………………………………………（1）

第一章　导论 ……………………………………………（7）
　　第一节　问题缘起与研究意义 …………………………（7）
　　第二节　文献综述与相关评论 …………………………（13）
　　第三节　基本概念与理念阐释 …………………………（21）
　　第四节　研究的思路与方法 ……………………………（29）

第二章　腐败范畴的判定 ………………………………（32）
　　第一节　作为具体行为的腐败 …………………………（35）
　　第二节　作为整体认识的腐败 …………………………（46）
　　第三节　法治意义下腐败的内容 ………………………（52）

第三章　腐败和反腐败的测量 …………………………（98）
　　第一节　腐败程度的测量 ………………………………（98）
　　第二节　反腐败成效的测量 ……………………………（121）

第四章　腐败与反腐败 …………………………………（149）
　　第一节　腐败与反腐败的区别 …………………………（149）
　　第二节　政治性腐败转向个体性腐败 …………………（158）

第五章　腐败治理成功的判断标准 ……………………（170）
  第一节　工具理性与价值理性 …………………………（170）
  第二节　"大目标"与"小目标" ………………………（176）
  第三节　判断腐败治理成功的标准 ……………………（181）

第六章　反腐败机构的双重职能 …………………………（193）
  第一节　反腐败机构职能的特性 ………………………（193）
  第二节　中国反腐败机构职能与效果 …………………（202）

第七章　人口因素与腐败治理 ……………………………（209）
  第一节　人口规模增加治理难度系数 …………………（209）
  第二节　人口规模对腐败感知的影响 …………………（215）
  第三节　人口规模与腐败感知的关系 …………………（225）

第八章　经济发展与腐败治理 ……………………………（236）
  第一节　经济发达程度对腐败感知的影响 ……………（236）
  第二节　经济发展对腐败研究的影响 …………………（243）
  第三节　国际反腐败研究中的偏见 ……………………（249）
  第四节　经济发展与腐败的关系 ………………………（254）
  第五节　经济发展是实现反腐败成功的根本途径 ……（259）

第九章　欧盟国家治理腐败成功吗 ………………………（263）
  第一节　欧盟国家腐败的普遍性 ………………………（266）
  第二节　欧盟国家的腐败受害程度 ……………………（274）
  第三节　欧盟国家的腐败容忍度 ………………………（279）
  第四节　欧盟对腐败普遍性存在的解释 ………………（281）
  第五节　欧盟国家腐败特征与发展趋势 ………………（297）

第十章 瑞典腐败治理成功吗 …………………………… (310)
第一节 瑞典治理腐败的历史分析 ……………………… (311)
第二节 瑞典腐败普遍存在及其原因 ……………………… (316)
第三节 "惩治"是反腐败成功的必备手段 ……………… (327)

第十一章 中国腐败治理成功吗 …………………………… (335)
第一节 对中国腐败严重程度判断的认知偏差 …………… (336)
第二节 中国曾是世界上廉洁程度非常高的国家 ………… (345)
第三节 改革开放以来中国反腐败成效的判断 …………… (348)

参考文献 …………………………………………………… (364)

后　记 …………………………………………………… (381)

引　言

　　常识减轻了我们很多的思考负担，但也会引导我们走向歧途。很多的科学研究往往是从对常识的质疑开始的。发达国家和地区廉洁，而经济发展落后的国家和地区则腐败，这似乎是一个世界范围内的常识，几十年来一直控制着我们对全球各国各地区腐败的认识和判断。纪检监察学或者廉政学要真正成为一门科学，必须探索运用科学的方法对这些常识进行深入研究论证，从而形成新的理论，不断奠定和夯实学科建设和发展的基石。

　　理论要么对历史和现实中的现象提供解释，要么对未来进行预测。好的理论则必须同时具有解释和预测这两种功能。著名科学家史蒂芬·霍金提出好的理论必须满足以下两个要求：首先，这个理论在只包含了一些任意元素的模型基础上必须能准确地描述大量的观测现象；其次，这个理论能对未来观测的结果作出明确的预言。[1] 社会科学的理论与自然科学的理论功能应该是一样的，解释已经发生或者目前存在的现象的原因，从而找出其中的规律，这仅仅是其中的一方面任务，另一方面必须对未来进行预测，以未来的事实或现象来检验理论的科学性。腐败长期存在于人类社会之中，古今中外开展的腐败治理活动持续不断。但腐败治理为何长期以来都会受到高度重视？未来的腐败治理应该走向何方？为何人们会给历史上和现实中的一些王朝、政权、政

---

[1] ［英］史蒂芬·霍金：《时间简史》，许明贤、吴忠超译，湖南科学技术出版社2007年版，第15页。

府、政党、政治等贴上腐败的标签，对另一些却没有，而是给出了廉洁的赞誉？一般人认为，贴上腐败标签是因为腐败多，给予廉洁的美誉似乎是因为腐败少，但如果我们认真观察和研究，这个理论或者假设就很容易被证伪。因为有的国家或地区腐败现象十分普遍，人们却同样给了廉洁的赞誉。事实上，人们判断当前或历史上某个国家或者地区腐败治理成功的标准并不完全看腐败的多少。究竟是哪些因素影响人们对腐败治理的感知和判断呢？如果我们准确地发现了这些影响因素，能否提出准确预测某个国家或者地区未来的腐败治理成功与否的新的理论？如果这个理论能够实现这个目的，就可以合理指导腐败治理行为，将腐败治理推入完全可以用科学理论进行检验的新阶段。

反腐败成功的评判标准是廉政话语体系构建的核心内容。掌握标准的制定权才能在国际反腐败话语权争夺中掌握主动权。目前反腐败成功的标准主要是由西方发达国家制定和掌握的，其他国家很少有自己的声音。各国各地区反腐败研究和实践目前已经普遍接受、认同和尊崇西方制定的标准。西方反腐败成功的认定标准具有很强的政治性和意识形态色彩，其中的典型是透明国际提出的包括媒体独立、言论自由、信息公开、施政透明等多个方面的评价标准。[①] 这个反腐败标准是根据西方政治惯例、传统、原则生成的，与西方三权分立、政党竞争的政治体制相吻合，与公民社会、资本控制、媒体自由、政府有限等治理机制紧密契合，通过腐败感知指数（CPI）等对全球各国各地区打分排名，让其标准在全球得到推广运用，逐步让国际社会认可并将其转化为价值认同。经1995年以来不断地宣传推广，透明国际制定的标准已经成为一个几乎难以撼动的公理或法则。从事国际反腐败体制机制比较研究的一些学者，往往将西方国家的反腐败视作好经验、好做法，他们已经习惯性地认为西方发达国家廉洁程度较高，是全球廉洁的典范，

---

① 透明国际官方网站（https://www.transparency.org/news/feature/corruption_perceptions_index_2017）；公婷、杨丽天晴、肖汉宇：《何谓反腐败的成功？——理论与实践》，《廉政学研究》2018年第1辑。

但对其他国家和地区则持相反态度，主要观察和研究其腐败现象和问题。这种研究倾向在我国的反腐败研究中同样普遍存在。近年来，对于国（境）外反腐败制度、措施和方法的研究不断增多，对西方发达国家反腐败制度模式基本上是肯定和称赞多，批评和质疑少，一般认为，西方国家的腐败非常少。以西方发达国家中的腐败作为研究对象或方向可能是一件风险较大的事情。如果得出西方发达国家腐败严重的研究结论，或者作出西方国家反腐败并不十分成功的判断，极有可能会收到一片骂声、嘲讽或奚落。因此我们会看到一种非常奇怪的现象：非西方国家的学者极少有人研究西方发达国家的腐败。但西方国家的学者却会对非西方发达国家的腐败进行非常深入和系统的研究。这种现象为何会形成并且长久存在，这本身就是一个很有意思并且特别值得研究的课题。

虽然在透明国际等国际机构关于反腐败的排名上，西方发达国家排在比较靠前的位置，但对其反腐败是否成功并没有充分的数据和事实的支持。认为西方国家反腐败是成功的，更多的是先验性的。似乎一提到西方发达国家，反腐败成功就是自然的和不容否认的。西方发达国家的学者对腐败的研究相对较早，他们以西方国家政治体制机制作为蓝图设计了判断反腐败成功的标准，并用之评价和衡量所有国家和地区的反腐败。这些标准可能在具体的细节上会有差别，但核心指标或者本质是相同的，都是基于西方政治理念、政治制度、经济社会特点而设计的。各个国际机构用以反映反腐败成效的方法和指标体系等虽各有不同，但最后的结果是千篇一律的，那就是西方发达国家得到高分，排名比较靠前，非西方发达国家得分和排名都靠后。腐败并不会因为得分高或者排名靠前而消失。西方发达国家至今仍然存在腐败，有的国家时不时地还会出现非常严重的腐败丑闻。经济高度发达的国家和地区，尽管腐败问题仍然为人们所关注，但往往不再是社会突出的矛盾和问题焦点。在经济不发达的国家，从程度、烈度和广度上而言，腐败可能并不如西方国家的机构评价得那么严重，但腐败却往往长期成为社会的焦点和敏感的问题，有时还会引发社会骚乱、动荡和政权的更替。廉洁到底是经济发展的结果，还是政治管理的结果？判定反腐败成功与否究竟应该从经济、社会角度还是从政治角度设定标准？为何在认同西方国家反腐败成功的同时也认同了其政治体制？对于这些问题，目前学术界还很少有人分析研究，更没有人对西方的标准提出质疑。对于中国的反腐败，也很少有人从成败角度进行研判分析，对反腐败持续不断的努力和所取得的具体成效有较多的研究和论述，但对反腐败是否总体上或整体上算得上成功的问题却鲜有人问津。中国走的是不同于西方国家的发展道路，选择的是不同的反腐败模式。用西方的标准和理论解释中国反腐败已经有过很多的尝试，但得出的结论基本上是一致的，那就是中国的腐败非常严重，因而无法得出中国反腐败成功的判断和结论。西方学者甚至非常武断地认为，中国改革开放以来将近30年的反腐败斗争没有成功地抑制腐败。[1] 按照现在通行的理论，腐败与反腐败是正反两面，是完全相反的关系。没有腐败或者腐败很少，反腐败就是成功的，否则反腐败就不成功。但为何西方国家腐败很多，人们却将其视为反腐败成功的例子呢？为何有的国家和地区在某个时期或者阶段腐败很少，人们却没有将其作为反腐败成功的例子进行宣传呢？如果纯粹从腐败的多少或严重程度来衡量反腐败成功与否，我们就会遇到很多难以解释清楚的问题。至少我们会发现，判断反腐败成功与否，腐败严重程度绝不是唯一或关键性的指标，在腐败数量或严重程度之外还有其他更为重要的因素影响着反腐败。腐败与反腐败并不是一一对应的正反关系，而是两个具有巨大差别的不同概念。腐败是权力滥用谋私形成的事实或状态，反腐败则是运用综合手段对腐败行为进行的惩处和预防。在反腐败工具箱中，可以选择的手段和措施非常多。我们既可以使用教育文化的手段，也可以使用法律约束的方式；既可以采用改革的方法消除产生腐败的土壤和条件，还

---

[1] ［美］魏德安：《双重悖论：腐败如何影响中国的经济增长》，蒋宗强译，中信出版社2014年版，前言Ⅺ。

可以选择使用技术侦查手段进行调查，将腐败分子严惩并公开曝光形成强大的震慑效应。在权力机构之外，我们还可以实行有奖举报，广泛动员社会力量检举揭发腐败，甚至发动运动方式反腐败。反腐败的措施和手段已经远远超出了腐败所涵盖的范围，绝不仅仅针对腐败行为实施主体。如果腐败仅仅是社会上个人故意留下的小小污点，反腐败施展的范围则远远超出了这个污点，从理论上而言，可以辐射到权力存在的所有空间。但在实践中，反腐败作用的空间也受到一定的制约，因为反腐败手段和措施的选用受到所处的经济社会发展条件的限制，真正可以选用的手段和措施是十分有限的。从减少腐败角度而言，反腐败并不是很困难的事情，因为我们有太多的手段可以大幅提高腐败的成本，让大多数腐败分子放弃行动或者束手就擒。但任何反腐败都是有成本的，会在其他方面付出相应的代价。古今中外所有的反腐败，都必须在所得收益与成本代价之间权衡，需要找到社会可以承受的最佳平衡点。当反腐败的投入大于反腐败所得收益的时候，虽然腐败可能会大幅减少，但新的社会问题和矛盾也会产生，从而对反腐败产生压力和阻力。在这种情况下，反腐败要持续进行下去，就会遇到很多困难和障碍。最为理想的反腐败状态就是以极少的代价和极低的成本实现反腐败成效的最大化。只有将成本和代价控制在合理的范围内，反腐败才会促进经济社会的发展。只有这样，反腐败才可以呈现良性发展并不断持续下去。但这种理想状态并不是主观愿望所能左右的，而是由客观的经济社会发展水平决定的。经济基础决定上层建筑。经济是影响反腐败的最大变量。经济发展水平决定了反腐败措施和手段的综合适用范围和空间。当经济发展尚未达到一定水平或程度时，过于超前的反腐败可能会因为代价太大而难以持续。经济发展与反腐败成效呈正相关的关系。反腐败会促进经济社会的发展。经济持续发展和繁荣一定得到了反腐败的支持和保障，是反腐败成功的表现。美国政治学教授魏德安在《双重悖论：腐败如何影响中国的经济增长》一书中认为中国经济成功，但反腐败并不成功，将其作为一种悖论。西方学者普遍认为中国的反腐败不成功，魏德安仅仅是其中的一个代表。中国的政治体制、媒体政策、社会结构、文化特质等很多方面与西方国家有较大的差异。但世界上反腐败有很多种方案和模式，成功的路径和方法应该是多样而不是唯一的。虽然受到西方反腐败标准的禁锢和影响，但中国又提不出自己的标准，缺乏标准认定体系，因而在中国反腐败是否成功这个问题上不能鲜明地提出自己的观点，留下了理论上和宣传上的空隙。讲好中国反腐败的故事，要有理论自信、道路自信、制度自信、文化自信，但如果对反腐败成功的标准没有充分的理论准备和研究，也就认识不到和解释不清新中国成立以来反腐败所取得的伟大成就及其原因，也就不能自信地将反腐败与中国政治制度结合起来，讲清楚中国的制度优势。对中国反腐败成效的研究需要上升到新的高度，碎片化、简单化的事实陈述难以扭转人们在反腐败成功标准上的认识，理论缺乏就会陷入想自信而无法自信的状态，面临有故事但讲不出的尴尬被动局面。经济上的成功必然具有政治上的原因和制度上的优势。反腐败的成功与经济上的成功应该是同向的。西方国家正是因为经济上的成功而被认为反腐败是成功的，这个规则同样适用于中国。中国经济成就举世公认，但西方一些人对中国政治制度优势总有微词。腐败则是影响中国政治制度优势彰显的一块难以遮住的伤疤。任何国家和地区都存在腐败，都需要反腐败。目前，决策层认为反腐败形势仍然严峻复杂，这与反腐败成功是否矛盾和冲突？反腐败的目标如何选择和实现？在标准选择中是采用工具理性还是价值理性的原则？本书将结合中国的反腐败实际拟就这些问题进行梳理并努力予以解答。

第一章 导论

第一节 问题缘起与研究意义

廉洁是否就是腐败治理成功的标准？从逻辑和理论上而言，没有腐败或腐败很少的廉洁社会应是腐败治理要实现的目标。但腐败是非常隐蔽的社会现象，腐败与犯罪一样属于社会失范行为或社会越轨行为，都存在黑数。腐败黑数是指虽已发生但由于种种原因而未予记载的腐败数量。有人认为，腐败黑数是指腐败客观上已经发生，但由于各种原因而尚未暴露，尚未被司法和纪律监察机关追究责任的腐败量。[①]腐败黑数是世界各国各地区普遍存在的现象。腐败黑数到底有多少，是无法做到用数字精准统计的。从目前的研究方法和技术来看，主要通过已经发现的腐败案件数量来推算腐败的数量，或者通过抽样调查的方法估算，或者通过问卷调查来了解社会对腐败严重程度的感知。但这些方法都存在一个共同的问题，那就是都有非常强的主观性、随机性和选择性，与实际存在的腐败黑数之间存在着差距。不同的人运用同样的方法极有可能得出不同的判断或结果，我们可以通过观察其使用的方法作出可信或不可信的判断，但不能或者不敢说哪一种方法是最为科学的，其测量出的结果准确或不准确。无论是采用统计推算、抽样调查、试验比较、问卷调查还是其他方法对腐败黑数或腐败严重程度进行测量，都会受到当时的社会心态和社会文化的影响，甚至还

[①] 王传利：《1990年至1999年中国社会的腐败频度分析》，《政治学研究》2001年第1期。

会受到政治意识形态、权力政治等的干扰或左右。对同样的国家和地区，运用同样的方法和工具对腐败严重程度进行测量，在不同的时间点下进行，或者在同一个时间段由不同的人操作，其结果都会差别很大。在经济发展较快、就业充分、贫富差距很小的社会环境下，人们会觉得腐败较少。在经济发展落后、失业率很高、贫富悬殊的社会环境下，人们可能会觉得到处都是腐败。在调查进行之前或者正在进行期间，刚好有一起或多起严重的腐败案件被调查的消息正在广泛传播，极有可能影响人们对腐败严重程度的判断。人们对于腐败概念的认识也会受到社会环境的影响。有的国家和地区将腐败严格限定在法律规定的范围之内，将受到法律尤其是刑法制裁的贪污、挪用、受贿等职务犯罪视作腐败行为。但有时人们对社会的不满情绪增多，对社会治理效果不满意，往往会将社会不公、风气不正、违背道德等行为当作腐败，如赌博、嫖娼、过度消费等被纳入腐败范畴。总之，腐败多与少这个看似可以用具体数据客观量化的事实，在实践中其主观性特征非常突出，不断地随着人们的情绪、意识、观念的变化而起伏波动，最后让人难以捉摸。

当然，有人会说，既然无法准确地用腐败黑数来描述腐败多少，那么我们就用查处的腐败数量作为标准来判断。已经查处的腐败是以往发生的腐败行为，仅仅是腐败黑数中的一部分，是浮出水面、暴露出来的腐败。查处的腐败可以精准统计，但这些客观数字也具有主观性，因而具有迷惑性。在填写腐败统计表的时候，我们经常会遇到是否要将某种类型的行为填入腐败统计表格以及需要放入哪一类的问题，也就是说，因为对于腐败定义的模糊性和随意性，填写统计表格的工作人员具有很大的自由裁量空间。他（她）的主观认识和判断决定了某类行为是否被纳入统计表中。另外，统计数据的多少与反腐败的力度有很大的关系，但与实际已经发生的腐败数量的关系并不大。腐败黑数应该是一个客观存在的固定的数量，却无法被人们准确知道。加大腐败查处力度，进入统计表中的腐败数量就多，但这只可能与腐败黑数更加接近而已,并不完全等于腐败黑数,因为精准的腐败黑数依旧无法知晓。腐败查处力度是受到人为的观念意识影响的,反腐败机构负责人、上级领导、社会意识等诸多主体的看法和判断影响和左右着反腐败形势及其决策判断。从另一个角度来说,查处的腐败越多,可能说明腐败更多或更为严重,也可能表明某个时期存在的腐败黑数很大。因此,将廉洁程度或者腐败多少作为腐败治理成功的标准,事实上很难操作,或者说是不可行的。

廉洁目标并不能完全成为腐败治理成功的唯一标准。在衡量腐败感知程度的时候,事实上很少考虑腐败是否严重。对一个国家或地区廉洁程度或腐败严重程度的主观感知判断往往是根据其经济社会发达程度作出的。尤其是对一个从来没有去过,或者偶尔去过但缺乏深入了解的国家或地区,其经济发展水平和社会发展状况决定了人们对其廉洁状况的判断。早在1964年,美国的纳撒尼尔·H. 莱夫(Nathaniel H. Leff)就提出,许多外国观察者在指责不发达国家的腐败行为的同时,都犯了一个同样的错误,即将腐败与其经济上的落后联系起来,这种假设是应该受到质疑的。[1] 2010年,美国南加利福尼亚大学康灿雄(David C. Kang)教授也认为:"关于发展型国家的文献将我们引向了一条错误的分析道路。这些文献暗示着腐败和增长难以共存。"这种假设和指引往往会产生这样的结果:"要么过于强调去解释这些国家为什么没有腐败,要么过于强调去解释它们的增长为什么并没有大多数人所料想的那么瞩目。"[2] 康灿雄比较分析了韩国和菲律宾的经济与腐败状况,提出在过去35年里,韩国经济经历了非同寻常的增长,菲律宾却没有。从经济成功这一结果进行倒推,人们很容易认定韩国的腐败情况肯定要比菲律宾少,政府质量肯定要比菲律宾高,原因仅仅是由

---

[1] 李辉:《道德论、功能论与嵌入论——西方腐败研究的范式转换(1960—2000)》,《经济社会体制比较》2008年第5期。
[2] [美]康灿雄:《裙带资本主义:韩国和菲律宾的腐败与发展》,李巍等译,上海人民出版社2017年版,第4页。

于韩国拥有如此快速的经济增长。[①] 反腐败成功与腐败数量少二者具有紧密关系，但二者是两个完全不同的概念。反腐败成功可能意味着腐败少，但也可能表示腐败基数较大。腐败的多少并不是衡量反腐败成功的唯一标准。衡量和判断反腐败成功的标准包括了腐败多少这一个指标，但并不能用这一个指标来作为反腐败是否成功的唯一标准。在各国各地区的实践中，人们习惯性地将腐败较少作为反腐败成功的标志，并且有时候会将其作为唯一的标准。然而，在很多人的意识中，判断反腐败是否成功的关键指标往往不是腐败的多少，而是经济发展的水平。人们从经济成功中倒推得出腐败较少的判断。也就是说，当问到反腐败成功的判断标准或者人们有意识地思考或选择反腐败成功标准的指标的时候，腐败较少最有可能成为唯一的选项指标。但在无意识或潜意识状态下，人们并不将腐败较少作为最重要的指标，而是将经济发展水平作为最重要的指标。之所以会从经济成功倒推得出腐败较少，主要是因为人们对经济成功的肯定和满足，会在相当程度上抵消对腐败的不满情绪。在经济发展速度较快，人们都能分享物质财富增长机会的情况下，对腐败的容忍度会提高，较多的腐败现象会被视而不见。对这种现象，我们称之为"远视现象"，如同我们从很远或者很高的位置上看公路上的汽车就像蚂蚁一样小。远处的物体并不小，但因为我们离得很远，这些物体在视网膜上的成像让我们感觉很小。在经济发展繁荣，人们生活质量很好的时候，大家就会觉得腐败很远，对于普遍存在的一些腐败现象就会认为其影响不大，容忍度就很高。如瑞士、美国等西方发达国家对于选举中普遍存在的腐败现象的容忍度就极高，甚至多数人还赞同企业和个人可以无限制地捐款参与竞选活动。但资本与权力结合干扰选举的行为在中国却被认为是严重的腐败行为。腐败"远视现象"很容易受经济形势和生活质量的影响而改变。一旦经济下滑和不振，人们的收入下降，生活质量受到影响，社会收入

[①] [美]康灿雄：《裙带资本主义：韩国和菲律宾的腐败与发展》，李巍等译，上海人民出版社2017年版，第4页。

差距扩大，抱怨和不满就会增多，对于腐败现象就会相当敏感，关注度就会提高。即便腐败很少，贪腐金额很小，人们也会觉得腐败很严重。这时就发生了腐败"远视现象逆转"，原来人们视而不见或者并不关注的很微小的腐败行为，经过媒体报道或者自媒体发酵之后被不断放大，就会影响人们的心态，整个社会就会形成腐败极为严重的感觉或判断。例如，1948年以来，韩国发生了难以计数的腐败丑闻，大量精英人士名誉扫地，其中就包括前总统全斗焕和卢泰愚，以及很多总统幕僚、大量军事将领、政客、技术官僚、商人和税务官，他们要么被判决入狱，要么流亡国外。[①] 但韩国经济发展水平较高，人们感受到的国家廉洁程度较高，透明国际CPI指数得分较高，排名靠前。"炫目的经济增长掩盖了腐败的事实，使之逃离了人们的关注视线。"[②] 直到现在，腐败与经济上的落后仍然紧密地联系在一起。例如，透明国际清廉指数使用的感知度调查，它让具有国际游历经历的被调查者来判断。这些被调查者都是凭着主观感受打分，他们可能根本就没有了解过这个国家贪污、贿赂等腐败案件数量。西方学术界长期以来认为发达国家廉洁程度高，腐败主要发生在欠发达国家和地区。20世纪70年代，西方社会普遍认为，腐败是因第三世界国家政治不稳定并且缺乏"社会纪律"而产生的一种社会病理学症状。之所以得出这个结论，迪特尔·哈勒等认为是因为结构化的腐败研究方法。结构化研究方法（structural approach）带有道德和进化的色彩，常用于发展研究及大众媒体报道（popular media representations）。这使腐败与发展滞后、贫困落后、愚昧无知、妇女压迫、宗教极端主义、狂热盲信以及不合理性一道，登上了通常用来评价"异类"国家负面特征的榜单。腐败被视为"非西方"或者欧美之外的社会，是处于"转型期"或"发展中"社会的通病，

---

① ［美］康灿雄：《裙带资本主义：韩国和菲律宾的腐败与发展》，李巍等译，上海人民出版社2017年版，第2页。
② ［美］康灿雄：《裙带资本主义：韩国和菲律宾的腐败与发展》，李巍等译，上海人民出版社2017年版，第2页。

它不会出现在欧美社会，或者即便出现，其概率也很低。[1] CPI 指数往往都是与经济发展程度有关的，经济发展水平较高的国家和地区，如人均国民收入水平高，得分往往很高。CPI 得分低的往往都是经济落后的欠发达国家和地区。莎士比亚有一句话，即在丹麦一切似乎都是好的。这句话与中国的俗语"一好遮百丑"的意思相同。只要经济发达、生活质量高，似乎月亮真的又大又圆。但事实并非如此。2001 年 12 月，美国能源公司因为严重的欺诈及腐败丑闻而申请破产，这是美国历史上最大的一起破产案。2002 年 6 月，负责安然公司审计业务的安达信会计事务所因为故意使用贿赂的手段诱使其员工销毁与安然公司相关的文件而被提起刑事诉讼。在安然事件 3 个月后，全球电信业巨头世界通信公司被发现虚报 38 亿美元的利润。这些腐败事件发生后，让西方学者认识到了美国腐败的严重性，提出"这些事件的重要性就在于警醒我们，欧美人对腐败的假设是错误的。上层腐败并不只发生在那些非西方文明的'异类'国家，也不是只有工作在制度存在漏洞的国家管理机构与国营部门的官员才会腐败。当我们发现腐败（既包括大规模腐败也包括系统性腐败在内）也存在于规章严苛的资本主义体系的核心时并不应该觉得惊讶"[2]。我们在问卷调查中也发现存在这种现象。受访者往往会认为东部发达地区比西部落后地区廉洁程度高，经济发达、就业机会多、人均收入高的大城市比中小城市廉洁程度高，城市比农村廉洁程度高，需要行贿的概率低。因此，不论是西方还是中国，人们长期形成的惯性思维和一般性结论就是，经济落后的地方的腐败要比经济发达的地方严重。但经过调查会发现，发达国家的腐败也很严重。例如美国选举、医保领域、国防系统的腐败就很严重，并且长期以来没有任何好转，2016 年透明国际对美国公民的问卷调查结果表明，美国人自己都认为美国的腐败比较严重，但世界上很多人却认

---

[1] ［美］迪特尔·哈勒、［新西兰］克里斯·肖尔主编：《腐败：人性与文化》，诸葛雯译，江西人民出版社 2015 年版，第 4 页。

[2] ［美］迪特尔·哈勒、［新西兰］克里斯·肖尔主编：《腐败：人性与文化》，诸葛雯译，江西人民出版社 2015 年版，第 2 页。

为美国没有什么腐败或者腐败很轻微。腐败治理本来应该通过廉洁程度来反映，但事实上最后根据经济社会发展程度作出判断，为何会产生这么大的区别？为何外国人对一个国家和地区的廉洁度评价与其本地人的评价会出现如此巨大的差别？对于反腐败成功的判断标准到底使用腐败较少的指标还是经济发展的指标？这些问题都是本书要研究解决的。

第二节 文献综述与相关评论

研究腐败的学者一般从腐败控制程度讨论反腐败成功的标准，较少考虑经济社会发展方面的因素。由公婷、杨丽天晴、肖汉宇合撰并刊登在《廉政学研究》2018年第1辑上的《何谓反腐败的成功？——理论与实践》应该是最早对反腐败成功标准进行研究的论文，典型地代表了当前反腐败研究学者的观点。该文区别了反腐败成效与反腐败措施之间的不同，认为反腐败成效指反腐败改革的产出或者结果，而反腐败措施则是指反腐败的投入。他们构建了一个"三维"框架，认为自上而下和自下而上的多维度治理，政治家、政府部门、民众组织、企业等全方位参与，以及整个社会形成反腐败的社会意识与文化氛围的深层次的预防三方面达标才堪称成功。[1] 肖培从反腐败工作领导、战略定力、综合效应、政策策略、方法路径、法治方式等多个角度论证得出中国"成功走出一条中国特色反腐败之路"[2]的结论，强调多种主体的参与和作用。杨晓渡从建立反腐败工作体制机制、创新查办案件制度机制、查办案件推动改革和完善制度等方面认为中国成功走出了一条依

---

[1] 公婷、杨丽天晴、肖汉宇：《何谓反腐败的成功？——理论与实践》，《廉政学研究》2018年第1辑。

[2] 肖培：《坚持不敢腐、不能腐、不想腐一体推进》，载《党的二十大报告辅导读本》，人民出版社2022年版，第584页。

靠制度优势、法治优势的反腐败之路。① 多维度的治理与全方位参与在某种程度上是重叠的，不是仅仅依靠某一方或某一类组织的力量，而是实行腐败治理主体多元化。深层次的预防则从价值观以及角色认同层面入手，力图形成崇尚廉洁、抵制腐败的文化。但腐败是人类社会发展到了一定程度才会出现的社会现象。腐败具有经济属性，因为腐败分子的主要目的是获得经济利益或其他好处，是经过精心的成本风险与收益考虑之后才作出的理性行为。但腐败是权力异化的行为，与政治性活动和行为紧密相关。腐败治理更多地属于国家政治、社会管理中的上层建筑。经济基础决定上层建筑，经济因素在反腐败中发挥着决定性的作用。脱离经济发展来纯粹讨论或观察反腐败，事实上很难判断反腐败成功与否。因为当人们在判断反腐败成效的时候，不完全看腐败数量多少、分布范围、严重程度等直接与腐败有关的因素，而是更多地看经济社会发展水平和公平公正程度。即便有的经济落后的国家和地区腐败很少，社会平等程度很高，但人们很难为这些国家和地区贴上廉洁的标签。而对于经济发达的国家和地区，即使腐败丑闻经常出现，人们却往往给予其清廉的美誉或较高的廉洁感知度之类的评价。

不少人是依据某个国际机构（主要是透明国际）的评估结果来判断某个国家或地区的腐败治理是否成功的。例如，有的认为"北欧国家的廉政成就举世公认"，其依据是透明国际持续多年将瑞典、芬兰、挪威、丹麦列为世界上"最为廉洁的国家"②。有的用透明国际的数据进行分析，认为世界上那些CPI指数始终在8.0以上的国家，腐败现象都得到了有效抑制，政府的清廉度都很高。③ 有的书籍直接将丹麦、瑞典、芬兰、挪威、新西兰、新加坡、瑞士、荷兰、加拿大、澳大利亚等国家认定为"世界上最廉洁的国家"，而判断这些国家最清廉的根据是

---

① 杨晓渡：《完善党的自我革命制度规范体系》，载《党的二十大报告辅导读本》，人民出版社2022年版，第85页。
② 马辉：《独具特色的北欧——访问瑞典、芬兰、挪威印象点滴》，《当代世界》2010年第4期。
③ 韩阳：《北欧廉政制度与文化研究》，中国法制出版社2016年版，第200页。

透明国际的清廉指数排名。① 有的认为丹麦在透明国际发布的"全球最清廉国家"排行榜上连续多年位居首位,这表明其国家廉政体系建设是非常成功的。② 但依据透明国际 CPI 指数作出的判断往往会失真。世界上很多机构对腐败状况进行了调查,但有的机构对同样的国家作出的评价则不同。例如,欧盟有关腐败的特别欧洲晴雨表调查从 2005 年开始进行,其多次调查结果都显示包括瑞典、芬兰、荷兰等北欧国家在内的欧盟国家腐败非常普遍,腐败是欧盟各成员国的主要问题,欧盟国家对腐败尤其是高层腐败打击不力,司法机关对腐败判罚太轻,公众举报腐败的积极性不高。耶鲁大学管理学院(SOM Institute)2010 年的调查数据显示,瑞典公众认为民营企业、政府官员和政客是最腐败的;2012 年安永会计事务所对私立和公立机构主管人员的调查显示,瑞典的公众缺少对其本国政治家的信任。③ 对于西方国家廉洁评价不高的机构数据往往缺乏全面和深入的研究和介绍。在西方国家普遍廉洁的刻板印象的影响和主导下,研究者往往先入为主,资料选择具有明显的偏向性。全球包括西方国家在内的理论界和实务界对透明国际打分排队这种方法一直存在着质疑和批评。例如,有的认为透明国际腐败感知指数的数据来源每年都有变化,严格来说,对结果进行纵向历史比较并不恰当。另外,这个指数主要是商人和专家的感知,而不是一般公众的印象和态度。④ 有的认为将腐败感知作为评估腐败程度变化的指标,这种做法存在一定的风险,因为它必须以主观感受可以反映的现实情况为前提。⑤ Michael Johnston(2002)从有效性、可靠性和精确

---

① 王建元主编:《国外廉政建设述评》,武汉大学出版社 2016 年版,第 2 页。
② 胡俊:《丹麦国家廉政体系建设的经验及其对中国的启示》,《学习与探索》2016 年第 4 期。
③ 韩阳:《北欧廉政制度与文化研究》,中国法制出版社 2016 年版,第 173—174 页。
④ [澳]莱斯利·霍姆斯:《腐败》(牛津通识读本),胡伍玄译,译林出版社 2019 年版,第 40 页;Michael Johnston, 2002, "Measuring the New Corruption Rankings: Implications for Analysis and Reform", In Arnold J. Heidenheimer, Michael Johnston (Eds.), *Political Corruption: Concepts & Contexts*, New Brunswick, NJ: Transaction Publishers, pp. 865–884.
⑤ [澳]施易安、公婷:《直面挑战:香港反腐之路》,邬彬等译,中国方正出版社 2021 年版,第 179 页。

性方面对透明国际CPI指数的缺点进行了比较深入的分析,认为腐败感知与腐败本身并不是一回事。腐败感知可能反映已经暴露出来的腐败状况,但不能反映实际腐败的程度。从诸多的研究中我们可以看出,如果仅仅依据透明国际的数据来判断某个国家或地区反腐败是否成功,容易产生失真的风险。

有的是用政治和意识形态作为判断反腐败成功与否的标准。例如,透明国际认为,反腐败成功的评价标准包括媒体独立、言论自由、信息公开、施政透明等多个方面。[1] 这些标准很多与反腐败并没有直接关系,仅仅具有一定的间接关系。如言论自由、媒体独立,这些措施对腐败治理的作用在不同的国家和地区效果并不一样,对腐败的遏制作用并没有惩治和预防腐败措施那么直接有效。言论自由、媒体独立的作用在任何国家和地区都是相对有限的,它们并不是绝对独立和自由的。国际机构和舆论似乎习惯性地将西方发达国家作为言论自由、媒体独立的样板,但事实并非如此。比如,马克思是世界公认的哲学家、思想家,社会学界将其与韦伯、涂尔干并列作为社会学理论的三大创造者,但有的西方国家对马克思主义理论的宣传和传播就有很多的限制。有的并没有经过深入的调查和研究,先验性地认为权力集中就必然会导致腐败普遍存在,权力分设或者分立,腐败就普遍较少,并且从这个理论和逻辑出发,非常轻率地认为某些政党和政府腐败是普遍存在的。[2]

经济发展对反腐败具有至关重要的作用。经济学界对反腐败的研究比较早,但一般认为经济发展,腐败就会变得更为严重,腐败状况也会不断恶化。有的认为腐败是经济发展过程中的一种必然现象,随着经

---

[1] 透明国际官方网站(https://www.transparency.org/news/feature/corruption_perceptions_index_2017);公婷、杨丽天晴、肖汉宇:《何谓反腐败的成功?——理论与实践》,《廉政学研究》2018年第1辑。

[2] Lance L. P. Gore, "The Communist Party-Dominated Governance Model of China: Legitimacy, Accountability, and Meritocracy", Polity, Vol. 51, No. 1, 2019, pp. 161–194.

济的发展，腐败也在不断增多。①但政治学者则持乐观的态度，认为经济发展与反腐败能够相互促进。李文、王尘子比较了亚洲国家和地区经济与腐败的关系，认为亚洲国家和地区的腐败现象出现了非均衡性分布，提出经济发展与反腐败的良性互动是走出腐败高发期的重要条件。②这种理论诠释是建立在中国改革开放四十多年以来成功实践基础上的。改革开放之后，中国的腐败现象不断增多，但中国始终以经济建设为中心，同时始终坚持不懈地进行强有力的反腐败，实行一手抓经济建设、一手抓反腐败斗争的"两手抓"方针，把反腐败斗争同维护稳定和促进经济发展紧密地结合起来。③既要坚决惩治腐败，又要把握政策策略，也是党的十八大以来反腐败斗争的重要经验。反腐败并不仅仅在于查处腐败案件，同时也需要"统筹防范化解腐败风险与经济社会风险，坚决铲除重点领域风险背后的腐败问题，推动经济平稳健康发展，保障社会大局稳定"④。在改革开放四十多年的实践中，中国既反对把反腐败同经济建设对立起来、同改革开放对立起来，不认同反腐败会影响经济建设和改革开放；又反对在反腐败过程中，不牢牢把握经济建设这个中心，不注意更好地为经济建设和改革开放服务。反腐败为经济社会发展保驾护航，但经济社会发展又不断为反腐败创造条件，二者良性互动、相得益彰。

有的判断某个国家反腐败是否成功，是从综合方面考虑的。在一些文献中，我们时常会看到某些作者对一些国家或地区反腐败作出的肯定性判断。例如，博茨瓦纳在独立之初并没有良好的发展条件，当英国人离开的时候，只有12公里的公路，22名巴特斯瓦纳大学毕业生和100名中学生，但独立后的博茨瓦纳制定了大量举足轻重、颇有远见的

---

① 吴一平：《经济转轨、集体腐败与政治改革——基于中国转轨经验的经济学分析》，《当代经济科学》2005年第2期（总第27卷）。

② 李文、王尘子：《亚洲国家和地区走出反腐败高发期的条件与机制》，《政治学研究》2014年第3期。

③ 江泽民：《论"三个代表"》，中央文献出版社2001年版，第114页。

④ 肖培：《坚持不敢腐、不能腐、不想腐一体推进》，载《党的二十大报告辅导读本》，人民出版社2022年版，第585页。

政策，以惊人的速度打造了一个相对廉洁公正的国家。1998年，博茨瓦纳的购买力平价预期人均收入为5796美元，几乎是非洲平均水平的四倍，1965年至1998年，其年增长率为7.7%。① 可以看出，经济成为判断博茨瓦纳反腐败成功的关键因素。有的认为南非反腐工作比较成功，主要理由是在取消种族隔离制度以后，南非进入了一个快速发展时期。在短短的20年内，南非不论是在宪政实施还是在公民社会的成熟与壮大方面，或者是在腐败治理方面，都成就卓著，其国内进一步发展的制度性障碍已经基本扫除，预防腐败的基本制度和框架已经建成。② 无论是博茨瓦纳还是南非，学者判断其反腐败成功都采用"增量法"，即看这些国家前后几十年所发生的变化，尤其是在经济方面和腐败治理方面的变化。

20世纪90年代中期，经济学家基本上得出一致的结论：腐败阻碍经济发展，腐败的重大代价就是阻碍经济增长。美国政治学教授安德鲁·魏德安从一个国家经济发展与腐败的关系出发，将腐败分为"发展性腐败"和"衰退性腐败"，在《双重悖论：腐败如何影响中国的经济增长》一书中认为，中国的经验表明腐败和经济增长能够同时存在；腐败即使比较严重，经济增长也可以持续。魏德安没有给出反腐败成功的标准，但认为中国经济发展迅速，同时腐败严重并且不断恶化。也就是说，他认可中国经济发展的成功，但不承认中国反腐败的成功。还有不少学者与魏德安一样对中国腐败严重但经济快速增长感到困惑。但问题在于，对于中国腐败严重的理解是否会因为假设而真正成立？存在腐败或某些领域腐败严重是否就等同于反腐败失败或者反腐败不成功呢？是不是中国的腐败实际上并没有严重到阻碍经济的发展？或者经济快速发展，人们都从中受益，大家对腐败容忍度

---

① Acemoglu, Daron, Simon Johnson, and James A. Robinson, 2003, "An African Success Story: Botswana", In *In Search of Prosperity: Analytical Narratives of Economic Growth*, edited by D. Rodrik, Princeton, NJ: Princeton University Press, p. 80.

② 许瑞：《中国特色的预防腐败机制研究》，博士学位论文，中共中央党校，2013年。

会提高？或者是中国共产党对反腐败提出很高的要求和期望，并且采取了强有力的措施和手段惩治和预防腐败，这些很高的政治要求与反腐败行动是否会造成群众对腐败形势的判断和感知不同于其他国家和地区？也许中国的清廉程度与一些发达国家不相上下，但中国对腐败的警惕程度更高，对自己提出了更高的治理要求，因而作出反腐败形势依然严峻复杂的判断，从而让社会公众产生了腐败可能比较严重的感觉。如果情况是这样，那就意味着中国人对自己国家腐败程度的判断只是与自己的要求或希望进行比较而得出的，而并不是与其他国家和地区进行横向比较作出的判断。也就是说，中国对腐败程度的判断是在特定的中国治理语义和背景下使用的。但魏德安等则不是从这个语义背景来看待中国的腐败，而是站在国际的视野，认为中国的腐败比其他国家和地区更为严重。虽然这些学者利用中国媒体公开的有关资料和数据进行分析，但这些资料和数据仅仅具有"中国意义"，其他国家和地区并不一定有此类资料和数据，因而不能作为国际横向比较的依据。"中国腐败严重"这个假设在国际语义背景下本身就是一个伪命题。武断地将这个假设与经济快速发展联系在一起，只能得出腐败有利于或者促进经济发展的荒谬结论。廉洁有利于经济发展，反腐败保障经济发展，这是一条具有世界普遍性的常识和规律，对中国同样适用。中国经济长期快速发展不仅仅有科技、劳动力、市场等要素的贡献，也包括反腐败等国家和社会治理的重大贡献。没有几十年长期坚持不懈地强力反腐败，中国经济不可能快速发展。中国经济快速发展不是得益于腐败严重，恰恰相反，而是得益于反腐败的持续努力及其成效。经济快速发展的成果充分证明，中国改革开放之后，腐败得到了十分有效的控制，反腐败应该是非常成功的。

有的是按照刻板印象来划分反腐败成功的国家和地区。研究经济学的学者，尤其是西方经济学家虽然也认为发达国家存在腐败，但在潜意识中普遍将腐败与落后等同，往往先入为主地假定第三世界、转型国家等政府部门比西方发达国家要腐败得多。例如，美国著名经济学家曼瑟·奥尔森认为，与繁荣市场国家的政府相比较，第三世界的政府部门要腐败得多，其原因是第三世界国家试图推行更多的违反市场规律的政策。[①] 在曼瑟·奥尔森这些经济学家看来，市场化或搞市场经济才是解决第三世界国家腐败问题的钥匙，也是走向经济繁荣的必经之路。但几十年过去了，这些经济学家给第三世界国家，尤其是苏东转型国家开出的药方既没有让这些国家经济繁荣，也没有使其摆脱腐败。相反，转型国家的腐败比转型之前更为严重。在计划经济时期，苏联等社会主义国家的腐败其实要比发达资本主义国家少很多或者相差不大。但西方经济学家从经济发展这个标准来衡量，将经济落后与腐败直接画上等号。经济落后就等于存在严重的腐败。然后将经济落后的原因，如不搞市场经济、计划控制、集体经济等论证为腐败产生的原因。西方经济学家很少有人对转型国家的腐败进行过真正深入的研究和评估，也很少对西方国家的腐败进行深入细致的研究。他们仅仅凭着感觉和所谓的经济逻辑作出武断的判断，将这些国家贴上了腐败严重的标签。经济落后说明腐败严重，腐败严重才导致落后。这个逻辑一般人听起来觉得似乎很有道理。欲灭其国，先说其腐败。从道德和伦理上将其说得一无是处，从而让其政权丧失合法性基础。这些国家经济发展出现了问题，其政权的合法性基础就会动摇。经济下滑本来具有周期性，但西方学者将经济下滑或困难与腐败或犯罪等道德严重失范的现象紧紧联系在一起，就很容易让人相信，这个国家的政权是腐败的和不可信任的。但是，苏联东欧社会主义国家转变成为资本主义国家，按照西方经济学者的建议实行市场化，运用市场规律发展经济，为何几十年来腐败依然十分严重？几十年来的事实说明，经济落后说明腐败严重，腐败严重才导致落后，"腐败是因为不实行市场化而造成的"等西方经济学的观点并不完全正确。腐败的滋生蔓延是复杂的过程，是由多个因素综合作用的结果，与市场化规律虽然有关，但这种关系是复杂的。市

---

① ［美］曼瑟·奥尔森：《权力与繁荣》，苏长和、嵇飞译，上海人民出版社2018年版，第116页。

场化并不一定就能解决腐败问题，恰恰相反，如果权力制约和监督不力，没有找到腐败规律和有效治理的方法，市场化就会助长腐败的滋长与蔓延。经济快速增长期也是腐败易发多发阶段，英国、德国、法国等欧洲老牌资本主义国家如此，美国、加拿大、日本、新加坡、韩国这些后起之秀也是如此。经济迅猛发展，人们生活水平快速提升，但往往会遭遇严峻的腐败。但腐败是否能够有效得到遏制，需要采取科学和有效的措施。任何改革和制度都具有正反两方面的效应。在市场化过程中，因为治理经验不足，会带来腐败严重的问题。市场规律是发展经济的良药，但并不是遏制腐败的药方，从某种程度上而言反而容易成为助长腐败的催化剂。遏制腐败不能依靠市场化的手段，而是要以强有力的反腐败、监督制约权力、推动容易发生腐败领域的改革、不断健全和完善制度体系等综合手段才能成功。市场化环境下的反腐败比计划经济时期的反腐败更为复杂，所遇到的挑战更多。在市场化环境下，市场交换的原则和方式不断向政治权力领域污染渗透，权钱交易、权色交易泛滥，行贿、"围猎"更加明目张胆和难以控制。经济所有制的多元化也必然导致意识形态的复杂化，多元化的价值观念让反腐败在思想观念、文化环境、社会心理等方面遇到的阻力会更大。西方经济学家给发展中国家开出的私有化药方，摧毁了无私奉献、大公无私的健康价值体系和集体所有制，事实上打开了腐败蔓延的潘多拉盒子，而不是助力反腐败。全球反腐败运动正是在这个背景下产生的。在此之前，世界上没有任何关于反腐败的专门的国际组织，但从此之后，透明国际等专门的或者与反腐败相关的国际组织如雨后春笋般在西方国家出现。这反映了20世纪80年代之后包括西方国家在内的世界腐败形势比之前更为严峻复杂和更加受到人们的关注。

第三节　基本概念与理念阐释

基本概念是本书的关节和要点，这些关节点又与理念紧密相关。腐败、腐败行为、腐败分子等概念在反腐败成功标准研究中十分重要，但本书主要是从腐败的对立面，即反腐败的角度来进行研究的，与腐败直接有关的概念与本书的主题关联度较弱，因此不作为基本概念进行阐释。这里仅集中就反腐败相关的几个概念进行阐释。

一　反腐败

一般对腐败下定义的较多，但对反腐败下定义的较少。有的认为反腐败是同滥用公共权力的行为作斗争。[①] 有的提出所谓体制内反腐败，指通过在体制内部加强职员的职业道德教育，或者加强内部检查监督，注意腐败的迹象，防止内外相勾结。[②] 但笔者认为，反腐败是为了实现不敢腐、不能腐、不必腐、不想腐的目标而使用的方法和措施。反腐败是围绕着腐败进行的，可以分为不同的阶段。例如，在腐败发生之前的预防，腐败实施中的阻遏、调查，腐败实施之后的惩治与矫正、警示教育等。反腐败的方法主要是预防和惩治，预防侧重于治未病，在腐败出现之前就积极采取教育宣传、制度建设、推进改革等措施，惩治则是及时发现腐败并依法依纪予以适当的惩罚和处理。

腐败与反腐败并不是一种完全对立的关系。腐败是一种社会现象，具有其鲜明的特点，第一个特点是时间上存在长期性，空间上具有广泛性。人类社会共同体中都可能存在腐败，各个国家和地区的各个领域都有腐败出现的可能。国家和阶级一般被认为是政权出现的标志，腐败因此也应运而生。有的认为："腐败现象发生于任何阶级社会。自从人类社会出现了政权，腐败现象几乎成为权力的伴生物。"[③] 腐败是权力的衍生物，有权力存在的地方就有可能产生腐败。但权力的产生并不一定要以国家和阶级的出现为必要条件，只要存在社会共同体，如氏族、宗族等，就会产生权力。腐败的第二个特点是伦理上的非道德

---

① 罗大华、何为民、解玉敏：《司法心理学》，人民教育出版社2007年版，第130页。
② 陈正云、李翔、陈鹏展：《〈联合国反腐败公约〉——全球反腐败的法律基石》，中国民主法制出版社2006年版，第56页。
③ 鄢利民：《对经济体制转轨时期腐败特征的认识》，《党校论坛》1993年第9期。

性，即腐败是受到谴责的行为。腐败是嵌入社会中的客观现象和社会事实，无法彻底消除，这是社会的本性所决定的。只要有社会存在的地方就可能会存在腐败。腐败是无法消除和消灭的。腐败是社会中的不好现象，遭到绝大多数人的痛恨和反感。提出消灭腐败的人的愿望是很好的，但人类无法消灭腐败。我们只能最大限度将腐败遏制在一定的范围内，尽量减少腐败。人类社会与腐败永远共存，就如同疾病与健康一样。清廉或廉洁是我们追求的梦想，但腐败如同病毒一样永远伴生和寄生在社会之中。社会构成的各种各样复杂多变的机制都可能产生腐败。不同的社会机制在实现人类各种想要的东西的时候，都会同时产生一堆垃圾，其中就有腐败。我们不能仅仅为了得到我们想要的产品，就想不要丢在地上的、令人作呕的满地垃圾。要保持社会清洁、健康和良好的运行，就如同要时时刻刻对车间进行卫生打扫一样，不断地打扫和处理垃圾。形象地说，反腐败就是打扫和处理腐败这种垃圾的过程。因为社会中的人在不断生产新的产品，满足新的欲望和要求，就会不断生产出新的腐败垃圾，也就需要不断地打扫。社会存续的时间多长，腐败存在的时间可能就有多长，反腐败的时间也就有多长。

腐败在人们的观念中往往表示不同的意思。有时候，腐败指的是具体个人实施的行为，但有时候将腐败作为整体进行理解，腐败则是一种社会现象。因为对于腐败的理解不同，从严格的逻辑上说，惩治腐败和预防腐败的指代就会不明确，往往会存在问题。如果将腐败作为一种长期存在的客观社会现象，对这种整体性的社会现象，使用"惩治""预防"之类的词就不合适。惩治是针对实施腐败的主体而言的，惩治腐败分子才是惩治腐败的准确意思。因为对腐败这种社会现象是没有办法实施惩治措施的。惩治是运用强制力实施的剥夺或限制，针对的应当是具体的个人，而不是一种社会现象。预防腐败也存在同样的问题，腐败是伴随着社会而长期存在的，从严格意义上而言，腐败虽然是具体的个人实施的行为，但其出现是不以人的意志为转移的。也就是说，腐败作为一种社会事实是客观形成的，并不受人的意志所左右和控制。但是，如果将腐败作为具体个人实施的受到法律、纪律等规范所禁止的行为来理解，惩治和预防都是可行的。作为个人腐败行为与作为整个社会现象来理解的腐败是性质完全不同的。社会学认为，社会是由个人组成的，但作为集体或共同体的社会具有完全不同于个人的特征。惩治和预防个人的腐败并不能解决社会腐败这个整体问题。整体性的社会问题的解决与个人问题的解决具有本质上的不同。腐败的反义词是廉洁。如果仅仅将反腐败作为对个人腐败行为的惩治或者预防来理解，社会廉洁的目标就很难实现。根据个人行为危害程度的不同，我们从刑法、行政、监察等方面制定了大量的规范，有着刑罚、行政处罚、纪律处分、政务处分、组织处理等繁多的制裁手段，同时也制定了思想教育、文化建设、日常监督等防止个人产生腐败的措施。但腐败具有社会性，是受到社会因素影响而生成和变化的，例如，在贫富差距很大的社会中，社会心理严重失衡，腐败往往会大量发生。在金钱至上、过分追求物质利益的社会环境下，权力腐败的可能性也非常高。仅仅从个人或个体行为的角度来反腐败，往往很难奏效，因为无论惩处得再多，我们也不可能将所有的腐败分子都抓完。腐败是社会产物，只要有人存在的地方就会形成共同体，就会有腐败产生的可能。发现一批腐败分子，我们可以惩处一批，但只要社会环境和文化没有发生积极性的变化，新的腐败行为又会发生，甚至会更为严重。"反腐败"这个妇孺皆知、人们都习惯性使用的概念，从这个意义而言具有局限性。这个概念可能引导我们过于关注个体的腐败行为而较少关注整体腐败现象，没有将注意力集中到社会的改造上，也就是没有注意或者很少注意个人腐败滋生的社会土壤和条件的解决。正是因为这个考虑，笔者极力主张寻找一个更能引导大家思维转向的新词来替代反腐败这个概念。

二 控制腐败

控制腐败与遏制腐败的意思相同。公婷在《直面腐败——香港反腐之路》一书中提出了"访谈机构需要采取什么措施来减少腐败""有效地预防腐败事件对实现善治有什么积极影响""成功控制腐败的经验是否可以为其他地区借鉴"的问题。这里使用了控制腐败、减少腐败的概念,而不是反腐败、治理腐败的概念。控制腐败就是承认腐败不能彻底消灭这种现实,采用预防、惩治等综合手段尽量将腐败减少到人们可以容忍的程度。控制腐败与减少腐败不同,它有效果性检验的要求,减少腐败就是减少腐败发生的存量和增量,但是否达到社会可以容忍的程度,并不重要。控制腐败必须减少腐败,并且要追求一定的效果,就是达到社会可以容忍的程度或者是至少不能继续恶化。控制腐败是否成功取决于多个因素,并不完全是由主观意志所决定的,但控制腐败成功并不等于治理腐败成功。

反腐败总让人产生消灭或消除腐败的遐想,与腐败水火不容,这是针对具体的腐败行为而言的,从其作为社会现象而言,我们没有办法做到消除腐败,因为社会上必然会有腐败,腐败作为一种社会现象是人类社会中不可缺少的成分。从社会学角度而言,我们更需要解决的问题是如何对这种不受大家欢迎的社会现象进行治理,尽量减少其负面性和破坏性。腐败是社会的癌细胞,但还不是癌症。有的提出:"一切腐败行为都是可以遏制的。在人类社会的腐败与反腐败斗争中,都有遏制腐败的成功记录。腐败难治但并不是不可治。"[1] 腐败遏制与腐败可治应该是两个不同的概念。遏制腐败是承认腐败仍然存在,但不会越来越严重,或者将其危害性控制在大家能够忍受的范围或程度。一方面,腐败可治是从方法论上而言的,即问题可以得到解决和纠正。就像疾病一样,可以通过检查发现,在吃药、动手术之后可以将病痛消除,使身体恢复健康。这有必要从宏观和微观上对控制腐败进行具体细分和区别。从微观上而言,个人实施的腐败是很难防范的,个人动机、实施腐败的机会等很多偶然性的因素影响和决定着具体腐败控制的难度。从宏观上而言,通过体制完善、制度健全、道德伦理约束力增

---

[1] 鄢利民:《对经济体制转轨时期腐败特征的认识》,《党校论坛》1993年第9期。

强、文化环境优化等综合因素的作用，完全可以将腐败控制在一定的程度，但要消除腐败，就像疫情防控一样实现完全清零，将所有的腐败都解决和消除，这是不可能做到的。因此腐败可治是相对的，而不是绝对的。所谓可治指的仅仅是将腐败控制在社会可以忍受和接受的范围和程度内。另一方面，腐败可治可控，就是将腐败对社会的危害性控制在可能性状态，而不使其成为现实。但腐败这个癌细胞会发生病变，并且会扩散蔓延。不治理或者治理不好就会对社会产生破坏。遏制住了腐败这个病毒，并不意味着就不会复发，一旦具备条件和土壤，腐败又会卷土重来，蔓延开来就会成为严重的社会问题。

三 预防腐败

预防腐败是指为防止腐败发生而采取的措施。有的认为，预防腐败就是通过抑制贪欲、平衡利益、制衡公权、健全法治，使公权力在资源配置中实现正当利益最大化和不正当利益最小化。[①] 有的认为，在产生腐败意图、出现腐败机会和产生腐败动机这三个导致腐败行为发生的重要环节上联合或者单独采取措施，均可以起到预防腐败的作用。[②] 预防腐败主要针对权力，平衡和调节利益关系，尤其是个人与公共利益的关系，合理设计权力架构，让权力相互制约而又相互协调，加大教育，建立和巩固思想堤坝，防止产生贪欲而不想腐；不断完善制度并加强执行，防止有漏洞可钻不能腐；加大监督力度，及时发现和纠正风险隐患不易腐；调整薪酬待遇健全奖惩机制而不必腐。预防腐败并不是对具体个人的权力、利益的剥夺和限制，因而其灵活性强，措施丰富，成本相对较低。但不论采用何种措施和手段，其目的都在于预防腐败，因而会存在一定的局限性。虽然相对于惩治而言，预防腐败措施的选用范围相对较宽，但还是比较有限，不能脱离腐败源头预防这个目的。从施用的主体而言，相对于惩治手段，纪检监察机关以及其他机构甚至个人都可以采用，适

---

① 王习加：《公权力配置资源与预防腐败研究》，博士学位论文，湖南师范大学，2012年。
② 楚文凯：《社会转型期预防腐败问题研究》，博士学位论文，中共中央党校，2007年。

用预防腐败的措施和手段具有很大的自由裁量权。有的单位和领导可能重视预防，但有的则不重视或者不会预防，因此在实践中，预防腐败在不同机构和单位往往很不平衡，效果差异很大。

四 惩治腐败

惩治腐败是发现已经发生的腐败并进行调查，然后依据正式的规范，如法律、纪律、制度规定等针对行为人享有的物质利益、资格、名誉、人身自由甚至生命等采取约束、限制和剥夺等强制性手段措施，实现震慑目的和效果。相对于预防腐败而言，惩治腐败受到法律、法规等规范性文件的严格约束和限制。因为惩治都针对具体的个人或单位实施，不论是受到信访举报、立案调查的个人或单位，还是最后受到法律处罚、纪律政务处分及其他处分，个人或单位的形象、声誉、利益等都会受到负面影响甚至遭到剥夺减损。因此，惩治手段使用的情形、条件、程序、主体、范围等都有法律法规严格规定，不能像预防腐败那样，主体可以灵活使用自主权。惩治手段和措施保证反腐败能够产生强有力的震慑，从而容易实现不敢腐的目的。但惩治与其他治理腐败的措施和手段一样都具有局限性，受到法律法规等制度的严格限制。惩治措施的使用需要经过申请、报告、审批等烦琐的程序，因而使用并不太方便。另外，惩治自身也具有缺陷。适度性和及时性是惩罚达到目的的两个重要条件。严刑峻法并不一定能达到惩罚的目的，对违法违纪行为设计合理的处罚措施，实现罪罚相当或者错责相当，这是一个非常具有挑战性的工作。另外，对于违法违纪行为及时发现产生的效果最好。但在实践中，由于受到各方面因素的制约，适度性和及时性往往难以得到有效保障。因此惩治腐败的效果经常会出现偏差，在实践中人们时常会看到"前腐后继"的现象，也会看到惩治腐败权力滥用的乱作为，还会看到因对惩治腐败火候把握不到位而出现的不作为的问题。

五 消灭腐败

消灭腐败与消除腐败的意思相同。消灭腐败就是在特定的社会中经过努力不再有腐败,也不再发生腐败,腐败存量和增量都不存在。杰拉尔德·E. 凯敦(Gerald E. Caiden)认为,腐败是根深蒂固的、恶性的、毒害性的和不可能根除的,因为对腐败的控制往往是形式上的、表面的、暂时的甚至是无效的。通过政治意志、民主精神、法律和合理的行政规则,包括个人的诚实和正派,以及有效地遵守公共道德,虽然完全消灭腐败仍然超出人类的能力,但腐败能够被遏制在可接受的范围内。[①] 虽然杰拉尔德·E. 凯敦对反腐败过于悲观和缺乏信心,但他认为腐败不能完全被消灭的观点是比较符合现实的。消灭腐败是人类的美好愿望,但作为与廉洁共同存在的矛盾的一个方面是无法消失的。腐败的概念不断变化着,例如,美国原来将腐败作为政治体制腐败加以理解,在20世纪70年代之前,腐败是美国用于形容自己认为体制不好的国家的代名词,曾经认为英国、荷兰等国家是腐败的。后来对这个定义进行了修正,被用于指某些人违反职责谋取不当利益的行为。以后,腐败的定义还会不断变化。人的好恶感始终会存在,廉洁、善治等认为是美好的名词的内容在不断变化,作为其对立面的腐败等名词的内涵也相应地发生着变化。消灭腐败这个口号尽管很诱人,但十分具有迷惑性,除了吊足人的胃口,让人一时产生打了兴奋剂的快感之外,可能解决不了多少现实问题,因此还是慎用或不用为好。反腐败永远在路上,对于腐败应该始终保持警惕和高压态势,丝毫也不能松懈。自从人类社会走出野蛮、进入文明时代之后,组织非常复杂和多元,这样的社会不论以何种形式存在,都会产生并存在腐败。腐败与流感病毒一样伴随着人类,虽然有害,但不至于对人类构成致命威胁。反腐败需要成本和代价,一旦反腐败的成本超过了一定的程度,虽然社会保持了高度的廉洁,但必然给社会带来相当的伤害。因此有学者认为,尽管从社会的角度来看需要减少腐败,但也不必追求零腐败这一最高标准,因

---

① Gerald E. Caiden, "Corruption and Governance", Gerald E. Caoden, O. P. Dwivedi, and Joseph Jabbra, eds., *Where Corruption Live*, Bloomfield, Connecticut: Kumarian Press, Inc., 2001, p. 19.

为反腐败并非没有成本，将腐败降为零的成本是无法承受的。[①] 用社会可以承受的代价，将腐败控制在适当的程度，保证腐败对经济社会和生活不构成较大的影响，就算比较理想和成功了。

六　治理腐败

治理腐败包括对个人腐败行为进行惩治和预防，同时关注具体腐败发生的社会环境和条件，需要将腐败置于经济社会发展整体中来考量。反腐败是就腐败谈腐败，局限于腐败，视野相对狭窄。但治理腐败则除了考虑到腐败的视角之外，还跳出腐败看腐败，站位更高，视野更为宽阔。因为腐败发生在社会的大环境之下，从整个社会治理和国家治理的角度来反腐败，更能实现反腐败目标，同时也将反腐败与其他经济社会发展的目标相协调，从而促进社会和国家治理整体效能提升。治理腐败是系统治理的范畴，考虑层次高，涉及面广，考虑问题需要具有全局性、系统性视野。

第四节　研究的思路与方法

对于腐败和腐败治理的研究，大多数是从具体腐败行为这一角度切入，将着力点聚焦在个体性腐败上。但笔者采用了不同于一般的方法，将腐败作为一种客观的社会现象来理解和把握。治理腐败成功的标准，不能仅仅看对具体的腐败行为惩治的数量，或者在加强预防之后，新的个体性腐败数量的变化。局限于个体性的腐败行为的研究是就腐败谈腐败，缺乏一种整体观或全局观。仅仅从腐败角度谈论和评价腐败，往往会因为"只缘身在此山中"而"不识庐山真面目"，对于腐败的认识会很浅。将腐败现象总体作为对象来感觉、评价，与将腐败作为特殊

[①] ［美］C. 拉米雷斯：《从历史视角与美国进行比较——中国的腐败问题并非人们想象的那样严重》，载上海市哲学社会科学规划办公室、上海社会科学院信息研究所编《国外社会科学前沿2013》第17辑，上海人民出版社2014年版，第496—497页。

的个别现象来感觉和评价，有很大的区别。前者在相当大程度上受到经济社会发展、人口规模等的影响，后者则在相当大程度上受到发现、惩处腐败的数量等因素的影响。拘泥于微观的具体腐败行为的观察和研究视角，会让横向的腐败严重与否、反腐败成效大小的国际比较在技术方法上变得难以操作，所提出的腐败治理成功标准不具有科学性并且难以令人信服。以廉洁为目的，惩治个体性腐败足以产生震慑，严密的制度也可以防止个人腐败的发生，实施严格的监控，在高压和严厉的管制之下，腐败的发生的确可能会减少。但在这种状况下，权力因为受到过于严格的管束可能出现发挥和运用不充分的问题，不作为、慢作为现象增多，公共服务水平和质量下降，人们的生产和生活需求难以得到有效满足，美好生活难以实现。腐败严重的社会绝对不是人们所期盼和向往的社会，腐败相对较少但社会生活质量很差的社会，同样也不是人们所向往的社会。从社会角度出发，将腐败作为一个整体的社会事实，放在整个社会改革和治理的大局中进行研判，腐败治理成功的标准就会不同于从微观的个体性腐败的角度提出的标准。具体的腐败惩治数量和腐败产生率，可能只是其中一个考量因素。除此之外，还要考虑其他的也许是更为重要的标准，如经济发展、社会稳定、生活水平等。

  本书用十一章的篇幅对反腐败成功的判断标准进行讨论。第一章"导论"阐述了研究的问题及其意义，对现有的文献进行了梳理和分析，对相关基本概念进行了界定，对研究的基本方法进行了说明，为研究作了基础性的准备。对反腐败成功判断标准的研究离不开对腐败的界定和测量，第二章专门研究腐败标准的判定，对腐败范畴的定义特征进行了阐释。第三章对腐败程度和反腐败成效的测量标准和方法进行了深入探讨。人们总是将腐败与反腐败混淆在一起，常常将反腐败成功的标准限定于腐败的多少和程度深浅的判断分析之上，第四章对腐败与反腐败这对矛盾进行了深入研究，阐释了政治性腐败转向个体性腐败的发展趋势及其演变过程。这种变化表面上有将反腐败领域缩小化的趋势，但反腐败的范畴远远超出腐败的领域，不是简单的对腐败的预防、发现、惩治、处理等行为，而是涉及经济社会发展等诸多方面的综合性措施的运用，力图让人们从就腐败谈腐败的局限中跳出来。第五章从工具理性与价值理性出发对反腐败成功的判断标准进行了分析，认为反腐败有"大目标"与"小目标"，不同的反腐败价值目标选择决定了反腐败成功与否判断标准的确定。正是因为反腐败具有的工具理性与价值理性，所以需要兼顾"大目标"与"小目标"，这一双重使命决定了反腐败机构的双重职能。第六章研究、阐释了反腐败机构的职能，虽然反腐败是这类机构的专属职能，但很多国家和地区的反腐败机构往往承担了大量非反腐败的职能，因而反腐败机构在职能上具有双重性。影响反腐败成功与否的因素有很多，但笔者认为，在横向的国际比较中，人口因素与经济发展水平是两个十分重要的因素。人口数量规模与管理监督的难度直接成正比关系。人口数量小的国家和地区往往容易治理，因而它们在透明国际中的腐败感知指数中得分和排名往往比较靠前。人口在1亿以上的国家则很难进入前十行列。经济发达程度影响人的清廉感知度，从发展经济角度来提升腐败感知指数的得分，应该是最为根本和有效的办法。第七章与第八章对人口和经济发展这两个影响因素进行了专门论述。运用工具理性与价值理性统筹、"大目标"与"小目标"兼顾的判断标准，第九、十、十一章选择欧盟、瑞典、中国作为个案进行重点剖析，让判断反腐败成功的标准更加清晰和具体化，充分证明中国改革开放40多年来的反腐败实践是成功的。

第二章 腐败范畴的判定

研究反腐败一般都是从腐败开始着手的。从逻辑上而言，似乎只有弄懂了腐败才能弄明白反腐败。常识经常将我们引向错误的方向。对于这个有关腐败的常识性的判断是否正确，我们觉得有辨析清楚的必要。在前面的基本概念辨析之中提到，反腐败（Anti-corruption）与腐败治理（corruption governance）是两个不同的概念。这些不同的概念都涉及腐败，不论是从哪个位置或者角度来讨论，腐败都是共同的绕不开的对象，其共同目的都包含遏制腐败，达到不敢腐、不能腐、不必腐、不易腐、不想腐等清廉治理的目的。腐败治理的成功标准问题离不开腐败标准的判定问题。因为如果腐败标准不清楚，治理腐败成功的标准也就会跟着漂浮不定。对腐败标准的判定可以做两种理解，包含两层意思：一是对腐败内涵与外延的确定，也就是对腐败定义的明确。这关系到对特定行为（不作为）的规范性认定，即可以将一些行为确定为腐败，而其他行为却不作为腐败对待和处理。二是对腐败程度的测量和判断，弄清楚某个特定社会腐败是否严重。这是将所有腐败行为作为一个整体进行考察，得出严重或不严重的判断。它们相互关联但性质差别很大。前者是对具体行为的判断，属于微观层面的事务，后者属于宏观层面的判断，是对于众多腐败行为及其产生的结果所形成的状态的综合判断。这一章我们将讨论腐败内涵与外延，下一章将讨论腐败和反腐败的测量。

腐败是一个人们非常熟悉并且经常使用的名词，适用的范围非常广泛。不仅在政治领域的公共管理活动中被频繁使用，在日常私人生活中也被大量使用。因此有的认为,腐败是一个毫无歧见且无须定义的概念。[1] 有的认为,腐败与美一样,取决于注视者的目光。[2] 当然,也有的认为,下定义是一件十分耗费精力的事情,因而为了省事而不愿给腐败下定义。因为使用频繁,有的认为,腐败具有约定俗成的意味,似乎腐败不证自明,虽然无法定义但在遇到时也能识别出。[3] 因此很多研究并不将腐败的定义放在重要的位置,例如放在最后来呈现,而不是一开始就给出一个定义,然后紧紧围绕自己给出的定义来进行阐释。但有的认为,腐败是一个深刻的规范性问题,是一个值得争论的重大问题,关于由谁来确定其含义的争论成为政治生活的中心内容。[4] 作为"唯一具有法律约束力的全球反腐败工具"的《联合国反腐败公约》没有对腐败进行定义,主要原因就在于该公约的制定者无法就定义达成一致。[5] 国内外的学者都深切体会到,用文字将腐败这个范畴的内涵外延明确下来并不是一件轻松的事情。分析家所面临的挑战开始于如何给腐败下定义,但定义中的每一个要素的含义——滥用、公共权力、私人利益——都是需要讨论的。[6] 有的干脆就回避直接给腐败下定义这个难题,而对腐败的反面(Opposite of Corruption)即治理质量(Quality of Government)作出界定,认为这样具有可操作性并可以测量。[7] 这给解决腐败定义难题提供了一个新的方案,表明腐败的治理不能仅仅看腐败发生的数量或者查处的数量,而是应通过国家和社会的良好治理效

---

[1] 盛宇明:《腐败的经济学分析》,《经济研究》2000年第5期。
[2] [澳]莱斯利·霍姆斯:《腐败》(牛津通识读本),胡伍玄译,译林出版社2019年版,第2页。
[3] [德]约翰纳·伯爵·兰多夫:《腐败与改革的制度经济学:理论、证据与政策》,清华大学公共管理学院廉政与治理研究中心译,中国方正出版社2007年版,第13页。
[4] [美]迈克尔·约翰斯顿:《腐败征候群:财富、权力和民主》,袁建华译,上海人民出版社2009年版,第11页。
[5] [澳]莱斯利·霍姆斯:《腐败》(牛津通识读本),胡伍玄译,译林出版社2019年版,第2页。
[6] [美]金伯利·A.艾略特主编:《腐败与全球经济》,刘勇等译,北京出版社2000年版,第198页。
[7] Bo Rothstein & Aiysha Varraich, *Making Sense of Corruption*, Cambridge, United Kingdom: Cambridge University Press, 2017, p.146.

果来反映腐败治理的效果。但是这种绕开腐败定义谈治理质量的方法，往往会将惩治和预防腐败的作用淡化，认为只要经济社会治理效果好，腐败多点少点关系都不大，结果出现了经济社会发展质量较好但腐败非常普遍或者严重的状态。

腐败的含义会随着经济社会发展和政治思想观念的变化而改变。人们虽然都使用相同的名词，但所指的内容可能并不相同。即使在较为稳定的社会中，腐败的含义也受到争议、篡改和发生变化。[①] 目前有关腐败研究的文献非常多，但虽然没有哪一个学者或机构给出的判断标准让所有人都接受和认同。笔者认为，对于腐败定义的研究是非常有价值的，因为腐败是廉政学中的一个基础性概念，透过这个概念可以揭示很多与此相关的问题，对于腐败治理有着非常重要的意义。

之所以对腐败定义的分歧这么大，主要是因为观察腐败的角度和方法不同。有的是从政治学的角度观察的，认为腐败是指由于执掌政治权力的整个统治阶层只顾追求自身利益而导致的政治制度全面腐败。[②] 人们常说某国家或者某个政权是腐败的，其实指的就是政治腐败。政治腐败不是指具体的个人或企业等微观主体的行为，而是同政治制度和政治程序联系在一起。[③] 例如，北美独立战争前后，美国人一直把英国、丹麦、瑞典等国家的制度看作是腐败的；人们说国民党政府、晚清政府是腐败的，可能主要指的是其政治制度腐朽，而不是特指某个官员腐败。但从20世纪60年代以来，受行为主义的影响，人们更多地关注具体的腐败行为。有的虽然从政治视角界定腐败，但是从狭义的权力角度认识腐败，认为腐败是权力与利益的交换，是公职人员为了私人利益而滥用公共权力的行为。有的是从法律规范角度定义腐败的，认为腐败是贪污、贿赂、挪用公款、巨额财产来源不明、私分国有资产等违反法律和纪律规范的行为，严格用精确的成文规范作为行为判断

[①] ［美］迈克尔·约翰斯顿：《腐败征候群：财富、权力和民主》，袁建华译，上海人民出版社2009年版，第11页。
[②] 倪星：《腐败与反腐败的经济学研究》，中国社会科学出版社2004年版，第20页。
[③] 周琪：《西方学者对腐败的理论研究》，《美国研究》2005年第4期。

的依据。但社会学从失范或越轨角度对腐败的界定就模糊且宽泛很多，认为腐败是违反合理的和合法的社会规范且妨碍社会公共生活或社会进步的行为。[①] 经济学家从利益角度出发，认为腐败是特定制度环境下作为理性经济人的政府官员利用公共权力获取未经委托人同意的个人私利的行为。[②] 这些有关腐败的定义都具有一定的合理性，但存在的普遍问题是对腐败缺乏系统而深入的研究，对于腐败的特征、类型、具体内容等并没有做太多的分析。腐败概念是廉政学极为重要的基础性概念，有必要进行系统而深入地研究。当然，对于腐败概念的研究并不是一件轻松的工作，笔者采用求同存异的比较方法，从大家熟悉的概念因素入手，将一些普遍存在的认识误区揭示出来，保留大家的共性认识，让腐败的本质特征自然显现出来，同时结合实际，对国家法律、党内法规等规范中涉及腐败的规定予以分类细化研究，从而使腐败定义不再是飘忽不定到处滥用的、什么都可以往里面装的"筐"，而是与其他失范行为明确区分开来、具有精确指向的范畴。

第一节 作为具体行为的腐败

无论是学术界还是实务界对于腐败定义的分歧都比较大，这是一个客观事实。但是在构成概念范畴的某些因素方面，如腐败主体、腐败性质、腐败客观方法、腐败目的、腐败客体等有关腐败的要素，有的已经形成了比较一致或相近似的看法。笔者认为，对这些构成腐败概念的要素进行分析判定，比对腐败概念这个类的概念进行分析更具有价值。从微观的比较分析出发更能让我们深刻理解腐败的概念，对腐败治理理念和认识的提升更具有价值。笔者采用辩证的方法，从正反两方面进行分析，将学界和实务界对腐败概念要素进行对比分析。

[①] 任建明、杜治洲：《腐败与反腐败：理论、模型和方法》，清华大学出版社2009年版，第10页。

[②] 倪星：《腐败与反腐败的经济学研究》，中国社会科学出版社2004年版，第21页。

一 腐败实施主体的广泛性

腐败是社会行为，必然由具体的人实施。但什么人才能腐败，实施腐败的主体是谁？有人认为，腐败是"公职人员只图私利而故意未能充分履行职责的行为"[1]，将腐败的实施主体归于公职人员，这是一个比较普遍的观点。因为公职人员是履行公共职能或者提供公共服务、行使公共权力的人员。大量的公共权力由公职人员行使和运用。公职人员必须依赖公共权力才能工作，相对于其他主体而言，腐败发生在公职人员群体之中的概率要高。但以腐败发生频率来断定腐败实施的主体，存在很大的风险，因为掌握权力的不只是公职人员，非公职人员也有可能行使权力，例如，接受委托从事公共管理活动。私营机构中的人员也行使管理监督的权力，这些非公职人员也可能存在腐败现象。

公职人员具体指哪些对象，人们存在不同的认识。有的将公职人员局限于部分公职人员，例如，国家机关和国有企业中的公职人员，认为腐败是国家机关和国有企业的公职人员与他人合谋，违反法律和社会公认的行为规范，滥用公共权力和公共资源，为私人和私人小圈子谋取私利或者为某一单位、某一行业谋取特殊利益而损害公共利益及其他公民个人利益的行为。[2] 有的认为，腐败行为是指政府官员违规地利用公众赋予的权力为自己谋福利的活动。[3] 有的从权力对社会生活造成的影响力角度认为，"权力腐败主要是指政府官员的腐败"[4]。政府如果仅仅指行政机关，就会将腐败的主体限制在非常窄狭的范围里，党委、司法、人大、政协等机关、单位拥有的权力对社会生活都会造成很大的影响，事业单位、国有企业中的权力关乎教育、医疗、通信、出行等民生福祉，其影响同样巨大。一些大型私营

---

[1] 郑利平：《腐败的经济学分析》，中共中央党校出版社 2000 年版，第 32 页。
[2] 于凤政：《论"腐败"的定义》，《新视野》2003 年第 5 期。
[3] 盛宇明：《腐败的经济学分析》，《经济研究》2000 年第 5 期。
[4] 王传利：《1990 年至 1999 年中国社会的腐败频度分析》，《政治学研究》2001 年第 1 期。

企业形成市场垄断优势，已经与人们的生活无法割离，也会影响企业和个人利益。在经济极为落后、交通极为不便、人口流动极小的社会里，政府控制社会资源和财富，占据绝对地位和优势，腐败主体主要指政府官员也许能够成立。但在社会利益主体多元，全球化、信息化迅猛发展的时代，政府官员对社会生活的控制力减弱，其他社会组织和企业主体分享了政府的功能和权力，同样也就有了腐败的机会和条件，从而会成为腐败的主体。事实也证明，经济发展程度越高的社会，政府官员的腐败数量会不断下降，但私营机构中的腐败量则会上升。随着经济社会的发展变化，反腐败机构的任务和主要对象会发生变化。如果缺乏与时俱进和实事求是的精神，看不到这种趋势变化，将腐败的主体始终锁定在政府官员身上，就会出现腐败治理的方向性失误和偏差。

腐败实施的主体首先是自然人，这个自然人并不必然受职务等身份的限制，但是与职务和职责紧密相关。《联合国反腐败公约》第二十一条、第二十二条将私营部门内的贿赂、侵吞财产规定为犯罪。非公职人员同样可以腐败，例如，私营企业中同样存在着腐败行为，私营企业职工同样可以成为腐败主体。将公众赋予的职权作为腐败主体的前提条件，与实际也不相符合。其中的一个典型就是行贿人。行贿人不是公职人员，很多的行贿人并没有公众赋予的职权，但却成为腐败的主体。与公职人员共同故意实施腐败的非公职人员，也同样可以构成腐败主体。例如，公职人员的家属、亲戚、朋友、同学等具有特定关系的人。可以看出，虽然很多的腐败行为是公职人员实施的，但将腐败主体限定于公职人员则存在着比较严重的问题，会将很多腐败行为排除在外。有的从经济学视野对其进行界定，认为腐败是经济人违反制度规则、利用公众赋予的职权为自己谋利益的活动。[①] 将腐败的主体设定为追求自身获得更大利益的经济人，认为"利"不一定是经济利益，其范围非

---

① 盛宇明：《腐败的经济学分析》，《经济研究》2000年第5期。

常广泛。例如，将公务员借口生病而实际上去度假的行为也认定为腐败[①]，但经济人一定是具有理性的自然人而不是虚拟的法人。公司等法人组织也可以实施行贿等腐败犯罪，现在很多国家的刑法都规定了单位行贿罪。《联合国反腐败公约》第二十六条规定了法人责任："各缔约国均应当采取符合其法律原则的必要措施，确定法人参与根据本公约确立的犯罪应当承担的责任。""法人责任可以包括刑事责任、民事责任或者行政责任。""法人责任不应当影响实施这种犯罪的自然人的刑事责任。"由此可见，用经济学上的"经济人"理论来解释实施腐败的主体存在一定的局限性。所有的自然人和法人都可能成为腐败主体。因此腐败的主体是一般主体，其实没有必要予以特别强调。虽然拥有权力的人员腐败机会多一些，但是不能将此作为其他人推卸责任的借口，每个人（包括所有的自然人和法人）都可能腐败。之前，我们过于强调腐败主体的特殊性，习惯性地认为腐败是对有权力的人而言的，并不包括自己，总是将自己置身事外。这种定义的方法对于腐败治理是非常有害的。对腐败的很多定义是没有主体的，例如，公权私用就是腐败。实施腐败的主体有的是特定的主体，有的是一般的主体，所有人都可能实施腐败行为。腐败的主体是腐败必须具备的因素，但很多学者在给腐败下定义时就没有特别突出这一因素。

实施腐败行为的主体包括自然人和法人。法人腐败其实也是通过自然人来实施的，但因为是为了法人的利益而违纪违法，所以让法人承担一定的责任。法人是虚拟的主体，承担的责任与自然人不同，只能用经济手段进行惩罚，对自然人除了经济处罚之外，还可以通过自由、生命、身体作为惩戒的对象，让其感觉到痛苦。但在很多场合，我们讲的腐败分子指的都是具体的自然人而不是法人，例如，与腐败分子势不两立、让其倾家荡产、身败名裂、追悔莫及。没有生命的虚拟的法人，不会有情感发生，虽然有声誉和商誉，但不会身败名裂。法人实施犯罪行为，对其进行处罚之后，其他社会主体仍然会与其交往和合作，尤其

[①] 韩丹：《惯用腐败定义质疑》，《青海社会科学》2007年第5期。

是一些大而不倒的大企业大公司，政府和个人发现其已经离不开这些企业了，如银行、金融、自来水等领域的企业，不能因为公司腐败，我们就不与其发生利益交往。

腐败实施主体要么是接受委托从事特定职务活动从而掌握一定权力的人，要么是与从事职务行为的人发生特殊关系的人。[①] 腐败具有职务性，决定了腐败实施主体具有广泛性，也具有一定的特殊性。美国社会学家曾经从公共责任、公共利益、公共舆论和市场中心等不同视角认识和界定腐败，但从20世纪70年代中期开始至今，影响最广的是公共责任角度的定义，其代表人物是约瑟夫·奈（Joseph S. Nye）。他认为：

> 腐败是由于与私人（家庭、关系密切的私人集团）有关金钱或地位的收益，或违反针对行使某些种类的与私人有关的影响的规则，而偏离公共角色的标准职责的行为。它包括诸如贿赂（使用报酬来扭曲一个负有责任的人的判断）、裙带关系（因特殊的关系而不是品德而给予庇护）、侵吞公共财产（用于个人目的而非法侵占公共资源）。[②]

约瑟夫·奈的这一定义成为被广泛接受的定义，在政治学文献中经常被引用。[③] 腐败行为是违背职责规范的行为，但违背职责规范并不是腐败的充要条件，还必须具备其他的条件，如谋取不正当利益。贿赂、贪污属于典型的腐败行为，但对裙带关系则存在争议，有的国家并没有将裙带关系作为腐败，而是作为不好的风气进行处理。另外，公共职责的界定也是一个问题，一般会将财政供养岗位的职责作为公共职责，但在私人机构和组织中，同样也存在贿赂、贪污、挪用等行为，因此约

[①] 蒋来用：《新时代廉政建设策略研究》，中国社会科学出版社2019年版，第7页。

[②] Joseph S. Nye, Jr., "Corruption and Political Development: A Cost Benefit Analysis", *American Political Science Review*, Vol. 61, No. 2 (June 1967), pp. 417–427, 419. 转引自周宇豪主编《舆论传播学教程》，武汉大学出版社2012年版，第207页。

[③] 周琪：《西方学者对腐败的理论研究》，《美国研究》2005年第4期。

瑟夫·奈从职责角度对腐败进行定义具有可取之处，但该定义仍然存在不周延的问题。

二 权力是不可缺少的条件

所有的自然人和法人都可能成为腐败主体，但在现实生活中绝大多数的自然人或法人并没有发生腐败，一个重要的原因就是缺乏腐败的机会或条件。权力是实施腐败行为的必要条件。没有权力，就不可能有腐败产生。腐败的实质是滥用权力，也就是俗话说的以权谋私的行为。权力是腐败的载体，没有权力就谈不上腐败。[1] 阿克顿因此提出"权力导致腐败，绝对权力导致绝对腐败"的论断。[2] 在对腐败进行定义或对其含义进行阐释的时候，人们使用了"权力""公权""公共权力"等关键词来描述腐败产生的条件。例如，有的认为，"腐败是权力与货币的交换"[3]；有的将权力限定为公共权力，认为腐败是公共权力的非公共运用[4]；有的认为，无论腐败以何种形式表现出来，腐败的实质都是运用公共权力谋取私利[5]；有的认为，腐败涉及信用滥用，通常与为了私利而滥用公权有关。[6] 对于公共权力，又有不同的理解。有的从纯粹政治和行政角度来界定，认为"公共权力"由受命于其所在部门的官员或被选举担任一定职务的政客来行使。[7] 但"公共"与"私人"之间的界限是很模糊的，可能难以划分。公共权力可由党政机关、事业单位、国有企业在编人员行使，也可能由非在编的人员或者受委托的社

---

[1] 倪星：《腐败与反腐败的多学科研究比较》，《湖北行政学院学报》2004年第4期。
[2] ［英］阿克顿：《自由与权力》，侯健等译，商务印书馆2001年版，第342页。
[3] 陈可雄：《反腐败必须釜底抽薪——访著名经济学家吴敬琏教授》，《新华文摘》1994年第1期。
[4] 王沪宁编：《腐败与反腐败：当代国外腐败问题研究》，竺乾威等译，上海人民出版社1990年版，第7页。
[5] 鄢利民：《对经济体制转轨时期腐败特征的认识》，《党校论坛》1993年第9期。
[6] ［美］迈克尔·约翰斯顿：《腐败征候群：财富、权力和民主》，袁建华译，上海人民出版社2009年版，第11页。
[7] ［德］约翰纳·伯爵·兰斯多夫：《腐败与改革的制度经济学：理论、证据与政策》，清华大学公共管理学院廉政与治理研究中心译，中国方正出版社2007年版，第14页。

会人员行使。私营机构、社会组织也存在大量的权力，这些私营机构中的权力与公营机构中的公共权力一样可能被滥用而生成腐败。因此我们可以看出，权力而非公共权力是腐败产生的条件。有的腐败从表面上看似没有滥用权力，例如，行贿。很多行贿人没有行使任何权力。因此以权谋私或滥用权力谋取私利的定义就存在问题，因为这个定义无法涵盖很多行贿人的行为。行贿的对象是拥有权力或者对拥有权力的人产生作用和影响的人，行贿是对权力的廉洁性的腐蚀和侵害。因此，滥用权力并不是腐败的唯一方式，腐蚀权力也可以构成腐败。滥用权力与腐蚀权力在行为主体、实施条件等方面有很大的不同。滥用权力是有权力可用，多是利用自己或者别人的权力来谋取非法或不正当的利益。腐蚀权力则是采用不正当或不道德的方式对掌握权力的人施加诱惑、提供诱饵拉人下水。但滥用和腐蚀行为都与权力紧密相关，权力是构成腐败行为不可缺少的一个因素。有的提出"权力是腐败的唯一手段"[1]。原中央政治局常委、中央纪委书记赵乐际于 2021 年在署名文章中提出要"严肃整治以权谋私、以影响力谋私等腐败和不正之风"[2]。权力与影响力是什么关系？从社会学的角度而言，影响力也是权力。影响力是一种力，但不是"硬权力"而是"软权力"，具有约束、控制、指挥他人行动的力量。《联合国反腐败公约》第十八条第二款规定了影响力交易[3]，要求将滥用实际影响力或者被认为具有的影响力获得不正当好处的行为规定为犯罪。有的影响力是因为地位、职务、特殊身份而产生的，这种影响力与权力一样是社会和组织赋予的，一旦地位、职

---

[1] 韩丹：《惯用腐败定义质疑》，《青海社会科学》2007 年第 5 期。
[2] 赵乐际：《以伟大自我革命引领伟大社会革命》，《人民日报》2021 年 11 月 18 日第 3 版。
[3] 第十八条的规定是：各缔约国均应当考虑采取必要的立法和其他措施，将下列故意实施的行为规定为犯罪：一、直接或间接向公职人员或者其他任何人员许诺给予、提议给予或者实际给予任何不正当好处，以使其滥用本人的实际影响力或者被认为具有的影响力，为该行为的造意人或者其他任何人从缔约国的行政部门或者公共机关获得不正当好处；二、公职人员或者其他任何人员为其本人或他人直接或间接索取或者收受任何不正当好处，以作为该公职人员或者该其他人员滥用本人的实际影响力或者被认为具有的影响力，从缔约国的行政部门或者公共机关获得任何不正当好处的条件。

务、身份丧失就不会再存在。但有的影响力是因为自己的财富、知识、声誉、才能、美德形成的优势地位而产生的，这种影响力是依靠自己的努力争取的，使得自己在某个方面具有了优势，让他人有求于自己。其实，这种影响力从广义上而言也是一种权力，仍然存在被滥用而产生腐败的风险。例如，医生、老师会利用自己的知识优势收受服务对象的贿赂；农村德高望重、深得大家信任的人会接受他人好处而作出对集体有害的行为。

三　腐败具有行为性

腐败虽然隐蔽，但属于客观可见的现象。几乎所有的学者都认为腐败是一种行为而不是一种观念或思想，是可以观察和发现的。腐败行为是通过具体的动作和方式表现出来的行动，是具体的个人实施的，尽管非常隐蔽和秘密，但总有迹可循，并且可以运用照相、录音等方式取证来证明其发生过。因为腐败行为的可查性，决定了腐败行为可以被发现和调查。行为方式有作为和不作为两种。腐败大部分以作为的方式表现出来，但也存在不作为的腐败。例如，行业监管部门人员收受他人贿赂后不履行监管职责而造成损害。在这种情况下，监管人员虽然不作为，但收受贿赂还是采用了作为的方式。但有的将不履职尽责或者无能无效都视为腐败，例如，政府治理国家无方，不一定有公职人员直接得到利益或好处，但整个社会的利益却受到了损害。[①] 这种所谓的"广义的腐败"就非常宽泛，超出了谋取私利的范畴界定。

四　腐败具有贪利性

腐败行为都是故意实施的行为，具有明确的目的性。实施腐败行为的人首先就会产生一种明确的意识：私人利益高于公共利益，可以运用手中所掌握的权力来达到私人目的。[②] 贪利性是腐败的本质性特征。腐

[①] 詹复亮：《当代中国反腐败问题与对策》，国际文化出版公司1996年版，第4页。
[②] 王沪宁：《反腐败：心理分析》，《求索》1989年第5期。

败都是经过"付出与收益""代价与所得"的精心算计后觉得有利可图才实施的。

> 腐败和贿赂是人们的一种理性行为，个人为何以及如何选择了这样的行为，取决于腐败和贿赂行为的成本和收益及其比较。当腐败者以权谋私，进行权钱交易得到的收益（包括经济上的利益和心理上的满足）大于这样做的成本，即以权谋私败露后可能受到的惩罚和谴责（行贿者的成本还要包括用于贿买的钱财），腐败和贿赂就会发生；净收益越大，就越容易发生，其程度也越严重。反之，亦然。①

通常大家认为腐败是"为了私人利益滥用公共权力"。德国兰斯多夫教授认为"私人利益"不仅包括接受金钱或者有价值的财产，还包括权力的增加或者地位的提升，未来获得好处的承诺、给予亲戚朋友的利益。② 有的认为腐败是运用公权力来实现私人目的的行为。③ 私人目的与私利是不同的表达，私利不仅限于物质利益，还应包括荣誉、名誉、资格等。我国香港特别行政区《选举（舞弊及非法行为）条例》规定，利益不仅仅是物质利益，还有义务的减免、职务提供、合同和工作机会、履行或不履行职责、行使或不行使权力、遭受或不遭受法律责任等。④

但私人利益或者私利如何界定又是一个问题。一般而言，私人利益或者私利是为了个人或者个别人的利益，但有时候腐败并不是为了个人或者个别人的利益，而是为了某个组织的共同利益。例如，某个地市

---

① 张曙光：《腐败问题再思考》，《读书》1994年第2期。
② ［德］约翰纳·伯爵·兰斯多夫：《腐败与改革的制度经济学：理论、证据与政策》，清华大学公共管理学院廉政与治理研究中心译，中国方正出版社2007年版，第14页。
③ 詹复亮：《当代中国反腐败问题与对策》，国际文化出版公司1996年版，第4页。
④ 利益（advantage）指任何有值代价（valuable consideration）、馈赠或借贷；任何职位、受雇工作或合约；支付、免除、解除或了结全部或部分义务；行使或不行使权利或权力；履行或不履行职责；任何优待，包括予以维护使免受已招致或预期招致的法律责任；予以维护使免遭已采取或可能采取的纪律、民事或刑事法律程序起诉；任何其他服务（义务服务及提供娱乐除外）。

或农村为了获得项目或者资金支持，而向上一级政府部门的官员行贿，我们将这种腐败称为共谋式腐败，可能获益的地方的各级官员和公众都可能赞同和支持以这种方式来办事。贿赂行为的具体实施者并没有从中直接受益，在项目资金争取到了之后，这个地区的公众则会受益。有的可能会说这个行为不是腐败，因为行为人并没有为自己谋取私利，而是为公众谋取了利益。笔者认为，这种行为同样具有贪利性特征，为了局部利益腐蚀政府部门官员，侵害公共权力的廉洁性，具有社会危害性。因此，谋取私利并不是腐败的必备要件，但贪利性则是腐败的特征。不管是为了自己或者个别人的利益，还是为了局部公众的利益，采用非正当的方式腐蚀公共权力，仍然属于腐败。

五 腐败具有失范性

腐败是权力的滥用（abuse）或乱用（misuse）。但何为滥用或乱用？衡量滥用或乱用权力的标准是什么？奥斯卡·库勒（Oscar Kurer）认为："腐败是指公职人员手握职权，为谋取私利，违背公平原则。"[①] 博·罗斯坦认为，公平存在则所有腐败现象就将被根除。公平意味着没有腐败。但他也指出，公平局限在行使公共权力的领域，无法左右政策的内容。[②] 当政策内容并不合理、不公平时，政策执行也必然无法体现公平。另外，判断权力执行公平与否也得通过具体的规范来进行，而不能以某个人或部分人的意志为标准。因此，落实到具体的规范时，滥用或乱用权力才能找到明确的标准。对于腐败有不同的理解，其中一个原因就是人们有着不同的文化。[③] 在不同的文化情境中，对于同样的滥用或乱用权力的行为，判断标准是截然不同的，因此有的学者认为，对腐败的定义只能从

---

① Bo Rothstein, 2011, *The Quality of Government: Corruption, Social Trust, and Inequality in International Perspective*. The University of Chicago Press, p. 15. https://www.doc88.com/p-6771221896334.HTML?R=1.

② ［瑞典］博·罗斯坦：《政府质量：执政能力与腐败、社会信任和不平等》，蒋小虎译，新华出版社2012年版，第17页。

③ ［澳］莱斯利·霍姆斯：《腐败》（牛津通识读本），胡伍玄译，译林出版社2019年版，第4页。

具体的历史和文化背景中得到解答。① 在送礼成为习俗的社会中,向官员送数额不大的礼物,可能会被认为不是腐败。但在没有这种文化的社会中,则可能被认为是腐败。为了准确描述腐败行为,防止"腐败"一词被滥用,一些学者主张用正式制度对腐败进行规定。如耶鲁大学政治学家 James C. Scott 认为,腐败是违反一定行为标准的行为。亨廷顿认为:"腐化是指国家官员为了谋取个人私利而违反公认准则的行为。"② 这些定义都是比较模糊的,在实践中难以操作。腐败都是违反行为标准的失范行为,腐败具有非道德性,因而在任何国家和地区以及在任何历史时期里,腐败都会受到谴责,就是因为腐败挑战和破坏了公认的社会准则和规范。但何为"一定行为标准""公认准则"?这是比较有争议的问题。腐败属于社会失范或越轨行为。失范性是腐败的一个鲜明特征。某个行为是否构成腐败,必须依据一个社会规范来进行认定和判别。有的提出,评价腐败行为如果不以法律为准绳,就失去其应有的意义。③ 有的认为,法律和其他正式规则相对精确、稳定、适用范围广。④ 社会规范具有很多形式,法律仅仅是其中的一种。除此之外,还有纪律规范、制度规范、道德规范等。规范有成文的也有不成文的,例如,习俗、道德多是不成文的,国际公约、条约、法律、纪律、制度一般都是成文的。从操作性和稳定性而言,判断腐败的标准应该是成文的社会规范,尤其是法律和纪律这种具有权威性的规范。就目前来说,尽管关于反腐败的国际公约开始出现,但这些公约的规定仅仅局限于部分腐败,大量有关腐败的规范仍旧由具有治理权的公共

---

① Elaine A. Byrne, *Political Corruption in Ireland 1922 – 2010*: *A Crooked Harp*? Manchester University Press, 2012, p.4.

② [美] 塞缪尔·亨廷顿:《变化社会中的政治秩序》,王冠华等译,生活·读书·新知三联书店1989年版,第54页。

③ 李建华、周小毛:《腐败论:权力之癌的"病理"解剖》,中南工业大学出版社1997年版,第15页。

④ J. S. Nye, "Corruption and Political Development: A Cost-Benefit Analysis", *American Political Science Review*, 1967, 61: 417 – 427; James C. Scott, *Comparative Political Corruption*, Englewood Cliffs, NJ: Prentice-Hall, 1972.

机构制定并实施。反腐败的大量规范属于国家主权的范畴。由于国家主权的独立、神圣不可侵犯性，国际公约也往往需要转化成为特定国家或地区的法律制度才能实施。虽然有的国际机构和学者力图建立放之四海而皆准的腐败定义和规范标准，但民族性、历史性目前仍然是反腐败规范的最为核心的特征，在可以预见的未来也会如此。

从以上分析可以看出，具体的腐败行为具有以下特征：一是腐败主体具有广泛性，而不是仅限于公职人员等特定主体。二是权力和影响力是腐败的载体，即公共机构中存在的公权力，也包含在非公机构中。三是腐败是行为，不是观念和思想。四是腐败具有贪利性特征，获取不正当利益，在大部分情况下为私，但有的时候也为公，如共谋性腐败。五是腐败是失范行为，具有非道德性。从以上特征我们可以概括出一个腐败的定义，即腐败是滥用或腐蚀权力谋取不正当利益并被法律、纪律追究责任的失范行为。由此我们可以看出，国际上对腐败的通行定义——"腐败就是滥用公共权力以谋取私人利益"[①]与中国的实际相差很大。

表 2-1 腐败行为的特征与常见的值得商榷的观点

	腐败行为的特征	常见的值得商榷的观点
主体	一般主体	腐败是公职人员、官员等特定主体实施的行为
职务性	违反职责	腐败是违背公共职责的行为
载体	权力或影响力	腐败是公权私用或公共权力滥用
动机	贪利性	腐败是滥用权力谋取私人利益或以权谋私的行为
客观方面	滥用和腐蚀权力	只谈滥用权力，不讲腐蚀权力
价值判断	失范性	腐败是违反公认准则的行为

第二节 作为整体认识的腐败

作为具体行为的腐败处于微观层面，需要对具体人的行为作出定性

---

① 胡鞍钢：《中国90年代后半期腐败造成的经济损失》，《国际经济评论》2001年第3期。

和是否处理以及给出什么样的处理的判断，专门机构在监督执纪执法中用得较多。但人们普遍所说的腐败并不是针对具体个人的行为，而是从模糊的现象角度针对众多行为而言的。大部分人其实是将腐败作为一个整体来提出或理解，将其作为一种客观的社会事实和社会现象。例如，社会上作出的腐败严重或不严重、普遍或不普遍、腐败形势严峻复杂与否的判断，都是从作为社会现象的腐败而言的，而不是就某个人或少数几个人的腐败行为而言的。在相当长的时间中，人们都没有意识到具体的腐败行为与整体性的腐败现象之间的区别。目前学术界有人开始认识到作为具体行为的腐败与作为整体的腐败的不同。如有的认为，腐败在宏观层次上指作为社会现象之一的腐败现象，在微观层次上指腐败行为。[1] 有的将宏观层次或者作为社会现象的腐败认为是广义的腐败，泛指在一定的历史条件下，这个社会所呈现出的全部腐败现象。[2] 但这种认识是粗浅的，并没有对二者的差别进行深入系统的阐述。

腐败与腐败行为并不完全相同。腐败行为就是具体的人实施的动作。腐败的含义更具有模糊性，有时候指的就是腐败行为，如某人腐败，要对其进行调查处理，这时腐败指的是某人的腐败行为。虽然法律、纪律等正式规范提供了明确的判断标准，但人们也会根据非正式的规范如道德、习俗、惯例等对腐败行为作出判断和反应。对具体的腐败行为，在经过调查之后，有关权力机构会形成裁判性结论，行为实施人可能会受到处罚或形成处理的依据。一旦将所有的具体人实施的腐败行为作为一个整体，作为一种社会现象来理解和对待，使用"发现""查处""调查""惩处"等针对具体的腐败行为的词汇就不适当了。因为不可能对社会腐败现象进行调查和处理。针对整体性的腐败现象，使用"遏制""治理"等词汇就显得更为妥当和准确。

人们已经不再将腐败作为个体实施的行为来观察和看待，而是将众

---

[1] 龚新玲：《腐败产生原因的结构化理论分析》，《湖北社会科学》2003年第7期。
[2] 毛民生：《反腐败纵横论》，新疆人民出版社1996年版，第9页。

多的个体性的腐败行为当作一个整体认知对象,将其作为一种社会事实。但很少有人有意识地将二者进行严格的区分,在对作为整体的社会腐败现象进行定义的时候,与个体性的腐败定义常常混同。例如,有的认为,腐败现象是指社会中掌握一定经济与社会生活权力的公职人员,为了个人或小集团的私利而抛弃甚至践踏国家利益以及各种公众利益,违反各种法定或公认社会规范的行为。[①] 其实,这个定义是针对具体的个体性的腐败作出的,是从微观出发,聚焦具体的个人或者小团体的行为的实施,注重私利、失范、公职身份等个体性特征。腐败现象则是由众多个人实施的腐败行为所共同构成的现象,这时候,腐败就已经超脱了个体性的行为,具有社会性,成为客观存在的不以人的意志为转移的社会事实。作为一个整体性的社会现象,可以独立于个体存在并且先于个体而存在,对个体产生影响和制约。腐败现象的特征不同于个体性腐败,具有实施主体的广泛性和模糊性。当人们谈论社会腐败现象的时候,往往不会联想到具体的人,并不会针对具体的个体而言。但在谈论具体的腐败行为的时候,是针对具体的人或者头脑中存在的一个具体的人。例如,反腐败机构在讨论具体腐败案件,需要对行为进行定性和量刑的时候,都是考虑细节,要求具体明确,事实清楚和证据确凿。但立法者或者政治决策者在讨论腐败治理时,则往往是抽象的和宏观的,不会拘泥于个体性的腐败行为。

作为社会现象的腐败的另一个重要特点,就是对个体的行为和意识具有影响、制约、引导的作用。社会塑造和改变个人。社会先于个人而存在。语言、习俗、政治习惯、利益交换和分配方式等在个人出生之前就已经存在。个人很难脱离和选择社会,接受社会的熏陶、控制和影响,这是个体生存和发展的一个基本条件。由众多人组成的社会一旦形成,就不同于个体,不再是个体的简单相加,而是一个独立的结构和存在,对每个人都产生着潜移默化的影响。个人的腐败行为在相当程度上是因受到社会腐败现象的影响而实施的,例如从众、盲目攀比、侥

---

① 葛延风:《腐败现象的社会学思考》,《管理世界》1994年第3期。

幸等腐败心理的形成都与特定时期腐败现象的严重程度直接相关。在腐败很少的社会环境下，腐败心理就要弱得多，个人自控力和自律性较强，廉洁操守坚守相对容易。但在腐败严重的社会环境下，由于受外部因素的影响和干扰，腐败心理和倾向就较强，抵抗外部诱惑的能力就会下降。道德素质很高、自律性很强的禁欲主义者或者理想主义者在腐败现象很多的社会中往往也会被腐蚀。意志力和自控力很强的领导干部在形形色色的"糖衣炮弹"的诱惑和围猎下会因内心崩溃而倒下。在腐败很少的社会中，一旦有腐败妄想或者实施轻微的腐败就会面临很大的道德压力和良心谴责，会强烈自责；但在腐败很多的社会里，大家都会觉得吃点喝点不是事，过年过节收受礼品礼金很自然，向他人行贿或收受他人的贿赂会习以为常，不收不要、不吃不喝成了少数和另类，不入流倒显得很不自然，甚至会认为不跟着腐败就吃了亏。腐败行为多了，成为腐败现象，就可能变成习惯、风俗，例如，节庆日收送礼品礼金现象的普遍化，很多人不愿意这么办事或不赞成这种做法，但觉得抵挡不住，有一股说不清的洪流推动着个体必须按照腐败的方式请客吃饭、送礼送钱，找关系求人。一旦腐败成为风俗习惯，要治理就相当困难了。因为腐败性的文化对所有人都具有影响和控制的功能。外部的力量要推动改变是比较困难的，其代价和成本是比较昂贵的，并且改革和斗争的时间需要持续很长，方可显现出成效。腐败现象具有文化性，就是由腐败思想理念、潜规则等非正式制度形成的，合理的形式包装、仪式化的表演等过程，能够让很多人在观念上信从、认同和接受，在言语上赞同、支持、维护和辩护，在行为上效仿和随从。腐败现象与个体腐败行为不同，作为社会现象它还具有代际传递性和传播的广泛性。腐败之所以成为现象是因为很多人相信并共同实施腐败而形成的，如果仅仅是个别人或少数个人的个体行为，就无法形成具有独立性的社会事实。由多数人的行为和观念形成的社会现象就如同新冠病毒一样，会在社会中迅速扩散和传播，让其他社会成员感染。腐败现象还会影响下一代，上一代人的腐败观念、腐败言语和腐败行为很容易影响下一代人。同一个时期的成年人，尤其是在过了"四十而不惑之年"的中年人中，腐败现象的扩散受到的阻力较大。因为成年人有着自己比较独立的价值观、是非观和人生观。有的人可能觉得腐败是可耻行为，对腐败非常痛恨和抵制。但对于年轻人或者未成年人来说，其价值观尚未形成或者不稳定，很容易受到社会不良风气的影响和毒害，在他们中间，腐败现象的扩散性就会很强。从历史上看，之所以古代的王朝难以走出历史周期率，就是因为任何王朝都一样，腐败现象一旦形成，不仅仅会发生横向的扩散，而且最为重要的是腐败现象的代际传播，一代传给一代，经过变异之后腐败的传播力更强，腐败程度不断严重和恶化，陷入严重"内卷"。中间虽然也有所谓的"中兴"，腐败现象的传播扩散势头会有所收敛，但最终是愈演愈烈，直至王朝崩溃瓦解，被新的王朝所取代。但新的王朝的开始几代人浴血奋战，知道江山获得不易，会保持廉洁。但个体性的腐败始终存在，一旦不能得到有效遏制，同样会形成整体性的腐败现象，并且经过代际传播而不断恶化，直到新的政治势力取而代之。"风起于青萍之末"，个体的腐败行为一旦成为"风"，变成社会现象就比较难治理了，其主要原因就在于作为整体性的腐败现象所具有的社会性和文化性。

所有的个体性腐败积少成多都可能变成整体性腐败现象，但不同的个体性腐败成为整体性腐败现象的可能性大小并不相同。有些腐败的传染性更强一些，有些腐败的传染性则会弱一些。例如，贿赂这种腐败形态，相对于贪污而言，更容易让腐败成为社会风气。贪污一般是个人实施，不需要其他人配合，比较隐蔽，他人不容易察觉和发现。但贿赂必须由双方实施，并且贿赂行为需要道德化包装，将违法违纪不道德的行为变成心理上可以接受或者情感上容易接受的行为。在行贿开始之前，行贿人做了很多的准备，一般是请受贿人吃饭或安排娱乐活动，并且要有双方都认识或者熟悉的第三方参与配合，以便让吃饭和娱乐变得自然和融洽，行贿人与受贿人就成为"哥们"或

"朋友"。行贿人经过一次或多次这种接触会面之后，了解了受贿人的情况和喜好，后面就会有针对性地送礼。送礼也会选择特殊的时间，如过年、中秋、国庆、生日、婚庆等日子，以亲戚和"朋友"等私密身份关系将送礼在情感上合理化，受贿人收礼觉得理所当然或者很自然。随着关系亲密到了一定程度，就会送现金、贵重礼品等。贿赂的过程有很多仪式，需要很多形式的掩护和包装，整个过程需要很多人参与，大家心知肚明地扮演着不同的角色，多方都是心领意会。行贿是一个复杂的戏剧编演过程，具有文化性和戏剧性，不仅仅对所有参与者自身，而且对参与者熟悉的人都会产生强烈的影响。因为这一过程的参与者很多会选择其中一个片段或章节，例如将一起喝酒、打牌、钓鱼等作为谈资进行传播，有的甚至将收送礼品礼金作为笑料。能够被选择向他人传播的材料都是经过"剪裁"加工的，经常添油加醋地进行夸张，因而具有故事性和吸引力，对社会其他成员就会产生很强的扩散效应。但贪污人往往选择秘而不宣，因为没有太多复杂的过程和情节，参与人也极少，缺乏互动性，因而关于贪污的故事没有贿赂多，没有贿赂那么精彩诱人，因而也就难以形成整体性的腐败现象。观察古今中外的腐败样式或形态，可以发现贪污往往是个体性的居多，在人们的基本生活需求满足之后，贪污发生的数量都是比较少的。但贿赂则不同，在腐败严重的社会里，贿赂必然在所有的腐败样态中占据着多数。可以说，要防止个体性腐败向整体性腐败转变，或者将整体性腐败现象有效遏制住，其关键应该在控制贿赂。

  腐败成为社会问题，是作为整体的社会现象或社会事实而不是具体的个人具体的腐败行为。个体性的具体腐败行为在任何社会都存在。有的学者由此认为，任何社会都未能杜绝腐败现象的出现，但在不同社会及不同历史时期，腐败的表现形式、规模则有较大的差异。[①] 这个观点看似与历史事实相吻合，因为没有区分具体的个体性腐败与作为整体的腐败现象，所以具有很大的迷惑性，很容易产生误导，让人们从

[①] 葛延风：《腐败现象的社会学思考》，《管理世界》1994年第3期。

个体性的具体腐败的不可消除性中推导得出腐败问题或腐败现象是无法解决和根治的，从而对腐败产生消极悲观的"躺平"心态，导致腐败现象越来越恶化和严重。零星的、数量很小的具体腐败行为并不能成为一个社会现象或社会事实受到社会的关注。只有个体性的具体腐败行为的数量扩展、积累到一定的量的时候，才会质变成为腐败社会现象或社会问题，对社会产生强烈的影响和作用，受到社会的高度关注。因此在人类社会发展过程中，有时腐败现象比较普遍、规模较大，因而会成为极受关注的社会问题。任何社会都会存在个体性的具体腐败行为，从这个角度并且只能限定于这个角度，我们才能得出个体性的具体腐败行为没有办法消除或者消灭的结论。但真理再往前走一步就会是谬误。这个观点或结论并不代表任何社会腐败都会成为人们关注的社会现象或社会问题。即便是个体性的具体腐败行为成为腐败现象，只要社会各方共同努力，运用科学有效的方法，采取精准有力的措施，成为社会重点关注的腐败问题也是完全可以解决的。正因如此，人类在经历了多次腐败严重的时期之后，又会迎来一段廉洁的时期。

第三节　法治意义下腐败的内容

反腐败包含对具体的腐败行为的惩治和矫正。因此，从这个意义上而言，反腐败更多关注的是微观的个体性腐败。对个体性腐败的发现、认定、调查、惩处等都必须严格依照法律法规和制度进行，不能随意加以定性和判定。依照法治精神和要求将腐败行为的表现非常具体地罗列出来是非常有必要的，这样对腐败的理解就更为直观和具体，才便于对腐败严重程度进行测量和对反腐败效果进行评估，尽可能在相同的腐败概念之下对不同历史时期（纵向）以及不同国家和地区（横向）的腐败进行对比。

从具体个体性的角度而言，腐败是滥用或腐蚀权力谋取不正当利益并被法律、纪律追究责任的失范行为。这个腐败（C）的定义包含了滥用权力（Q）、谋取不当利益（I）、违规（V）三个核心要素。我们可以用以下公式来描述：

$$C = Q + I + V$$

腐败这个词到处都在使用，但人们使用这个词所表示的含义却不完全相同，除了理论上没有形成统一的定义之外，最为主要的还是没有明确具体的腐败行为类型。即便对腐败进行了定义，如果不将这个定义运用到具体的行为中去，不能运用定义对某个具体行为作出判定，那么，有定义与没有定义就可能没有多少实质性的区别。有学者已经开始这方面的探索，如有的美国学者将腐败分为13种类型（见表2-2）。有中国学者认为，在中国经济转轨期间，腐败主要包括10种类型，即贪污挪用公款、受贿、行贿、巨额财产来源不明、私分、渎职、挥霍浪费、利益冲突、走私贩私等。[1] 这些分类的合理性是值得商榷的。这些作者采用了透明国际的定义，即滥用权力以获得私利。[2] 但他们的分类并没有严格地按照定义所确定的标准来作出。在比较有关腐败定义和类型时，我们发现一个普遍存在的很有意思的现象。一到判断具体行为是不是腐败的时候，人们往往会将自己的定义置之不顾。也就是说，理论上的定义分析是一回事，具体的行为分析则是另外一回事。对于贪污、贿赂这些行为，全世界没有争议地认为它们都是经典的腐败行为。但人们对一些行为在认识上的分歧较大。将并不一定谋取不当利益且主观方面过失的渎职、挥霍浪费、利益冲突等作风问题以及不一定滥用权力的走私贩私作为腐败，我们认为是值得商榷的。只有徇私型渎职才可能是腐败，纯粹的不徇私情的渎职则不是腐败。还有一些腐败类型，例如裙带关系、任人唯亲、会计欺诈、威胁法官促成判决的司法欺诈、以威胁方式进行的选举欺诈、篡改档案的公职欺诈等也被作为腐败，这些与滥用权力谋取私利的本质并不完全符合。

---

[1] 过勇：《经济转轨、制度与腐败》，社会科学文献出版社2007年版，第67页。
[2] ［美］苏珊·罗丝-阿克曼、邦妮·J. 帕利夫卡：《腐败与政府：根源、后果与改革》，郑澜译，中信出版社2018年版，第8页；过勇：《经济转轨、制度与腐败》，社会科学文献出版社2007年版，第17页。

有的将"三乱"（乱收费、乱罚款、乱摊派）等作风问题也作为腐败问题，认为当时这个问题比较突出，由此认为 20 世纪 90 年代中国基层腐败现象严重。[①] 考虑到给腐败下定义的困难和遭受质疑的风险，有的学者干脆没有给腐败下定义，而是直接用具体的行为来描述腐败。有时，人们将腐败锁定为经济犯罪，将经济犯罪案件数据作为腐败的数据[②]；有时，将腐败认作检察院提起公诉的案件，例如，认为 1989 年提起公诉的腐败案件数量超过 77000 件。[③] 事实上，除了职务犯罪案件之外，检察院提起公诉的案件也包括普通刑事犯罪案件。提起公诉的案件最后能否成立，应该由法院判定，因此检察院公诉的腐败案件数量并不是最后真正的腐败数量。

表 2-2　　　　　　　　　腐败的类型

贿赂	为获取不法利益而进行的金钱交易，不当的馈赠或恩惠行为，包括公职人员的贿赂与商业贿赂
勒索	公职人员主动索要贿赂，以此作为履行职责的必要条件。若被勒索方表现积极，则该情形下发生的勒索行为被视为贿赂（部分情形下勒索方可能会设定规制，为其勒索行为提供依据）
人情交换	以一种违法行为换取另一种违法行为
裙带关系	雇用家庭成员或社会关系密切之人，而不用符合资质却无关系的申请者
任人唯亲	在工作决策时，偏向与自己属于同一群体的成员。例如种族、宗教信仰、政治立场及社会地位相同的人
司法欺诈	无视案件事实证据，基于上述任何一种贿赂方式或通过威胁促使法官作出司法裁决
会计欺诈	故意捏造销售额或利润额（此举的目的通常是抬高股价）
选举欺诈	通过购买选票、威胁选民、票数造假或破坏选票等途径操纵选举结果

---

① 过勇：《经济转轨、制度与腐败》，社会科学文献出版社 2007 年版，第 67 页。
② ［美］魏德安：《双重悖论：腐败如何影响中国的经济增长》，蒋宗强译，中信出版社 2014 年版，第 4 页。
③ ［美］魏德安：《双重悖论：腐败如何影响中国的经济增长》，蒋宗强译，中信出版社 2014 年版，第 4 页。

续表

公职欺诈	无论是否涉及贿赂，只要是公职人员未按法定要求提供服务的行为均属于公职欺诈。例如，在标准化考试中，教师向学生提供正确答案或篡改学生答案（此举通常是为了获取资金）；医疗保健服务提供者为患者开具不必要的检测项目，或捏造患者人数以从医保支付方获得更高的医保报销额度；公务员因涉足私人领域、偷窃并转售公共物资或因消极怠工而导致的玩忽职守
挪用公款	雇员盗窃雇主（如企业、政府部门或非政府组织）的财产
盗贼政权	最高领导层致力于最大化地攫取个人财富的专制国家
渎职	利用个人在政府机构中的决策权，从利益相关方获取贿赂或恩惠
利益冲突	在他人制定的政策中牵涉本人利益

资料来源：[美] 苏珊·罗丝-阿克曼、邦妮·J. 帕利夫卡：《腐败与政府：根源、后果与改革》，郑澜译，中信出版社2018年版，第9页。

腐败行为在每个行业和领域都可能存在。每个人对腐败的判断标准都可能不一样。我们认为，在全世界要使用一个统一的标准来判定腐败基本不可能。因此最为安全和可靠的方法就是从分析具体国家或地区的法律法规等规范性文件入手，来找到这些国家或地区对具体腐败行为的判断标准。但关于腐败的规定难以集中在一部法律中统一罗列出来，往往散落在刑事、行政等法律法规、党内法规以及各单位、组织的制度规定之中。下面我们根据以上定义和公式将中国法律法规、党内法规以及相关制度规定中有关腐败的内容尽量充分地罗列出来，从而将腐败的定义具体化。目前对利用权力谋取私利进行处罚的规范性文件主要有《中华人民共和国刑法》《中华人民共和国公职人员政务处分法》《中国共产党纪律处分条例》，当然还有《行政机关公务员处分条例》《事业单位工作人员处分暂行规定》《国有企业领导人员廉洁从业若干规定》等。

一 《中华人民共和国刑法》中规定的腐败

社会公众一般将调查贪污贿赂等职务犯罪的机构作为反腐败机构。有的国家和地区有专门的反腐败机构，如新加坡的贪污调查局，我国香港特别行政区和澳门特别行政区的廉政公署。有的则是由多个机构调查腐败，如美国主要的反腐败机构是检察机关和联邦调查局。中国调查职务犯罪的机构原来主要是检察机关的反贪污贿赂局，2018年国家监察体制改革后，检察机关反贪、反渎和预防等部门职能、机构、人员被转隶到新成立的监察委员会（简称"监委"），与中国共产党纪律监察委员会合署办公，简称为纪委监委。社会上一般将纪检监察机关作为中国的反腐败机构。监委根据《中华人民共和国监察法》《中华人民共和国刑法》等法律履行职责。监委只是负责管辖刑法规定中的部分罪名。不属于监委管辖的罪名都不是腐败行为，如危害国家安全罪，危害公共安全罪，侵犯公民人身权利、民主权利罪，侵犯财产罪，扰乱公共秩序罪等。截至2022年3月，我国刑法中罗列的总的罪名有483个，监察机关管辖101个罪名，占20.9%，监察范围较广。但在这101个罪名中，也并不都是腐败行为。其中有的犯罪是腐败行为，但有的并不是腐败行为，需要逐个区分。

2018年3月20日第十三届全国人民代表大会第一次会议通过的《中华人民共和国监察法》第十一条第二款规定，监察委员会依照《中华人民共和国监察法》和有关法律规定履行监督、调查、处置职责，对涉嫌贪污贿赂、滥用职权、玩忽职守、权力寻租、利益输送、徇私舞弊以及浪费国家资财等职务违法和职务犯罪进行调查。《中华人民共和国监察法实施条例》第二十六条至第三十一条规定了六大类91个监察机关可以管辖的罪名。根据《中华人民共和国监察法实施条例》第五十二条的规定①，监察机关还与检察机关、公安机关共同管辖12个罪名，因此，从理论上讲监察机关对共计101个罪名具有管辖权。其中监察机关单独管辖的罪名有49个，与检察机关共同管辖的罪名有14个，与公安机关共同管辖的罪名有38个。

一是贪污贿赂行为。这些行为分为六小类，涉及的罪名共19个（见图2-1）。贪污、挪用、行贿、受贿四种行为几乎是所有国家和地区都以

---

① 《中华人民共和国监察法实施条例》第五十二条规定："监察机关必要时可以依法调查司法工作人员利用职权实施的涉嫌非法拘禁、刑讯逼供、非法搜查等侵犯公民权利、损害司法公正的犯罪，并在立案后及时通报同级人民检察院。"

法律或其他规范性文件规定的腐败行为，对其争议非常少，是十分典型的腐败行为。

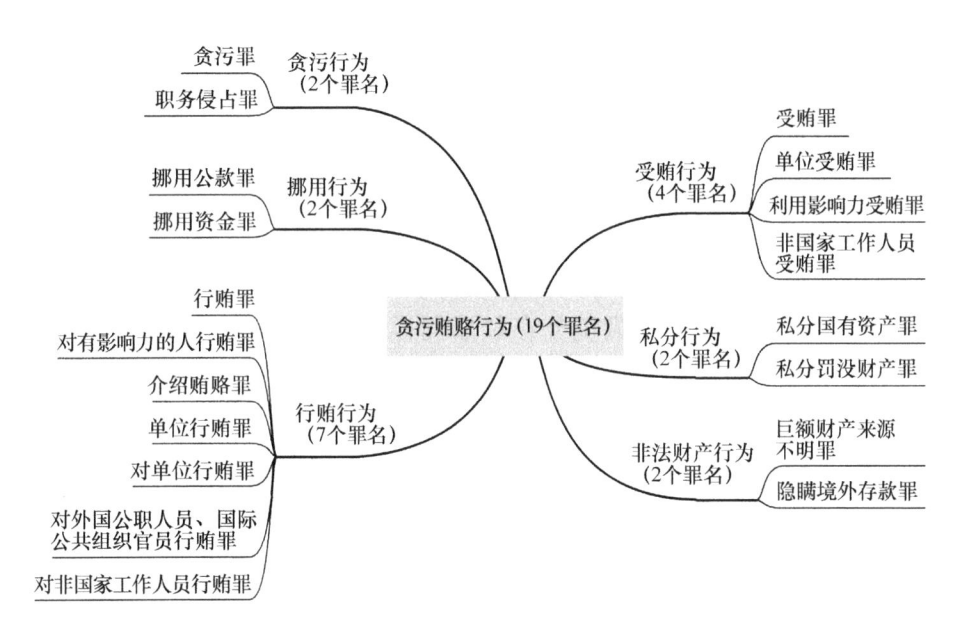

图2-1 贪污贿赂犯罪罪名

贪污贿赂行为(19个罪名)分为：
- 贪污行为(2个罪名)：贪污罪、职务侵占罪
- 挪用行为(2个罪名)：挪用公款罪、挪用资金罪
- 行贿行为(7个罪名)：行贿罪、对有影响力的人行贿罪、介绍贿赂罪、单位行贿罪、对单位行贿罪、对外国公职人员、国际公共组织官员行贿罪、对非国家工作人员行贿罪
- 受贿行为(4个罪名)：受贿罪、单位受贿罪、利用影响力受贿罪、非国家工作人员受贿罪
- 私分行为(2个罪名)：私分国有资产罪、私分罚没财产罪
- 非法财产行为(2个罪名)：巨额财产来源不明罪、隐瞒境外存款罪

私分国有资产和罚没财物的行为，可能通过集体决策等看似合法合规的程序实施，采用公开或半公开地以单位分红、发奖金、节日慰问费等名义进行，甚至参与决策的人可能都没有获利，但因为利用权力私分公物或他人所有的财物，有的人获得了不当利益，因而也属于腐败。我们可以将其称为名义上合法的腐败。

争议比较大的就是巨额财产来源不明罪和隐瞒境外存款罪两种行为是否为腐败行为。巨额财产来源不明、隐瞒境外存款这两种行为与挪用、受贿、行贿、介绍贿赂、贪污等行为不同，是腐败行为实施后的延伸，是在滥用职权获得不当利益之后实施的转移、隐匿、漂洗等行为。有的国家和地区并没有将这两种行为纳入腐败范畴，但中国为了更有效地惩处腐败，而将这两种行为纳入犯罪范畴。巨额财产来源不明罪是为数不多的持有型犯罪之一。国家工作人员拥有来源不明的巨额财产，则很大可能与贪污、受贿或者其他违法犯罪行为相联系。①1988年1月，王汉斌在第六届全国人大常委会第二十四次会议上对《关于惩治走私罪和惩治贪污罪贿赂罪两个补充规定草案的说明》中指出："近几年，国家工作人员中出现了个别财产来源不明的'暴发户'，或者支出明显超过合法收入，差额巨大，不是几千元，而是几万元，十几万元，甚至更多，本人又不能说明财产的合法来源，显然是来自非法途径。"②但这些通过非法途径获得财产的行为可以是犯罪，但未必就是腐败。有的财产可能通过贪污受贿获得，有的则可能通过制毒贩毒、卖淫赌博等非法方式获得。隐瞒境外存款罪同样存在这样的问题，境外存款的来源可能是非法的，但不一定都是通过腐败方式获得的。贪污、挪用、行贿、受贿、私分行为都是由有关国家机关搜集足够的证据查明事实经过认定的，但巨额财产来源不明罪和隐瞒境外存款罪，有关国家机关只需要查实巨额财产和境外存款，并不需要搜集证据证明是否存在贪污、挪用、行贿、受贿、私分或者其他违法犯罪的行为。因此有些国家和地区并没有将这两种行为作为腐败。事实上，这两个罪名在实践中运用得相对较少，尤其是隐瞒境外存款罪，在司法实践中运用这一法条处罚的案例少之又少③，有的将其称为被闲置的"隐瞒境外存款罪"④。

二是滥用职权行为，涉及罪名18个（见图2-2）。滥用职权是公职人员故意逾越职权，不按或违反法律决定，处理其无权决定、处理的事项，或者违反规定处理公务，致使公共财产、国家和人民遭受重大财产损失等行为。死亡、重伤和轻伤人数，直接造成的经济损失数额，造成恶劣社会影响的程度以及其他致使公共财产、国家和人民利益遭受重大损失的情形是量刑主要考虑的标准。滥用职权是超越职权，擅自决定或处理没有具体决定、处理权限的事项，或者是随心所欲地对事

---

① 钱舫：《论巨额财产来源不明罪》，《政法论坛》2001年第6期。
② 王汉斌：《社会主义民主法制文集》（上），中国民主法制出版社2012年版，第297页。
③ 王群智、李君：《隐瞒境外存款罪的准确认定》，《犯罪研究》2007年第2期。
④ 《被闲置的"隐瞒境外存款罪"》，《廉政瞭望》2012年第10期。

第二章 腐败范畴的判定 59

滥用职权行为相关罪名：
- 挪用特定款物罪
- 滥用职权罪
- 国有企事业人员滥用职权罪
- 滥用管理公司、证券职权罪
- 食品、药品监管渎职罪
- 故意泄露国家秘密罪
- 报复陷害罪
- 阻碍解救被拐卖、绑架妇女、儿童罪
- 帮助犯罪分子逃避处罚罪
- 违法发放林木采伐许可证罪
- 办理偷越国（边）境人员出入境证件罪
- 放行偷越国（边）境人员罪
- 非法剥夺公民宗教信仰罪
- 侵犯少数民族风俗习惯罪
- 打击报复会计、统计人员罪
- 非司法公职人员实施的：非法拘禁罪、虐待被监管人罪、非法搜查罪

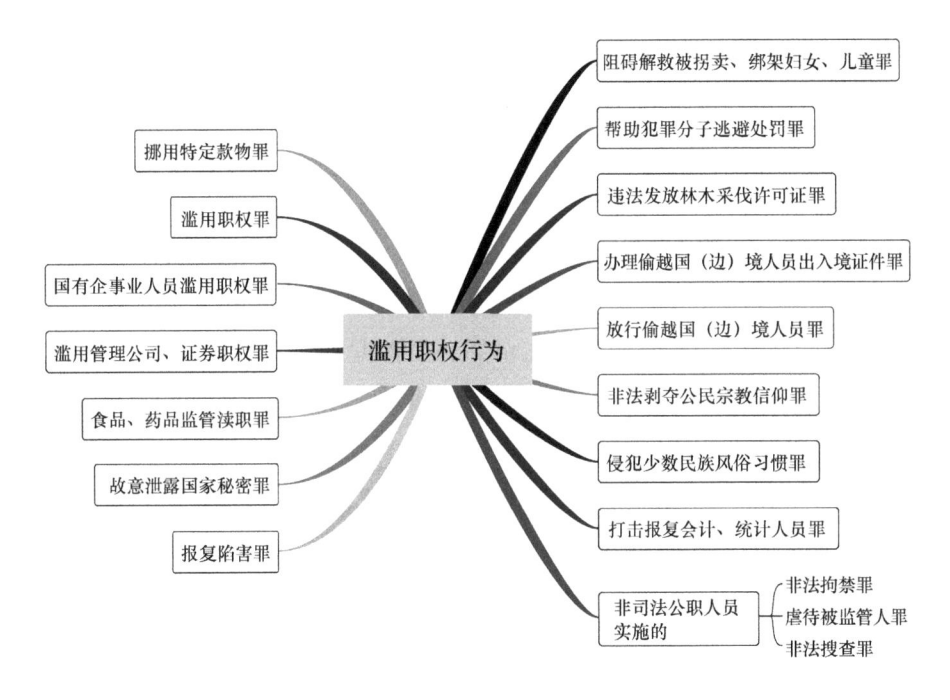

图 2-2 滥用职权罪名

项作出决定或者处理，虽然造成重大损失，但不一定就为自己或他人谋取了不当利益。例如，工商管理部门的工作人员对不符合法律规定条件的公司设立、登记申请，违法予以批准、登记，严重扰乱市场秩序的；金融证券管理机构工作人员对不符合法律规定条件的股票、债券发行、上市申请，违法予以批准，严重损害公众利益，或者严重扰乱金融秩序的；工商管理部门、金融证券管理机构的工作人员对不符合法律规定条件的公司设立、登记申请或者股票、债券发行、上市申请违法予以批准或者登记，致使犯罪行为得逞的；上级部门、当地政府直接负责的主管人员强令登记机关及其工作人员，对不符合法律规定条件的公司设立、登记申请或者股票、债券发行、上市申请予以批准或者登记，致使公共财产、国家或者人民利益遭受重大损失的，但因为没有谋取不当利益，因而不是腐败行为。

故意不履行应当履行的职责，或者说任意放弃职责，这类行为如果

没有收受他人利益和好处，不构成腐败犯罪，例如，食品、药品监管渎职罪。侵犯人身自由和权利的滥用职权行为基本不是腐败，例如，报复陷害罪，非法剥夺公民宗教信仰自由罪，打击报复会计、统计人员罪，以及司法工作人员以外的公职人员利用职权实施的非法拘禁罪、虐待被监管人罪、非法搜查罪。伤风败俗的行为也不是腐败，例如，侵犯少数民族风俗习惯罪。故意泄露国家秘密罪，帮助犯罪分子逃避处罚罪，阻碍解救被拐卖、绑架妇女、儿童罪，虽然是职务犯罪行为，但不是腐败行为。

滥用职权罪。国有公司、企业、事业单位人员滥用职权罪，滥用管理公司、证券职权罪，违法发放林木采伐许可证罪，办理偷越国（边）境人员出入境证件罪，放行偷越国（边）境人员罪，这些行为本身不是腐败，但有时候可能与受贿行为联系在一起，收受他人贿赂后滥用职权，违法发放和办理证照等，因此极有可能与腐败交织在一起。如果腐败犯罪行为与这些滥用职权的行为交织在一起，社会上往往更为关注腐败犯罪，因此有的人就误认为这类行为是腐败犯罪行为。如违法发放林木采伐许可证，同时收受他人的贿赂，这时，社会的关注点往往在受贿上，其实是两种不同的犯罪。

犯罪人有时采用以权谋私、假公济私等方式不正当地履行职责。这种形式的滥用职权行为就构成了腐败，但这时如犯罪性质发生了根本变化，就变成了其他罪名，而不再是滥用职权类的犯罪了。例如，挪用特定款物罪，只能是挪用款物用于其他公用事项。腐败的形成必须以获得不当利益行为的发生，并且获利与权力行使行为之间存在直接关系为条件。挪用特定款物虽然有滥用职权的行为，但因为个人并没有获得不当利益，因而不是腐败。如果挪用特定款物归私人使用，就变成挪用公款罪了。挪用公款罪是行为人利用职务上的便利，挪用公款归个人使用，因而是腐败行为。

三是玩忽职守行为，涉及罪名11个（见图2-3）。玩忽职守是指严重的不负责任，不履行职责或者不正确履行职责的行为，致使公共财产、国家和人民的利益遭受重大损失的行为。玩忽职守可以分为三类行为：其一，失职行为，包括玩忽职守罪，国有公司、企业、事业单位人员失职罪，环境监管失职罪，传染病防治失职罪，商检失职罪，动植物检疫失职罪，失职造成珍贵文物损毁、流失罪。其二，失职被骗行为，包含签订、履行合同失职被骗罪和国家机关工作人员签订、履行合同失职被骗罪两个罪名。其三，不作为和过失行为，有不解救被拐卖、绑架妇女、儿童罪和过失泄露国家秘密罪。玩忽职守犯罪方面的 11 个罪名都是过失犯罪，并没有利用职权谋取不当利益的故意，因而都不是腐败犯罪。但与腐败行为有时也会重叠，例如，国家工作人员在签署合同、商检、动植物检疫等工作中不履行职责，同时收受他人贿赂，但这是两个不同的罪，要作数罪并罚处理。

```
                        ┌─ 玩忽职守罪
                        ├─ 国有公司、企业、事业单位人员失职罪
                        ├─ 环境监管失职罪
              ┌─ 失职行为 ┼─ 传染病防治失职罪
              │         ├─ 商检失职罪
              │         ├─ 动植物检疫失职罪
              │         └─ 失职造成珍贵文物损毁、流失罪
玩忽职守的行为 ┼─ 失职被骗行为 ┬─ 签订、履行合同失职被骗罪
              │              └─ 国家机关工作人员签订、履行合同失职被骗罪
              └─ 不作为或过失行为 ┬─ 不解救被拐卖、绑架妇女、儿童罪
                                └─ 过失泄露国家秘密罪
```

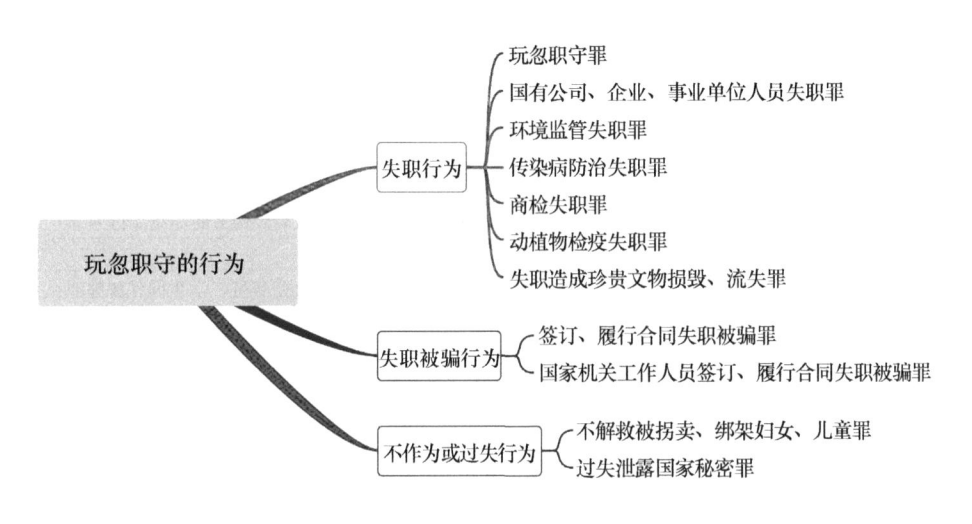

图 2-3　玩忽职守罪罪名

四是徇私舞弊行为，涉及罪名 15 个（见图 2-4）。徇私舞弊行为，如徇私舞弊低价折股、出售国有资产罪，非法批准征收、征用、占用土地罪等，虽然有时候并没有主观上为自己或特定关系人谋取利益，但却造成了他人获得不当利益的事实。有的完全是为了获取非法利益的行为，如非法经营同类营业罪。有的既造成损失又非法获利，

如为亲友非法牟利罪，既可能给国家造成直接经济损失，又可能使其亲友非法获利。有的在犯罪行为实施过程中就存在索取或者收受贿赂的情节，如枉法仲裁罪，商检徇私舞弊罪，动植物检疫徇私舞弊罪，徇私舞弊发售发票、抵扣税款、出口退税罪，放纵走私罪，放纵制售伪劣商品犯罪行为罪，招收公务员、学生徇私舞弊罪，徇私舞弊不移交刑事案件罪，违法提供出口退税凭证罪，徇私舞弊不征、少征税款罪。这15种罪名都利用了职务上的便利和权力，滥用职权或者玩忽职守，或者徇私情为他人、单位等主体谋取利益，或者给国家、集体造成重大经济损失或造成不良影响，让他人事实上获取了不当利益，是对职责义务的严重亵渎和违背，因而都是腐败行为。

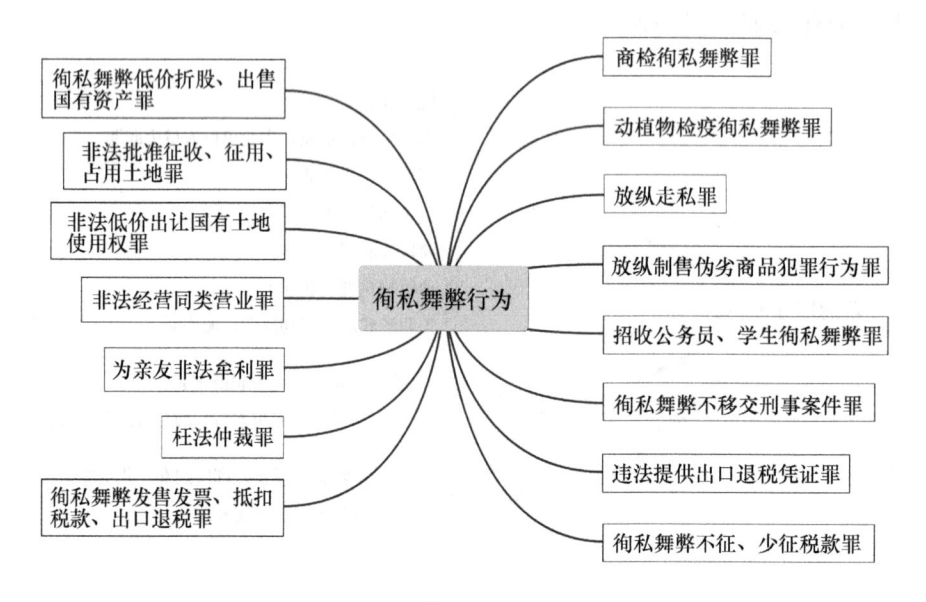

图 2-4 徇私舞弊罪罪名

五是重大责任事故，共12个罪名（见图2-5），包括重大责任事故罪，教育设施重大安全事故罪，消防责任事故罪，重大劳动安全事故罪，强令、组织他人违章冒险作业罪，危险作业罪，不报、谎报安全事故罪，铁路运营安全事故罪，重大飞行事故罪，大型群众性活动重大安全事故罪，危险物品肇事罪，工程重大安全事故罪。重大责任事故犯罪是违反特定注意义务，在生产和作业过程中违反规章制度，在主观方面表现为过失，对造成的后果没有预见，或者轻信可以避免，导致不特定多数人伤亡或物质损毁，不以为自己或者他人谋利为要件，因而不是腐败。但重大责任事故频发多发，往往与腐败行为交织在一起，背后可能存在腐败行为。虽然可以同时对两种行为进行调查，但责任事故罪与腐败犯罪有着明显区别。

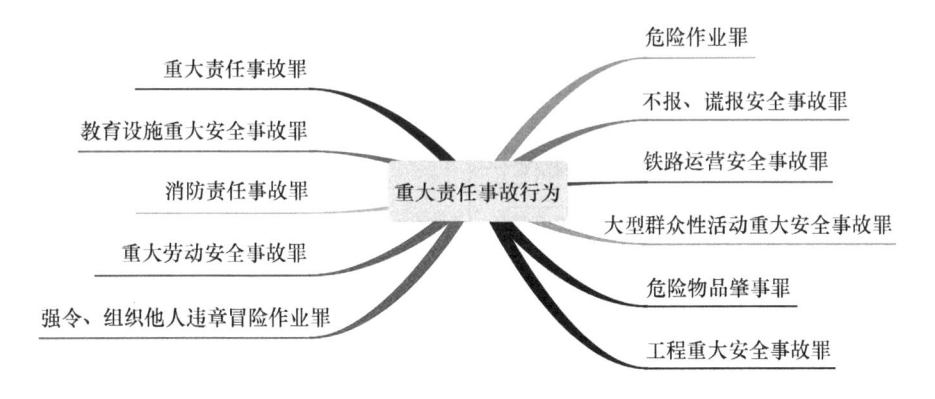

图 2-5　重大责任事故相关罪名

左侧：重大责任事故罪、教育设施重大安全事故罪、消防责任事故罪、重大劳动安全事故罪、强令、组织他人违章冒险作业罪

中心：重大责任事故行为

右侧：危险作业罪、不报、谎报安全事故罪、铁路运营安全事故罪、大型群众性活动重大安全事故罪、危险物品肇事罪、工程重大安全事故罪

六是其他犯罪，共 17 个罪名（见图 2-6），可以分为两大类。其一，不直接涉及金钱等物质利益的 6 个罪名，如破坏选举罪，私自开拆、隐匿、毁弃邮件、电报罪，故意延误投递邮件罪，泄露不应公开的案件信息罪，披露、报道不应公开的案件信息罪，接送不合格兵员罪。在这些罪名中，由于没有谋取不当利益，因此不是腐败行为。但如果在这个过程中，收受贿赂等，则构成受贿罪、行贿罪等腐败犯罪，需要实行数罪并罚。

其二，涉及具体物质利益的罪名 11 个，包括背信损害上市公司利益罪，金融工作人员购买假币、以假币换取货币罪，利用未公开信息交易罪，诱骗投资者买卖证券、期货合约罪，背信运用受托财产罪，违法运用资金罪，违法发放贷款罪，吸收客户资金不入账罪，违规出具金融票证罪，对违法票据承兑、付款、保证罪，非法转让、倒卖土地使用权罪。在这些罪名中，犯罪的客体直接就是具体的利益处理和交易，在运用权力处理这些利益关系时,客观上让本人、利害关系人或者其他人获得不当利益或遭受损失,因而都是腐败。如背信损害上市公司利益罪,可能是采用挪用公司资金,将公司资金以某个人名义或者以其他个人名义开立账户存储等方式实施;利用未公开信息交易罪也有利用职务便利而获取特定信息为自己或他人获得不当利益的行为;金融工作人员购买假币、以假币换取货币罪包含利用职务上的便利,以伪造的货币获得不当利益。

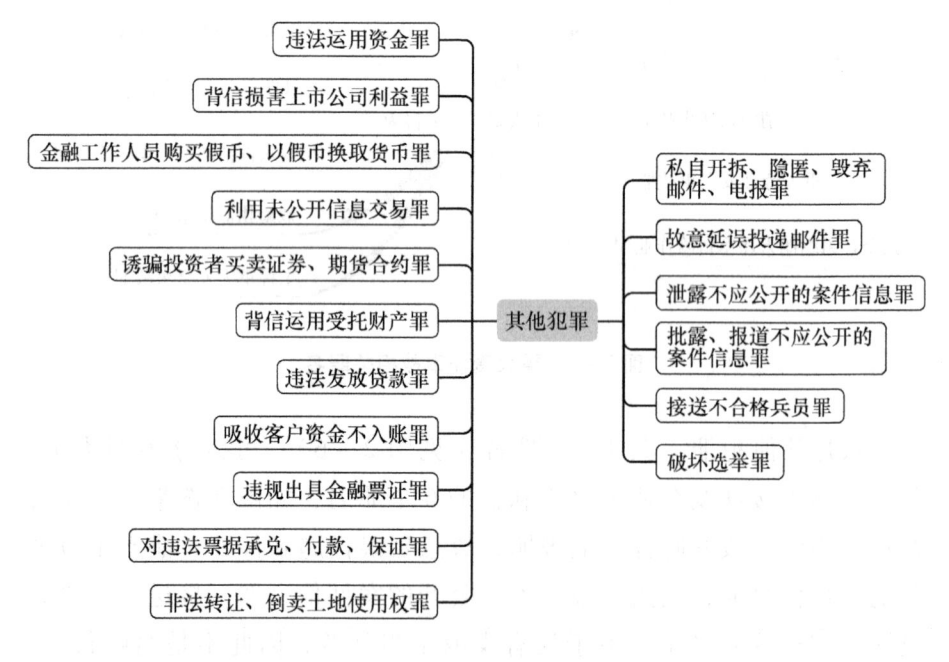

图2-6 其他犯罪

监察机关与检察机关共同管辖的罪名,包括有关司法工作人员渎职侵权的14个罪名(见图2-7)。《关于人民检察院立案侦查司法工作人员相关职务犯罪案件若干问题的规定》对14个罪名规定检察机关"可以立案侦查",同时根据《国家监察委员会管辖规定(试行)》第二十一条:"在诉讼监督活动中发现的司法工作人员利用职权实施的侵犯公民权利、损害司法公正的犯罪,由人民检察院管辖更为适宜的可以由人民检察院管辖。"因此，从理论上讲监委对检察院可以立案的14个罪名也有管辖权。这14个罪名属于"滥用职权罪"或"玩忽职守罪"，虽然滥用权力或者没有履行职责，但并没有谋取利益，因此并不是腐败。如果因为私利而滥用职权或者不履职尽责造成了严重后果，则是腐败，但需要依据其他罪名进行处理。

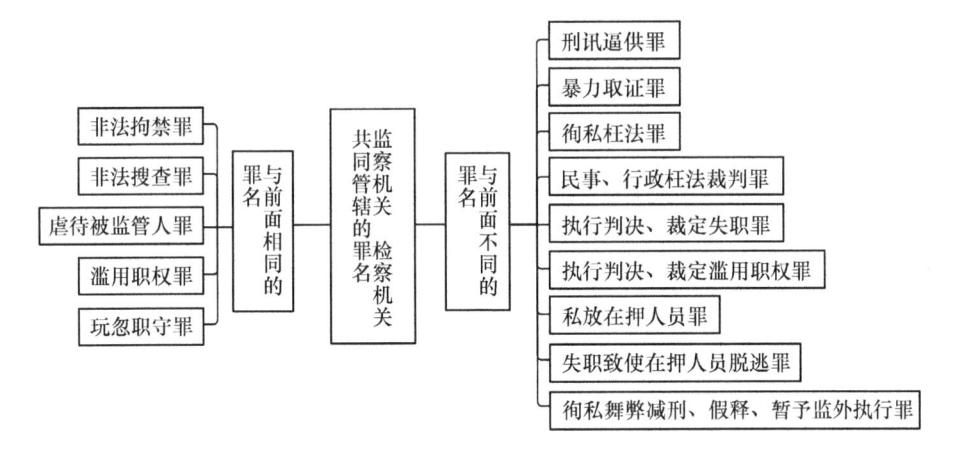

图2-7 监察机关、检察机关共同管辖的罪名

监察机关与检察机关、公安机关共同管辖的罪名。监委与检察机关、公安机关共同管辖的罪名有12个，包括徇私枉法罪（刑法第三百九十九条第一款），民事、行政枉法裁判罪（第三百九十九条第二款），执行判决、裁定失职罪（第三百九十九条第三款），执行判决、裁定滥用职权罪（第三百九十九条第三款），私放在押人员罪（第四百条第一款），失职致使在押人员脱逃罪（第四百条第二款），徇私舞弊减刑、假释、暂予监外执行罪（第四百零一条），国家机关工作人员利用职权实施的非法拘禁罪（第二百三十八条），国家机关工作人员利用职权实施的非法搜查罪（第二百四十五条），刑讯逼供罪（第二百四十七条），暴力取证罪（第二百四十七条），虐待被监管人罪（第二百四十八条）。这些犯罪行为均不符合腐败的必要条件，因而都不是腐败。犯罪嫌疑人实施了徇私舞弊、玩忽职守、滥用职权犯罪，同时还收受他人贿赂，犯罪行为存在交织重叠，这是实践中经常

遇到的问题,但这两类犯罪互为独立,应根据刑法分则中的不同规定进行数罪并罚。例如,2001年《最高人民法院刑事审判第一庭庭长会议关于被告人受贿后徇私舞弊为服刑罪犯减刑、假释的行为应定一罪还是数罪的研究意见》就认为,被告人受贿后徇私舞弊为服刑犯减刑、假释的行为,同时符合受贿罪和徇私舞弊减刑、假释罪的犯罪构成,应当认定为受贿罪和徇私舞弊减刑、假释罪,实行两罪并罚。

从《中华人民共和国刑法》分则规定和《中华人民共和国监察法实施条例》我们可以看出,尽管监委管辖的罪名很多,但真正属于腐败行为的较少,主要集中在贪污贿赂、徇私舞弊、其他三大类犯罪之中。非常明显具有腐败特征的罪名,贪污贿赂类有17个,徇私舞弊类有14个,其他类中有11个。

但腐败并不仅仅局限于以上几类罪名中,在其他罪名之下也有一些行为属于腐败,例如内幕交易罪,股票、证券交易内幕信息的知情人员,在股票、证券的发行、交易等有重大影响的信息尚未公开前,买入或者卖出该股票、证券,或者从事与该内幕信息有关的期货交易,都是滥用职权获取不当利益的腐败行为。

二 《中国共产党纪律处分条例》中规定的腐败

只有性质比较严重的行为才需以刑罚的方式进行处理,因此犯罪有严格的立案和量刑标准。腐败按照行为严重程度不同,有的可能构成犯罪。但腐败并不完全以犯罪作为必要条件,不是犯罪但是违法或者违纪的行为也可能是腐败。

《中国共产党纪律处分条例》适用于所有违犯党纪应当受到党纪责任追究的中共党组织和党员。2023年修订后的《中国共产党纪律处分条例》规定了违反政治纪律、组织纪律、工作纪律、廉洁纪律、群众纪律、生活纪律六大纪律的行为及其处分。与腐败相关的主要是第八章规定了违反廉洁纪律的行为,但在其他违反纪律的行为中,也有一些属于腐败行为。例如,《中国共产党纪律处分条例》第七章第八十六条规定，在干部、职工的录用、考核、职务职级晋升、职称评聘、荣誉表彰、授予学术称号和征兵、安置退役军人等工作中，利用职权或者职务上的影响违反有关规定为本人或者其他人谋取利益的行为。但绝大部分腐败行为与违反廉洁纪律有关。例如该条例第九十四条至第九十六条规定的三种利用职权或影响力谋取利益的行为均违反了清正廉洁的要求，都应是腐败行为：一是直接利用行为，即利用职权或者职务上的影响为配偶、子女及其配偶等亲属和其他特定关系人谋取利益或提供帮助谋取利益，或者为他人谋取利益，本人的配偶、子女及其配偶等亲属和其他特定关系人收受对方财物。二是相互利用行为，即相互利用职权或者职务上的影响为对方及其配偶、子女及其配偶等亲属、身边工作人员和其他特定关系人谋取利益搞权权交易的。搞权色交易是腐败行为，然而，给予财物搞钱色交易的行为虽然是违纪行为，但不一定是腐败行为，如嫖娼行为。三是纵容默许行为，即纵容、默许配偶、子女及其配偶等亲属、身边工作人员和其他特定关系人利用党员干部本人职权或者职务上的影响谋取私利。配偶、子女及其配偶等亲属和其他特定关系人不实际工作而获取薪酬，或者虽实际工作但领取明显超出同职级标准薪酬，党员干部知情未予纠正的。第一百零六条规定的从事经营活动谋取利益；离职或者退（离）休后利用原职权或者职务上的影响，为他人谋取利益，为配偶、子女及其配偶等亲属和其他特定关系人收受对方财物的行为，也属于腐败。

《中国共产党纪律处分条例》第九十七条至第一百零一条规定了多种贿赂行为，也都是腐败行为：一是收受可能影响公正执行公务的礼品、礼金、消费卡（券）和有价证券、股权、其他金融产品等财物；二是收受其他明显超出正常礼尚往来的财物的；三是向从事公务的人员及其配偶、子女及其配偶等亲属和其他特定关系人赠送明显超出正常礼尚往来的礼品、礼金、消费卡（券）和有价证券、股权、其他金融产品等财物；四是以讲课费、课题费、咨询费等名义变相送礼；五是接受、提供可能影响公正执行公务的宴请或者旅游、健身、娱乐等活动安排；六是影响公正执行公务的违规借用行为。如借用管理和服务对象的钱款、住房、车辆等，或者通过民间借贷等金融活动获取大额回报，可能影响公正执行公务。

对于以上两类腐败行为在实践中与违法犯罪的处理并不相同，在表述上也不同。《中国共产党纪律处分条例》将金钱表述为礼金，收受可能影响公正执行公务的礼金、向从事公务的人员及其配偶、子女及其配偶等亲属和其他特定关系人赠送明显超出正常礼尚往来的礼金，可能是违纪而不是违法行为。根据《中国共产党纪律处分条例》第四十三条第一款的规定，对于违纪行为所获得的经济利益，应当收缴或者责令退赔。违规收送的礼金由纪检监察机关收缴上交本地财政，而不用移送司法机关经过判决收缴国库。因此，在实践中，有的纪检监察机关出于地方利益考虑，将一些构成腐败犯罪的行为作为违纪来处理，并没有移送司法机关处理，在统计上将其作为违反中央八项规定精神的作风问题来统计，在"四种形态"①统计中作为第一种至第三种形态处理，而不是作为第四种形态处理。但从性质上而言，党员干部违规收受和赠送金钱以及其他财物和利益的行为，都是利用权力获取不当利益的行为，虽然具有违纪、违法、犯罪程度上的差异，但本质上都是腐败行为。将"四种形态"处理的数据或者违反中央八项规定精神的统计数据作为腐败的数据来对待，会将很多不是腐败的行为算作腐败。

在违反廉洁纪律的行为中，有的并不是腐败行为。例如利用职权或

---

① 2021年12月24日，中共中央发布的《中国共产党纪律检查委员会工作条例》第三十一条第二款规定："坚持把监督作为基本职责，抓早抓小、防微杜渐，综合考虑错误性质、情节后果、主观态度等因素，依规依纪依法、精准有效运用监督执纪'四种形态'：（一）党员、干部有作风纪律方面的苗头性、倾向性问题或者轻微违纪问题，或者有一般违纪问题但具备免予处分情形的，运用监督执纪第一种形态，按照规定进行谈话提醒、批评教育、责令检查等，或者予以诫勉。（二）党员、干部有一般违纪问题，或者违纪问题严重但具有主动交代等从轻减轻处分情形的，运用监督执纪第二种形态，按照规定给予警告、严重警告处分，或者建议单处、并处停职检查、调整职务、责令辞职、免职等处理。（三）党员、干部有严重违纪问题，或者严重违纪并构成严重职务违法的，运用监督执纪第三种形态，按照规定给予撤销党内职务、留党察看、开除党籍处分，同时建议给予降职或者依法给予撤职、开除公职、调整其享受的待遇等处理。（四）党员、干部严重违纪、涉嫌犯罪的，运用监督执纪第四种形态，按照规定给予开除党籍处分，同时依法给予开除公职、调整或者取消其享受的待遇等处理，再移送司法机关依法追究刑事责任。"

者职务上的影响操办婚丧喜庆事宜，在社会上造成不良影响的。大操大办如果没有收受他人礼金等财物，也是违纪行为，因为廉洁不仅指不搞腐败，奢侈浪费虽然不是腐败行为，但也是不廉洁的表现。如果利用职权或者职务上的影响大操大办收受了他人财物，那就可能是受贿行为，就构成了腐败。违反有关规定取得、持有、实际使用运动健身卡、会所和俱乐部会员卡、高尔夫球卡等各种消费卡（券），或者违反有关规定出入私人会所，情节较重或严重，不一定就构成腐败，但有悖于艰苦奋斗、吃苦在前、享受在后的党员义务和艰苦朴素的优良传统，如果情节严重，性质恶劣，也要受到纪律处分。但受到纪律处分或者政务处分的行为并不都是腐败行为。将受到党纪政务处分的人员都作为腐败分子统计，那是对腐败定义的严重扭曲。

有的行为是利益冲突行为，如果不进行限制，极有可能导致腐败行为的发生。在实践中很多的腐败行为往往都是因为党员干部违反规定参与和从事经济活动造成的。但这些行为与腐败具有区别。如违反规定经商办企业、拥有非上市公司（企业）的股份或者证券、买卖股票或者进行其他证券投资、从事有偿中介活动、在国（境）外注册公司或者投资入股或其他违规从事营利活动的行为。如果没有利用权力和影响力，虽然违纪但不构成腐败。如果利用决策、审批过程中所掌握的权力、信息等参与或从事营利活动获得不当利益则构成腐败。

还有一种利益冲突行为就是后职务行为，如党员领导干部离职或者退（离）休后违反有关规定接受原任职务管辖的地区和业务范围内或者与原工作业务直接相关的企业和中介机构等单位的聘用，或者个人从事与原任职务管辖业务或者与原工作业务直接相关的营利活动，担任上市公司、基金管理公司独立董事、独立监事等职务。这类违纪行为可能会构成腐败，但与腐败行为也有区别。腐败行为是已经发生的利用权力谋取不当利益的行为，但后职务行为违背了职业操守，产生可能存在腐败或其他违规违法行为的嫌疑，因而要予以防范。

有的利益冲突行为是违反回避制度规定的行为，如党员领导干部的配偶、子女及其配偶，违反有关规定在该党员领导干部管辖的地区和业务范围内从事可能影响其公正执行公务的经营活动，或者有其他违反经商办企业禁止规定行为的。这种行为尚未构成腐败，因为并未利用党员领导干部的职权或者影响力，但容易产生腐败，因此要求党员领导干部应当按照规定予以纠正，本人应当辞去现任职务或者由组织予以调整职务；不辞去现任职务或者不服从组织调整职务的，就构成违纪，但不构成腐败。

在违反廉洁纪律的行为中很多是违反中央八项规定精神的行为，在这些行为之中，相当一部分属于腐败行为，例如，违反工作、生活保障制度，在交通、医疗、警卫等方面为本人、配偶、子女及其配偶等亲属和其他特定关系人谋求特殊待遇；利用职权或者职务上的影响，侵占非本人经管的公私财物，或者以象征性地支付钱款等方式侵占公私财物，或者无偿、象征性地支付报酬接受服务、使用劳务；利用职权或者职务上的影响，将应当由本人、配偶、子女及其配偶等亲属、身边工作人员和其他特定关系人个人支付的费用，由下属单位、其他单位或者他人支付、报销；利用职权或者职务上的影响，违反有关规定占用公物归个人使用，时间超过六个月，或占用公物进行营利活动，或将公物借给他人进行营利活动；违反有关规定组织、参加用公款支付的宴请、娱乐、健身活动，或者用公款购买赠送或者发放礼品、消费卡（券）等；违反有关规定自定薪酬或者滥发津贴、补贴、奖金、福利等；公款旅游或者以学习培训、考察调研、职工疗养、学习研讨、招商参展等为名变相公款旅游，或者改变公务行程，参加所管理企业、下属单位组织的考察活动，借机旅游；违反公务接待管理规定，超标准、超范围接待或者借机大吃大喝；违反有关规定配备、购买、更换、装饰、使用公务交通工具或者有其他违反公务交通工具管理规定的行为；在分配、购买住房中侵犯国家、集体利益。

因为党内法规、国家法律和制度等规范性文件至今没有对腐败作出明确清晰的规定，某种行为是否构成腐败，需要结合具体的情形来判断。违反规定的行为并不完全都是腐败行为。例如，同样是违反办公用房管理等规定，有的是腐败行为，有的则不是腐败行为。违规决定或者批准兴建、装修办公楼、培训中心等楼堂馆所，属于违规决策或审批，如果没有谋取私利，则不是腐败。但违规超标准配备、使用办公用房，用公款包租、占用客房或者其他场所供个人使用，则是利用自己的职权、地位和影响，给自己带来了利益和好处，因此是腐败行为。违反中央八项规定精神的行为中经常涉及金钱支出，很多都是腐败行为，但有的也不是腐败行为。例如，违反会议活动管理规定，到禁止召开会议的风景名胜区开会；决定或者批准举办各类节会、庆典活动；擅自举办评比达标表彰活动、创建示范活动或者借评比达标表彰、创建示范活动收取费用的。这些行为都没有谋取不当利益，因而不是腐败行为。

同一种行为，因为行为构成要件不同而性质不一样，例如，参加宴请活动，如果以普通人的身份参加同学、战友、亲友举办的宴请，是正常的生活，不构成腐败；如果接受、提供可能影响公正执行公务的宴请，例如接受管理和服务对象安排的宴请，没有谋取不当利益，属于利益冲突行为，可能违反纪律处分条例的规定，但不是腐败；如果接受他人宴请谋取不当利益，则是腐败行为。违规组织、参加用公款支付的宴请，例如，组织私人聚餐，虽然私人自带酒水，但却用公款报销了菜钱，也是一种腐败，让公家遭受了经济损失，私人得到了便宜和好处。例如，公务接待标准规定中餐和晚餐人均消费不得超过50元，不能上烟酒，但10个人吃喝花了几千元，违规消费高档香烟和酒，这种违规超标准、超范围接待或者借机大吃大喝的行为，就是腐败行为。

三 《中华人民共和国公职人员政务处分法》中规定的腐败

《中华人民共和国公职人员政务处分法》第二十八条至第四十一条规定了需要给予政务处分的违法行为。在这些行为中，有的并不是腐败行为，例如该法第二十八条规定的违反政治规定的行为；不按照规定请示、报告重大事项，个人有关事项隐瞒不报，篡改、伪造本人档案资料的行为（第二十九条）；违反民主集中制原则，个人或者少数人决定重大事项，拒不执行、擅自改变集体作出的重大决定，拒不执行或者变相不执行、拖延执行上级依法作出的决定、命令的行为（第三十条）；违规出境或者办理因私出境证件的行为，违规取得外国国籍或者获取境外永久居留资格、长期居留许可的行为（第三十一条）；诬告陷害他人，对依法行使批评、申诉、控告、检举等权利的行为进行压制或者打击报复（第三十二条第三、四款）；利用宗族或者黑恶势力等欺压群众，或者纵容、包庇黑恶势力活动的行为（第三十七条）；第三十九条第二款至第六款规定的"不履行或者不正确履行职责，玩忽职守，贻误工作的"，"工作中有形式主义、官僚主义行为"，"工作中有弄虚作假、误导、欺骗行为"，"工作中有弄虚作假，误导、欺骗行为"，"泄露国家秘密、工作秘密，或者泄露因履行职责掌握的商业秘密、个人隐私的"；第四十条规定的违背社会公序良俗、参与或者支持迷信活动、拒不承担赡养抚养扶养义务、实施家庭暴力、虐待遗弃家庭成员、参与黄赌毒等严重违反家庭美德、社会公德的行为。这些行为都是违法行为，但并不是腐败行为。

但有的行为可能是腐败行为，也可能不构成腐败行为。例如，破坏选举的行为，需要根据所采用的手段和方式来具体判断。如果以暴力、威胁、欺骗方式破坏选举，则不构成腐败。但如果采用贿赂方式破坏选举，则是腐败行为。在农村选举中，有的竞选人用粮油米面等方式拉票贿选，在衡阳、南充、辽宁贿选案中，竞选人用自己的钱或者公款贿赂具有投票权的人大代表或党代表，这些都是腐败行为。在选拔任用、录用、聘用、考核、晋升、评选等干部人事工作中违反有关规定（第三十二条第一款），判断这种行为是否构成腐败，还需要看具体的行为方式和结果，如果采用行贿、受贿的方式违反干部人事工作规定，就构成了腐败。如果没有使用权力，采用伪造、请人说情、泄露秘密等方式违反规定，则不构成腐败。弄虚作假骗取职务、职级、衔级、级别、岗位和职员等级、职称、待遇、资格、学历、学位、荣誉、奖励或者其他利益（第三十二条第二款），虽然获得了不当利益，还得看是否利用了权力。如果利用权力实施以上行为，就构成腐败。违反规定从事或者参与营利性活动，或者违反规定兼任职务、领取报酬的行为（第三十六条），要看行为人是否利用了权力。如果没有利用权力参与营利活动，如拥有某个企业的股权，但与这个公司没有任何的利益关系。有的利用自己的专长但不利用自己的职权或影响兼任一些职务、领取报酬。在这种情况下，必须按照规定履行请示、公示、批准的程序，否则就是违规行为，虽然不是腐败，但却是违法行为。从查处的违纪违法案件来看，从事或者参与营利性活动，或者违反规定兼任职务、领取报酬的行为很多都是利用自己的权力或影响力，在这种情况下，既是违法行为，也是腐败行为。该法第三十九条规定，"滥用职权，危害国家利益、社会公共利益或者侵害公民、法人、其他组织合法权益"，滥用职权，纯粹只是危害了公共和他人利益，可能不是腐败，但如果谋取不当利益，就构成了腐败。

有的行为则明显是腐败行为，如该法第三十三条第一款规定的三种行为：贪污贿赂，利用职权或者职务上的影响为本人或者他人谋取私利；纵容、默许特定关系人利用本人职权或者职务上的影响谋取私利。该法第三十八条第一款"违反规定向管理服务对象收取、摊派财物"，第二款"在管理服务活动中故意刁难、吃拿卡要"，这些都是比较明显的腐败行为。

违反中央八项规定精神的行为很多也是腐败行为，但有的不明显，在认定时可能存在争议。例如，该法第三十五条第一款"违反规定设定、发放薪酬或者津贴、补贴、奖金的"行为，有时领导决策设定或发放津补贴完全出于公心，自己并没有得到一分钱，但这也是腐败行为。因为这种行为是违反规定的，领导利用自己的职权让他人得到不当利益。"违反规定，在公务接待、公务交通、会议活动、办公用房以及其他工作生活保障等方面超标准、超范围的"（第三十五条第二款），

"违反规定公款消费的"（第三十五条第二款）也一样是腐败行为。

有的属于利益冲突的行为，可能构成腐败，但还不能确定就是腐败，例如，该法第三十四条规定的收受可能影响公正行使公权力的礼品、礼金、有价证券等财物，向公职人员及其特定关系人赠送可能影响公正行使公权力的礼品、礼金、有价证券等财物，或者接受、提供可能影响公正行使公权力的宴请、旅游、健身、娱乐等活动安排。还有一种是违反回避规定的行为，如特定关系人违规任职、兼职或者从事经营活动（第三十三条第二款），如果领导干部拒不按照规定纠正，且不服从职务调整的，就构成违法行为，要受到政务处分或纪律处分，但这个行为是利益冲突行为，有可能成为腐败，但尚未发展成为腐败。

腐败行为散布在刑法等法律规定之中，虽然纪检监察机关、司法机关公布了一些数据，但没有任何一个机关的统计是专门针对腐败的。因此使用这些实务部门的数据来测量和分析中国的腐败的时候，必须特别谨慎和小心，因为所有数据都是不完整的，有的涵盖范围过宽，将不是腐败的行为包含其中，有的则涵盖范围过窄，漏掉一些腐败行为。

四 香港特区廉政公署受理调查的行为

香港特区廉政公署是专门的反腐败机构，也没有关于腐败的专门规定，一般用"贪污"一词来形容腐败。香港特区廉政公署官方网站专门介绍了廉署的法定权力："贪污授受相悦，是一种非常隐蔽的罪行，要进行调查并在法院内把犯案者定罪是非常困难的事。因此，廉署获以下三条法例赋予广泛调查权力，以打击贪污。它们分别是《廉政公署条例》《防止贿赂条例》及《选举（舞弊及非法行为）条例》。"[①]《廉政公署条例》规定廉政专员的职责是代表行政长官受理有关贪污行为的投诉，并在其认为切实可行的范围内进行调查。根据该条例，廉政公署可以调查的罪行包括以下几类：

[①] 香港廉政公署官方网站（https://www.icac.org.hk/sc/about/power/index.html）。

1. 任何涉嫌或者被指称违犯《廉政公署条例》规定的罪行；

2. 任何涉嫌或者被指称违犯《防止贿赂条例》（第201章）规定的罪行；

3. 任何涉嫌或者被指称违犯《选举（舞弊及非法行为）条例》（第554章）所规定的罪行；

4. 任何涉嫌或者被指称是由规定人员通过不当使用职权而实施的勒索罪；

5. 任何涉嫌或者被指称串谋违犯《防止贿赂条例》（第201章）所规定的罪行；

6. 任何涉嫌或者被指称串谋违犯《选举（舞弊及非法行为）条例》（第554章）所规定的罪行；

7. 任何涉嫌或被指称是由2人以上通过规定人员不当使用职权共谋实施的勒索罪。[1]

廉政公署根据这三部条例的授权可以调查的犯罪行为，并不都是腐败行为。在以上七类罪行中，一些行为是典型的腐败，如《防止贿赂条例》规定的廉政公署可以调查的公务员、公共机构及私营机构雇员涉及的贿赂和贪污罪行。《廉政公署条例》授权廉政公署调查包括法定人员涉嫌滥用职权而触犯的勒索罪，以及调查任何与贪污有关联或会助长贪污的规定人员的行为。但有的并不是腐败行为，例如，《廉政公署条例》规定的任何人抗拒或妨碍廉署人员执行职责、向廉署人员作虚假报告、冒充廉署人员等行为。

《选举（舞弊及非法行为）条例》规定了舞弊行为和非法行为，其中有些是腐败行为，有些并不是腐败行为。在选举中的舞弊行为，有的采用有物质利益关联的手段或方式，例如，提供利益给另一人以作为该人或第三人在选举中参选或不参选、撤回接受提名、不尽最大努力促使当选的诱因、报酬，贿赂选民或其他人，不当运用选举捐赠，受贿

---

[1] 参见《廉政公署条例》（第204章）法例原文，https：//www.elegislation.gov.hk/hk/cap204！zh-Hant-HK。

撤回选举呈请或选举上诉,这些明显都是腐败行为。然而,有的虽是为了达到一定的目的,但没有采用存在物质利益关联的舞弊手段,而是对候选人或准候选人使用或威胁使用武力或胁迫手段,欺骗选民或妨碍选举,选举中冒充另一人,选举投票舞弊,销毁或污损选票、提名书,提交虚假或具误导性的选举申报书。这些虽然不是腐败行为,但廉政公署都可以进行调查。

选举中的非法行为,如让不是候选人也不是选举开支代理人的人产生选举开支,候选人选举开支超过规定限额,这些具有经济利益关联的行为都可能存在腐败。发布虚假陈述指某人是或不是候选人、发布关于候选人的虚假或具误导性的陈述、发布选举广告假称获支持、在选举期间借公开活动煽动另一人不投票或投无效票等扰乱选举秩序的行为并不是腐败,但这些行为廉政公署都可以进行调查。例如,廉政公署曾控告周荣达于2021年在立法会换届选举(立法会选举)期间,在其个人社交媒体专页上展示两则帖文,并分享有关帖文至其他社交媒体专页,煽惑他人在该选举中投无效票,违反《选举(舞弊及非法行为)条例》第27A(1)条。2022年5月4日,周荣达在西九龙裁判法院被判入狱两个月,缓刑两年。①

其实,除了以上三部条例之外,香港特区廉政公署根据《刑事罪行条例》还受理调查一些其他犯罪行为。例如,提供虚假资料欺骗政府机构的行为,在香港特区可被作为贪污行为处理。下面两个香港特区廉政公署官方网站于2022年5月公布的案例将有助于我们理解这种特殊的贪污行为。廉政公署起诉路政署分包商华丰工程有限公司(华丰)前路网联络经理助理徐嘉键违反普通法,串谋诈骗路政署,在向署方呈交道路巡察报告时,附上日期遭虚假更改的照片。路政署向廉政公署转交贪污投诉。2022年5月4日,徐嘉键被判入狱六个月。② 又

---

① 《遭廉署起诉煽惑他人立法会选举投无效票违反选举条例男子今判刑》(https://www.icac.org.hk/sc/press/index_ id_ 1320.html)。

② 《路政署分判商前雇员呈交虚假道路巡察报告遭廉署起诉判囚六个月》(https://www.icac.org.hk/sc/press/index_ id_ 1321.html)。

如宏昌铝钢工程有限公司（宏昌）唯一董事及股东杨泽波违反《刑事罪行条例》第七十一条，在政府资助小学的验窗及窗户修茸工程中，伪造报价文件诱使该校职员接受它们为真文书，被廉政公署以贪污行为调查。[①]

新加坡贪污调查局与我国香港特区廉政公署的职能非常近似，也采用职责法定的方式。职责和权限主要由两部法律确定：一是1960年6月17日颁布的《1960年防止腐败法》（PCA）；二是1992年颁布的《腐败、贩毒和其他严重犯罪（没收利益）法》（CDSA）。前者惩处腐败犯罪，后者惩治犯罪洗钱，并允许国家没收腐败利益。新加坡的腐败被广泛定义为提供贿赂（bribe）以换取好处（favour）。贿赂可以是货币形式或非货币形式，包括金钱、礼物、贷款、酬金（fees）、回扣（rewards）、手续费（commissions）或其他任何财产性权益（property of any description）；任何职位（office）、聘用（employment）或合同；任何贷款、义务或其他责任的支付、免除、偿还或清偿；任何其他服务、优惠或偏袒；任何满足人偏好和愉悦的要约、保证（undertaking）或承诺（promise）。[②]

从以上的分析我们可以看出，新加坡对腐败的定义作了法律上的严格限定。中国香港和内地对腐败都没有明确的界定，但不论是纪委监委还是廉政公署，都是严格按照效力层级较高的规范性文件调查处理特定的行为，而不是自己制定职责，无边际地扩大自己的权力范围。但从比较中可以看出，中国内地纪委监委承担的调查职权比我国香港特区廉政公署和新加坡贪污调查局更大，职能覆盖范围更广，不仅仅包括对刑法中101个罪名及其公职人员实施的其他相关罪名具有审查调查的权力，而且对于违反政务处分法及其相关法律的行为，以及违反党规党纪的行为进行调查处理。香港特区廉政公署主要限于

[①]《廉署调查贪污揭窗户维修承办商就学校工程伪造报价文件》（https：//www.icac.org.hk/sc/press/index_ id_ 1316. html）。

[②]《1960年防止腐败法》，新加坡贪污调查局（The Corrupt Practices Investigation Bureau）网站（https：//www.cpib.gov.sg/about-corruption/legislation-and-enforcement/prevention-of-corruption-act/）。

《廉政公署条例》等三个条例规定的职责，并且这三个条例授予廉政公署可以调查的犯罪非常有限，罪名数量并不多，因此其所承担的任务相对窄狭。新加坡贪污调查局根据《1960年防止腐败法》和《腐败、贩毒和其他严重犯罪（没收利益）法》行使权力，主要调查贿赂犯罪行为。如果将反腐败调查机构查处的所有行为都作为腐败程度测量的客观数据，那么，很明显，承担职责任务越多，开展的调查就越多，处分的人就会越多，"腐败"的数字就越大，大家就认为腐败越严重。反腐败机构承担的职责任务不同，决定其调查案件数量的多少。如果不看反腐败机构的职责权限，也不辨别反腐败机构调查的行为是否属于腐败，而是仅仅根据其公布的立案调查和处理的案件数量或者处分的人数来测量腐败，得出的结论必然会与实际相差很大。被大家视为"反腐败机构"的组织的职责并不一样，这是由不同国家和地区的历史和现实所决定的。但世界上并没有绝对纯粹的反腐败机构，也就是说，只干反腐败一件事情的机构并不存在。除了反腐败之外，这些机构还承担着其他任务和职责。但除反腐败之外的职责和任务范围，各个国家和地区之间有很大的区别。一般来说，对于任务型或者使命型政府而言，政府部门承担着更多的社会管理职责和任务，因而要求反腐败机构不仅仅调查腐败犯罪行为，同时还要承担其他违纪违法行为的调查，以保障政策、命令、决定等得到较好的执行。严格来说，这些机构就不是严格意义上的反腐败机构，而是拥有更多职责和使命、扮演监督保障执行等多种角色的多功能机构。反腐败仅仅是其中的一项职能，并且是一项虽然重要但可能投入时间和精力并不是最多的任务。在其调查处理的所有违纪违法行为之中，腐败占的比例可能非常低。但国际机构、学术界在进行全球性或区域性腐败或反腐败比较的时候，经常忽视这个重要问题，将这些具有多功能的机构查处的所有违反规范性文件的行为都算作腐败。这样就在事实上有意识或者无意识地夸大了某个国家或者地区腐败的严重程度。并且这类机构承担的职责越多，任务越重，其所在国家或地区腐败被夸大的程度就越深。这就是有些学者无法正确解释有的国家和地区经济持续快速发展与"腐败严重"并行的重要原因。这些看似腐败严重的国家和地区，其实，腐败程度被人们严重高估了，其中一个重要的原因就在于对这些国家从事反腐败工作的机构所公开发布的数据解读和阐释出现了错误或偏差，将大量不是腐败的行为都算作了腐败，然后将其纳入各种模型中进行分析。有的虽然费力不少，但因为基础数据存在严重问题，得出的结论必然与事实不符，甚至完全相反。另外，还有一个严重的问题，就是世界各国各地区对腐败标准的掌握是不一样的，有的只有罪与非罪的区别，很多国家和地区就是如此。但中国除了罪与非罪之外，还有法与非法、纪与非纪的标准。在罪、法、纪三个层面的腐败都进行了规定。没有构成犯罪的贪污贿赂行为，在很多国家可能就不会受到处罚，也就不是腐败行为，但中国还可以利用《中华人民共和国公职人员政务处分法》《行政机关公务员处分条例》等法律法规对没有构成犯罪的贪污贿赂等进行处罚，将其作为腐败处理和对待。没有构成犯罪和违法的行为，还可能违反了党规党纪，也可能是腐败。有时一个人贪污贿赂会同时构成犯罪、违法和违纪，可能受到开除党籍纪律处分、开除公职政务处分甚至还会被判处刑罚。犯罪、违法、违纪的腐败行为，其实是轻重程度各不相同的腐败行为，但都会被各个纪检监察机关统计进其信访举报、问题线索处置、立案审查调查等表格之中，逐级上报到中央纪委国家监委形成统一的数据，然后以工作报告等形式向社会公开或发布。观察中国纪检监察机关发布的统计数据，我们就会发现，纪检监察机关查处的构成职务犯罪的案件数量是比较少的，全国每年有 2 万人左右，如 2021 年只有 1.8 万人。也就是说，性质严重构成犯罪的腐败，按照中国 14 亿多人口计算，人均腐败犯罪比例并不高。大多是因为违纪违法而受到组织处理和处分，尤其是给予第一种形态处理的占总人次的 70%。如果将四种形态的所有数据加总起来，其数量是惊人的，达到 212.5 万人次，可能比很多国家的总人口数量还多。但大多数人的行为情节轻微,社会危害程度较小。涉案金额上百万元、千万元甚至上亿元的腐败分子毕竟是极少数。如果不考虑这种行为的分层性,而仅仅看数据总量,将性质严重恶劣的腐败与情节轻微的违反中央八项规定精神的公款吃喝、公款送礼、公款旅游等违纪行为等同看待,就会觉得腐败非常严重。中国具有自己特殊的国情,中国的反腐败也具有自己的特殊性,统计数据上在犯罪、违法、违纪上的分层性就是其他国家和地区不具有的特性。

全国纪检监察机关共接收信访举报386.2万件次,其中检举控告类135万件次。运用"四种形态"批评教育帮助和处理212.5万人次,其中,运用第一种形态谈话函询、提醒批评148.7万人次,占总人次的70%;运用第二种形态给予轻处分、组织调整49.4万人次,占23.2%;运用第三种形态给予重处分、职务调整7万人次,占3.3%;运用第四种形态处理严重违纪违法、触犯刑律的7.4万人次,占3.5%,其中涉嫌职务犯罪、移送检察机关的1.8万人,因其他犯罪被开除党籍、开除公职的5.6万人。[①]

五 关于腐败数据的统计与分析

什么是腐败的问题的解决为测量或者评估腐败程度打下了一个很好的基础。但我们还必须清楚腐败统计的具体过程和方法。因为即便按照同样的定义进行统计,如果操作的方法和程序不同,最后的数据极有可能是不一样的。因为定义是一回事,但对定义的实际理解和执行却是另外一回事。

魏德安的《双重悖论:腐败如何影响中国的经济增长》主要解释中国经济快速增长但腐败却非常严重的"矛盾"现象。他认为,中国

---

① 赵乐际:《运用党的百年奋斗历史经验推动纪检监察工作高质量发展 迎接党的二十大胜利召开——在中国共产党第十九届中央纪律检查委员会第六次全体会议上的工作报告》(2022年1月18日),《人民日报》2022年2月25日第2版。

腐败严重的依据主要有两个方面：一是透明国际发布的清廉指数。例如，他认为1996年中国的腐败程度在全球排名第六，但经济增长率却达到10%，几年前的经济增长率甚至更高。二是一些省级纪律检查委员会查处的主要是中国共产党党员的数据。根据这些数据，他经过分析得出经济增长与腐败的关系不是负相关，而是具有正相关性。[①] 其意思就是说，经济与腐败一同增长。从另一种角度解释，就是腐败有利于经济增长。这个结论与西方一些学者说的腐败是经济的润滑剂的观点是一致的。但问题在于，中国至今都没有腐败方面的统计数据。虽然腐败和反腐败在各种规范性文件中大量使用，但至今中国都没有一个统一的腐败定义，规范性文件也没有对腐败的内涵与外延进行明确。但国内学者经常引用纪检监察机关、检察院的数据以及其他方面的数据来作为腐败严重程度的判断依据。因此非常有必要对这些数据进行研究和分析。

腐败的统计数据对反腐败成功与否的判断至关重要。但因为信息资料难以获取，研究条件不足，目前很少有人对腐败统计数据进行研究。反腐败成功与否的一个重要标准就是看腐败数量的多少。测量腐败严重程度，反腐败机构查处违纪违法和职务犯罪的数据是非常重要的客观参考资料。因为很少有国家或地区的法律或其他规范性文件对腐败进行界定，反腐败机构查处的违纪违法和职务犯罪的数据中到底有多少是腐败的数据，除了要依据腐败的学术定义以及法律法规等规范性文件逐个进行甄别之外，我们还必须弄清楚这些数据的形成过程。从某种意义上而言，如果不弄懂各种公开渠道的数据生成过程和方法，我们就难以真正懂得这些数据的含义。就如同看问卷调查中最后的受访者百分比数据一样，我们必须看问卷调查抽样是否合理科学，样本是否具有代表性，问卷题目选项设计考虑的是否周延，问卷调查是如何具体操作的。如果不弄明白这些数据形成的过程，仅仅看数据本身，

---

① ［美］魏德安：《双重悖论：腐败如何影响中国的经济增长》，蒋宗强译，中信出版社2014年版，前言Ⅶ。

我们不仅不会知道具体数据的真正含义，而且无法将数据进行横向或纵向的比较。同样的数据因为其获取或者形成的方法或者过程不同，则表示不同的意思，因此也就无法进行比较，或者比较不合适、不准确。

与大部分国家和地区一样，中国也没有通过规范性文件对腐败作出规范意义上的定义或界定，实践中也没有严格意义上的腐败数据。当前中国处理违纪违法、犯罪的腐败行为主要有纪检监察机关、检察机关和审判机关三个部门或机构。2018年国家监察体制改革之前，纪检监察机关和检察机关反贪部门共同行使对贪污贿赂等职务违法犯罪的调查或侦查权力。2018年之后，检察机关反贪、反渎和预防部门转隶新成立的监委，与纪委合署办公，但检察机关负责对纪检监察机关移送来的审查调查案件的监督，决定是否提起公诉。对于符合条件的，检察机关向人民法院提起公诉，法院作出裁判。轻微的腐败行为，可能不需要被移送检察机关处理。因此，纪检监察机关审查调查处理的违纪违法行为数量比检察机关提起公诉的数量要多。因为检察机关提起公诉的涉嫌案件，有时候犯罪并不成立。检察机关提起公诉的数量比法院判决犯罪成立的要多。学术研究、新闻宣传中经常使用这三个机构或部门的数据来描述中国的腐败程度，但不管是纪委监委公开的立案结案数、党纪政务处分人数、移送司法数据等，还是检察机关提起公诉的数据以及法院的有关刑事判决数据等，正如前面所述，这些数据并不完全是腐败数据，这三个机构处理的很多行为都不是腐败行为。因为纪委监委的数据比检察机关和法院的数据要多得多。下面笔者以纪委监委的统计为例进行阐述。

全国纪检监察机关主要从信访举报、线索受理处置、立案审查调查三个方面进行统计。纪检监察机关以下列方式受理信访举报，即来信、来访、来电、网络和其他。收到的信访举报分为检举控告类、申诉、批评建议、业务范围外、无实质内容信访举报五类。与腐败相关的信访举报只有检举控告类。根据2020年1月21日中共中央办公厅发布的《纪检监察机关处理检举控告工作规则》，检举控告的对象有违纪行为、职务违法犯罪行为和其他违纪违法行为三种（见图2-8）。违纪行为是指党组织、党员违反政治纪律、组织纪律、廉洁纪律、群众纪律、工作纪律、生活纪律等党的纪律行为。《中国共产党纪律处分条例》对违反政治纪律行为、违反组织纪律行为、违反廉洁纪律行为、违反群众纪律行为、违反工作纪律行为、违反生活纪律行为分别作了详细具体的规定，是关于纪律处分的最为重要的党内法规。职务违法犯罪行为指的是监察对象不依法履职，违反秉公用权、廉洁从政从业以及道德操守等规定，涉嫌贪污贿赂、滥用职权、玩忽职守、权力寻租、利益输送、徇私舞弊以及浪费国家资财等职务违法、职务犯罪行为。根据《中华人民共和国监察法实施条例》，职务违法犯罪行为分为贪污贿赂、滥用职权、玩忽职守、徇私舞弊、重大责任事故、其他六大类。其他违纪违法行为，指的是其他依照规定应当由纪检监察机关处理的违纪违法行为，

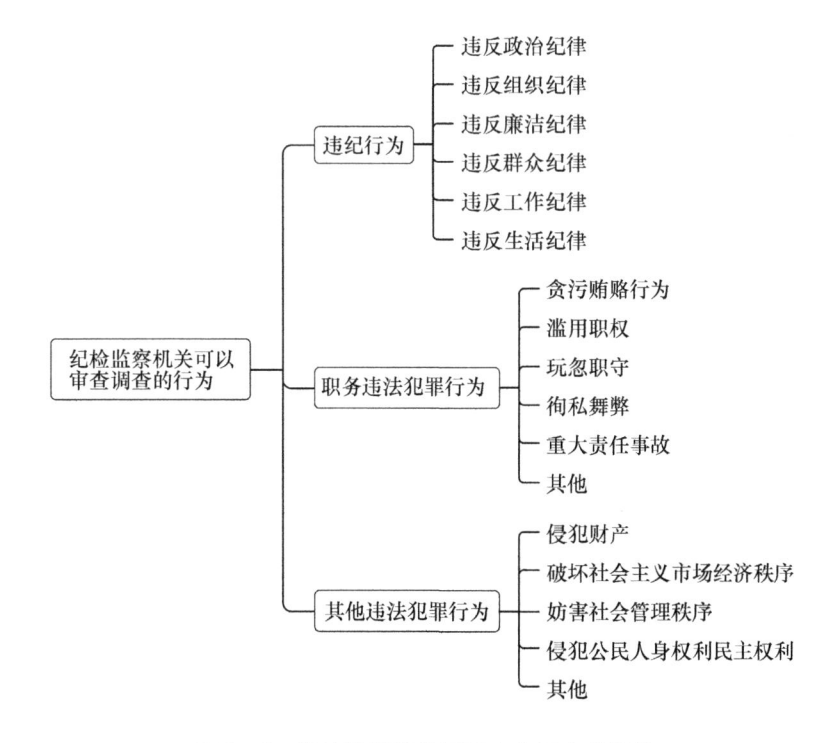

图2-8　纪检监察机关可以审查调查的行为

如公职人员侵犯财产、破坏社会主义市场经济秩序、妨害社会管理秩序、侵犯公民人身权利民主权利等行为。

在《中华人民共和国刑法》《中华人民共和国公职人员政务处分法》《中华人民共和国监察法》《中华人民共和国监察法实施条例》《中国共产党纪律处分条例》《纪检监察机关处理检举控告工作规则》等与反腐败有关的党内法规和法律法规之中，几乎很少出现"腐败"一词。纪检监察机关是按照违纪违法的标准对腐败进行统计的。纪检监察机关实务工作中填写的《接受信访举报统计表》《受理处置线索情况统计表》《立案审查调查情况统计表》等表格都没有要求专门对腐败进行统计。"腐败"一词是一个政治词汇，也是一个学术词汇，但并不是严格的法纪词汇，即没有以规范性法律文件方式对其定义、类型、具体形态等进行明确界定。从纪检监察机关的数据统计操作要求和实践做法来看，各类领导讲话和文件中经常出现的"反腐败"其实是"反违纪违法"，而不是严格意义上的反腐败。腐败是违纪违法的一部分内容，"反违纪违法"远远超出了反腐败的范围。但在各类腐败严重程度的测量研究之中，很少有人将这二者区分开来，而是将违纪违法的数据作为腐败严重程度测量和判断的数据来运用和分析，自觉或不自觉地将与违纪违法斗争等同于反腐败斗争。其中的原因，在很大程度上与实践部门缺乏腐败的专项或专门的统计数据有关。只要谈到纪检监察机关工作，无论是领导讲话、会议文件、宣传报道等，"腐败""反腐败"都是其中出现频率很高的关键词，但在实践操作中却并没有配套相关的法律法规文件，不仅仅国家法律、党内法规和制度规定没有对腐败具体行为和种类进行规定，纪检监察机关作为反腐败的专责机构也没有统计和发布专门的腐败和反腐败数据，而是统计并公布了有关违纪违法和犯罪的数据。这很容易给社会上的理解错误和认识偏差留下空间，因此人们普遍将违纪违法犯罪的数据当作反腐败的数据来对待。较为严谨的学者会严格从腐败的学术定义出发进行研究，但因为缺乏规范性的、清晰的界定和实务部门统计数据的支持，也只能根据贪污贿赂等违纪违法犯罪案件数量、涉案金额、行为主体职级高低以及问卷调查、考察调研等方式所了解的情况来分析研判腐败的严重程度。因为缺乏实务部门权威的数据支持,以这种方式或方法作出的分析研判难免会与现实有较大的出入。

纪检监察机关纪律处分数据是经常被使用作为分析中国腐败状况的数据。① 这是20世纪80年代中期之后就存在的问题。《坚决清除党内腐败分子——1987年被开除党籍的25000名党员的剖析》是较早的一篇将受到党纪处分的人员作为腐败统计的论文。这篇论文在正标题中使用了"腐败分子"一词,在副标题中使用了开除党籍的表述,它一开头就引用了纪委的统计数据:"一九八七年,全国有近十五万名中共党员受到各类党纪处分,占当年党员总数的3.31‰;其中被开除党籍的25294人,占受党纪处分人数的17%。"② 该文将被开除党籍的人都作为腐败分子。后面的一些文献则将反腐败与受到党纪处分的数据联系在一起。例如,有的提出:"十年改革中,党坚持反腐败斗争,仅1985至1988年,全国受党纪处分的中级以上干部就达1.3万余人。"③ 如前所述,受到纪律处分与腐败之间具有联系但有很大的差别,很多受到纪律处分的行为并不是腐败行为。2004年1月,中央纪委第三次全体会议的工作报告曾专门对领导干部受处分数据与腐败分子数量进行了说明:"2002年12月至2003年11月,共立案172649件,结案172571件,给予党纪政纪处分174580人。……这些党员干部受处分的原因是多方面的,腐败分子只占极少数。"④ 中国共产党同腐败水火不容,对腐败始终保持高压态势,清除了大量腐败分

---

① 王传利:《1990年至1999年中国社会的腐败频度分析》,《政治学研究》2001年第1期;过勇、宋伟:《腐败测量》,清华大学出版社2015年版,第139页。
② 孙飞:《坚决清除党内腐败分子——1987年被开除党籍的25000名党员的剖析》,《党建》1988年第10期。
③ 翟唯佳、黄宏:《为什么说中国共产党是反腐败的主导力量,而少数人以反腐败为名攻击党的领导其实质在于否定党的领导?》,《学习与研究》1990年第7期。
④ 中央纪委办公厅、中央纪委研究室编:《党的十四大以来中共中央纪律检查委员会工作报告汇编》,中国方正出版社2006年版,第326页。

子。但按照腐败的概念进行准确计算，真正的腐败分子数字较小，在党的队伍中只是极少数，在所有公职人员和全国人民中所占的比例更低。我们不能用纪检监察机关的立案数、结案数或者受党纪政纪处分的人数作为腐败的数据计算，不然就会因为数据使用不准确而将中国的腐败数量成倍扩大。

有人通过1993—1998年全国处级以上受党纪政纪处分的党员干部与检察机关立案侦查、法院判刑的数据对比，认为腐败行为实际上受到查处被判刑的概率十分低，平均每100名受党纪政纪处分的干部中有42.7人被检察机关立案侦查，只有6.6人被判刑。相比之下，香港特区腐败案件的判罪率是78.4%，存在着显著差距。[①] 党纪政纪处分人数、检察机关立案侦查人数和法院审结判刑的人数逐步趋小应该是正常的，违纪与违法、犯罪之间具有关联但并不必然具有联系。大量的违纪行为可能受到纪律处分、政纪处分（之后改为政务处分），并不构成犯罪，检察机关立案侦查的人数大幅下降是十分正常的。检察机关立案侦查的案件到了法院之后，判罪率过低可能存在三种可能：一是统计方面的原因，检察机关当年立案侦查的涉嫌腐败案件，一般不可能当年就进行审判并且终审判决。当年判决的腐败犯罪可能是一两年前立案侦查和初审的腐败犯罪案件。二是检察机关侦查调查案件证据可能不足、事实不清。三是审判环节可能存在"放水"现象。一些本应该判刑的腐败分子，并没有受到刑罚。如前所述，中国香港特区与内地对腐败的定义并不相同，香港特区的腐败主要是贿赂，廉政公署可动用警察机关、安全部门等几乎所有的权限和手段，因此有极强的调查腐败的能力。但内地纪检监察机关、检察机关都不具有廉政公署那么多的手段和权限，在证据获取方面具有较多的局限性。内地纪检监察机关、检察机关除了打击腐败之外，还承担着大量其他的职责和任务，其精力和资源不能完全聚焦于反腐败，这也是影响腐败犯罪调查的一

---

① 过勇：《经济转轨、制度与腐败》，社会科学文献出版社2007年版，第199页。

个因素。

魏德安撰写的《双重悖论：腐败如何影响中国的经济增长》一书并没有对腐败进行严格的学术定义，仅依据碎片化的数据资料和新闻报道，得出了新中国成立以来不同时期腐败都比较严重的判断。该书中有很多明显的错误。如认为"三反""五反"运动针对的都是政治体制和经济体制内的腐败行为。[①] 1951年底到1952年10月开展的"三反""五反"，其涉及面非常广泛，不仅仅是反腐败。"三反"是在党政机关工作人员中开展的"反贪污、反浪费、反官僚主义"。"五反"是在私营工商业者中开展的"反行贿、反偷税漏税、反盗骗国家财产、反偷工减料、反盗窃国家经济情报"。魏德安利用1963年1—7月河北、山西、湖南等12个省份发生的投机案数据，认为20世纪60年代初腐败仍然比较严重[②]，但他对于"投机"并没有做任何解释，数据来源也没有注明出处。在计划经济和改革开放初期，投机倒把曾被作为犯罪进行打击，是以买空卖空、囤积居奇、套购转卖等手段牟取暴利的犯罪，因而很多工商管理部门是打击投机行为的重要部门。投机行为主体很多是普通公民和企业，虽然其目的是获取不当利益，但并没有利用权力，因而都不是腐败行为。将"四清"运动认为是在农村地区开展的反腐运动。[③] "四清"运动是1963年至1966年上半年，中共中央在全国城乡开展的社会主义教育运动。运动前期是在农村中"清工分，清账目，清仓库和清财物"，后期在城乡中表现为"清思想，清政治，清组织和清经济"四个方面，通称为"四清"。"四清"运动并不仅仅是反腐败，而是一个涵盖面非常广泛的政治运动。如果将这个运动中的数据作为判断腐败数量的标准，腐败程度必然会被严重扩大化。

---

① ［美］魏德安：《双重悖论：腐败如何影响中国的经济增长》，蒋宗强译，中信出版社2014年版，第123页。
② ［美］魏德安：《双重悖论：腐败如何影响中国的经济增长》，蒋宗强译，中信出版社2014年版，第123页。
③ ［美］魏德安：《双重悖论：腐败如何影响中国的经济增长》，蒋宗强译，中信出版社2014年版，第125页。

经济犯罪数据经常被一些学者用于作为判断改革开放初期腐败严重程度的依据。① 从1982年开始全国集中对经济领域严重犯罪活动进行整治。经济领域犯罪行为涉及的内容非常广泛，不仅仅局限于行贿、索贿、受贿等腐败行为。1982年3月，全国人大常委会通过的《关于严惩严重破坏经济的罪犯的决定》提到了"走私、套汇、投机倒把牟取暴利、盗窃公共财物、盗卖珍贵文物和索贿受贿等经济犯罪活动"。盗窃行为等就明显不是腐败行为。《中共中央国务院关于打击经济领域中严重犯罪活动的决定》列举了走私贩私、贪污受贿、投机诈骗、盗窃国家和集体财产等犯罪行为，专门点到了盗窃、诈骗、抢夺公私财物、走私、投机倒把、哄抢国家物资、不正之风等行为。

> 打击投机盗窃诈骗的罪犯，要严格按照《刑法》第一百一十八条规定的，"以走私、投机倒把为常业的，走私、投机倒把数额巨大的或者走私、投机倒把集团的首要分子"；第一百五十二条规定的，"惯窃、惯骗或者盗窃、诈骗、抢夺公私财物数额巨大的"人员为惩处对象。……关于农村社队企业和城市工商企业关系中的不正之风，除了少数已经构成严重犯罪的重大问题以外，一般也要在整顿社队企业、加强工商管理和物资管理的过程中解决。关于一些地方发生的哄抢国家物资的严重问题，必须认真处理，国务院将对此作出专门决定。②

另外，为经济犯罪分子销毁罪证或者制造伪证，利用职务包庇、窝藏经济犯罪分子；对执法人员和揭发检举作证人员进行阻挠、威胁、打击报复的；有对应当追究责任的国家工作人员不依法处理，或者因受阻挠而不履行法律所规定的追究职责的；对犯罪人员和犯罪事实知情

---

① ［美］魏德安：《双重悖论：腐败如何影响中国的经济增长》，蒋宗强译，中信出版社2014年版，第127—130页。
② 《中共中央、国务院关于打击经济领域中严重犯罪活动的决定》（中发〔1982〕22号）。

的直接主管人员或者仅有的知情的工作人员不依法报案和不如实作证的，等等，本来不是经济犯罪，但在统计的时候都可能作为经济犯罪一并统计。经济犯罪的数量比较大，但其中很多行为并不是腐败行为。因为经济犯罪的数据并不是腐败的数据，这让腐败测量和评估变得十分艰难甚至几乎不可能。明显意识到腐败的数据缺乏，但有的学者迫切需要得出腐败是否严重的判断来检验自己的理论假设，因此在论证过程中就出现了逻辑上非常矛盾和尴尬的现象：一方面认为数据的缺失导致很难准确地测量和分析中国改革开放近30年的腐败，另一方面又非常武断地认为中国改革开放近30年的反腐败斗争没有成功地抑制腐败[1]，力图用这个时期经济犯罪案件大幅上升的暂时性现象来否定改革开放近30年的反腐败成就。

最高人民检察院反贪污贿赂总局于1995年11月10日正式成立后，全国各级检察机关曾设有反贪污贿赂局，直到2018年国家监察体制改革后才取消。因此检察机关公开的查办贪污贿赂、渎职犯罪的数据被经常引用。魏德安花了很多的时间广泛搜集资料研究中国的腐败，但也主要依据最高人民检察院每年发布的《中国检察年鉴》中的数据，认为该年鉴对检察院系统处理的经济案件和其他各类案件进行了汇总，并且根据案件类型对反腐数据进行分类。[2] 事实上，这部年鉴对检察机关各类起诉案件进行了分类统计，但并没有单独对腐败进行界定和分类。什么案件属于腐败完全靠自己去判断。魏德安有的时候把色情、毒品、赌博或者道德丑闻也算作腐败[3]；有的时候根据《中华人民共和国刑法》给出腐败定义并区别腐败行为与其他违法行为[4]，其实《中华人

---

[1] [美]魏德安：《双重悖论：腐败如何影响中国的经济增长》，蒋宗强译，中信出版社2014年版，前言Ⅺ。
[2] [美]魏德安：《双重悖论：腐败如何影响中国的经济增长》，蒋宗强译，中信出版社2014年版，第121页。
[3] [美]魏德安：《双重悖论：腐败如何影响中国的经济增长》，蒋宗强译，中信出版社2014年版，第117页。
[4] [美]魏德安：《双重悖论：腐败如何影响中国的经济增长》，蒋宗强译，中信出版社2014年版，第120页。

民共和国刑法》从 1979 年起草到历次修订，根本就没有用过"腐败"这个词，更不用说给腐败下定义了。

有的将检察院每年受理的案件全部作为腐败案件。例如，魏德安认为，2001—2006 年，检察院平均每年受理涉嫌腐败的案件多达 58000起。① 有的将检察机关立案数量作为其查办腐败案件的数量，制作出了 1980 年至 2010 年全国检察机关查办腐败的立案数量变动图。② 有的直接将检察机关立案侦查的案件数当作腐败案件数量作为分析研究的基础。③ 检察机关执法有一些程序，首先是受理群众来信来访获得案件线索，然后进行初查，将与检察机关职责不合、不构成犯罪的案件线索筛出来，接下来对符合条件的进行立案侦查，立案的案件经过调查，证据确凿、事实清楚之后才能提起公诉，最后由法院决定是否构成犯罪。在由检察机关受理问题线索到立案侦查再到提起公诉的案件中，腐败仅仅是其中的一部分，因为还有渎职等不是腐败的案件也由检察机关负责立案侦查。在有些年份检察机关受理和立案的数据会比较高，例如 1989 年，全国检察机关共受理贪污、贿赂罪案 116763 件。经过审查，当年立案侦查58926 件。受案数和立案数分别比上年增加 1.6 倍和 1.8 倍。④ 1990 年，全国共受理贪污、贿赂罪案 94686 件，立案侦查 51373 件。⑤ 检察机关受理的贪污贿赂案件数量较多，但立案侦查的数量要少得多，特别是向人民法院提起公诉的被告人数量更少。以 2013 年人民检察院立案侦查职务犯罪案件为例，当年受理案件 49044 件，立案数量大幅减少，只有 37551 件 51306 人，结案数量更少，仅 35903 件 49225 人（见表 2 -

---

① ［美］魏德安：《双重悖论：腐败如何影响中国的经济增长》，蒋宗强译，中信出版社 2014 年版，第 195 页。
② 倪星：《腐败与反腐败的经济学研究》，中国社会科学出版社 2004 年版，第 123 页。
③ 徐静：《腐败对公共支出的影响及其治理对策研究》，中国社会科学出版社 2012 年版，第 3、6 页。
④ 刘复之：《最高人民检察院工作报告——1990 年 03 月 29 日在第七届全国人民代表大会第三次会议上》（https://www.spp.gov.cn/spp/gzbg/200602/t20060222_16371.shtml）。
⑤ 刘复之：《最高人民检察院工作报告——1991 年 04 月 03 日在第七届全国人民代表大会第四次会议上》（https://www.spp.gov.cn/spp/gzbg/200602/t20060222_16384.shtml）。

3）。检察机关每年向人民法院提起公诉的案件数量比受案和立案数量都要少。1988年至1992年底，全国检察机关共立案侦查贪污贿赂案214318件，但向人民法院提起公诉的仅95818人[1]，平均每年只有19164人。在1993年至1997年的五年里，全国检察机关共立案侦查贪污贿赂、渎职和侵犯公民人身权利、民主权利等职务犯罪案件387352件，其中贪污案102476件，贿赂案70507件，挪用公款案61795件，徇私舞弊案5507件，玩忽职守案22211件，但被起诉犯贪污贿赂、渎职等犯罪案件的被告人只有181873人。[2] 进入21世纪之后，检察机关立案侦查的涉嫌腐败的案件数据较之前减少很多。如2001年检察机关全年共办理群众来信来访656080件次，但立案侦查的贪污贿赂犯罪案件只有36447件40195人。[3] 中国是一个有着14亿多人口的大国，将各地、各部门的数据归集在一起进行统计和发布就会形成一个规模数字。规模数字作为整体产生的冲击力远远大于分散在各地各部门的微量数据。将检察机关受理的案件线索都归为涉嫌腐败的案件，会使得涉嫌腐败的数字非常大，容易让人感觉腐败极为严重。

表2-3　2013年人民检察院立案侦查职务犯罪案件情况统计

案件类别	受案	立案 合计		立案 其中		结案 合计	
	件	件	人	大案 件	要案 人	件	人
合计	49044	37551	51306	27681	2871	35903	49225
贪污案	14381	9494	16167	6865	370	9199	15647
贿赂案	18885	15940	18101	13395	1867	14778	16808

---

[1] 刘复之：《最高人民检察院工作报告——1993年03月22日在第八届全国人民代表大会第一次会议上》（https://www.spp.gov.cn/spp/gzbg/200602/t20060222_16378.shtml）。

[2] 张思卿：《最高人民检察院工作报告——1998年03月10日在第九届全国人民代表大会第一次会议上》（https://www.spp.gov.cn/spp/gzbg/200602/t20060222_16375.shtml）。

[3] 韩杼滨：《最高人民检察院工作报告——2002年03月11日在第九届全国人民代表大会第五次会议上》（https://www.spp.gov.cn/spp/gzbg/200602/t20060222_16397.shtml）。

续表

案件类别	受案件	立案 合计		其中		结案 合计	
		件	人	大案件	要案人	件	人
挪用公款案	2839	2695	3511	2237	105	2730	3547
集体私分案	212	160	376		59	186	430
巨额财产来源不明案	129	15	15		5	3	4
滥用职权案	4945	3650	5043	2462	296	3401	4718
玩忽职守案	5454	4261	5764	2187	125	4217	5680
徇私舞弊案	1164	638	874	270	26	632	865
其他	1035	698	1455	265	18	757	1526

资料来源：《中国法律年鉴2014》，中国法律出版社2014年版。

无论检察机关受理还是立案侦查的涉嫌腐败的犯罪数据都可能不是真正的腐败数据，因为法院还要进行审判才能认定腐败犯罪是否成立。但有的以检察院公布的公诉人数统计了腐败涉案人数，而没有将涉案人数与结案人数区分开。有的将检察机关提起公诉人数作为腐败案件的涉案人数进行分析。[①] 在2018年国家监察体制改革之前，大量非涉腐案件经过公安机关、纪检监察机关侦查或调查之后会移送检察机关提起公诉，这个数量比涉及腐败的公诉案件数量多。如果将检察机关的公诉人数作为涉腐案件的人数，在统计上会让腐败程度明显加重。

根据最高人民法院在全国人民代表大会上的工作报告所公布的数据，在1988年至2021年的34年间，人民法院共判处贪污受贿和渎职案件的犯罪人数达到95.7288万人，平均每年有28156人因贪污受贿和渎职而被判处刑罚（见表2-4）。但需要注意的是，以2003年为分水岭，这个数据具有重大差别。1988—2002年，人民法院审结的贪污、受贿犯罪人数，都是腐败犯罪人数。从2003年开始，我国将渎职犯罪

---

① 倪星：《腐败与反腐败的经济学研究》，中国社会科学出版社2004年版，第134—135页。

与贪污贿赂腐败犯罪一并加以统计。因为渎职犯罪是过失或者间接故意犯罪，有相当部分可能并不是腐败。因此，2003—2021年的数据为审结的贪污贿赂、渎职犯罪案件数，有一部分是腐败，有一部分不是腐败。如果在运用2003年之后人民法院审结的职务犯罪数据上不注意这一点，极有可能将腐败数据扩大化，将腐败严重化。

表 2-4　1988—2021 年人民法院审结的贪污贿赂、渎职犯罪人数　　（万人）

年份	总人数	平均每年人数	数据说明
1988—1992	7.7547	1.551	为审结的贪污、受贿犯罪人数，不含渎职犯罪人数
1993—1997	15.8806	3.1761	为审结的贪污、贿赂、挪用公款犯罪人数，不含渎职犯罪人数
1998—2002	8.3308	1.6662	为审结的贪污贿赂等职务犯罪人数，不含渎职犯罪人数
2003—2007	11.6627	2.3325	为审结的贪污贿赂、渎职犯罪人数
2008—2012	14.3	2.86	
2013—2017	26.3*	5.26	
2018—2021	11.5**	2.875	

＊其中，2016 年审结的贪污贿赂、渎职犯罪人数为 6.3 万人。

＊＊其中，2018 年审结的贪污贿赂、渎职犯罪人数为 3.3 万人；2019 年为 2.9 万人；2020 年为 2.6 万人；2021 年为 2.7 万人。

资料来源：历年最高人民法院在全国人民代表大会上的工作报告。

纪检监察、检察院和法院的有关职务违法和犯罪的数据经常被学者引用来描述中国腐败严重程度。但在使用这些机构的数据时一定要小心，因为这些数据难以对腐败严重程度作出准确的判断。腐败严重与否根据个人生活阅历、经验的不同而有不同的感觉，这种个体性的感觉具有很大的差异性和不稳定性，主观随意性很强。当要用鲜活的数据进行描述，将腐败严重程度客观量化时，数据仅仅提供了素材而已，我们必须使用一定的方法来对这些数据进行加工和处理。目前学界一般是直接引用，对纪检监察、检察院和法院的数据并没有进行仔细甄别。对一个国家或者地区腐败严重与否的科学判断，其实是一个比较的过程，需要确定一个参照系，进行对比，才能得出结论。比较的方法通常有两种：一种是空间上的横向跨区域比较，另一种是时间上的纵向变化比较。因为缺少相类似的国家或者地区作为参照，很难找到其他国家或者地区相同或者相类似的数据进行对照，因此要作出腐败严重与否的判断就非常困难。透明国际腐败感知指数（CPI）虽然是横向国际上的比较，但采用问卷调查等方法搜集数据，而不是采用各国各地区官方机构处理腐败问题的数据。因为每个国家和地区对腐败的界定各不相同，法律制度规定也各不一样，比较的标准无法统一。从纵向上进行历史比较，同样也存在困难。因为具有反腐败职责的各类机构的数据统计口径经常发生变化，并且数据多少会受到反腐败政策和力度等因素的影响，因而确定一个基准进行纵向比较也很难。因为腐败定义不清晰不具体，纪检监察、检察院和法院等机构公布的统计数据从来没有将其认定为腐败数据。只是专家学者或者媒体等主体将这些机构公开的一些数据作为腐败数据对待和处理而已，但是专家学者和媒体等不同主体依据的标准是不同的。在纪检监察、检察院和法院等机构公布的数据中，很多有可能不是腐败，但专家学者和媒体等不同主体却可能将其作为腐败的数据进行处理，因此对于各类文献中使用的腐败数据是否合理和恰当，必须认真分析和核验，不然很容易被误导。经过反腐败相关机构既定程序进行调查、起诉、审判的行为往往都是比较重要的腐败行为，但这些行为仅仅是腐败的一部分，而不是全部，还有一些潜藏的腐败没有被发现，也会有相当数量的非常微小的腐败行为没有经过程序处理，而是以简单的批评教育方式了结。这些腐败是无法在纪检监察、检察机关、法院等机构的数据中体现出来的。也就是说，我们现在能够搜集和运用的数据并不完全反映腐败的全部。对于这些不完全和不充分的数据，目前大家都是按照自己设定的而非由法律规定的或者达成了共识的标准来理解和诠释，不同的人极有可能得出不同的结论和解释。人们都想用客观准确的数据来反映或描述腐败现实,但各类机构有关腐败的数据可能会把我们引向与事实相违背的方向。

挽回经济损失

有的根据检察机关查办的"腐败案件"来计算腐败所带来的直接经济损失,由此来估算腐败后果和严重程度,在计算方法上将涉案金额作为挽回的直接经济损失。[1] 有的用检察机关会同有关部门历年追缴赃款赃物的总额反映腐败案件查办挽回经济损失的趋势。[2]《中华人民共和国刑法》第六十四条规定:"犯罪分子违法所得的一切财物,应当予以追缴或者责令退赔;对被害人的合法财产,应当及时返还;违禁品和供犯罪所用的本人财物,应当予以没收。没收的财物和罚金,一律上缴国库,不得挪用和自行处理。"刑法关于犯罪物品处理的规定其实就是直接挽回经济损失的计算依据。直接经济损失的金额一般比挽回经济损失的金额大。损失金额包括与行为有直接因果关系所造成的财产损毁、减少的实际价值和由此引起和牵连的其他损失,包括失去的在正常情况下可以获得的利益和为恢复正常的管理活动或者挽回造成的损失所支付的各种开支、费用等。有的损失是可以挽回的,但有的损失是无法挽回的。能够挽回的多半是经济或物质损失,不能挽回的则是机遇、精神、声誉等损失。但有些经济损失也是无法挽回的,如最高人民检察院《关于正确认定和处理玩忽职守罪的若干意见(试行)》第四条规定:"行为人造成的直接经济损失是行为人确实无法挽回的那部分经济损失。"之后在实践中出现"无法挽回的灭失性损失"的概念。[3] 公职人员的不作为将会给企业和个人造成这种损失。涉案金额是直接经济损失金额中的一部分。挽回经济损失金额则是通过追缴、责令退赔、没收、返还等法律规定方式追回的损失,包括通过追缴、责令退

---

[1] 倪星:《腐败与反腐败的经济学研究》,中国社会科学出版社 2004 年版,第 139 页。
[2] 过勇、宋伟:《腐败测量》,清华大学出版社 2015 年版,第 144—145 页。
[3] 参见最高人民法院刑事审判庭第二庭编《刑事审判参考》2002 年第 4 辑第 196 号案例"陆飞荣玩忽职守案"。

赔、没收最后上缴国库的金额和返还被害人的金额。追缴的对象包括违反规定占有的公共财产，或者是应当交公而没有交公的礼品礼金等。责令退赔主要针对违反规定挥霍浪费国有资金资产资源，例如，违反中央八项规定精神公款吃喝、公款旅游而支出的费用，违反规定乱罚款、乱收费获得的财物等。上缴国库的财物，如果是钱款，则直接上缴国库；如果是物品，则通过拍卖等方式，在变现以后把变价款上缴国库。2008年11月5日，《公安部办公厅关于若干经济犯罪案件如何统计涉案总价值、挽回经济损失数额的批复》对如何统计涉案总价值、挽回经济损失数额作出了具体翔实的规定。例如，虚报注册资本案按照虚报数额统计涉案总价值。贷款诈骗案按照诈骗的贷款数额统计涉案总价值。挽回经济损失额按照实际追缴的赃款以及赃物折价统计。公安部的这个规定可以作为参考。可以看出，检察机关查办案件挽回的直接经济损失不是涉案金额。挽回直接经济损失不仅仅在贪污贿赂犯罪中有，在其他的犯罪中也存在，如诈骗罪、非法吸储罪、玩忽职守罪等。

  在实践中，虽然纪检监察机关、公安机关查办的案件都要移交给检察机关提起公诉，涉嫌职务犯罪所得财物应当随案移送检察机关。移送的财物是以清单形式移送，公安机关和监察机关在起诉意见书中会写明自己挽回多少经济损失。财物只要不作为证据使用，一般谁挽回的就由谁保管。监察机关、公安机关、检察机关等单位在国库中都有账户，各自挽回的经济损失经登记后上缴各自单位的国库账户中，而不能截留挪用、侵占私分。如果检察机关在审查纪检监察机关、公安机关移送的案件时发现没追缴到位，则应当继续追缴。因此，纪检监察机关、公安机关、检察机关挽回的经济损失各自计算。如果仅仅计算检察机关挽回的经济损失数量，而不计算纪检监察机关和公安机关挽回的有关涉嫌腐败违纪违法的经济损失，就会低估腐败的严重程度。另外，在国家监察体制改革之后，检察机关只能直接立案侦查司法人员职务犯罪的案件。2018年10月修正后的《中华人民共和国刑事诉讼法》第十九条第二款规定：

> 人民检察院在对诉讼活动实行法律监督中发现的司法工作人员利用职权实施的非法拘禁、刑讯逼供、非法搜查等侵犯公民权利、损害司法公正的犯罪，可以由人民检察院立案侦查。对于公安机关管辖的国家机关工作人员利用职权实施的重大犯罪案件，需要由人民检察院直接受理的时候，经省级以上人民检察院决定，可以由人民检察院立案侦查。

检察机关可以直接立案侦查的犯罪只有14个：（1）非法拘禁罪；（2）非法搜查罪；（3）刑讯逼供罪；（4）暴力取证罪；（5）虐待被监管人罪；（6）滥用职权罪；（7）玩忽职守罪；（8）徇私枉法罪；（9）民事、行政枉法裁判罪；（10）执行判决、裁定失职罪；（11）执行判决、裁定滥用职权罪；（12）私放在押人员罪；（13）失职致使在押人员脱逃罪；（14）徇私舞弊减刑、假释、暂予监外执行罪。管辖的罪名越少，能够挽回的经济损失可能就越少，因此，如果用检察机关挽回经济损失的金额来测量腐败的严重程度，就会严重与实际不符。1983—2002年，最高人民检察院每年在工作报告中都公布了查办腐败案件所挽回的直接经济损失数据，累计金额达491.3亿元，平均每年25亿元左右。[1] 之所以平均每年的金额这么少，很大部分是因为纪检监察机关、公安机关查处腐败所挽回的经济损失并没有计算在内。腐败不仅仅包括犯罪行为，还包括没有构成犯罪的违纪行为、违法行为，纪检监察机关和公安机关在进行调查的时候，也都会根据《中华人民共和国刑法》等法律法规，通过追缴、责令退赔、没收等方式挽回经济损失。因此，每年实际挽回的经济损失肯定比25亿元多。

---

[1] 倪星：《腐败与反腐败的经济学研究》，中国社会科学出版社2004年版，第140页。

第三章 腐败和反腐败的测量

第一节 腐败程度的测量

很多人关注腐败程度的测量,因为测量的结果已经与国家和地区的利益紧紧捆绑在一起。许多国际援助机构,包括 Millennium Challenge Corporation 都制定政策,将低收入国家的援助资金与该国的腐败记录相挂钩。[1]《全球竞争力报告》(日内瓦)、《政治和经济风险咨询》(香港)、透明国际腐败感知指数和《政治风险服务》中的调查和研究成果,已经广泛地被研究界和商界所引用。[2] 腐败测评是国家风险评级的一个内容,也会影响一个国家的主权评级,因而会影响该国政府及其企业在国际资本市场融资的成本、吸引外资等经济活动。经济分为非正规和正规两个部分。非正规部分包括官方 GDP 没有统计的商品和服务[3],其实主要指的是没有交税的部分,包括以腐败方式产生的"见不得光"的部分。[4] 腐败对正规的经济会产生影响,有的学者认为它是通

---

[1] Benjamin Olken, Rohini Pande, "Corruption in Developing Countries", *Annual Review of Economics*, 4.1 (2002): 479-509.

[2] 胡鞍钢:《中国 90 年代后半期腐败造成的经济损失》,《国际经济评论》2001 年第 3 期。

[3] Smith, 1994, "Assessing the Size of the Underground Economy: The Canadian Statistical Perspective", *Canadian Economic Observer*, 7 (5), pp. 16-33.

[4] 描述经济的非正规部分的名称有很多,很多学者对其进行了研究,如 Kim (2005) 称之为非正规经济 (the informal economy),Maurin et al. (2006) 将其叫作隐性经济 (the hidden economy),Gutmann (1977) 称之为地下经济 (the subterranean economy),Schneider (2005) 称之为影子经济 (the shadow economy),Pissarides and Weber (1989) 称之为黑色经济 (the black economy) (参见 Small-business Participation in the Informal Sector of an Emerging Economy, http://www.doc88.com/p-9082394517606.html)。

过影响其信誉发生作用的。以主权信用评级衡量的信用度会因为腐败而下降。腐败减少一个标准差，主权信用评级可以提高几乎一个完整的评级类别（例如，从 BBB 到 A）。对于以外币计价的长期债务，这意味着每 100 万美元的债务每年可节省大约 10100 美元。[①]

测量腐败最先是由西方国家开始推行的，经过长期的积累之后，目前西方国家掌握着全球腐败测量的话语权。广大发展中国家在腐败测量方面，还处于起步或跟随的被动局面。腐败测量已经成为西方国家推进全球治理，维护其既得利益和已有格局的一种工具。按照西方国家的腐败话语体系和评价机制，广大欠发达国家比较难摆脱经济与腐败的双重不利状态。经济落后，被西方国家主导的国际机构贴上腐败严重的标签，在腐败测量中得分很低，排名靠后，获得国际资金和国际援助的机会少，成本非常高，因而经济发展缓慢。西方国家还将腐败测量作为诋毁和抹黑欠发达国家执政党和政府形象，颠覆和推翻其政权的手段。腐败测量已经超出了学术研究范畴，与政治、商业贸易等紧密联系在一起，甚至关乎国家安全和命运。学者对腐败测量充满兴趣，商业人士和政治人物等甚至更充满着热情，对各类腐败评价和测评指数的研究不仅仅投入不少时间和精力，也倾注了大量资金予以支持。从目前全世界的研究文献来看，几乎所有关于反腐败或者治理腐败成功的依据都是从腐败测量得出的。测评或者评估的腐败严重程度低，就说明反腐败或者腐败治理成功。无论是从腐败测量对经济、社会、政治的重要性角度而言，还是从反腐败角度而言，对腐败测量的研究进行全面系统的梳理都是非常有必要的。不然，我们就无法走出以腐败测量结果作为判断腐败治理是否成功的唯一标准这一通常观念。

腐败是一种客观存在的现象，作为个体性的腐败始终都会在人类社会共同体中存在。但腐败存在范围有多宽，是否已经构成普遍关注的

[①] Craig Depken, Courtney Lafountain, Roger Butters, Craig Depken, 2007, "Corruption and Creditworthiness: Evidence from Sovereign Credit Ratings", Working Papers 0601, http://citeserx.ist.psu.edu/viewdoc/citations? doi = 10.1.1.1071.5581.

社会腐败现象，甚而对社会造成严重威胁，这时就有必要对腐败的程度进行评价，任何人都能对一个特定的共同体中存在的腐败状况作出一定的评价，不同的人或机构作出的评价结果会有很大的差别。我们很难说谁的评价结果最准确或最科学，因为如前所述，关于腐败的定义就是一个很有争议的概念，不同的人对腐败内涵与外延的界定都不一致。虽然我们可以见到很多腐败评价或测评结果，但因为各自使用不同的腐败定义，其测评的内容或对象也是不同的东西。对于腐败定义的标准不相同，对于腐败程度判断的标尺也就不同。现在所有机构和个人对不同国家和地区以及这些国家和地区内部的腐败程度的测量所使用的标准都不相同，因此对腐败程度的判断及其分析所形成的结果是不同的。但十分有意思的是，居然很多机构将这些完全不同的评价或测评的结果作为相同的东西，不加区别地予以运用，加工形成了很多新的产品，如透明国际每年都利用十多个机构的腐败测评数据，综合自己对腐败的调查形成腐败感知指数（CPI）。在什么是腐败这个问题都没有弄清楚的情况下，要评价有多少腐败或者判断腐败的严重程度，那是一件非常困难的事情。更为糟糕的是，腐败都是秘密进行的，腐败与犯罪一样都存在尚未被发现的黑数，到底腐败的黑数有多大，这是一个无法准确测量和评估的现象。腐败定义不统一和腐败黑数的存在是阻碍腐败测评的两个无法克服的困难。因此有一些学者对腐败测评抱着非常悲观的心态，如杰拉尔德·E. 凯敦（Gerald E. Caiden）认为，腐败具有多种原因，呈现出不同的模式，常常具有不确定性，不能被精确地衡量。[1] 有的认为，腐败具有隐蔽性和敏感性，真正发生的腐败和被发现的腐败之间存在差距，因为很少有国家愿意向公众或学术界披露其掌握的所有腐败信息，发现的腐败与学术界能够得到的信息之间也存在差距，因此要弄清腐败的真实程度几乎是不

---

[1] Gerald E. Caiden, "Corruption and Governance", Gerald E. Caiden, O. P. Dwivedi, and Joseph Jabbra, eds., *Where Corruption Live*, Bloomfield, Connecticut: Kumarian Press, Inc., 2001, p. 19.

第三章　腐败和反腐败的测量

可能的。① 但越是困难的事情，就越刺激着人们去冒险和探索。全球有很多人都在不断地尝试用不同的方法来测评腐败程度，力图让测评的结果与腐败真实程度接近。一些从事腐败治理和其他政治管理实务的官员还比较看重测评的结果，因为评估或测评结果的好坏，分数的高低，排名的变化，都可能被看成工作成效的证明，一个地方治理能力和水平的体现，会影响到官员个人的政绩、形象与声誉。但从反腐败或廉政研究来说，对于腐败测评或者评估方法的关注更具有价值和意义。因为如前所述，腐败是一个难以准确说清其程度的现象。不论是多么权威的机构，或者自诩使用了多么科学的工具和方法，其评估结果的准确性都是值得质疑的。因为人们对腐败的定义莫衷一是，更无法知道腐败的黑数有多大。有的知晓腐败的定义争议很大，存在被质疑的风险，于是采用先撇下争议或回避矛盾的方法，不给腐败下定义，而是直接对腐败进行测评或评估，使用"公权私用""滥用公共权力"这样模糊不清的定义。在评估或者测评使用的数据或者问卷等工具中，前后常常存在着严重的概念混淆和漂移的问题，有时腐败仅限于贿赂，有时却将官员不作为也作为腐败来对待。因此，对各类评估或测评所产生的排名、分数、等级等结果，其本身的准确性和科学性是相对不足的。但人们往往对于排名、得分等结果比较关注，尤其是对国际上一些有影响力的机构作出的评估结果，而对于产生这个结果的过程与方法却并不在乎。因为这些结果将自己所属的共同体置于一种有利或不利的境地，所以在心理上产生了自己的利益、形象或声誉等受到影响的感觉。其实，对腐败程度进行评估或测评的方法比测评的结果更为重要。任何一种方法都是建立在一定的理论或逻辑基础之上的。基于同样的理论和逻辑，使用相同的方法，对同一对象进行测评，我们可以得出相同的结论，这就极有可能说明，这个方法是正确的，能够经得起实

---

① ［德］约翰纳·伯爵·兰斯多夫：《腐败与改革的制度经济学：理论、证据与政策》，清华大学公共管理学院廉政与治理研究中心译，中国方正出版社 2007 年版，第 19 页；Guo Yong, 2008, "Corruption in Transitional China: An Empirical Analysis", The China Quarterly, Volume 194, pp. 349 – 364.

践的检验,用这个方法得出的结论就可能具有说服力和可信度。如同物理学的原理一样,不同的人根据相同原理进行试验,得出同样的结果,就证明这个原理成立。腐败是人类社会中存在的现象,与其他社会现象一样也有自己运行和变化的规律。在人类进入文明社会之后,腐败无法彻底消灭,其与病毒一样将伴随着人类发展进程。只有运用合理科学的方法测评腐败从而掌握其存在和变化发展的规律,我们才能更有效和有力地驾驭腐败,防止其恶化变质。

最早关于腐败的评价是从直观的望闻问开始的,主要依靠阅历、经验来判断一个国家或者地方腐败是否严重。例如,缪尔达尔在19世纪60年代就是立足于个人观察,也立足于广泛阅读一些会议记录、委员会报告、报纸和其他出版物,甚至同当地有识之士的谈话,包括同西方商人的谈话,得出南亚国家腐败的程度比西方国家和共产党国家高得多的判断。[1] 观察者的知识背景、阅历经验、洞察力等对直观观察的影响很大。当然,受过专业训练的人类学家、社会学家、经济学家、政治学家等理论工作者,经验非常丰富的新闻媒体人士、商业人士、外交官员、国际机构工作人员等实务工作者都可能在较短的时间里通过新闻报道、事件和对一些现象的观察,很容易就对一个地方的腐败状况得出有见地和深刻的判断。这些个人的判断虽然具有碎片性质,但有的影响却很大。因为每个人的观察角度虽然不同,看到的听到的东西会不一样,但因为使用的方法都是直接地观察,最后会对一个地方或国家的腐败状况形成大致相同的判断和认识。这种零散的评价和观察是难以控制和操纵的,从某种程度上而言,具有相当的真实性。但这种在个体性亲身体验基础上的评价往往是用碎片化的新闻报道式的腐败轶闻和案例等"故事"来阐述的,常常用高级别官员、腐败金额大、参与人数多的案例来形容一个国家或地区腐败的严重性。个人的精力和体力毕竟有限,不能去很多地方和国家,这种简单而直观的评估用于跨国比

---

[1] [瑞典]缪尔达尔:《亚洲的戏剧:南亚国家贫困问题研究》,方福前译,首都经济贸易大学出版社2001年版,第162页。

较就相对困难了，另外也很难精确地描述一个国家或地方的腐败程度。

20世纪80年代之后，用具体的数据和系统计算方法来识别和量化腐败的研究不断增多。不少学者对测量腐败的方法和技术进行了梳理，但我国学者与国外学者的梳理在分类方法上存在较大差别。国外的学者强调其所使用的方法，例如，美国麻省理工学院的Benjamin Olken和哈佛大学的Rohini Pande梳理了测量腐败的研究进展状况，介绍了不同的研究方法。莱斯利·霍姆斯（Leslie holmes，2019：35）认为，衡量腐败的规模有四种常用的方法：官方统计法[①]、印象和态度调查法[②]、经验调查法[③]、跟踪调查法[④]。Michael Johnston根据腐败测量发展过程将腐败测量分为第一代和第二代，认为香港特区政治和经济风险顾问公司（Political and Economic Risk Consultancy）、管理发展研究所（the Institute for Management Development）、政治风险服务机构（Political Risk Services）、经济智库（The Econmist Intelligence Unit）、"经济论坛"（The Economic Forum）等组织和机构的调查以及透明国际CPI指数属于第一代，主要取决于商业人士的观点，用一个标准对特定的国家和地区进行比较。第二代测量的方法针对第一代测量工具中的问题而提出，综合运用多种方法和指标对评估对象进行更为详细、具体的评价，但因为语言和文化的原因，将其结果用于国际比较更为困难。例如，世界银行研究所（the World Bank Institute）1999年对20个前社会主义国家开展的商业环境和企业运行状况调查（Business Environment and Enter-

---

[①] 官方统计数据主要有法律和经济两种。法律数据有：（1）报道的腐败案件数量。（2）调查的腐败案件数量。（3）起诉数量。（4）定罪数量。（5）作出的判决。经济数据有贿赂的平均数额、腐败对经济造成的影响等。

[②] 此类调查衡量的是人们对腐败的印象和态度，目前世界上引用较多的是透明国际腐败感知指数（CPI）。

[③] 此类方法的受访者不会被问及对腐败的印象，而是回答实际的腐败经验。常见的问题是："过去12个月中你或你的家人有没有行贿过？"

[④] 这是20世纪90年代世界银行提出的衡量腐败的方法，主要分为公共支出跟踪调查（PETS）和定量服务提供情况调查（QSDS）两种。例如，世界银行1996年与乌干达政府合作追踪用于资助乌干达小学生的资金，其结果是成效相当显著：1991—1995年，实际到达小学生手中的资助金额为平均每人13美分，到2001年上升到80美分以上（莱斯利·霍姆斯，2019：45）。

prise Performance Survey，SEEPS)。这个调查项目花费很大，比透明国际指数更为广泛地反映企业和贷款人的看法。①

目前中国学者的研究应用国外的方法较多，但在表述上有所不同，注重从主体性意识发挥的作用角度进行观察，将腐败状况测量的实证研究分为主观调查法、案件统计法、案件指标分析法三种。② 也有的将其分为主观测量法和客观测量法两种。③ 主观指人的意识、精神、认知，与"客观"相对，主观就是以观察者为"主"，参与被观察事物当中，被观察事物的性质和规律随观察者的意愿不同而不同。④ 主观与客观的划分，从某种程度上而言就是意识与物质、精神与存在的关系问题，这是哲学的基本问题。主观与客观是难以分割的。物质决定意识，客观决定主观，主观反映客观，并且会能动地改造客观。世界上没有绝对的主观，主观之中包含客观。客观测评看似不受人的意愿的影响，但其实都受到主观的影响和左右。有的提出，客观测量法是通过对历年来各种反腐败机关查处的腐败案件进行统计分析来测量腐败程度的方法。⑤ 将腐败案件数据作为客观，但这些数据形成过程、解释过程等都包含着主观。客观不是脱离主观注意的客观。在运用这些客观数据进行分析研判的时候，也必然会因为主观的差异性而不同。Michael Johnston认为，依靠官方统计数据存在各国对腐败定义、法院系统和调查工作的可比性问题。⑥ 各国对相关概念认识并不一致，客观的官方统计数据看似相同，但它在各国中的意思其实并不一样，对数据的认识和运

---

① 参见 Michael Johnston (2002), "Measuring the New Corruption Rankings: Implications for Analysis and Reform", In Arnold J. Heidenheimer, Michael Johnston (Eds.), *Political Corruption: Concepts & Contexts*, New Brunswick, NJ: Transaction Publishers, pp. 865 – 884.
② 过勇、宋伟：《腐败测量》，清华大学出版社2015年版。
③ 何增科：《中国转型期腐败和反腐败问题研究》，《经济社会体制比较》2003年第1期；周淑珍、聂平平：《改革开放以来我国腐败状况透视和反腐败战略思路的变迁》，《探索》2009年第1期。
④ 过勇、宋伟：《腐败测量》，清华大学出版社2015年版，第94页。
⑤ 何增科：《中国转型期腐败和反腐败问题研究》，《经济社会体制比较》2003年第1期。
⑥ Michael Johnston (2002), "Measuring the New Corruption Rankings: Implications for Analysis and Reform", In Arnold J. Heidenheimer, Michael Johnston (Eds.), *Political Corruption: Concepts & Contexts*, New Brunswick, NJ: Transaction Publishers, pp. 865 – 884.

用都具有较强的主观偏见。因此，在测评腐败这种社会现象的过程中，客观与主观经常混合在一起而难以分离，很难严格区分开来。

主观测量法就是通过发放调查问卷、实地访谈、网上调查、电话调查、观察调查等方法了解被调查对象对腐败实际程度的主观评价、感知和态度。[①] 主观调查以个人的经验为基础获得感性数据和资料，然后据此对腐败严重程度、覆盖广度等状况作出评估和判断。但感性数据的一大缺陷是无法准确衡量腐败。[②] Olken 对印度尼西亚一个农村公路项目中的腐败感知度进行了调查，村民都感知到公路项目建设中存在着腐败。他通过政府投入与独立工程师估算出的价格之间的差异构建了腐败指数，与主观感知调查结果进行对比，发现项目实际支出比估算价格增加了 10%，腐败比较严重。但村民感知到的因为腐败而导致的公路项目价格仅提高了 0.8%，腐败要轻得多。也就是说，村民感知的腐败严重程度比通过价格估算测算的腐败程度要低很多。Olken 进一步分析指出，之所以存在这么大的差距，是因为主观调查存在严重不足。他认为，村民的感知会因为两个方面的原因而存在误差：一是村民更容易发现价格虚高（比如水泥价格超过市场价格），但对数量虚高往往不易觉察（比如 1000 立方米石料的钱，却只运 800 立方米）。人的感知是根据经验或者已有知识作出的，非常有局限性，并且具有明显的倾向性。有的感知非常明显，有的却感知不到。腐败行为都是十分隐蔽的行为，为了防止和避免腐败行为暴露，想搞腐败的村干部此前就会了解感知倾向并有针对性地选择和调整腐败方式和手段。既然村民在项目工程中对材料价格感知较多，而对实际投入的材料数量和质量不敏感，他们就会在材料投放数量和质量而不是在材料价格上做手脚，以少顶多、以少充多、以次充好。二是受教育程度等个人特征对腐败感

[①] 何增科：《中国转型期腐败和反腐败问题研究》，《经济社会体制比较》2003 年第 1 期；过勇、宋伟：《腐败测量》，清华大学出版社 2015 年版，第 95—99 页。

[②] Benjamin Olken, Rohini Pande "Corruption in Developing Countries", *Annual Review of Economics* 4.1 (2002)：479 – 509. 转引自兰小欢等编译《腐败与反腐败的经济学》，北京大学出版社 2016 年版，第 31 页。

知影响较大。如果基于感知数据调查的不同的项目或国家而使用不同的受访者组合,将会导致数据产生系统性偏差。除了个人的主体性特征的差异会影响主观调查之外,外部环境也会影响个人的主观评价。如果项目建设在推进的时候发生了严重的窝案、串案并被媒体大肆宣传,这时人们就会联想到这个项目,也会认为这个项目腐败很严重。[①]由于腐败主题敏感,因此大多数受访者不会根据自己的个人经历给出答案,而是受到媒体报道的案件甚至之前调查结果的影响。[②] 感知度调查是一个人对腐败程度的感觉和主观评价,其优势是操作简便,覆盖面很广,在很短时间内就可以完成调查和统计。但其感知很容易受突发性或偶然性等因素的干扰。在调查实践中,我们往往发现,当一个大案要案刚发生不久并且被公众普遍知晓或者舆论进行大量炒作之后,人们会普遍认为腐败更为严重。受调查对象的身份地位、宗教信仰、政治偏见、意识形态等因素也会影响公众对腐败的感知。Baneriee 和 Pand 在印度人口最多的北方邦(Uttar Pradesh)调查发现,选民种姓对腐败估计与判断的影响巨大。在没有偏见或偏见程度很低的司法管辖区,这种影响不存在或者较小。在对种姓分布更具有偏见的司法管辖区,受调查者对腐败感知受到实质性的影响。有的认为普通公众的感知不太准确,因而选择对腐败敏感度较高的专业人士作为调查对象,如 Baneriee 和 Pand 就选择记者和政治家作为调查对象,但依然存在所感知到的腐败与现实中的腐败有较大差距的问题。这些敏感度高的群体因为受身份地位的影响并不一定能准确反映真实的腐败。[③] 笔者曾经对领导干部、普通干部、专业技术人员、企业管理人员、城乡居民等不同群体分类进行了长达十多年的问卷调查,发现这五类人群对腐败严重

[①] Olken, Benjamin A. 2009, "Corruption Perceptions vs. Corruption Reality", *Journal of Public Economics*, 93: 950 - 964.

[②] Guo Yong, 2008, "Corruption in Transitional China: An Empirical Analysis", *The China Quarterly*, Volume 194, pp. 349 - 364.

[③] Baneriee, Abhiiit V. Pand, Rohini. 2009, "Parochial Politics: Ethnic Preferences and Politician Corruption", Working Paper, Harvard University. http://www.doc88.com/p - 225229331746.html.

程度的感知有较大区别，体制内人员如领导干部、普通干部和专业技术人员对腐败严重程度的感知要低于体制外的企业管理人员和城乡居民，领导干部的感知程度最低，但对反腐败效果的感知则是最高的。调查数据表明，在接受调查的时候，被调查者受到身份地位的影响，有意识或者无意识地将调查作为检查或反映问题的两种方式对待，具有体制内身份的人将调查作为检查对待，对腐败严重程度感知表达倾向于保守，但体制外的人员则可能认为这是一个反映问题的机会，因而会如实反映自己的腐败感知或者选择一些更为严重的表达方式，希望引起注意。领导干部是最为保守的群体，有的可能将自己摆进去，认为腐败严重会与自己反腐败工作不得力或不到位有关，因此尽量选择腐败不存在、不很严重等选项表达自己对腐败程度的感知。

　　用感知的方法来测量腐败具有很大的缺陷，一个重要原因是调查持续的时间和标准问题。目前世界上很少有运用统一标准、采用同样的方法对腐败感知度持续进行长达十年以上调查的。只要持续调查的时间够长，积累的纵向历史数据越多，大案要案等偶发性干扰因素的作用就会减弱，身份地位这些变量也可以作为不太重要的因素而忽略，通过纵向的比较，我们就可以看出公众感知的变化。一般而言，只要使用相同方法和相同的标准在不同时间点进行调查，调查结果是相同的。如果出现了变化，我们就可以将这个变化作为对腐败程度变化的反映。但遗憾的是，能够这样坚持十年以上对腐败程度进行持续跟踪的研究很少。一两次的感知度调查具有很强的偶然性，对于得到的结果我们往往无法用一个标准去衡量其与实际相差有多远，因此可信度比较低。一些国际机构长期对腐败程度进行测量，虽然调查持续的时间可能长达十年以上，但前后调查所使用的方法和标准有很大的差别，如透明国际腐败感知指数（CPI）就发生过由十分制变为百分制等方面的重大变化。调查方法、调查标准等方面的每一次变化，都可能是一次新的调查，虽然名义上都是对腐败程度的测量，但前后差别很大，在进行纵向比较分析的时候一定要特别小心。因为长期跟踪的腐败程度感知调查很难坚持，一两次感知调查的结果又无法准确衡量腐败，因此人们转而开始使用一些直接衡量腐败行为的方法。

在世界上直接对腐败进行测量的技术中，有的采用一个指标或一种方法，有的采用多种指标或多种方法进行综合测评。根据使用指标和方法的多少，我们将腐败测评分为单一测评与综合测评。

单一测评法就是使用一种测评方法和一个指标对腐败进行测评。具体来说可以分为以下几种。

1. 直接体验观察

利用独特的条件和特殊的身份参与体验和观察腐败，可以克服腐败极为隐蔽给调查带来的困难。运用这种方法来研究腐败程度的极少，具有这种特殊条件的人相对较少，另外参与腐败的人大多数都不愿意将自己做的丑事暴露出来。但什么情况都有可能发生，这方面的研究还是有一些的。例如，McMillan 和 Zoido 记录了在秘鲁前总统滕森时期担任秘密警察部门主管的 Montesinos 经历的腐败。为了支持滕森政权，他曾经贿赂法官、政客和新闻媒体并保留了详细记录，如签署的合同和行贿过程的录像带。McMillan 和 Zoido 利用这些证据估计了不同类型的政府官员行贿成本，得出政府官员和法官的受贿金额从每月 3000 美元到 5 万美元不等，数额取决于官员来自反对党（数额更高）还是滕森所在的党（数额更低），但控制媒体需要支付的贿赂金额要高得多，获得一个电视台的支持需要每月支付 150 万美元。[1]有的涉及金额相对较少但受害对象较多的腐败是可以直接观察到的，这类腐败往往是众所周知的，以半公开或准公开方式持续进行，腐败参与方虽然也担心受害人举报或者害怕有关部门发现和调查，但往往认为这不是什么太大的事。其中比较典型的就是基层公职人员的吃拿卡要，研究者可以扮演"见证人""旁观者""受害人"的角色进行直接观察。Olken 和 Barron（2009）就使用直接旁观的方法调查了印

---

[1] 兰小欢等编译：《腐败与反腐败的经济学》，北京大学出版社 2016 年版，第 33 页。

度尼西亚卡车司机的行贿行为。调查员在2005年11月至2006年7月假装卡车副驾驶，全程陪同卡车司机记录他们每次在交警检查点和称重处停留时送给警察、士兵和称重站工作人员的金额。在304次运输过程中，他们共观察到6000多次非法付费行为。但每次付费较少，在0.5—1美元，有时用现金，有时用一两包香烟等物品。这些非法费用和支出占每次边际运输成本的13%，而司机的工资只占边际运输成本的10%。但卡车司机同时也存在腐败行为。卡车司机向运输公司汇报的非法支出金额大约是调查员直接观察得出的金额的两倍。卡车司机通过虚报不合理支出的金额而获得利益。Sequeira和Djankov（2014）在莫桑比克和南非对港口清关入境官员的腐败进行了调查。他们随机选取1300次运货车，通过直接观察向港口和入境官员支付的贿赂额，估计了腐败所导致的经济成本和扭曲效应，发现标准集装箱通过莫桑比克的马普托港（Maputo）平均贿赂金额占所有成本的14%，通过南非德班港（Durban）贿赂金额占平均成本的4%。秘书、司机等领导身边人员，近亲属、情妇（夫）、亲戚等具有共同利益关系的特定关系人，办公厅（室）主任、财政主管、保姆、发小、关系好的同学、战友、老乡等关系密切人员对腐败的细节了解最多。参与查处腐败案件的人员在谈话、审讯、查证等调查审理和起诉审判程序中也对腐败犯罪人的腐败细节和金额了解较多，他们都可以为用这种方法进行的腐败研究提供非常有价值的信息和材料。新闻媒体记者比较偏向于用这种方法来描述腐败，将腐败情节和金额等具体详细的内容作为报道的重点，以吸引社会注意力。

2. 贿赂调查估计法

有人认为，贿赂是普遍存在的腐败现象，因而可以直接通过调查行贿来衡量腐败。从事商业活动的企业是贿赂接触较多的主体，因此，此项调查普遍将企业高管及其人员作为调查对象。如有的通过调查企业行贿数据来测量腐败程度，Svensson（2003）通过询问乌干达企业经理向公共部门的行贿金额，计算出行贿企业占所有企业的比例和行贿金额平均占企业总成本的比例。① 经过调查他得出乌干达企业平均行贿金额为每个工人88美元，大约为企业总成本的8%。② 这种方法可复制性强，操作起来比较容易，可以在不同时间对不同国家和地区进行持续调查，因而被一些国际组织经常采用。国际刑事犯罪受害者调查（International Crime Victims Survey）项目中有一项内容，询问被调查者过去一年中是否有政府官员要求或者暗示向其行贿。Mocan（2008）利用对49个国家9000余个受访者的调查数据，发现在发展中国家，受访者的收入和受教育水平与被索贿的概率呈正相关，但在发达国家中没有这一关系。世界银行企业调查（World Bank Enterprise Survey）项目调查了企业在一些经营活动如水、电、电话安装、办理经营和进出口许可证、签署建筑相关的合同等中的非正式馈赠和付费行为，与税务官员会面、获得政府项目以及在中低收入国家出现的"摆平事情"中所产生或者支付的费用。③

3. 差值估计法

该方法主要用来估算贪污、侵占、挪用等腐败数额和程度，需要获得可以进行对比的两个数值：一个是没有腐败行为发生的应然状态下的数值，另一个是在腐败行为影响作用下的数值，两者之间的差额就是腐败估计值。使用这种方法的研究比较多，如 Reinikka 和 Svensson（2004）运用公共支出跟踪调查（PETS）数据，比较乌干达中央政府向250所小学发放的特殊教育资助额与这些学校实际收到的资金和物资之间的差额，发现漏损率达到87%，从而推断出当地政府官员贪污挪用现象相当严重。有的通过不同时期价格的变化计算出腐败的数额。Di Tella 和 Schargrodsky（2003）比较了布宜诺斯艾利斯公立医院在1996—1997年实施的打击腐败工作的前9个月里取得基本同类物资所支付的价格下降了15%，该比例可看作这一时期该市医院采购

---

① Svensson, Jakob, 2003, "Who Must Pay Bribes and How Much? Evidence from Across Section of Firms", *The Quarterly Journal of Economics*, 118: 1.
② 兰小欢等编译：《腐败与反腐败的经济学》，北京大学出版社2016年版，第33页。
③ 兰小欢等编译：《腐败与反腐败的经济学》，北京大学出版社2016年版，第33页。

中腐败状况的下限。[①] Chang-Tai Hsieh 和 Enrico Moretti（2006）研究了伊拉克的联合国石油换食品项目，通过比较项目实施期间和实施之前伊拉克石油的官方销售价格和估测的市场价格之间的差异，计算出 1997—2001 年伊拉克政府官员从石油购买方获取非法回扣的金额为 10 亿—14 亿美元，占该项目总收入的 2—10 个百分点。有的采用随机现场实验方法来测量腐败。美国麻省理工学院的 Benjamin Olken（2007）在印度尼西亚乡村进行田野试验，他请独立工程师对部分路段进行挖掘采样来估计每段公路的材料质量，并调查当地材料的价格和数量，采访村民估计实际支付的工资，从而估算出修路必需的支出。他特地雇用了建筑公司和专家建设了几段乡村公路并确保不发生腐败行为，得出修路的具体成本，再用调查得出的成本与官方公布的公路建设支出进行对比，得出 600 多个乡村道路项目"消失的支出"（也就是腐败的金额）平均数值达到公路总支出的 24%。也有的通过比较公职人员的收入和消费支出之间的差别来测量腐败。在正常情况下，能力差不多的人不管干什么工作，其实际收入都应该差不多。加州大学伯克利分校的 Yuriy Gorodnichenko 和北卡罗来纳大学的 Klara Sabirianova Peter 研究发现，在乌克兰，能力差不多的人，在政府部门工作的人的工资比在私人部门工作的人的工资低三成。在很多其他转型国家也有类似现象。在能力越高的人群中，公私部门的工资差距越大，甚至超过六成。虽然工资低，但政府部门雇员的消费水平和所持有的资产总额却和私人部门差不多，这个消费和收入之间的差距可以用来测算政府雇员的灰色收入。这部分灰色收入约占 2003 年乌克兰 GDP 的 1%。[②] 还有一种测量腐败的方法是通过比较官方数据与一般性家庭调查数据。Olken（2006）研究印度尼西亚向贫困家庭分发补贴大米的大型反贫困计划，他调查了贫困家庭实际收到的补贴大米的

[①] Di Tella, R., & Schargrodsky, E. 2003, "The Role of Wages and Audit During a Crackdown on Corrmption in the City of Buenos Aires", *The Journal of Law & Economics*, pp. 46, 269 – 292.

[②] 兰小欢等编译：《腐败与反腐败的经济学》，北京大学出版社 2016 年版，前言。

数据，然后比较印度尼西亚政府向贫困家庭发放的补贴大米数据，得出至少有18%的大米被挪用了，这一数据在种族杂居和人口稀少的地区更高。他得出这种腐败造成的福利损失可能足以抵消该计划的再分配意图所带来的潜在福利收益。腐败严重损害政府在公民中重新分配财富的能力，对国家的再分配努力造成重大阻碍。加利福尼亚大学圣迭戈分校经济系的 Paul Niehaus 和达特茅斯学院（Dartmouth College）经济系的 Sukhtankar Sandip（2013）也是采用比较官方数据与自己调查数据的差异来测量腐败程度的，他们研究了印度2005年开始实施的最大的福利项目——国家农村就业保障计划（the National Rural Employment Guarantee Scheme，NREGS），每个农村家庭每年有权在政府项目中获得最多100天的带薪就业机会。该计划覆盖了印度整个农村人口8.5亿人，费用约为印度GDP的1%。法定工资由州政府设定，但实施该计划的地方官员并不总是向工人支付他们有权获得的工资。因此，一个核心政策问题是实际工资如何随国家工资而变化。他们使用2007年3月至6月参加了NREGS项目的1938户东部奥里萨邦（Orissa）家庭的原始调查数据进行研究，收集了这些家庭在NREGS项目中所做工作的数据，并将其与相应的官方微观数据进行比较。其研究利用多报的就业天数和少支付的工资等来测量这个项目中的腐败。[1]

4. 政治关系分析法

大量的具有影响的腐败案件主要是由重要政治人物实施的，或者与他们紧密相关。市场价值的波动往往容易受到这些重要政客的影响。通过观察和研究市场主体价值波动就可以推测出某个国家的腐败程度。为了方便获得数据，学者一般选择有政治关系或背景的上市公司作为

---

[1] Paul Niehaus 和 Sukhtankar Sandip 合作撰写的论文《公共项目腐败的边际率》（The Marginal Rate of Corruption in Public Programs：Evidence from India）全文在道客巴巴网站上发布，网页地址为：https：//www.doc88.com/p-5045274081521.html。他们合著的另一篇论文对此作了描述，详见"Corruption Dynamics：The Golden Goose Effect"，American Economic Journal：Economic Policy，American Economic Association，Vol. 5，No. 4，November 2013，pp. 230 - 269.

切入口，通过研究相关政治人物职务、身体健康等的变化对这些公司股价变动的影响来确定这个国家腐败的严重程度。哥伦比亚大学的Fisman（2001）获取了雅加达一家咨询公司估计的各上市公司与印度尼西亚前总统苏哈托的"联系"值，数值范围为0—4。数值越大，说明上市公司与苏哈托的联系越紧密。随后，他考察了苏哈托病倒后各个上市公司的价格变动情况，从而计算出股票市场对政治背景的估价。雅加达的投资银行家估计，苏哈托去世导致股票总市值下降20%，Fisman根据这一数值估算了与苏哈托存在政治联系的总价值。他估计，大多数有政治背景或靠山的企业，其大约23%的市值来自苏哈托的政治联系。这项研究无非证明了印度尼西亚的腐败相当严重。Fisman等（2006）利用相同的方法，测量与美国前副总统切尼有政治联系的上市企业的市场价值，并对比他作为候选人和上台时的差异，发现与他有关联的上市公司的股价并未因为他突发心脏病而受到任何冲击。这一项研究其实是要证明，美国的上市公司与重要政治人物之间的关系不紧密，因而腐败并不严重。美国范德比尔特大学（Vanderbilt University）的Mara Faccio（2006）认为，如果一家公司至少有一名大股东（控制着至少10%的表决权股份）或一名高级管理人员（首席执行官、总裁、副总裁、董事长或秘书）是国会议员、部长或与一名高级政客或政党有密切关系，则该公司就被认定与政客有关联。有政治背景的上市企业在全球分布并不均衡。在腐败程度较高的国家、限制本国居民对外投资的国家，有政治背景的上市企业里尤其常见。在监管机构对政治利益冲突设定了更为严格的限制的国家，具有政治联系的上市企业较少见。她将政治关系分析法运用到更多样本中，考察了47个国家的20202家上市公司，其中541家公司具有政治背景，发现董事会成员或者股东成为政治家可以使上市公司市值提升2.29%。她根据世界银行的腐败控制指数将47个国家分为两类，发现腐败水平处于中位数以上的国家，董事会成员或大股东成为政治家可以使公司市值上升4.32%，但腐败水平在中位数以下的国家，董事会成员或大股东成为政治家对公司市值没有影响。

　　以上这些研究都是针对特定的项目或个别样本,来推断总体腐败的状况。这些研究的价值在于说明腐败可以进行量化分析,但准确度很低。其中,很多地方都模糊不清,需要进行研究和解释。例如,Yuriy Gorodnichenko 和 Klara Sabirianova Peter 的理论假设是能力相差不大,其收入也差别不大。但如何衡量和比较不同职业中个人的能力?通过政府雇员的灰色收入来估算腐败程度的方法有一定的合理性,但很可能会将腐败程度夸大,因为政府雇员也会根据法律规定正常理财投资,通过出租等方式获取合法收入,特别是政府雇员一般都是文化教育程度较高的人群,资产配置和理财的能力比文化程度较低的人可能更强。对于政府雇员的合法合理的收入,他们并没有考虑。而只是用政府雇员的消费水平与持有的资产、收入进行简单比较,所得出的对腐败程度的判断肯定要比实际严重得多。但这种方法仅仅是观察腐败是否普遍和严重的一种方法,无法准确测量出腐败现象的严重程度。又比如,公路项目由不同的人来实施,修路成本完全不同。成本低也有可能是项目负责人的能力问题而不是道德风险问题。这些初步的估计方法过于简单,可信度并不高,因而很难得到普遍推行和运用。这些方法有很大的适用局限性,只能衡量特定场合中的腐败程度,或者是行业(教育、医疗等)的或者是地区的,而不适于精确判定一个国家的总体腐败规模。①

　　单一测评所使用的指标和方法太简单,需要使用更多的指标和方法来弥补单一测评方法的不足。综合测评就是使用多个指标和方法对腐败进行测评。采用复杂指数的多半都是综合测评,例如,利用企业和家庭调查数据,世界银行估计出全球每年行贿的总额大约为 1 万亿美元。② 透明国际的腐败感知指数(CPI)、世界银行的腐败控制指数

---

① [澳]莱斯利·霍姆斯:《腐败》(牛津通识读本),胡伍玄译,译林出版社 2019 年版,第 45 页。
② Rose-Ackerman, Susan, 2004, "Governance and Corruption", in *Global Crisis, Global Solutions*, B. Lomborg ed. Cambridge: Cambridge University Press, Chapter 6.

(CCI)等综合运用专家评价、对普通公众和企业管理人员的问卷调查等方式，形成世界上具有较大影响的综合测评指数。例如，透明国际清廉指数是综合运用十多个国际机构关于腐败方面的测评数据，并结合自己组织的调查所形成的数据作出的，是综合测评的典型。兰斯多夫教授在帮助透明国际设计腐败感知指数时主要使用了三种不同类型的样本：其一，主要是西半球专家的意见，他们不是评估对象国的居民，如哥伦比亚大学、经济学家智库、自由之家、商人国际集团和世界市场研究中心的数据。其二，移居国外的人，他们来自欠发达国家，根据移居国对腐败的标准对其他国家进行评估，避免受到"本国偏见"的影响，如信息国际（Information International）的数据。其三，当地居民对自己国家的政绩作出评估，他们既是被评估国家的人，同时也在跨国公司工作，对本国文化了解，不受"西方商人"观点左右，如瑞士洛桑国际管理学院、政治和经济风险咨询机构和世界经济论坛的数据。[1]有的以这些综合性测评数据为基础进行再次评估，如有的提出清廉相对值（Relative Value of Transparency，RVT），运用人均GDP排名与CPI排名的差异程度，来观察一个经济体的清廉程度与经济发展水平是否相称。如果RVT=0，则该经济体的清廉程度与经济发展水平相称；如果RVT>0，表示该经济体的清廉程度领先于经济发展水平；如果RVT<0，表示该经济体的清廉程度落后于经济发展水平。[2]

综合性测评影响更大，并不意味着对腐败测量的准确度更高，而是在于其使用的测评方法更为复杂，操作难度较大，投入更多，给人感觉更为严肃认真和科学。从世界上现有的综合性腐败测量指数来看，影响力大的指数多半是跨国性的，覆盖的国家和地区越广，影响就越大。另外就是持续时间长，十年以上就具有较大的影响。在策略上往往采用打分排队的方法，对被评价的国家和地区划分等次和层级，形成直

---

[1] ［德］约翰纳·伯爵·兰斯多夫：《腐败与改革的制度经济学：理论、证据与政策》，清华大学公共管理学院廉政与治理研究中心译，中国方正出版社2007年版，第20页。
[2] 潘佳瑭：《清廉相对值：评估经济体清廉程度的新指标——基于清廉程度与经济发展关系的研究》，《廉政文化研究》2016年第5期。

观鲜明对比，从而吸引人的眼球，引起世界上所有人的关注。指数形成的过程比较复杂，有比较复杂的模型和方法，让人感觉指数比较科学，以增加人们对指数的信任程度。这些测评指标和方法有的是公开的，有的是部分公开的。综合测评都是在单一测评基础上建立起来的，单一测评方法存在的问题在综合测评之中同样也会存在。同时，综合测评因为使用的指标和方法更多，存在的问题也更多。对于综合测评的结果，西方就有很多学者表示了否定，认为这些跨国性研究都存在问题，使用排名来衡量腐败程度并不准确。[①]

单一指标测量、复合指标测量与综合性指数测量是从使用的测量指标工具和方法数量多少方面进行划分的。另一类腐败测量的分类是从测评对象角度进行划分的，分为微观性腐败测评和宏观性腐败测评。这种分类可以使我们对腐败及其严重程度的认识更加深刻。研究腐败测评的学者往往会混淆二者的区别。有的学者将微观性的腐败测评结果作为对一个国家或者地区整体性腐败严重程度判断的根据，但这种用局部领域或者个别项目推断出来的腐败程度判断来衡量一个国家和地区的腐败程度存在着很大的风险和不准确性，因为选择的样本极少，很有可能代表不了整体。

一　微观性腐败测量

所谓微观性腐败测量就是对具体领域或类型腐败进行的测评。单一测评法中的腐败基本都是微观性腐败测量。微观性腐败测量的样本选择具有偏向性、目的性或意向性，多半选择腐败较为严重或者值得关注的领域或人群。腐败现象较少或者很少受到关注的领域往往不会被选择作为研究对象。很多的腐败测量都与企业经营有关。例如，Svensson（2003）调查乌干达企业经理向公共部门的行贿金额，世界银行调

[①] Jakob Svensson, "Eight Questions about Corruption", *Journal of Economic Perspective*, 19 (3), 2005: 19–42. 转引自兰小欢等编译《腐败与反腐败的经济学》，北京大学出版社2016年版，第14页。

查企业非正式馈赠和付费行为，Sequeira 和 Djankov（2014）调查莫桑比克和南非港口清关入境官员的腐败都是测量企业经营领域的腐败程度。有的与民生相关，如 Reinikka 和 Svensson 对比乌干达中央政府向 250 所小学发放的特殊教育资助额与这些学校实际收到的资金和物资之间的差估算教育领域的腐败程度；Di Tella 和 Schargrodsky（2003）比较打击腐败行动前后布宜诺斯艾利斯公立医院购买物资支付金额出现的变化测量医疗卫生领域的腐败程度；Benjamin Olken（2007）测量印度尼西亚乡村道路建设的腐败程度；Chang-Tai Hsieh 和 Enrico Moretti（2006）研究伊拉克联合国石油换食品项目中的腐败严重程度；Olken（2006）测量印度尼西亚向贫困家庭分发补贴大米的大型反贫困计划中的腐败；Paul Niehaus 和 Sukhtankar Sandip（2013）研究了印度国家农村就业保障计划中的腐败。有的选择研究政治领域的腐败，如 Yuriy Gorodnichenko 和 Klara Sabirianova Peter 研究收入与消费之间的差别，以判断乌克兰政府部门工作人员的腐败程度。McMillan 和 Zoido（2004）利用秘鲁警察部门前主管 Montesinos 亲身经历的腐败来估算滕森政权的腐败程度。Fisman 等通过上市公司估价与领导人健康状况之间的关系研究印度尼西亚前总统苏哈托、美国前副总统切尼的腐败程度。对微观性腐败的测量较为敏感，有的直接关系到某个部门、单位、地方甚至某个人的声誉和利益。其研究成果在公布之后，可能会引起社会对这些研究对象产生负面的评价和看法，甚至遭到有关部门的调查和制裁。因此，使用这种测量方法必须考虑研究的道德伦理问题。作为廉政学研究的学者，必须保护支持自己开展调查工作的人员的隐私和权益，避免给他们带来灾难和损失。在技术上，一般都会将具体地名、单位名、人名等信息进行模糊化处理。

腐败是比较隐蔽的现象，一般不容易被发现。使用这种测量方法还必须考虑获取数据资料的可行性问题。直接参与腐败的数据和资料往往是很难获得的。McMillan 和 Zoido 获得秘鲁警察部门前主管 Montesinos 亲身经历的腐败数据，这是比较困难的，也是一般人难以获得的。因为一般人不会将自己的腐败行为公之于世。另外，这些数据的真实性和可信度也是一个需要考虑的问题。有的人为了特定的目的，会将亲历的腐败的金额和有关资料公开，但在其真实目的和动机不清楚的情况下，使用这些数据和资料对一个国家或地区的腐败进行估计和判断也是存在风险的。有的腐败行为是可以参与的，因而可以亲身经历方式获取腐败的具体数据。如 Olken 和 Barron（2009）调查印度尼西亚卡车司机行贿行为、Sequeira 和 Djankov（2014）调查莫桑比克和南非港口清关入境官员的腐败就采用参与体验式的方法。但这种调查和测量的方法往往适合数额较少、性质不太严重的轻微腐败，如吃拿卡要。在这种腐败中，行贿与人情往往交织在一起，是一种社会风气，因而参与各方都认为公开暴露不会存在太大的风险。但金额较大、构成严重犯罪的腐败行为，都是十分隐蔽的，参与体验式的调查是很难进行的。

二 宏观性腐败测评

宏观性腐败测评则是对整体性的社会腐败状况的测评。对整体性腐败的评估使用的方法主要是感知度测量方法。这种方法有很多优点，成本低，在很短的时间里就可以完成，投入很少的精力和资金就可以对大量对象进行调查，并且覆盖面很广，操作也非常容易，比直接测量腐败要简单得多。因此直到现在，多数对腐败程度的估计都是基于感知调查的。感知调查使用的手段和方式常常是问卷调查和访谈。有的是专门针对一个国家进行调查，有的进行跨国性的调查并且作出比较。有的仅仅是一次调查，缺乏持续性，有的则是持续数年，有纵向历史比较的数据。Soma Pillay 等就腐败问题对南非 1500 名公务员开展了问卷调查，旨在了解他们对腐败的看法和态度。调查表明，75.8%的受调查者认为南非政府缺少反腐败的政治意愿，65.1%的受调查者认为没有接受过职业道德、社会责任培训，表明南非反腐败文化的缺失、反腐败意愿不足，96.1%的受调查者认为需要加强反腐败执法。[1] 使用很少的样本也可以进

---

[1] Soma Pillay, 2014, Development Corruption in South Africa: Governance Matters, Palgrave Macmillan US, pp. 95–96.

行宏观性调查，如就腐败严重程度、受贿严重程度、反腐败信心等对受访者进行问卷调查。Juneman Abraham 等人对雅加达 117 名大学生进行了调查[1]，只要涉及对整体腐败情况的调查，就属于宏观性的腐败测量调查，而不看受访者数量的多少。但缺乏持续性的、仅仅针对个别国家进行的宏观性腐败调查受关注程度很低，因为这一类调查运用的方法基本相同，都是采用问卷调查的方式，只是样本多少以及覆盖面的广度不同而已。只有大规模的投入，如在时间上持续多年，样本尽量覆盖更多的国家，保证调查质量，才会产生影响力。

但也有通过客观性数据来做整体性腐败测量的。如中国有一些学者就运用历年检察机关提起公诉或人民法院审判的处级以上领导干部数量的变化、涉案金额的变化等数据来判断腐败严重程度的变化。[2] 通过小样本即处级以上干部这个群体来测量整体腐败的严重程度，用以判断腐败严重程度的变化趋势比较适合，但由此来推断整个国家的腐败严重程度，存在一定的局限性。处级以上干部仅仅是公职人员队伍中位阶较高的一类群体。这些人掌握的权力和资源较多，腐败机会更多。处级以下干部占绝大多数，他们的权力小，腐败机会少，有些甚至就没有腐败的机会。用处级以上干部中腐败的人数来推断整个公职人员队伍的腐败数量，极有可能会得出腐败比实际更为严重的结果。另外，在公职人员之外，还有数量庞大的私营机构。这些机构同样存在腐败，用"落马"处级以上干部的数据来分析和判断私营机构中的腐败，更是缺乏合理性。

大多数国际机构的跨国性或全球性腐败测量数据主要是以感知数据为基础的，如透明国际的腐败感知指数（CPI）、世界银行的腐败控制指数（CCI）等（Olken，2009）。这两个指数的资料来源为各类调研，

---

[1] Juneman Abraham & Murty Magda Pane, Corruptive Tendencies, Conscientiousness and Collectivism, Procedia-Social and Behavioral Sciences, 2014, 153: 132 – 147.
[2] 王传利:《1990 年至 1999 年中国社会的腐败频度分析》,《政治学研究》2001 年第 1 期; 过勇、宋伟:《腐败测量》, 清华大学出版社 2015 年版, 第 143—144 页; 倪星:《腐败与反腐败的经济学研究》, 中国社会科学出版社 2004 年版, 第 135—136 页。

受访对象为普通居民、商业高管（如公司首席执行官）或"某国专家"，有时还从官方渠道获得"硬数据"[①]。这些指数是由多个机构数据合成的指数。有的机构并不对全球所有国家进行评估，因此不是所有的国家都有数据或者数据来源渠道都相同。例如，透明国际的腐败感知指数必须有三个资料来源渠道的数据，但世界银行的腐败控制指数只要求有一个资料来源渠道的数据。综合性的测量或评估需要大量的投入，因此一般由机构组织力量进行。但也有一些学者基于感知性数据进行宏观腐败研究，如 Mauro（1995）利用 Business International（BI）1980—1983 年关于腐败、官僚作风和司法系统效率的指数对腐败与增长关系进行跨国研究，对不同国家腐败严重程度进行了研究。这个指数是由 BI[②] 组织受访者和分析家填答问卷获得数据后建立的，该机构公布的 1980—1983 年包含 56 个"国家风险"因素的指数覆盖 68 个国家、1971—1979 年包含 30 个"国家风险"因素的指数覆盖 57 个国家。《全球舞弊调查报告》（Report to the Nationson：Occupational Fraud And Abuse）由 ACFE 专门成立的团队每两年向各国家舞弊调查师 CFE 和反舞弊领域从业人员发放调查问卷获得数据并对之进行收集、分析、归纳和解释，投入了大量的时间和精力。除此之外，还有其他一些学者，例如，Knack and Keefer（1995），La Porta et al.（1999），Treisman（2000），Rose-Ackerman（2004），基于感知性数据进行宏观研究。

宏观性的腐败测量只能对某个国家或领域腐败整体情况进行大概了解，而不能揭示腐败具体的运作方式和严重程度。整体性的宏观测量也容易掩盖某些重要领域非常严重的腐败状况，会感觉到测量结果脱离现实。个人总是生活在特定的空间环境下，但宏观性的测量往往难以完全准确地反映其生活范围中腐败的真实情况。宏观性的整体测量

---

① ［美］苏珊-罗丝-阿克曼、邦妮·J.帕利夫卡：《腐败与政府：根源、后果与改革》，郑澜译，中信出版社 2018 年版，第 18 页。

② 现在已被并入 The Economist Intelligenc Unit。

没有必要考虑各个不同领域、行业、地方腐败程度的差异性，也不会区分各个领域和地方腐败有什么不同，宏观性腐败测量用一张问卷或者一些问题对所有的被调查者进行调查，是基于这些被调查对象背景和情形都是相同的假设之上的，或者将被调查对象存在的千差万别的具体情形作为微不足道的因素而忽略不计。我们将搜集来的大量调查资料放在一起进行统计分析，一般不会做太具体的分类研判。如果将关注点聚焦于具体的部分，就会变成微观性的测量。宏观性的测量也不会直接测量腐败金额大小等具体问题。根据测量的结果可以作出腐败严重程度的判断，但无法给出具体的细节，明确指出是哪个地方或者环节出现了腐败问题或者存在严重的隐患。揭示细节的经验性研究通常局限于具体领域或环节，只有微观性腐败测量才会运用这一方法。宏观性测量的评分不是政策衡量的精确工具，仅仅是判断分析宏观形势的晴雨表。自20世纪90年代后期以来，针对许多具体领域的测量方法和工具相继出现，如面向企业和个人进行的可以从典型特征中有效发现腐败行为的微调研、实地开展的行为学试验及审计工作等，可以使我们更深入地洞察腐败的成因与结果，进而为反腐败政策的制定提供参考。[1] 从宏观上测量和比较各国腐败水平的指数在某种程度上具有发出警示或风险提示的作用，但并不能提供具体的有针对性的改革政策。微观性腐败测量弥补了宏观测量和评估的本质缺陷。

尽管学者们在腐败测量研究方面进行了很多探索，然而，无论采用哪种测量方法，腐败测量都不可避免地具有局限性，这要求我们必须科学、正确地看待和运用腐败测量结果。[2]

第二节　反腐败成效的测量

反腐败成效有直接成效和间接成效。所谓直接成效是指通过惩

---

[1]　[美] 苏珊-罗丝-阿克曼、邦妮·J. 帕利夫卡：《腐败与政府：根源、后果与改革》，郑澜译，中信出版社2018年版，第21页。

[2]　过勇、宋伟：《腐败测量》，清华大学出版社2015年版，第233页。

治、预防等方式对腐败所产生的影响和作用,有的是工作力度和过程效果,如立案、结案、给予处分;有的是工作成果,如在腐败数量、腐败范围、严重程度等方面发生的变化。所谓间接成效是指惩治、预防腐败措施、方法实施之后带来的腐败或廉洁之外的变化,例如,营商环境、社会风气、经济发展、社会稳定、个人幸福感等。反腐败成效的测量会使用各种测评方法和指标,但大部分测量都是对反腐败直接成效的测量,对间接成效的考虑相对较少。因为测量以直接成效为主,所以很多对反腐败成效或绩效的测量方法和指标与腐败的测量方法和指标相同或者相似。有的甚至将对腐败的测量看成对反腐败绩效的测量。之所以未将二者区分开来,主要是因为在认识上未将腐败与反腐败区别开来。反腐败绩效的测量虽然与腐败测量相关联,因为遏制腐败是反腐败的直接目标,反腐败成效或者绩效的直接和鲜明的体现就是腐败数量的减少、严重程度的降低、覆盖领域的缩小等。但反腐败测量与腐败的测量应该不同,因为反腐败除了具有遏制腐败的功能和作用之外,还具有实现其他价值目标的功能。反腐败与腐败表面上看是一一对应的关系,但实质上并不是。反腐败包括的内容、使用的手段和措施、参与发挥作用的主体等都远远超过了腐败所发生的范围。

一　反腐败成效的单一测量

反腐败成效的单一测量是指使用一种方法对反腐败成效进行评估和衡量。目前主要有两类方法:一类是主观测量法,即使用问卷调查测量被调查对象对反腐败效果的各方面的主观认识和感知;另一类是客观测量法,即通过直接使用信访举报、检举控告、谈话函询、初步核实、立案调查、起诉、判决、惩处等与查处腐败有关的数据来反映腐败程度,从而检验反腐败效果的方法。问卷调查的方法在国际上使用得比较广泛,例如,我国台湾地区开展的"台湾地区民众对政府廉政主观指标与廉政政策评价"调查,对违法行为的严重程度、公务人员廉洁程度、廉政政策实施三个方面进行评价。① 香港特区廉政公署自 1992 年以来长期坚持通过政府采购方式委托独立研究公司每年采用随机抽样的方式开展调查，主要调查内容有四项：香港特区市民对贪污问题的态度及其背后的原因，市民在贪污问题上的关注事项、变化及其原因，公众对廉政公署工作的意见，公众举报贪污的行为和经验。中国内地采用反腐败问卷调查起步也很早。早在 1994 年，时任中央纪委书记的尉健行同志就提出，"要建立科学的民意调查体系"②。中央纪委成立了专门课题组对此进行研究，开始筹备工作。从 1996 年开始，中央纪委研究室最先开始在天津、辽宁、甘肃、河南、四川、江苏、广东 7 个省（市）开展问卷调查，之后每年都对反腐败工作的满意度等进行持续跟踪调查。从 2005 年开始，中央纪委研究室正式委托国家统计局采取随机抽样、入户调查的方式进行调查。问卷调查主要内容涉及反腐败工作满意度、重视度、信心度、廉洁度和遏制度等，既调查群众对腐败程度的评价，又调查群众对反腐败工作效果的看法，并征求群众对治理腐败的意见和建议。这项调查数据主要为中央和中央纪委反腐败决策提供参考，少部分调查结果直到 21 世纪初期才向社会公开。③ 问卷调查或民意调查的方法已经比较普遍，其操作程序大同小异，已经为大家所熟悉，这里对之不作重点介绍。客观测量法与主观测量法出现的时间相近，但二者在指标设计、数据获得等方面具有较大的分歧，笔者拟重点对这种方法进行讨论。

很多学者使用立案调查（侦查）、法院裁判的数据来测量反腐败成效。例如王传利较早运用检察机关和纪检监察机关立案侦查和处分的处级以上领导干部的数据来研究中国 20 世纪 90 年代腐败的严重程

---

① 余致力：《廉政与治理》，台北：智胜文化事业有限公司 2011 年版，第 24—25 页。
② 马明洁、黄冲：《中纪委研究室负责人：当前反腐倡廉民调的重要性凸显》，《中国青年报》2012 年 9 月 27 日第 7 版。
③ 转引自过勇《经济转轨、制度与腐败》，社会科学文献出版社 2007 年版，第 70—71 页。另参见孙承斌《群众对反腐倡廉满意度进一步提高》，人民法院网（https://www.chinacourt.org/article/detail/2004/01/id/101917.shtml），2022 年 4 月 14 日访问。

度及其未来趋势。虽然他提出腐败频度的新概念并建立模型，但本质上还是运用统计方法评估腐败形势。① 王传利根据 1988—1999 年检察机关办理的自侦案件（贪污、贿赂、挪用公款）、纪检监察机关处分的县处级以上领导干部的数据分别绘制了处级、厅级、部级干部受处分曲线图以及检察机关自办贪污案件、受贿案件曲线图，以检察机关 1989 年立案侦查的县处级以上干部的数量 875 人作为基准，分别绘制了绝对值和相对值②曲线图，然后绘制了腐败频度示意图。通过观察每个波动周期内最高的相对值与最低的相对值之间的差（腐败频度的波动幅度）、不同波动周期的最大相对值（波峰）、最小相对值（波谷）、每个波动周期内每年相对值的平均值（平均位势）、相对值持续上升（扩张长度）和持续下降（衰减长度）的时间长度等变化，他发现波峰和波谷的相对值越来越高，扩展期增加，衰减期缩短，腐败波动周期变长，因而得出 20 世纪 90 年代中国的腐败现象虽然在一些波段出现减弱，但总体越来越严重，腐败没有从根本上得到遏制，反腐败斗争任务仍然艰巨，从而预测 2000—2010 年腐败频度仍将处于高位。

过勇③基于 594 起县处级以上腐败犯罪案件分别建立了 A、B 两个数据库，数据库 A 包含 1978—2005 年被惩处的省部级以上 68 位高级干部的案例，数据库 B 包含 1978—2004 年受到惩处的省部级以下处级以上 526 位中层干部的案例，分五大类设置了 31 个指标：一是基本信息，包括腐败公职人员的姓名、性别、出生年份以及首次腐败时所在的省（区、市）或国家部委、委员会；二是职业信息，包括第一次腐败和腐败活动被发现时的单位、职级、职位和所属单位；三是案件信息，如腐

---

① 过勇、宋伟：《腐败测量》，清华大学出版社 2015 年版，第 150 页。
② 王传利在其文中所说的绝对值是 1988—1999 年检察机关查办的县处级以上干部的人数，相对值是以 1989 年检察机关查办的 875 名县处级以上干部作为基准，将其他年份的人数除以 875 所得的比值。
③ Guo Yong, 2008, "Corruption in Transitional China: An Empirical Analysis", *The China Quarterly*, Volume 194, pp. 349–364.

败开始的年份、被发现的年份、被发现的原因、主要犯罪类型和涉及的金额;四是处罚信息,如定罪年份和受到的处罚;五是其他信息,例如参与腐败的家庭成员。他采用腐败潜伏期、新发生的腐败案件数量和累计案件数量三个指标来衡量中国经济转型初期的腐败。通过分析,过勇得出中国的腐败潜伏期在变长,腐败案件变得更加严重和复杂。1989年加强执法和1992年深化改革对腐败形势产生了影响,在过渡初期腐败案件的累积数量有增加的趋势。

运用查办案件数据来测量反腐败状况的研究还有一些。例如,周淑珍、聂平平运用最高人民检察院1980—2008年正式公布的腐败案件进行汇总统计,分析中国改革开放30年腐败案件数量和金额发生了7次周期性变化,并分析了腐败的主要类型和重点领域的变化。[1] 何增科根据纪检监察机关和检察机关公开的受处分公职人员数量,县处级以上受处分人数,贪污、受贿、挪用公款等腐败案件数量,腐败大案要案数量以及挽回经济损失数量分析中国转型期的腐败结构变化,认为存在腐败案件总体数量增长速度快,大案要案呈上升趋势,县处级以上领导腐败案件比例增大等问题。[2] 魏德安是运用查处案件数据研究中国腐败较深入的一位外国学者,他广泛搜集纪检监察机关和检察机关公开的案件数据和案例进行统计分析,从立案的腐败大案要案百分比增加、高管腐败数量和涉案金额增加等方面证明中国腐败越来越严重,认为虽然中国经济发展迅速,但中国的反腐败并未取得成功。总之,运用案件查处数据进行研究的成果无论是来自国内还是国外,几乎得出一致的结论,那就是中国转型期的腐败形势迅速恶化和严重。也就是说,从反腐败直接效果上而言,这些测评研究都表明当时中国的反腐败成效不理想,因为腐败越来越严重。

---

[1] 周淑珍、聂平平:《改革开放以来我国腐败状况透视和反腐败战略思路的变迁》,《探索》2009年第1期。

[2] 何增科:《中国转型期的腐败与反腐败问题研究:一种制度分析》,《马克思主义与现实》1999年第5期。

采用指数的方式直接对反腐败力度和效果进行测评，这是一个新出现的研究方向。有的指数比较简单，选择某类案件数据来测评反腐败的力度，并由此对各地进行横向比较。这种方法与运用案件数据进行测评本质上是一样的，但不同的或者说具有特色的点在于对数据进行指数化处理之后，可以对测评地区进行横向比较。比较典型的就是刘品新等设计的"反腐败指数"。这个指数运用"年职务犯罪立案侦查总人数"与"年末常住总人口数"相除之值进行设计，以统计方法分析惩治腐败犯罪情况，选择2013—2017年的数据对各省（市、区）的反腐败指数进行了排名，认为吉林、内蒙古、宁夏、山西等省区排名多年靠前，但上海、北京、天津、重庆、西藏等市区排名则经常靠后（见表3－1）。① 该文通过对党的十八大期间的职务犯罪案件数据进行分析认为，2014—2015年是中国惩治腐败相关犯罪的高点，但"高点"绝不意味着反腐败的"拐点"，也不是"打虎""拍蝇""猎狐"行动放缓，而是从治标到治本的稳步推进。这个判断是正确的，但可惜的是，该文并没有对各个省（市、区）反腐败指数得分和排名的差异性作出合理的解释：为何在相同的政策环境下，各地的反腐败指数差异会如此之大？反腐败指数排名靠前的吉林、内蒙古等省区在经济上都落后于排名靠后的上海、北京、天津、重庆等市区，各地反腐败指数之间的差异与经济发展水平之间是否存在关系？是否因为行动的惯性，有的省（市、区）有重视查办案件的传统，后来的反腐败机构的领导是不是会受到这种传统和风气的影响而重视案件查办？反腐败的力度与反腐败机构在地方权力系统中的地位有关，四个直辖市排名经常靠后，是不是与这些直辖市纪委书记与市委书记、市长等领导之间的职别相差太大有关？如果仅仅从查处的案件方面进行比较，而不从综合方面考虑，对于比较出来的结果可能就无法解释清楚。

---

① 刘品新、蔡磊等：《中国反腐败指数与规律（2013—2017）》，《武汉科技大学学报》（社会科学版）2020年第2期。

表 3-1　　2013—2017 年各省（市、区）反腐败指数和排名

省份	2013 年 指数	2013 年 排名	2014 年 指数	2014 年 排名	2015 年 指数	2015 年 排名	2016 年 指数	2016 年 排名	2017 年 指数	2017 年 排名
北京市	0.21	29	0.23	30	0.19	31	0.24	26	0.22	28
天津市	0.32	22	0.26	28	0.26	28	0.23	27	0.17	30
河北省	0.39	11	0.41	13	0.40	14	0.35	16	0.38	13
山西省	0.50	7	0.55	7	0.54	4	0.48	5	0.51	4
内蒙古自治区	0.55	5	0.64	3	0.66	2	0.68	2	0.66	2
辽宁省	0.60	3	0.58	5	0.53	5	0.42	7	0.36	14
吉林省	0.89	1	0.88	1	0.79	1	0.74	1	0.76	1
黑龙江省	0.59	4	0.59	4	0.52	6	0.38	11	0.48	5
上海市	0.19	30	0.20	31	0.20	30	0.17	31	0.17	31
江苏省	0.27	27	0.27	26	0.25	29	0.25	25	0.25	25
浙江省	0.32	21	0.37	19	0.33	22	0.22	28	0.30	22
安徽省	0.34	18	0.36	20	0.34	21	0.29	22	0.29	23
福建省	0.38	12	0.41	14	0.42	13	0.35	15	0.30	20
江西省	0.38	13	0.38	17	0.37	19	0.30	20	0.31	19
山东省	0.33	19	0.36	21	0.37	20	0.31	19	0.32	18
河南省	0.44	8	0.48	9	0.45	11	0.47	6	0.42	10
湖北省	0.41	10	0.50	8	0.52	7	0.41	8	0.42	11
湖南省	0.27	28	0.27	27	0.31	23	0.31	29	0.24	26
广东省	0.29	26	0.32	23	0.29	25	0.26	24	0.30	21
广西壮族自治区	0.37	16	0.38	16	0.38	16	0.37	14	0.35	15
海南省	0.36	17	0.39	15	0.38	17	0.33	18	0.33	17
重庆市	0.30	24	0.30	24	0.29	26	0.21	30	0.22	29
四川省	0.29	25	0.30	25	0.30	24	0.27	23	0.28	24
贵州省	0.33	20	0.37	18	0.38	18	0.35	17	0.35	16
云南省	0.41	9	0.46	10	0.45	12	0.39	10	0.43	9
西藏自治区	0.12	31	0.26	29	0.28	27	0.30	21	0.23	27
陕西省	0.38	15	0.45	11	0.52	8	0.54	3	0.57	3

续表

省份	2013 年 指数	2013 年 排名	2014 年 指数	2014 年 排名	2015 年 指数	2015 年 排名	2016 年 指数	2016 年 排名	2017 年 指数	2017 年 排名
甘肃省	0.53	6	0.56	6	0.48	9	0.38	12	0.38	12
青海省	0.38	14	0.43	12	0.47	10	0.41	9	0.43	8
宁夏回族自治区	0.63	2	0.65	2	0.63	3	0.50	4	0.44	7
新疆维吾尔自治区	0.31	23	0.34	22	0.40	15	0.37	13	0.48	6
全国	0.38	—	0.40	—	0.39	—	0.34	—	0.33	—

资料来源：刘品新、蔡磊等：《中国反腐败指数与规律（2013—2017）》，《武汉科技大学学报》（社会科学版）2020 年第 2 期。

仅运用腐败案件数据来测量反腐败成效，其缺陷是明显的。首先，中国目前并没有有关腐败的专门数据。学者使用的用于测量腐败或者反腐败的数据其实都是研究者本人根据自己对腐败定义的理解而有意选择的数据。例如，将纪检监察机关受处分的处级以上领导干部作为腐败的数据就存在严重的问题，因为受到处分的原因有很多，有的是因为贪污贿赂、挪用公款等腐败行为，有的是因为生活作风、违反工作纪律、政治纪律等受到处分，受到处分的领导干部并不一定都是因为腐败。如果以受到处分的数据来作为腐败测量的依据，那么腐败程度将会被严重夸大。西方学者也认为，目前对腐败实际程度的估计比较可靠的数据非常少，即使有，得出的结果也大相径庭。[①] 中国并没有专门的关于腐败的统计数据，学者按照自己的理解选择纪检监察机关和司法机关公开的数据作为腐败数据来使用，这与真实的情况可能相差较远，其可靠性是值得严重质疑的。以查处案件的数据作为唯一的数据来研究和判断中国的腐败程度或者反腐败成效，我们首先就面临着

[①] Benjamin A. Olken, Rohini Pande, "Corruption in Developing Countries", *Annual Review of Economics* 4 (1) 2002: 479–509. 转引自兰小欢等编译《腐败与反腐败的经济学》，北京大学出版社 2016 年版，第 31 页。

数据的可信度问题。

因为腐败的隐秘性和调查发现腐败手段的有限性，被曝光和查处的腐败只是实际腐败的一部分而不可能是全部。有的认为，发现和查处的腐败只是"冰山一角"，但实际的腐败到底有多少谁也无法说清楚，因此发现和查处的腐败占多大比例也就无从知晓了，是不是"冰山一角"也都是一种不可靠的臆断。魏德安认为，与腐败案件相关的数据测量的只是腐败暴露率，而不是实际腐败率。以腐败暴露率为基础的数据存在两个严重问题：一是反腐败力度决定数据的变化。假定实际腐败率保持在某一恒定水平，那么反腐败力度加大，腐败暴露率就会上升。相反，如果反腐败力度降低，腐败暴露率就会下降。只要腐败暴露率不是实际腐败率的线性函数，那么它就不是一个十分可靠的参考对象。二是腐败暴露率只表明腐败官员被起诉或被逮捕终止腐败行为的时间。官员开始犯罪到被逮捕之间的时间间隔可能很长，因此腐败暴露率无法准确测评实际腐败率的变化规律。[1] 新增腐败率可以反映出什么时候腐败开始大幅上升，但遗憾的是，还没有系统的、公开发布的数据可以用于直接测量新增腐败率。[2] 对于存量腐败和增量腐败到底有多少，我们无法知晓，因为世界上并没有这样的数据。用查处的腐败案件数据来测量反腐败工作力度应没有问题，但要反映出腐败实际数量是否减少或者增多、严重与否等反腐败成效或绩效，可能存在严重的问题。即便我们对纪检监察机关、司法机关公布的统计数据不进行严格细究，将查办案件都理解为腐败案件，但这些数据主要反映的是腐败被查处的情况，体现的是反腐败工作的努力程度，而无法反映实际的腐败情况，当然也无法测得腐败的真实发生率。[3]

---

[1] [美]魏德安：《双重悖论：腐败如何影响中国的经济增长》，蒋宗强译，中信出版社2014年版，第116页。

[2] [美]魏德安：《双重悖论：腐败如何影响中国的经济增长》，蒋宗强译，中信出版社2014年版，第117页。

[3] 过勇、宋伟：《腐败测量》，清华大学出版社2015年版，第150页。

有学者态度十分鲜明地否定用腐败案件的数量来衡量腐败的严重程度。[①] 由于腐败存在高度隐秘性，仅仅通过发现和惩处的腐败案件数量来评价腐败的实际状况是远远不够的。案件数量的多少与严重程度有很大区别，有的腐败案件官员级别很高、涉案金额非常巨大，但与普通公职人员腐败和涉案金额小、危害性不大的腐败在数量统计上都可能计算为一件，虽然有的时候会将要案与大案进行单独统计，但我们从查处的案件量中是很难看出腐败严重性的差异程度的。因此案件统计法具有误导性，根本无法区分腐败和反腐败行为之间的微妙区别，认为这种方法研究的是反腐败行为而不是腐败现象本身。[②] 将反腐败行为与腐败现象区别开来，这是认识上的一个巨大进步。就方法论而言，一般都将腐败与反腐败的测量混在一起，很多研究认为腐败测量得分低，说明廉洁度高，从腐败测量得分低的逻辑推演出反腐败成功或者有效的结论。但从前面的分析我们已经看出，实际存在多少腐败是无法准确测量的。无论使用单一深入的方法，还是综合全面的方法，因为腐败黑数的存在，实际腐败到底有多少是无法准确测量出来的。用腐败测量结果来推断反腐败的成效，在逻辑上存在严重的问题。所有腐败测量的结果都是一个估计值。对这个估计值是否准确，同样无法作出判断。也就是说，腐败测量的结果本身就可能是假命题，因而无法作为逻辑推断的前提。人们对腐败测量结果的解释总是相互矛盾的。例如，测量结果认为腐败很少，对廉洁度给予了很高的分数，也许可能是腐败真的很少，与测量的结果一样，但也许可能是腐败没有充分暴露，反腐败机构没有深入发现和调查，实际上腐败可能非常普遍和严重。

因为腐败黑数的存在，腐败的真实发生率是无法准确知道的。但从腐败治理角度而言，我们也没有必要弄明白实际存在多少腐败。腐败与社会共同体长久相伴，我们也许在某个单位、部门消灭了腐败，但在整个社会上则很难将腐败消灭。即便腐败暂时被"消灭"了，之后还

---

① 李辉主编：《当代中国反腐败制度研究》，上海人民出版社2013年版，第3页。
② 过勇、宋伟：《腐败测量》，清华大学出版社2015年版，第92页。

会死灰复燃。尽管我们不愿意看到这样的事实，但我们必须接受这个现实，即腐败是一种难以彻底铲除的社会事实。我们需要做的比较有现实意义的工作是尽力将腐败遏制在社会可以接受和容忍的限度和范围之内，让腐败不要成为严重突出的公众普遍关注的社会问题。我们没有必要殚精竭虑地计算腐败黑数，准确计算社会中实际发生和存在的腐败数量，我们只要知道社会各方面反映出来的腐败数量及其查处的数据，就可以达到或者实现社会反腐败成功的目标。从社会整体而言，反腐败的目标不是彻底消灭或者消除腐败，而是将腐败遏制在社会可以容忍或者可接受的限度和范围之内，不至于让腐败给社会和个人造成过于严重的危害。社会各方面反映出来的腐败及其处理的数据是影响反腐败目标实现的关键，尽管这个数据并不完整，但却是腐败测量的基础数据。实际存在但无法知晓准确数量的腐败虽然从理论上说对腐败和反腐败测量非常重要，但现实中其实或许并不重要。通过对比分析各方面反映的腐败数量与最后查处的数据，我们既可以看出腐败查处的力度，也可以看出反腐败的效果。各方面反映出来的腐败数量可以通过统计从纪检监察等实务部门受理的信访检举控告、审计巡视、上级纪检监察机关或领导交办、行政或司法等机关移送的有关腐败线索数量来获得。每个渠道都代表社会结构中不同方面的诉求和反映。如信访检举是一般群众的反映，控告是具有特定利益诉求的人的反映，审计巡视是专业监督机构的反映，上级纪检监察机关和领导是上级的反映，横向移送线索的还有行政和司法等权力机构。方方面面的线索渠道畅通，社会不同的反映都能够全面体现出来，各方面对腐败的容忍度都能得到体现和尊重。社会各个方面反映的腐败数量与实际的腐败数量可能有差距，但到底有多大的差距是无法知晓的，但是只要将这些问题线索都及时有效地予以解决，社会各方面就一定会感到满意，就会觉得腐败不会成为突出的社会问题。查处腐败统计法与案件统计法不同，前者是按照查办腐败程序形成的系列数据，后者仅仅是其中某个环节的数据。查处腐败是环环相扣的。问题线索来源数据是进口，线索经过谈话函询、初步核查等方式处置，然后立案审查调查，经过审理之后移送检察机关提起公诉，由人民法院作出裁判，最后监狱、组织人事部门等有关机构执行刑罚、组织处理等措施。每个环节的数据都非常重要。进口数据有很多，但是否按照法律法规和党内法规初核、立案、审理、起诉、裁判、处分或处理，即便对腐败犯罪进行有罪裁判之后，公开的数据还不能说就起到了遏制腐败的效果，违法违规采用减刑、假释、监外执行等方式的"纸面服刑"会让前面的所有努力都归零。如果仅仅看检察机关或人民法院中间这一环节的统计数据，不仅解决不了社会存在的腐败有多少的问题，并且无法解决最后认定的腐败有多少真正受到了惩处。没有被惩处的腐败与没有被发现的隐藏着的腐败是没有多大区别的，腐败分子滥用权力获得的不当利益并没有被剥夺或限制。没有被惩处的腐败可能比没有被发现的隐藏着的腐败危害更大，查处力度很大，但没有惩处或者惩处力度很弱，就会让腐败分子以及有腐败倾向的人有恃无恐，腐败必然会更为严重和糟糕。

直接运用查处腐败的数据来测量反腐败成效，从理论上讲我们必须处理好反腐败力度和效果与查处腐败案件数量变化之间的关系。有的学者提出："目前仍然没有实证研究能够表明腐败案件数量的变化与腐败状况存在怎样具体的直接关系。案件数量的增加是由于腐败状况严重造成的，这种推论具有不确定性，但案件数量增加是由于反腐败努力而形成，这种推论具有确定性。"[①] 将腐败案件数量增多的原因归于反腐败力度加大很容易让人产生这样的错觉，即腐败越反越多，因此最好少反腐败或不反腐败。因此必须对反腐败力度与腐败案件数量变化之间的关系进行深入的剖析，为实践指明正确的方向。将腐败案件的增加归咎于反腐败努力在理论上不仅站不住，在实践中也立不住。腐败案件数量可以有多层意思。办理腐败案件必须严格按照法律法规和党内法规所规定的程序进行，为了加强对权力的监督和制约，查处

---

① 过勇、宋伟：《腐败测量》，清华大学出版社2015年版，第150页。

腐败的权力应在不同机构和部门之间进行分配，而不能由一家独立行使。纪检监察机关、检察机关、人民法院、监狱、组织人事部门等权力机构或部门根据法定职责各自承担了腐败案件调查处理的部分职能而不是全部。这些机关和部门常常用"案件"或"案子"来描述自己的工作，如腐败行为经过纪检监察机关立案程序处理之后，就可能叫案件。有的甚至在问题线索初步核查阶段就用"案件"这个词来形容腐败行为。检察机关和法院人员更是惯用"案件"一词，查办包括腐败案件在内的违法犯罪行为是这两个司法机关的重要职责。从流程来看，处于程序后端的权力机关处理的案件数量往往是由程序前端的案件数量决定的。只有检举控告或者其他渠道形成腐败线索问题，才可能有调查立案的腐败案件。只有前面问题线索多、立案多，后面移送司法、提起公诉、作出裁判的案件才可能多。如果没有问题线索①，后面就不会存在腐败案件。如果腐败案件的数量为F，问题线索为W，则W≥F。现实中问题线索数量一般要比腐败案件的数量多得多，因为经过问题线索处置中的谈话函询、初步核查等程序之后，有相当数量的问题线索反映不实或者没有证据证明存在问题，也有的问题因为轻微而不需要立案调查，这些都无法构成腐败案件，但腐败线索至少与腐败案件同样多。腐败案件越多，也就意味着具有可查价值的腐败问题线索也越多。虽然整体的问题线索不一定比腐败案件的数量多，但具有可查价值的腐败问题线索的增多也说明社会反映的腐败问题增多，社会公众感觉到的腐败比较严重。查处腐败案件数量的变化与腐败状况以及反腐败力度效果密切相关。当然，随着反腐败力度的加大，案件数量可能会增加。这种情况下的案件数量增加尤其是大幅度增加往往是短期现象并且很可能是不正常的、值得重视的现象。腐败现象是一种客观存在，常常会以具体矛盾的形式暴露出来而成为问题线索。社会反映的腐败问题数量会受到反腐败力度大小的影响。但这种影响是有

---

① 各个权力机关在办理腐败案件时新发现的问题线索也是一种问题线索，都得先交给专门负责问题线索的部门登记处理之后，才能交由调查部门处理。

条件的、相对的。这个条件就是存量腐败和增量腐败非常多或比较多。腐败就如同海绵中的水分，在用力挤压的时候，水分就会被挤压出来。用的力越大，挤出的水分就越多。当海绵中水分很少的时候，即使用力再大，也挤不出水分或者挤出的水分很少。之所以会在反腐败力度加大的时候，腐败案件增多，存量腐败和增量腐败较多是一个必不可少的条件。社会反映的腐败问题数量与反腐败机构的信任度也有关联。反腐败力度不够大，社会公众对反腐败机构不信任，认为反映的腐败问题不会得到处理，就会将知晓的腐败问题搁置起来，因此腐败问题线索的数量可能会较少，腐败案件数量不多。一旦反腐败力度加大，反腐败机构权威增强，社会公众对其的信任增强，检举控告就会增多，腐败案件就会增加。从这个角度而言，反腐败力度大小和强弱影响社会公众对反腐败机构的信任。对反腐败机构的信任度会影响社会公众检举控告的腐败案件数量的多少。反腐败力度加大，则会通过"案中案""窝案""串案"等发现更多的腐败线索，但以这种方式增加的腐败案件必须以大量"团伙式"腐败违法犯罪行为存在为前提。如果腐败大量以个人贪污挪用、两人行贿受贿而非"团伙式"的方式出现，反腐败力度的加大，可能不会让腐败案件增加多少。大量的腐败线索仍然要依靠社会公众的积极参与才能发现。反腐败力度加大并不会很快让公众对反腐败机构产生很强的信任，处于观望状态的社会公众不会轻易冒着风险将有价值的腐败线索提供给反腐败机构。只有与反腐败机构的信任关系建立起来并充分巩固之后，社会公众才会将知晓的腐败问题充分反映出来，并且可能会采用实名的方式举报，从而大幅度降低反腐败的调查成本，节约大量的反腐败资源。反腐败机构与公众信任关系的建立，对于反腐败力度加大仅仅是一个影响因子，对于问题线索反映和反馈速度、对举报人保护力度、对问题线索查实程度等都是重要的影响因素。反腐败机构要赢得社会的信任和支持，不是一朝一夕就能够实现的，必须始终履职尽责，对腐败始终保持强高压态势，并且必须不断取得成效。一旦社会与反腐败机构之间互信关系建立并且巩固之后，反腐败就会持续保持很大的力度，腐败案件的数量在达到一定峰值之后就很难再增加。腐败案件数量的增加受很多因素的影响，腐败存量和增量的存在是一个方面，这会有助于提高反腐败力度，但是多方面的社会因素更容易造成腐败案件大量增多，如收入分配悬殊、市场化改革推进过快但配套制度不完善、过多不必要的管制和审批等。因此反腐败是一个综合性的全方位的系统治理工程。

通过以上分析我们可以看出，单纯以查处的腐败案件数据来测量反腐败成效或绩效会存在数据可信度等方面的问题，但完全反对以查处的腐败案件数据来测量反腐败成效很不现实。反腐败的成效必须通过腐败数量、严重程度、覆盖范围等方面的变化体现出来，如果没有这些方面的数据支撑，对反腐败效果的测量就会偏离方向。在使用查处的腐败案件数据的时候，人们往往会担忧反腐败力度变化所产生的影响，即反腐败力度加大，查处的腐败案件数量会增多，就意味着腐败严重，反腐败成效会更差。这种因为反腐败政策变化所带来的腐败数量的增加应该是暂时性的。腐败现象是一种客观存在，目前要完全消除腐败并不现实，任何社会中都会存在腐败并且有些腐败永远不可能被发现和受到惩处，也就是存在一定的腐败黑数。腐败黑数到底有多少，无人能够准确知晓。从反腐败成效测量的角度而言，腐败黑数可以不用考虑，或者可以忽略不计。因为腐败黑数的客观存在，我们不可能做到完全清楚腐败的实际数量而将其彻底消灭干净，尽管我们对反腐败非常坚决，以零容忍的态度惩治腐败，但任何社会事实上对一定数量的腐败却能够容忍和承受。从腐败治理理论上而言，我们要将重点放在已经发现的浮出水面的腐败线索及其处理上，关注和测评通过各方面渠道发现的腐败线索处理的效率和质量。只要反腐败始终保持有腐必惩的坚定决心，从纵向历史上看一个国家和社会查处腐败的各方面的数据，就会发现相对比较稳定，就会形成各种类型数据的均值。通过对比某一个年度的数据与历史均值数据，以及比对历史均值数据，我们就会发现反腐败力度的变化，也能看出反腐败的成效。

二 反腐败成效的综合测量

反腐败是一项复杂的系统工程。单一的测量不论在指标体系、方法方式上如何完善，总存在着很多的缺点和瑕疵，因此无法准确合理地测量反腐败的成效。无论是通过问卷调查获得的数据，还是从有关部门获得的客观资料和数据，都会让人产生怀疑，因此人们采用综合的方法，用间接的方式来获取有关的数据以测评反腐败的效果。

反腐败成效的测量需要腐败测量作为内容，即如前所说的反腐败的成效必须通过查处的腐败案件数据来支撑。但反腐败成效的测量不同于腐败的测量。查处腐败相关数据的缺陷是一个方面，腐败与反腐败的性质不同则是另一个重要的原因。在经济学看来，任何人类行为都伴随着相应的成本与收益，腐败活动如此，反腐败活动也是这样的，但二者却有很大区别。腐败活动主要是特定政府官员的一种个人选择行为，是通过私人收益与私人成本的比较而作出的决策。反腐败主要是一种社会集体活动，纳入经济分析范围的应该是社会收益与社会成本。当反腐败的预期社会收益小于其社会成本时，廉政建设往往得不到应有的重视，或者流于形式。① 社会成本与社会收益是一个很难界定的概念，其数量多少难以用数据进行测量。利益是一个非常复杂的范畴，经济学上一般指的是物质利益，并没有将精神因素纳入利益范畴。腐败的重要特性是贪利性，主要是为了物质利益，但有的是为了非物质利益，如荣誉、名誉等。为了使经济学中成本收益理论能够解释所有的腐败行为，因而将利益包含的范围拓展延伸，包括了精神享受、愉悦等非物质利益。如倪星认为，腐败活动的私人利益包括收受的贿赂、侵占的公共财产、获取的其他方面的物质与精神满足，如满足肉欲、滥用权力勒索他人的精神愉悦等。② 个人实施腐败的成本与获得收益都是非常具

---

① 倪星：《腐败与反腐败的经济学研究》，中国社会科学出版社2004年版，第3页。
② 倪星：《腐败与反腐败的经济学研究》，中国社会科学出版社2004年版，第2页。

体的，不管是精神方面还是物质方面的，都有具体的指向。但众多的个体性的腐败在变成社会性的腐败现象的时候，就具有了自己的独立性，会按照自己的运行规律产生作用，对每个个体产生影响。腐败现象是人类社会组织规模和复杂程度到了一定阶段后必然出现的社会现象，只要社会的组织结构没有简化为家庭之类的原子化状态，仍需要以委托方式进行管理和组织，腐败就必然存在和发生，腐败现象就是一种恒久持续的客观事实。社会成本与收益绝对不是个人成本与收益的简单相加。对个人腐败的衡量与反腐败的测量应该不同。反腐败测量也不能仅从腐败测量得出成功与否的判断。

使用综合的方式测量反腐败效果，一般都采用主观与客观相结合的办法，即指标数据采用问卷调查与搜集各类统计信息数据相结合的方式获得，将人们的主观认知与客观数据材料整合在一起，相互弥补彼此的不足和缺陷。例如，1999年韩国首尔市政府设计了一套用于测量各行政单位的"反腐败指数"（Anti-corrruption Index，ACI）。这个指数的指标非常多，1999年有34个，2000年减少至24个（见表3-2）。这个指数的指标非常全面，但主要包含腐败程度、腐败预防、腐败惩治、社会文化等几个部分。被调查者对受贿频率、平均受贿总数的认知是测量腐败程度的两个指标。腐败预防的指标比较多，但主要在行政系统方面，如测评解除行政管制、简化行政程序、公开行政程序、保证行政程序公平、促进信息公开、行政办公信息化等方面的程度。腐败惩治方面则包括内部/外部控制、惩戒行动、让违规行为受到处理，包括公众的举报受理比例、内部稽核监督程度、惩戒行动强度、公众和非政府组织参与程度、对受贿的惩戒次数、对其他腐败的惩戒次数、对腐败使用训斥次数、对疑似腐败行为的报告次数、公开的案例数量等。反腐败不能脱离所处的社会，因此社会文化对反腐败成效的影响很大，行贿的有效度、腐败网络的组织固化程度和社会文化对腐败的接受程度是衡量社会文化因素的三个指标。按照数据获取方式，这套指数的指标可以分为两大部分：一是主观认知的评价，通过民意调查的方式获取数据;二是客观的统计数据,如受贿的惩戒次数、对其他腐败的惩戒次数、公开的案例数量等,需要有关部门公开的或者提供的材料和数据。

表3-2　　　　2000年首尔市政府反腐败指数测量指标

对腐败的认知程度	对受贿频率的认知 对平均行贿总数的认知
对行政系统的认知	过度管制的程度 解除管制的改善程度 行政程序的简化程度 行政程序的透明化程度 行政程序的公平性 资讯揭露的公开化程度 资讯揭露清单的数量 行政电脑化的程度
对内部/外部控制的认知	市民的诉愿和请愿被接受的比例 内部稽核的适当程度 惩戒行动的强度 民众与非政府组织的积极参与程度
对社会文化因素的认知	行贿的有效度 腐败网络的组织固化程度 社会文化对腐败的接受程度
惩戒行动	对于受贿采取惩戒行动的次数 除了受贿外,因腐败而采取惩戒行动的次数
不利行动	因腐败而采取较训斥为轻或等同于训斥的惩戒行动的次数 对疑似腐败行为提出报告或通知的次数
反对等	抗议案例的数目
反腐败的努力	解除管制功能的数目 资讯揭露案例的数目

资料来源:J. Bahk, "The Anti-corruption Index: A Cornerstone of Controlling Corruption", in Marc Holzer and Kim, Byong-Joon (eds.), Building Good Governance: Reforms in Seoul, National Center for Public Productivity. Newark, NJ: Rutgers University, 2002;庄文忠等《"台北市政府廉政指标之后续研究"报告书》,2009年。转引自倪星、邰琳《廉政工作绩效评估指标体系构建研究》,《理论月刊》2010年第12期。

第三章 腐败和反腐败的测量

中国台湾透明组织和世新大学、台湾大学 2004 年开始为台北市政府政风处设计了一套廉政指标体系来评价台湾省台北市政府一级机关的廉政状况。这套指数共有 19 个指标。前面 16 个指标的数据都来自台北市政府提供的数据和资料，只有后三个指标的数据通过问卷调查方式获得。这套指标采用"投入、过程、产出"的绩效评价逻辑，首先看人力和物力投入，然后看工作的过程，最后看结果。但将接受申诉、受理举报作为产出并不合适，这些应该是过程指标，而不是结果指标。这套指标体系因为主要为台北市政风处这一个部门使用，其适用范围比较狭窄，因此主要从工作职责、任务和廉政目标实现的角度进行设计，虽然采用了综合指标，但主要还是直接测量反腐败的效果，而没有测量反腐败对于经济社会发展所产生的影响和作用。

表 3-3 　　台湾省台北市政府廉政指标体系的结构与指标

面向	指标内容	测量指标
投入	人力	1. 机关政风人员
	预算	2. 机关运行平均分配政风业务经费
过程	采购业务	3. 机关采购不经公告程序办理者之限制性招标性案件比例 4. 机关采购不经公告程序办理者之限制性招标性案件总额比例
	防贪稽核	5. 机关政风人员平均稽核案件数
	反贪宣传	6. 机关员工接受廉政教育训练平均时数
产出	申诉	7. 机关接受有关政风案件申诉件数比例
	举报	8. 机关平均每人被举报政风案件数 9. 民众具名举报政风案件比例
	违纪	10. 机关平均每人因政风事件受行政惩处案件数
	违法	11. 机关贪渎不法案件比例 12. 机关贪渎不法人数比例 13. 机关申报财产不实人数比例 14. 机关贪污金额比例

续表

面向	指标内容	测量指标
影响	媒体报道	15. 行政管理知识网新闻资料剪辑中四大报报道有关各机关廉政正面报道则数 16. 行政管理知识网新闻资料剪辑中四大报报道有关各机关廉政负面报道则数
	员工反应	17. 员工对机关首长重视廉政程度的评价 18. 员工对机关同仁清廉程度的评价
	民意反映	19. 民众对机关员工清廉程度的评价

资料来源：庄文忠等：《"台北市政府廉政指标之后续研究"报告书》，透明国际组织台湾总会——台湾透明组织，2009年3月15日。转引自倪星《惩治与预防腐败体系的评价机制研究》，中山大学出版社2012年版。

中国大陆对反腐败测评的研究起步比较早，并不晚于透明国际等国际组织。最早推动腐败和反腐败测评研究和实施的不是来自理论界，而是来自实践部门。因为研究条件的限制以及廉政研究的敏感性，高校、科研机构的反腐败研究滞后于廉政实践的发展需要。天津、江苏、安徽等省市纪检监察机关组织力量对党风廉政和反腐败成效综合评价系统开展了研究。

1995年5月，天津市纪委组织课题组研究设计了"廉政建设社会评价系统"。该体系分为政治结构、公职人员素质、官民关系、社会环境四个板块12项指标。这是一个以问题为导向并具有鲜明时代气息和特点的体系。12项指标都具有很强的针对性，指出了当时滋生腐败的深层次问题，视野宽阔，跳出了就腐败谈腐败的窠臼，相当多的指标，如党风政风、经济社会发展、公职人员生活质量等，虽然不完全涉及腐败，但对反腐败具有根本性影响。但这套系统仅仅是从理论上进行的探索，并没有付诸实践，针对的仅仅是20世纪90年代的中国反腐败实际。其中提到的很多问题现已经解决或者部分解决，例如，公职人员录用不公平、对公职人员举报的查办受干扰、一些行业不正之风等问题基本解决，政务公开、国家机关内部监督制约、公职人员生活质量、群众对廉政建设的满意度等已经大幅改善。这套系统的设计理念和思路方法对当今的反腐败测评仍然具有参考意义和价值。

表 3-4　　　　　　　　天津市廉政建设社会评价系统

	指　标	指标设立的理论依据
政治结构	1. 国家机关政务公开程度	政务公开程度较差,可认定其廉政机制有严重缺陷,存在着产生腐败行为的土壤
	2. 国家机关内部监督制约制度健全程度	握有实权的部门和岗位容易发生腐败行为,大多是内部管理混乱,制度不健全,权力受不到有效监督和制约
	3. 公职人员录用任用与回避情况	某一地区和单位违反规定录用公职人员,则可以认定其廉政机制有漏洞
	4. 对公职人员举报的查办率	测量反腐败机构工作的有效性及反腐败的工作力度
公职人员素质	5. 公职人员的生活质量与生活水平	国家公职人员收入不高,就有可能进行以权谋私,权钱交易活动
	6. 领导干部廉洁自律、密切联系群众状况	领导干部以身作则、清廉从政、率先垂范,这个地区和单位廉洁状况普遍较好;否则可能影响一大批干部的作风,造成党风、政风和社会风气的恶化
	7. 公职人员违法违纪率	公职人员是否清廉从政、遵纪守法,与公职人员违法违纪率存在着一定的对应关系。如果公职人员中违法违纪比例上升,则意味着政权腐败状况的恶化
官民关系	8. 对国家机关和公职人员的匿名举报率	匿名举报的多寡,反映民主法制的健全程度与政治清明程度,反映了国家机关及其工作人员是否有滥用权力情况
	9. 国家机关办公设施的奢华程度	政府机关办公设施的奢华程度与政府的腐败程度成正比
	10. 群众对廉政建设的满意程度	政权机关廉政建设成效如何,最根本的是要看人民群众的满意程度

续表

	指　标	指标设立的理论依据
社会环境	11. 行业不正之风严重程度	廉政建设搞得好的地区，行业风气也比较好；一个地区行业不正之风严重，该地区廉政建设搞得也相对较差
	12. 社会经济发展状况	廉政建设的目的在于以廉政促勤政，通过廉政建设树立良好的社会风气以促进经济建设的发展，改善人民生活水平，增强国力

资料来源：刘峰岩：《建立廉政建设社会评价系统论略》，《天津社会科学》1996年第2期。

2002年4月，安徽省纪委、省监察厅、省统计局组织力量开展了课题研究，设计了由目标测评体系和民意调查体系组成的"安徽省反腐倡廉工作综合评价系统"。目标测评体系对市级设置廉政建设、案件查处、纠风治乱、源头治理四类目标，共20个指标，突出与反腐倡廉基本格局相吻合；对省本级共设置目标18项，其中有13项和市级目标相同，不同的有5项：（1）干部收受礼金、礼品被举报数；（2）党政机关通信工具开支费用占省本级行政支出比例；（3）党政机关购养小汽车费用占省本级行政支出比例；（4）已取消的行政审批项目；（5）"四中心"（指外来投资者投诉受理中心、台侨资企业投诉受理中心、政风建设投诉受理中心、个体私营企业投诉受理中心）已处理的投诉件占受理投诉件的比例。民意调查体系突出与目标测评之间的印证关系，共18个问题。6月至7月，安徽省纪委、省监察厅、省统计局运用该系统对全省17个市和省本级实现党的十五大确定的反腐倡廉目标的程度进行了实际测评，同时组织力量深入万户居民家庭开展民意调查，发现实际目标测评和万户民意调查结果基本一致，表明到2001年安徽省基本实现了党的十五大提出的反腐倡廉目标。[①] 安徽省反腐倡廉工作综合评价系统也采用了客观与主观结合的方式获取评价所需要的数据。该系统测评的内容非常广泛，包括了纪检监察机关的主要工作，

---

① 安徽省反腐倡廉工作综合评价系统研究课题组：《安徽省反腐倡廉工作综合评价系统课题研究》，《学术界》2002年第6期。

而不仅仅限于反腐败。但这个系统在实际操作中存在着"自己评价自己"的利益冲突问题。纪检监察机关自己设计评价系统，自己组织开展测评，而不是独立第三方的评价。虽然在综合评价过程中有第三方的参与，但第三方的参与仅仅是为获取数据配合开展调查而不是独立地进行评价。因此评价出来的结果完全是纪检监察机关认为合适的正面结果。这套综合评价系统的科学性和实际的有效性仍然是值得质疑的。

表 3-5　　　　　　　安徽省反腐倡廉工作综合评价系统

	评价目标	对市级设置的指标
目标测评体系	廉政建设目标	1. 全年接待费用、会议费用占本级行政支出的比例 2. 党风廉政建设责任制分解和已考核单位占应考核单位的比例 3. 干部住房问题被举报数 4. 党政领导干部任期经济责任审计移送纪检监察、司法机关人数占当年审计对象总数的比例 5. 党政领导干部违反规定从事营利活动被举报数
	案件查处指标	1. 本级初核件占受理举报件的比例 2. 本级立案数占初核件的比例 3. 当年作案件占全年立案件的比例 4. 党政领导机关、行政执法机关、司法机关和经济管理部门立案数占总立案数的比例 5. 主要负责人违纪违法案件占立案总数的比例 6. 本级受理署名举报件占举报总数的比例
	纠风治乱指标	1. 受理公路"三乱"问题投诉数量 2. 取消的行政事业性收费占应收取行政事业性收费项目的比例 3. 涉及企业负担问题的举报数 4. 涉及农民负担问题的举报数
	源头治理目标	1. 本级管理的干部提拔任用公示率 2. 实际纳入财政专户管理资金占应纳入财政专户管理资金的比例 3. 本级政府集中采购占财政公用经费比例 4. 建设工程项目公开招投标率 5. 推行乡镇政务公开和厂务公开的比例

续表

评价目标		对市级设置的指标
民意调查体系	总体评价	1. 对我省党风廉政建设和反腐败工作关心度 2. 对近五年党风廉政建设和反腐败工作成效的看法 3. 对近五年开展反腐败斗争力度的评价 4. 对腐败现象蔓延势头遏制程度的评价 5. 对遏制和克服腐败现象的信心度
	领导干部廉洁自律	1. 对所接触干部的总体评价 2. 领导干部廉洁自律方面存在的主要问题
	查处案件	1. 近年来查处一批大要案所说明的问题 2. 是否会举报涉及腐败问题的线索
	纠正部门和行业不正之风	1. 对当前三机关一部门工作作风的看法 2. 当前纠风工作取得明显进展的领域有哪些 3. 当前哪些部门和领域腐败问题更为突出
	源头预防和治理腐败	近年来干部提拔任用的民主程度和公开程度
	其他问题	1. 对腐败问题认识和了解的主要渠道 2. 最关注的社会问题 3. 加大反腐败力度需要采取哪些措施 4. 当前影响经济和社会发展的主要因素

资料来源：安徽省反腐倡廉工作综合评价系统研究课题组：《安徽省反腐倡廉工作综合评价系统课题研究》，《学术界》2002年第6期。

虽然从20世纪90年代中国内地学术界开始参与对腐败和反腐败的测评研究，但这种参与机会很少，参与程度也非常有限。2005年后，由纪检监察机关主导的反腐败成效评价开始发生很大的变化。学术界开始从被动参与转变为自觉主动和相对独立的研究。2005年1月，中共中央印发《建立健全教育、制度、监督并重的惩治和预防腐败体系实施纲要》。这个文件提出了很多具有创新意义的改革，对之后的反腐败影响深远。该纲要首次提出"建立测评机制，搞好科学分析，使反腐败工作更有预见性"。中央办公厅、国务院办公厅、中央纪委之后下发文件就学习宣传贯彻实施纲要作出具体安排，提出明确要求。根据中央纪委落实实施纲要分解任务的要求，中国社会科学院承担了惩防体系实施纲要效能测评研究任务。2005年11月，中国社会科学院协调江苏省、浙江省、天津市、深圳市纪委成立了"一院四地"实施纲要绩效测评体系研究课题组，设立一级、二级和三级指标，形成了"全面建设小康社会反腐倡廉建设水平综合评价指数"（见表3-6）。课题组采用综合考核评价方法获取指数数据：一是以参与工作检查方式获取，课题组设计了《惩治和预防腐败体系建设工作检查表》，测评对象于每年年底对工作任务完成情况进行自查和报告，填报《惩治和预防腐败体系建设工作检查表》，纪检监察机关每年组织进行检查；二是以问卷调查方式获取，课题组对机关干部、企业管理者和城乡居民等群体分类实施问卷调查，深入了解惩治和预防腐败体系建设重要任务的落实情况，测量群众对领导干部廉洁自律状况的满意度，验证反腐倡廉工作的实际效果；三是搜集整理公开发布的经济社会发展指标数据。

表3-6　　全面建设小康社会反腐倡廉建设水平综合评价指数

惩防体系建设指数		经济社会发展指数	
组织保障指数	1. 惩防体系主体责任落实率	经济增长指数	1. 年度人均GDP
	2. 组织协调机制健全率		2. 年度城镇人均可支配收入
			3. 年度农民纯收入
廉洁教育指数	3. 反腐倡廉教育参与率		4. 收入差距基尼系数
	4. 领导干部廉洁自律满意率		5. 国民经济20大类中工资最高3个行业的年平均工资和从业人数
	5. 党员领导干部拒收上缴财物率		
制度建设指数	6. 行政管理经费支出率		6. 国民经济20大类中工资最低3个行业的年平均工资和从业人数
	7. 制度改革创新认可率		
	8. 政府办事效率满意率		7. 城镇不同可支配收入水平人口所占比例
监督制约指数	9. 领导干部经济责任审计率		
	10. "一府两院"工作报告赞成率		8. 农村不同可支配收入水平人口所占比例
	11. 群众署实名举报率		9. 城镇登记失业率
纠风指数	12. 专项治理工作落实率	社会保障指数	10. 非农业从业人员养老保险、医疗保险、工伤保险覆盖率
	13. 纠正损害群众利益不正之风满意率		
	14. 政风行风民主评议满意率		11. 财政性社会保障支出占预算内财政支出比率（财政性社会保障支出包括社会保险、社会救助、社会福利等内容）
惩处指数	15. 党纪政纪案件线索初核率		
	16. 党纪政纪案件立案率		
	17. 党纪政纪案件结案率	社会稳定指数	12. 刑事案件发生数/万人（常住人口+流动人口）
	18. 国家工作人员受处分率		
	19. 党纪政纪案件涉案金额数		13. 生产安全事故死亡人数/亿元
	20. 经济损失挽回率		14. 群体性事件发生数/信访总量

中国社会科学院是中国哲学社会科学研究的最高学术机构和全国哲学社会科学综合研究中心，在全国哲学社会科学研究中地位非常重要和特殊。由中国社会科学院牵头开展惩防体系实施纲要效能测评研究具有特殊的意义。考虑到研究的敏感性，课题研究成果仅在实践中运用和推广，并未进行公开宣传和报道，或作为科研成果发表。但这项持续十多年的研究和实践运用产生了广泛而深远的影响，对提升廉政研究在哲学社会科学中的地位和影响产生了极为重要的作用。"一院四地"课题组合作开展研究长达五年之久，之后中国社会科学院中国廉政研究中心单独持续深化研究十多年。一直到2011年，该中心"中国惩治和预防腐败绩效测评课题组"才开始将搜集整理的数据以及问卷调查采集的部分数据每年在《中国反腐倡廉建设报告（反腐倡廉蓝皮书）》中向社会公布。中国社会科学院中国廉政研究中心课题组每年到十多个省市区开展调研，在全国各地调研座谈，进行问卷调查、实地考察等活动，就如同蒲公英播撒种子一样，将其研究理念和方法传播到各地，不仅推动了反腐败评价理论的深入研究，而且推动了实务界考核评价方式的变革。这是一次纪检监察理论上的大解放。原来反腐败研究是一个非常敏感的话题，对腐败和反腐败开展问卷调查和数量化的分析，基本上是一个禁区，没有学术研究团队持续多年跟踪研究。但中国社会科学院开展惩防体系实施纲要效能测评研究之后，反腐败研究很多不必要的所谓"禁区"和"藩篱"被冲破。廉政研究成果有效推进了廉政建设实践，尤其是促进了廉政观念和思维方式的更新和发展。反腐败不仅仅要看有没有做，更要看产生的实际效果，反腐败要更加有实效，需要第三方用科学合理的方式和方法进行评估，有针对性地提出建议和意见，从而推动反腐败事业大踏步向前推进。各地纪检监察机关纷纷与高校和科研机构开展合作，对反腐败绩效开展测评。如2008年，河南省纪委与郑州大学组成"廉政评价体系研究课题组"，设计了包含工作作风、依法行政、廉洁从政、廉政效能为一级指标的评价指标体系，2008年11月至12月在河南省18个省辖市进行了社会廉政评价问卷调查。2007—2009年，华南理工大学公共政策评价中心连续三年对广东省21个地级以上市及121个县（市、区）政府整体绩效进行评价。2010年贵州省安顺市设计了包含组织领导、廉政教育、制度建设、廉洁自律和民主测评五个方面的党风廉政建设责任制评估指标。① 2010年，广州市开展"防治腐败评估指标体系"研究，设计了反腐倡廉满意率、干部任用民主推荐实行率、署实名举报率、当年腐败案件发生率等22项指标。2012年广州市党风廉政建设暨廉洁广州建设领导小组设计了包含5个一级指标、18项二级指标和100个三级指标的广州廉洁测评指标体系。② 2013年湖北省从思想作风、学风、工作作风、领导作风、生活作风、综合指标六个方面设计了包含18项指标的党政领导干部作风状况评价指标体系。③ 一些学者开始关注和研究腐败和反腐败的测量，产出了一批优秀研究成果。④ 很多省市纷纷组织开展问卷调查，如四川省纪委自2010年开始对全省各个县市开展党风廉政建设满意度调查，并持续至今，对于推动基层落实党风廉政建设责任制发挥了重要作用。

腐败的测量与反腐败使用的方法比较近似，主要使用主观和客观相结合的方法，具体来说就是使用查处腐败案件等工作形成的客观资料和数据，同时运用问卷调查或民意调查所获得的数据进行分析。反腐败效果的测量或者评估比腐败的测量涉及面更宽，视野更为宏大和开阔。但从实践操作来看，中国有关测量腐败和反腐败成效的研究和实践都取得了重大进展，目前仍然存在一些问题和不足，首先是"自己

---

① 李和中主编：《地方政府党风廉政建设评价案例研究（2012）》，中国社会科学出版社2013年版，第70页。
② 过勇、宋伟：《腐败测量》，清华大学出版社2015年版，第82页。
③ 过勇、宋伟：《腐败测量》，清华大学出版社2015年版，第85页。
④ 2005年后出版的代表性著作有：许连纯：《廉政评价与制度创新》，中共中央党校出版社2011年版；倪星：《惩治与预防腐败体系的评价机制研究》，中山大学出版社2012年版；李和中主编：《地方政府党风廉政建设评价案例研究（2012）》，中国社会科学出版社2013年版；过勇、宋伟：《腐败测量》，清华大学出版社2015年版。

评价自己"的问题,有的评价对象与评价主体混为一体,评价指标体系自己设计、自己组织实施,缺乏第三方相对独立和公正的评价,受到主观偏见或者各种不必要的担忧和干扰的影响,评价的结果与现实存在差距,客观性基础较弱,可信度往往不强。另一个突出的问题是测评持续和积累的时间不够。绝大多数的评价活动都难以持续超过五年,多半是昙花一现。有的认为,一些地方测量工作昙花一现的原因是缺乏系统的理论支撑。[①] 对腐败和反腐败的测量最早源自实践,廉政研究领域的理论长期以来一直滞后于实践需求,指标体系和方法都是在实践中摸索出来的,本来就缺乏理论指导和支持。因此理论支撑缺乏并不是一些地方腐败和反腐败测量与评估"短命"的根本原因。地方纪检监察机关的创新性工作往往"因人而生",受主要领导人变换及其认识和关注点变化的影响。一旦支持和主张测量或测评工作的领导人调离,这项非常规性的、仅具有"锦上添花"性质的工作就会停下来。腐败和反腐败的测评是纪检监察的基础性工作,开始做的时候容易"出彩",但持续做下去,很难持续出"显绩"。这也是影响这项工作难以持续下去的重要原因。虽然关于腐败和反腐败测量的指标体系与评价方法比较重要,但对于推动反腐败的作用和效果而言,评价的持续性更为重要。只有积累多年、形成大量基础性数据之后,作出的评价才具有合理比较的可能,因而才具有意义和价值。但是对反腐败持续多年的评估需要大量的时间、精力和经费等方面的投入,这种打基础利长远的工作往往很少有人选择投入和付出。透明国际等国际机构的指数和各类评估之所以影响大,关键不是因为其指标体系或方法科学,而是因为其几十年长期的坚守和执着。几十年来反腐败的政治性色彩虽然有所减弱,个体性行为受到更多的强调,但反腐败评估仍然被一些部门、地方的领导干部视为影响其政绩和形象的重要活动,人为性的因素影响着评估结果的得出及其运用。

---

① 过勇、宋伟:《腐败测量》,清华大学出版社2015年版,第8页。

第四章 腐败与反腐败

第一节 腐败与反腐败的区别

对于腐败定义的讨论较多，但对于反腐败的定义则很少有人研究。当腐败的定义很难确定的时候，给反腐败下定义就更加艰难了。从字面上，我们可以将反腐败理解为打击腐败或者惩治腐败，也可以更为广泛地将其理解为治理腐败，将预防、发现、调查、惩治腐败等都包括其中。但这些内容都因为腐败的含义不确定而不清晰或欠准确，使得反腐败的含义模糊不清并且容易变化而难以把握。有的国家和地区将反腐败仅仅限于法律规定的贿赂等具体行为的发现、调查、处罚等，有的从权力的角度认为反腐败是对公职权力的限制[1]，有的将防止利益冲突、信息公开、惩治等具体措施的运用看成反腐败。人们经常将腐败和反腐败放在一起讨论，往往不加区分。在谈论腐败的时候，会自觉或不自觉地转移到反腐败的概念上。或者在谈论反腐败的时候，自然就说到了腐败。腐败与反腐败虽然紧密相连，但二者还是有很大区别的。

一 个人的行为与集体的行动

腐败活动主要是特定个人尤其是掌握权力的公职人员的有选择的行为，是通过利益权衡、得失计算和风险收益分析之后采取的理性行动。腐败活动主要是个人秘密采取的单独行为。虽然腐败也有团伙性和利

---

[1] 林喆：《权力腐败与权力制约》，山东人民出版社2009年版，第261—262页。

益集团性的形式，但共同参与一场腐败活动的成员数量总是非常有限的。与腐败不同的是，反腐败是有组织的集体行动，要动用大量的政治和社会资源。反腐败主要是一种社会集体活动，纳入经济分析范围的应该是社会收益与社会成本。[①] 反腐败的实施具有公共组织性，参与的个人和组织可能是无限的，并且是非特定的。社会中存在的反腐败力量是无限强大和丰富的。反腐败从来不存在力量和资源不足的问题，只有动员、组织和利用不充分的问题。清廉的社会是反腐败资源和力量得到充分运用、对腐败形成强有力遏制的社会。一旦反腐败的集体力量不能有效发挥的时候，腐败就会蔓延肆虐。腐败具有一定的传染性，极少数人的腐败行为会影响其他人的心理预期和行为方式。但在整个社会中，受到社会资源总量的限制，腐败的个体性和私欲性色彩决定了得到不当利益的总是极少数，反腐败的集体力量始终处于多数状态。即便在腐败极为严重的时期，看似参与腐败的个体数量较多，但从整个社会而言，反腐败的力量会远远超过腐败的力量，只要动员有力、组织有效，反腐败就会形成强大的集体优势，将腐败遏制在较低的水平。基于共同的价值判断，社会集体对某个行为是否属于腐败都会作出一个评判。尽管一个人无法说出腐败的定义，但都清楚腐败是负面的、不好的、会受到谴责甚至惩处的行为。腐败行为不仅仅违反法纪规范，更为重要的是违反社会道德规范，会受到社会否定性评判。在任何一个国家和地区，在任何历史时期，腐败都是以遭受谴责的负面形象出现的。反腐败则是正面积极的，占据了道德的制高点。反腐败的正义性往往成为凝聚社会共识、增进社会团结的重要方式和手段。"得道者多助，失道者寡助"，腐败的非道德性和反腐败的道义性决定了人类社会能够充满正义，充盈正气。

二 腐败的狭窄与反腐败的宏大

目前很少有法定的或者得到普遍认可的腐败概念。尽管人们对腐败

[①] 倪星:《腐败与反腐败的经济学研究》，中国社会科学出版社2004年版，第3页。

有宽泛的理解，但相对于反腐败而言，其内容还是相对有限的。20世纪80年代之前，人们往往将腐败理解为政体腐败或政治腐败，依据政治制度或政府的目的性和合法性来判断政体或者国家是否腐败，如我们经常会看到或听到"腐朽的封建制度""腐朽的资本主义制度""腐败的××政权"等具有强烈意识形态色彩的表述。落后的、压迫的和剥削人的、不公正不民主的制度往往被贴上腐败的标签，有的将专制的、经济自由化和市场化不高也称为腐败。之后，腐败的定义转型为遭受谴责的具体人的行为，聚焦在政府、社会和企业等组织管理或治理的微观领域，甚至在一些国家，如新加坡，腐败的定义被缩小到了行贿受贿这种数量不多的行为上。不论将腐败做政治性解释还是个体性理解，腐败的内涵外延都是有限的。虽然目前很少有国家对腐败作出规范性的明确界定，但腐败总有一个边界。反腐败的内容是非常广泛的。为了遏制腐败，哪怕是为了应对最为狭窄定义的腐败，国家和社会组织都要不断使用新的方法、措施和技术。例如，进入21世纪之后，大数据、云计算等技术开始使用和推广，这种技术很快就转变成为监督和反腐败的手段。随着新的技术手段的发明和运用，反腐败的手段和内容也相应拓展。在不违背伦理道德的情况下，能够遏制腐败的方法、措施、手段基本上都可以采用。这些方法、措施和手段虽然可能与当时的法律规定相冲突和相矛盾，但都通过修改法律法规的方式而不影响和妨碍使用。反腐败的空间比腐败的空间要宽广得多。腐败仅仅是在权力空间中存在，却不能将家庭等私人空间变成其领地。但反腐败在国家、社会、私人空间中都可以存在。廉洁文化进家庭等私生活空间，让家庭成员和亲属参与反腐败，往往都是非常普遍的事情。但腐败在家庭等私生活空间难以找到自己存在的空间。反腐败不仅反对公务人员行为的堕落，而且反对制度、组织、机构的混乱，反腐败策略包括社会策略、法律策略、市场策略、政治策略等多种方式。[1] 反腐败并不仅仅针对具体人的违法违纪的腐败行为，而且对产生腐败的环境、文化、

---

[1] 李后强、李贤彬等编著：《计量反腐学》，四川人民出版社2016年版，第10页。

制度等多个方面采取措施，远远超出了腐败的范围。很多与腐败性质完全不同的对违法违纪行为的处理，往往也成为反腐败的内容，例如黑恶犯罪并不是腐败行为，但通过打"保护伞"的反腐败方式，却有效地治理了黑恶势力。垄断行为是市场竞争导致的结果，但在反腐败的推动下，资本无序扩张问题得到了很好的治理，从而有效遏制了垄断。反腐败是推动解决很多复杂问题的重要治理手段和方式。2022年6月17日下午，习近平总书记在主持中共中央政治局第四十次集体学习时强调，腐败是党内各种不良因素长期积累、持续发酵的体现，反腐败就是同各种弱化党的先进性、损害党的纯洁性的病原体作斗争。[①] 反腐败不仅仅限于解决纯洁性的问题，而且要解决先进性的问题，反腐败的范围已经超越了就腐败论腐败的局限，成为国家治理、社会管理不可缺少的重要内容。

三　暗处的腐败与明处的反腐败

腐败具有隐蔽性，发现比较困难。腐败给我们的感觉好像是四处冒烟，却不见火光。经常听说有腐败，但难以寻找其踪迹。纪检监察机关收到很多的信访举报和检举控告，尽管查处力度很大，投入资源非常多，但最后能够被认定为腐败的案件很少。查处的腐败总是所有发生的腐败中的一部分。如同犯罪黑数一样，腐败黑数永远存在。尚未发现的腐败黑数到底有多少，没有人能够说清楚。另外，很少有法律法规等规范性文件对腐败作出严格定义。何为腐败、什么不是腐败以及何种程度的腐败是人们所能接受的，看法都在不断地发生变化。执纪执法部门有违纪、违法或犯罪方面的统计，但没有对腐败的专门统计。从严格意义上说，对于存量腐败我们无法弄清楚有多少，对于增量腐败同样也无从知晓。因此有学者提出，事实上无人了解腐败是

[①] 《习近平在中共中央政治局第四十次集体学习时强调　提高一体推进"三不腐"能力和水平　全面打赢反腐败斗争攻坚战持久战》，《人民日报》2022年6月19日第1版。另参见中国共产党新闻网（http://cpc.people.com.cn/n1/2022/0619/c64387-32450106.html）。

否真正地增多。① 但反腐败则是清清楚楚的。如果说腐败在暗处，那么反腐败则是在明处。对反腐败投入多少物力、人力，查办多少案件以及多少人员，挽回多少经济损失，推动多少问题的整改和解决，制定和完善多少制度等，都可以进行准确的量化统计。反腐败的工作过程和做法在专门的反腐败机构报告中都可以写得明明白白。反腐败的最后效果也是可以看见的，虽然有时候进行具体量化会存在一些困难。

四 可知的腐败与不同的反腐败

腐败是一个客观发生的社会现象，是社会主体认识和实践的对象。思维与存在是哲学的基本问题，二者是否具有同一性是衡量"可知论"与"不可知论"的标准。可知论认为，世界是可以被人们所认识的，世界上只有尚未被认识的事物，不存在不能认识的事物。"不可知论"则认为世界是不能被人所认识或不能被完全认识的，否认思维对存在的主观能动作用。可知论者主要是唯物主义者和主观唯心主义者，但两者有质的区别。唯物主义者持可知论主要是基于"一切皆有规律"和"物质不以意识为转移"两个理论。而主观唯心主义者认为，世界的本原是意识，在自己的意识范围内，世界当然是可知的。这实际上是不承认有未知世界。腐败虽然隐秘，但根据可知论是可以被发现和认识的。受到条件和技术的限制，我们的认知能力是有限的，因此有的腐败尚未被发现。提高对腐败规律的认知能力，从而能够发现腐败，这是唯物主义所要求的积极进取态度和不懈努力奋斗的精神状态。

反腐败是对腐败现象作出的直接的能动性反应，是人们在认识到腐败这种客观现象后，发挥主观能动性而对这种不良社会现象进行改造的实践活动。改造社会的实践成效反映出人们对事物规律认识和把握的深度和准确程度。一般而言，特定时期反腐败查处案件的类型反映

---

① Williams, James W., and Margaret E. Beare, 1999, "The Business of Bribery: Globalization, Economic Liberalization, and the 'Problem' of Corruption", *Crime Law & Social Change*, 32 (2): 115–146.

出当时腐败的主要形态。也就是说，反腐败机构查处的哪类腐败最多，就表明此类腐败在社会中可能最为普遍或最为严重突出。尽管受到认识能力和条件的局限，我们对社会中腐败的数量不能完全知晓，但我们通过反腐败机构在某一个时期查处的不同类型腐败的数量，很容易判断出这个时期最为突出或者主要的腐败形态。当某一种腐败形态非常多的时候，社会必然会通过多种方式反映此类腐败，例如，通过新闻报道、党政机关文件、领导的讲话等反映出来，当然也会通过反腐败机构查处的案件体现出来。当某类腐败较少或者不存在的时候，必然就很少或者不存在对此类腐败的相关讨论或者案例。对于查处的腐败案件的意义，人们有很矛盾的看法。有的认为查处的腐败案件越多，说明腐败越普遍或者越严重，但有的认为查处的腐败越多，腐败存量就会减少，因产生强大震慑而腐败增量会减少。因此，仅仅从查处的案件来观察腐败状况，可能会存在很大的风险。因为查处腐败力度的强弱，不完全受人们对腐败现象的认识的约束。人们认识了事物及其发展变化的规律，并不一定会作出实践性的能动反应。这种现象在反腐败方面可能表现得更为明显。人们发现或者认识到存在严重的腐败，但并不会立即或者作出强烈反应。从腐败认识到反腐败行动之间，存在着多种力量较量和博弈。反腐败作为一项集体行动，必须经过复杂的集体决策，受到政治体制、历史国情、传统习惯、经济后果考虑等多个因素的影响。对于已知晓的腐败是否采取行动或者采取多大程度的行动，不同的国家作出的主观反应是不同的。一般来说，在权力较为分散的国家和地区，因为形成集体决策的程序烦琐复杂，困难和阻力较大，对腐败采取行动相对迟缓并且力度可能相对较弱。在权力相对集中的国家，集体决策的效率较高，权力高层危机和忧患意识可能更强，因而反腐败行动相对更为及时主动并且动作力度更大。反腐败的主观能动性在不同的国家或地区之间差别非常大。有的国家和地区腐败非常严重，但反腐败的能动性很弱，因而查处的腐败较少。有的国家或地区则相反，腐败程度较轻或者较少，但对反腐败非常重视，反腐败力度很大，查处的腐败很多。由于对腐败现象的认识与反腐败行动之间有很复杂的集体决策程序，各个国家和地区的现实和历史情况各不相同，因此我们不能简单地以查处腐败数量的多少来判断某个国家和地区腐败的严重程度或者普遍程度，也就是说，查处腐败多的国家或地区并不意味着比腐败查处少的国家或地区腐败严重或者普遍。

五 打破腐败越反越严重的怪圈

尽管在理论上我们很清楚地知道，运用反腐败机构查处的案件分析某个国家或地区的腐败，判断其腐败严重或者普遍程度很不科学，但在进行纵向历史比较的时候，经常会使用反腐败查处的案件或人数、给予各种处分或犯罪处罚的人数来分析腐败状况的变化。这些查办腐败的数据具有"阴阳性"或两面性：查办案件越多，处分的人员越多，可以解释为反腐败力度大，反腐败成效显著；但也可以说明腐败较多，腐败比较严重。如果对查办的案件数量和处分的人数作出后一种解释，我们就容易得出：反腐败力度越大，查处的腐败分子越多，腐败就越多，腐败也就越严重。这种逻辑给人的感觉就是腐败越反越多，越反越严重，反腐败也就越不成功。有的学者认为，政府反腐败力度的增强与公众的清廉感知水平之间没有显著的相关性，反腐败力度与公众的清廉感知存在背离现象。[1] 之所以会出现"腐败越反越多""腐败越反越严重"这种不合常理的现象，就是因为一般人都认为反腐败是针对腐败提出的。[2] 我们已经根深蒂固地用反腐败的成果来作为腐败测量的依据，把腐败与反腐败看作简单的正反关系。这种理解让反腐败因背负沉重的压力而顾虑重重，弄得查处少了不行，查处多了也不好，陷入左右为难、两头不讨好的尴尬境地。如果我们将腐败和反腐败作为性质有着本质区别的概念看待，不从腐败严重程度来考虑反腐败的数据，

---

[1] 倪星、孙宗锋：《政府反腐败力度与公众清廉度感知：差异的解释——基于 G 省的实证分析》，《政治学研究》2015 年第 1 期。

[2] 李后强、李贤彬等编著：《计量反腐学》，四川人民出版社 2016 年版，第 9 页。

也不从反腐败力度大小来分析腐败的严重程度，就不会存在这种尴尬。反腐败就会依据法律法规等规范性文件的规定那样严格进行，不会因为这个逻辑包袱而瞻前顾后、缩手缩脚。从实质上而言，反腐败的确不是对腐败的简单否定或惩处，不完全等同于对腐败分子的发现、调查和惩处等处理。腐败是具体的活生生的自然人实施的违纪违法甚至犯罪行为，从道义上讲应当受到谴责。反腐败不仅仅是对人的查处，而是远远超出对具体个人自由、财产、生命、声誉的限制和剥夺，从而延伸到其他更宽的领域。反腐败采取的措施和手段非常多，涉及的范围非常广泛。反腐败仅仅是多项工作协同推进的一个代名词而已，拖动整个社会利益关系的调整和改革，而不仅仅是某个具体的个人利益得失。特别是具有预防性质的诸多改革，例如，招投标制度设计、政府采购制度安排、公开透明的要求、大数据技术运用、个人有关事项报告及其审核等制度的推行，以及巡视、审计、纪检监察体制等方面的改革，在预防腐败发生和解决"不能腐"方面起着重要的作用。在每个腐败案件发生之后所引发的系列整改、责任追究、机制完善等方面的行动，都已经远远超出了对具体的腐败分子惩处的范围。整个社会廉洁文化的重塑和强化，政治生态和政治生活的优化改良，更是超越了对于腐败行为的关注。

  反腐败力度的增强与公众的清廉感知水平之间存在着背离结论的得出与研究论证所使用的数据有关。得出这种结论往往依据的是一次问卷调查的数据而不是持续多年具有纵向历史对比的数据。一次问卷调查数据的准确度往往受调查方式、调查时间、调查组织等的影响，同时受到某些偶发的腐败案件、舆情事件等因素的干扰。倪星等研究得出的反腐败力度的增强与公众的清廉感知水平之间没有显著的相关关系这个判断是2014年通过在一个省进行的一次电话调查的数据得出的。[①]这一年，党的十八大刚刚召开不久，反腐败力度大幅增加，腐败存量不

---

  ① 倪星、孙宗锋：《政府反腐败力度与公众清廉度感知：差异的解释——基于G省的实证分析》，《政治学研究》2015年第1期。

可能在短时期内大量消除。尽管反腐败力度加大，然而，社会公众感受到的腐败仍然较多。但是，持续保持反腐败力度不变，经过长期努力之后，社会公众感受到的腐败就会大幅减少。2011年以来，中国社会科学院中国廉政研究中心采用问卷调研、座谈会、研讨会、实地考察、个别访谈等方式对中国惩治和预防腐败的成效进行了长达十多年的跟踪调查。该中心从2011年开始每年在固定的调研点，采用相同的调查方法，通过面对面分类对不同人群分别进行问卷调查，积累了长达十多年的基础数据。数据显示，2011年，认为腐败现象"严重"或"比较严重"的普通干部、专业技术人员、企业管理人员和城乡居民分别高达66.4%、72.2%、71.8%、74.2%，认为腐败不严重的占比很低。2012年底中共十八大召开之后，反腐败力度加大，这些数据明显下降，到2021年分别只有13.9%、15.6%、11.6%、14.1%，认为腐败不严重的各类受访者均占大多数。也就是说，采用长期跟踪调查的方法，我们会明显得出反腐败力度加大并持续保持，各类社会群体腐败感知度显著下降的结论。反腐败力度的加大对降低群众腐败感知度发挥了十分重要的作用，二者之间存在明显的相关性。2015年12月，湖南大学廉政研究中心组织的一次对C市城区居民腐败感知的问卷调查认为，总体来看，认为目前C市的贪污腐败现象"非常普遍"和"比较普遍"的占66.8%，而认为"比较少"和"非常罕见"的只占12.5%。[1] 这个调查结果与中国社会科学院中国廉政研究中心当年的调查结果比较相同，在中共十八大后进行大力反腐败的几年里，公众的腐败感知度较高。但持续跟踪调查的结果显示，随着反腐败力度的持续保持，公众的腐败感知度会大幅下降。越有腐败经历，就越认为政府的反腐败成效不好。[2] 从世界各国的调查结果来看，亲身经历腐败的受访者比例经常低于认为腐败严重的受访者比例。民众腐败感知与事实相背离，因

---

[1] 袁柏顺：《公众腐败感知与腐败的民间传说——基于C市城区公众腐败感知调查的一项研究》，《公共行政评论》2016年第3期。
[2] 袁柏顺：《公众腐败感知与腐败的民间传说——基于C市城区公众腐败感知调查的一项研究》，《公共行政评论》2016年第3期。

而产生了"腐败传说"（Folklore of Corruption）。也就是说，社会上腐败普遍程度或严重程度往往被夸大。持续保持对腐败的高压态势，并且不断通过改革和制度建设，大幅降低腐败的生成率，让社会公众在生活工作中遭遇不到腐败，或者即便遇到腐败，不论是处于哪个社会阶层，也不论是否拥有社会资本和经济资本，都可以有足够的方式得到救济，每个人的合法权益都得到公正的保护。只有持之以恒地坚持以法治方式反腐败，公众腐败感知度才会不断下降。

在对整个治理结构、机制体制和生态环境等进行了全面深化的有效改革之后，对腐败案件的大量查处就具有了不同的意义。如果滋生腐败的土壤和条件没有得到有效消除，腐败越查可能就越多的假设也许会成立，因为不断有新增的腐败出现，尤其是在腐败不能及时发现并受到适当的惩处时。人们发现腐败有利可图，腐败增量就会超过当时查处的腐败数量，腐败就可能越查越多，腐败会越来越严重。在这种情况下，即便查处的腐败数量非常多，反腐败也算不上成功。但是，当整个治理体系健全，治理能力提升后，查处的腐败远远多于新增的腐败，这时腐败治理就会进入良性循环。查处的腐败越多，社会上腐败存量就越少。反腐败与传染病防治具有相似性。基本再生指数 R0（Basic Reproduction Number）是判断传染疾病发展阶段的重要参量，表示在发病初期，在易感人群中，一个传染病感染者在其平均染病周期内所能传染的人数。当 R0 > 1 时，疫情就会一直持续。当 R0 < 1 时，被感染者越来越少，疫情就会得到有效控制。反腐败也有一个重要的阈值，就是净增的腐败量。一旦新增的腐败数量超过查处的腐败存量的时候，腐败就会越来越严重。相反，当新增的腐败数量少于查处的腐败数量的时候，腐败就会得到有效的遏制。

第二节　政治性腐败转向个体性腐败

"反腐败"一词主要使用在两种不同的语境之中，最初是在政治体制和政治制度的环境下使用这个词。腐败的定义与政治制度和政治程序常常联系在一起，腐败在很大程度上是"制度腐败"（institutional corruption），用腐败的"坏政体"来形容道德败坏和政治秩序衰败的局面，而不仅仅指官员个人的腐败。[1] 将腐败指向政权腐朽、政府腐败等制度腐败，反腐败往往是推翻某个政权或者要求更换某些执政人物的重要宣传口号和行动内容。例如，在美国开展摆脱英国统治的独立战争前后，北美殖民地的人民一直把英国的制度看作腐败的制度，因为那时英国的首相罗伯特·沃尔波尔（Robert Walpole）及其同伙通过操纵英国议会来统治英国，政府官员在很大程度上是通过金钱交换和庇护而被录用的。当北美殖民地人民对英国的抗议发展成为革命时，他们对英王乔治三世及其大臣腐败的谴责更趋激烈。[2] 当阶级矛盾、民族矛盾等冲突激烈，或社会混乱动荡、经济凋敝时，"腐败"这个词经常出现在社会之中，但往往指向特定的政权或者某些重要的政治人物。通过在此语境下使用这个词的频率和广度，可以看出一个政权或者政府的公信力，也可以观察到社会矛盾的激烈和紧张程度。西方国家对腐败的研究远远早于欠发达国家，但西方国家学者的研究很多是从制度腐败视角进行的，具有很强的意识形态属性和强烈的政治偏见。西方国家的学者多半根据选举民主、议会竞争、多党制等标准将其他国家或者政权贴上腐败的标签。例如，北美殖民地人民对瑞士的政治体制给予正面评价的较多，认为瑞士采取了类似美国新英格兰地区乡镇中所采用的直接民主制度，有效保护了地方制度不受潜在的政治集权和"暴政"的侵害。当时，美国人却认为丹麦和瑞典的制度是腐败的，因为这两个国家的社会阶层允许集权的君主削弱议会的权力，剥夺贵族和公民之前所享有的立法权，社会公众和精英不能对掌权者进行有

---

[1] 周琪、袁征：《美国的政治腐败与反腐败——对美国反腐败机制的研究》，中国社会科学出版社2009年版，第1、2页。

[2] Arnold J. Heidenheimer and Michael Johnston (eds.), 2002, *Political Corruption: Concepts and Contexts* (3rd, ed), Transaction Publishers, New Brunswick, New Jersey, p. 4；周琪、袁征：《美国的政治腐败与反腐败——对美国反腐败机制的研究》，中国社会科学出版社2009年版，第1页。

效的制约。① 西方政治学的创始人修昔底德（Thucidides）、柏拉图（Plato）和亚里士多德（Aristotle）等一直将腐败与坏的政体（bad polity）或不好的政治相提并论，而直接民主、自由、分权制衡则是他们衡量一个政治好坏的主要标准。他们和之后的很多政治学家认为，政治腐败的特征是道德和政治秩序败坏。② 直到现在，持腐败与政治民主、自由等制度紧密相关观点的学者仍然在西方学者中占多数，他们对反腐败理论不断细化和完善，对西方国家给予廉洁的美誉，但对其他国家和地区则贴上了程度不同的腐败标签。美籍学者康灿雄依据国家与商界之间博弈情况将腐败分为相互挟持、寻租、掠夺性国家、放任自由四种类型。③ 迈克尔·约翰斯顿认为，腐败是非民主的结果，从经济自由化、民主化和发展的角度，提出了权势市场、精英卡特尔、寡头家族式、官僚权贵四种腐败征候群。④ 根据西方学者的分类标准，西方发达国家往往都会被归为腐败较少的类型。在这些西方学者看来，非西方国家的腐败是结构化的，与其政治体制和文化紧密相关。这种语境下的反腐败往往将矛头直接指向非西方国家的政权或者政府、政治体制，而不是具体的个人行为。有的鲜明地提出其"研究重点不在于把腐败视为具体行为的一种特征，而是集中在系统性腐败问题上"，"我将主要强调系统性腐败问题，国家或公共与私人之间界限不明确将成为我们考虑腐败征候群的重要方面"，"如果我们将腐败概念扩大到所有各种形式的、引人注目的不法行为，那么我们就一无所获"。⑤ 总之，这些西方学者认为，腐败与政治体制和经济体制紧密相关，与民主进程、

---

① Arnold J. Heidenheimer and Michael Johnston (eds.), 2002, *Political Corruption: Concepts and Contexts* (3rd, ed), Transaction Publishers, New Brunswick, New Jersey, p. 4.
② Arnold J. Heidenheimer and Michael Johnston (eds.), 2002, *Political Corruption: Concepts and Contexts* (3rd, ed), Transaction Publishers, New Brunswick, New Jersey, p. 5.
③ ［美］康灿雄：《裙带资本主义：韩国和菲律宾的腐败与发展》，李巍等译，上海人民出版社2017年版，第12页。
④ ［美］迈克尔·约翰斯顿：《腐败征候群：财富、权力和民主》，袁建华译，上海人民出版社2009年版，第2—3页。
⑤ ［美］迈克尔·约翰斯顿：《腐败征候群：财富、权力和民主》，袁建华译，上海人民出版社2009年版，第12—13页。

市场化和私有化程度关系密切。虽然腐败的产生有个人的原因，但这并不是主要的。西方的腐败概念与民主理论相关，其逻辑是，如果用腐败的方式作出政策选择，便不可能有民主。[1] 改变某些国家的政治和经济制度，甚至推翻他们认为不合理的政权或政府，是这些学者研究反腐败想要达到的目标。至于是否有效遏制和惩治具体的腐败，往往不是他们关注的重点和主要任务。这种学术研究倾向已经形成了强大的惯性，在西方反腐败研究中长期占据着相当的地位，到20世纪90年代之后随着苏联解体、东欧剧变事件的发生而达到高潮。这种观点具有强烈的政治斗争思维，服务于政治民主化、经济自由化、产权私有制的意识形态需要，常常成为发动和平演变、颜色革命等活动的手段和工具。随着西方民主制度频频出现问题，次贷危机、金融危机、房地产危机等持续发生，在新冠疫情等自然危机来袭时西方国家政府大多表现欠佳，国会山骚乱事件等乱象发生，这种学术观点的影响力大幅削弱。几十年来经历过动荡和革命的国家和地区也认识到这种反腐败理论的严重危害性。西方一些学者对治理的质量（Quality of Governance）的关注远甚于对民主的关注，认为降低婴儿死亡率、提高教育水平、保障用水安全等民生质量的改善比选举投票的政治参与更为重要，成为民主的重要基础。如福山将合理的、高水平的治理质量视为民主建立的条件。[2] 其实，北欧所有国家都是首先努力建立国家能力（state capacity）并将腐败控制住，然后再成为民主国家的。[3] 西方发达国家也都有一个民主发展过程，在这个过程中摆在首位的是提高国家治理能力，提高国家经济实力，改善民生，提高公民的文化素质，然后再让所有公民都拥有投票竞选参与政治的机会。美国的妇女、黑人直到20世纪才拥有

---

[1] 周琪、袁征：《美国的政治腐败与反腐败——对美国反腐败机制的研究》，中国社会科学出版社2009年版，第3页。

[2] 转引自 Bo Rothstein & Aiysha Varraich, *Making Sense of Corruption*, Cambridge, United Kingdom: Cambridge University Press, 2017, p. 142。

[3] Bo Rothstein & Aiysha Varraich, *Making Sense of Corruption*, Cambridge, United Kingdom: Cambridge University Press, 2017, p. 142.

选举权和被选举权,并不是一开始所有人都平等地享有民主政治权力。以西方的民主作为标准衡量和判断各个国家是否腐败或者腐败是否严重,不仅缺乏实证研究的支持,同时也缺乏西方国家历史发展实践的支持。

  反腐败的内容随着腐败内容的变化而变化。反腐败与腐败都是上层建筑建设过程中出现的现象,必然由社会经济条件决定,并且随着社会经济基础的改变而发生变化。随着社会阶级或阶层矛盾缓和,经济不断发展并迎来繁荣,社会秩序逐步恢复、稳定与和谐,人们基本生活需要和安全等不断得到满足和改善,人们对腐败的认识也不断发展。社会对政治体制或政府的信任度、认可度和满意度不断提高并稳定在一个较高的水平,对于制度腐败的认识就会大幅减弱甚至消失,会将日常生活中所遇到的腐败更多地归结为个人的行为,而非组织、系统或政府的行为。腐败指向贪污、贿赂、挪用公款、以权谋私等具体的个人行为,具有明确的内容。将腐败作为个人行为而非集体组织行为看待,是20世纪70年代开始出现的重要变化。西方一些学者在讨论制度腐败时,认为腐败是个人道德问题。政府之所以腐败,是因为那些邪恶的和不道德的人获得了权势地位和公众的信任。其解决的方法是,"把这个恶棍赶出去"[①]。20世纪70年代,美国开始把腐败定义为偏离某种被接受的具体的行为规则,用社会道德和缺乏经济与社会制度及其他一些条件来解释腐败的产生。[②] 这个时候学者开始从个体心理、行为伦理等角度观察、分析和研究腐败,将腐败的极少数个体与没有腐败的大多数人区别开来。反腐败逐步进入非政治化或弱政治化的时代,开始在西方国家淡化使用制度腐败。这种社会意识的转变推动着反腐败理论的迅速发展,从而使其具有成为科学研究对象的可能。腐败与极少数用权者的个人行为相关,与政权和公共机构的紧密度、关联性大

[①] Gerald E. Caiden and Naomi J. Caiden, "Administrative Corruption", *Public Administration Review*, 37: 3 (May/June, 1977), p. 301.

[②] 周琪、袁征:《美国的政治腐败与反腐败——对美国反腐败机制的研究》,中国社会科学出版社2009年版,第1、2页。

幅减弱，这为腐败不再成为公共场合交流沟通的"禁忌"创造了社会基础。在政治性腐败的环境下，反腐败的实践是非常单一的，似乎只有解决了腐朽的政权就可以迎来廉洁政治。但在全球人类实践中，我们经常会看到政权不断更迭，然而腐败问题并没有得到根本性的解决。在高度政治化的环境里，对腐败的科学深入的研究是不可能的，因而对腐败进行持续有效的治理也是不可能的。

中国共产党对腐败的认识经历了政治化向行为化的转变过程。中国共产党始终将先进性、纯洁性作为党员的标准，坚决反对腐败，主张建立廉洁政府。但对反腐败词汇的使用必须进行比较严格的区分。按照中国共产党章程，腐败分子绝对不符合党员的标准。从理论上而言，中国共产党党内应该是没有腐败的。但是受封建主义、资本主义等不良思想的影响，有的党员蜕化变质，也有不符合条件的投机分子混入党内。因此，在反腐败词汇的使用上曾经比较谨慎。在改革开放之前，同时使用"腐化"与"腐败"两个词汇，将政治性腐败与个体性腐败区别开来。"腐化"主要指具体的个人的腐败行为。"腐败"主要用于形容政治腐败或政权腐败，如美国、伊朗等政权的选举制度腐败。[1] 有的用于描述新中国成立之前政权的腐败，如清朝的腐败。[2]

在改革开放之后，"腐化""腐蚀"等词汇逐渐被"腐败"所取代，"腐败"主要指具体的个人的行为，腐败的政治性含义慢慢淡出。在改革开放初期使用"腐蚀""腐化"一词较多。1982年夏天，中共中央就曾针对当时经济犯罪活动剧增，一批党员、干部被腐蚀变质的事实明确指出，主要危险不是来自别的方面，而是来自党内不坚定分子的腐化变质，要在共产党员和国家工作人员中进行反腐蚀斗争。[3] 当

---

[1] 程希孟：《金圆统治集团的腐败和反动——我所看见的美国内幕》，《世界知识》1951年第4期；柳门：《腐败不堪的伊朗政权》，《世界知识》1960年第18期。

[2] 黄志洪、丁志安：《从鲁迅祖父周福清狱案看清季试差的腐败》，《绍兴师专学报》（社会科学版）1981年第1期；许增纮：《清朝吏治腐败是鸦片战争失败的重要原因》，《中国社会科学》1984年第3期；曾唯一：《朱元璋的集权与明中后期的政治腐败》，《四川师院学报》（社会科学版）1985年第3期。

[3] 李兴才：《党内反腐败的对策和措施》，《理论探索》1989年第3期。

时的经济犯罪活动一部分是腐败，但并没有使用"腐败"来描述这些行为。但从1986年开始，全国自上而下、大张旗鼓地主张要消除一切腐败现象。① 腐败开始被频繁地用来指倒卖汽车、开办企业、乱摊派、兜售版面、出卖记者证、利用采访观光游览等具体个人的职务违法和违纪行为。② 当时腐败的概念并未被明确界定，其范围非常广泛。中共中央办公厅、国务院办公厅发出《关于切实改进机关作风，消除一切腐败现象的通知》，除了将贪污贿赂认定为腐败现象之外，还将不正之风等现象纳入腐败范畴：

> 腐败现象有种种表现。中央指出，党政机关滥用外汇争相购置更换豪华汽车、滥派人员出国、挥霍公款到处旅游、铺张浪费、请客送礼、接受贿赂、以权经商等，都是腐败现象。除了这些以外，那种严重的官僚主义、渎职行为；那种任人唯亲、排斥异己；那种对犯罪亲属、部下的包庇，把一己的私情私利置于党纪国法之上；那种背弃为人民服务的宗旨，利用职权谋取私利；还有贪污盗窃、投机倒把等等，也都是腐败现象。③

有的学者采用量化方式对腐败分子的数量进行了统计。有的利用党纪处分数据来计算"腐败分子"的数量：1987年全国有近15万名中共党员受到各类党纪处分，占当年党员总数的3.31‰，其中被开除党籍的有25294人，占受党纪处分人数的17%。在被开除出党的人数中，占第一位的是经济类错误，如贪污盗窃、索贿受贿、走私贩私、投机诈骗、倒买倒卖等，共计8724人，占被开除出党人数的34.5%。在各种经济类错误中，较突出的是贪污，共4819人，占犯经济类错误人数的55%，占被开除出党人数的19%。其次是索贿、受贿、行贿，共1563

---

① 依旭：《虎威驱邪 吉星高照——谈谈中国向腐败现象作斗争》，《今日中国》（中文版）1986年第5期；本刊评论员：《清除一切腐败现象》，《学习与研究》1986年第4期。
② 吴晓：《清除腐败现象》，《新闻战线》1986年第3期。
③ 本刊评论员：《清除一切腐败现象》，《学习与研究》1986年第4期。

人，占犯经济类错误人数的18%。再次是盗窃，共1350人，占犯经济类错误人数的15.5%。有2839人因腐化堕落乱搞男女关系而被开除出党，占被开除出党总人数的11%。因严重官僚主义失职、渎职而被开除出党的有306人，占被开除出党人数的1.5%。① 可以看出，当时的腐败外延非常广。因盗窃、搞男女关系等而被开除党籍的人都是腐败分子。在1982年到1987年的六年间，共开除党员177000余人。② 但事实上，真正腐败的人数并没有那么多。因为没有对腐败作出规范定义，一些研究将腐败的人数扩大化了。

这段时期，腐败的概念被严重泛化，一个重要原因是20世纪80年代初中国共产党高度重视和强调端正党风。1980年11月，中央纪委召开第三次贯彻《关于党内政治生活的若干准则》座谈会，陈云提出："执政党的党风问题是有关党的生死存亡的问题。因此，党风问题必须抓紧搞，永远搞。"③ 之后，实现党风的根本好转成为中共十二大的一个重要目标。在这段时期里，理论界对腐败的定义缺乏专门的研究。大家对腐败概念的界定非常随意。有的认为，腐败现象就是不正之风。④ 不正之风的表现形式丰富多样，但很多并不是腐败。但不论理论界和实务界将腐败的外延扩大到什么范围，这个时期，人们都认为腐败现象是具体人的行为。腐败出现在一些地方和部门的少数党员干部身上，是针对具体的个人的行为，并不是政权、政府或者政治腐败。党的十三大报告提出，"从总体上讲，我们党是能够经得起严峻考验的，是有力量同各种消极腐败现象作斗争的"⑤，这里讲的"各种消极腐败现象"也都是指个别人的行为，而不是指政治性腐败。

---

① 孙飞：《坚决清除党内腐败分子——1987年被开除党籍的25000名党员的剖析》，《党建》1988年第10期。
② 孙飞：《坚决清除党内腐败分子——1987年被开除党籍的25000名党员的剖析》，《党建》1988年第10期。
③ 李雪勤主编：《中国共产党执政以来反腐倡廉思想研究》，中国方正出版社2020年版，第108页。
④ 信言：《清除腐败现象 永葆政治生命之青春》，《上海党校学报》1986年第4期。
⑤ 王兆铮：《关于同各种腐败现象作斗争的几点认识》，《理论月刊》1988年第2期。

中国腐败含义从政治性腐败转向个体性腐败，与改革开放的整体形势有关。意识形态斗争、阶级斗争等被经济建设、改革发展等所代替，阻碍经济发展的因素都会被查处和惩治，其中包括具体的腐败行为。反腐败的目的是促进经济社会发展。"进行反对腐败的斗争一定要推动建设和改革开放。"①"我们要把反腐蚀的工作，作为建设和改革开放的一种推动力，一边进行建设和改革，一边进行反腐蚀，寓反腐蚀于建设和改革之中。"②在改革开放之后，面对突然增多的腐败现象，将政权或政治腐败与个别行使权力的人的具体腐败行为分开，将政党与极个别的违纪违法党员的行为区别看待，充分显示党和政府反腐败的决心和毅力，也充分显示出中国共产党反腐败的智慧和远见，赢得了群众的拥护、支持和信任，更加有利于维护政权合法性、政治的廉洁性和政党的纯洁性。

腐败具有重复性，容易反弹回潮。邓小平同志1985年9月23日在中国共产党全国代表会议上的讲话指出："这几年生产是上去了，但是资本主义和封建主义的流毒还没有减少到可能的最低限度，甚至解放后绝迹已久的一些坏事也在复活。"③具体个人的腐败行为具有客观性，只要权力存在，这种零星的行为始终可能存在，并不会因为词汇使用而改变。即便采用强有力的措施和手段，这些现象会大幅减少，甚至在一个时期会被消灭。但只要一具有合适的条件和土壤，腐败又会死灰复燃。20世纪80年代，已经有学者注意到这种现象，认为"一些干部弄权谋私、贪污盗窃、索贿受贿、投机倒把、徇私枉法、欺压群众，搞官官相护、裙带关系，一些在建国初期早已销声匿迹的丑恶现象，在新的形势下，又沉渣泛起，死灰复燃"④。实事求是地客观承认具体腐败行为的存在，不仅在认识上是一个巨大的进步，而且在反腐败的策略上是一个巨大的转变。

---

① 毛启信：《反腐败斗争是执政党建设的重大课题》，《实事求是》1988年第3期。
② 毛启信：《反腐败斗争是执政党建设的重大课题》，《实事求是》1988年第3期。
③ 《邓小平文选》第3卷，人民出版社1993年版，第143—144页。
④ 曾繁茂：《寓反腐败斗争于改革之中》，《学习与研究》1988年第6期。

反腐败只有在人们脱离政治性腐败认识的较低阶段，进入将腐败作为社会性的个体性的行为时才有可能找到具体的解药。只要权力存在，腐败就可能滋生蔓延。不论在任何政治体制、意识形态的国家中，都可能存在腐败。从世界实践来看，也并不意味着实行三权分立、多党制的国家腐败就少，权力的集中也并不意味着腐败就增多，权力的收放和分配对腐败程度具有一定的影响，但并不是最为重要的决定性因素。腐败的严重程度一方面受腐败产生条件的影响，另一方面也受到反腐败有效性、及时性、彻底性的影响。在有的共同体中，权力相对而言集中程度较高，但因为反腐败措施针对性强、实施力度较大，依然可以将腐败控制在较低的水平。有的共同体权力非常分散，相互制约，腐败依然会产生，只要反腐败的具体措施缺乏或者不管用，腐败依旧可能比较普遍或严重。

有意识地将腐败与特定的政治制度、政治文化、意识形态等紧密联系在一起，将某个政权、政府、组织等贴上或者补贴上腐败的"标签"，这些将腐败政治化的做法对反腐败会产生非常大的副作用。有的学者认为，腐败长期以来是一个禁忌（taboo），在发展中国家讨论腐败会被视为"落井下石"，揭发发展中国家的腐败问题，会导致政府不再支持国际援助。[①] 腐败本来是个人或者个别人实施的有损共同体形象、声誉和利益而应该受到惩罚和谴责的失范行为。但在将腐败问题政治化之后，腐败可能直接转变为人们对特定共同体的负面评价。人们似乎会得出这样的结论，即腐败越多或者越普遍、越严重，说明共同体问题越多。腐败问题不再是针对实施腐败的个体，而是将矛盾转向了某个共同体。因此，腐败问题一旦政治化之后，必然变得极为敏感，大家往往避而不谈或者少谈，有的甚至掩饰遮盖，反腐败也就会留有余地，具有选择性，缺乏彻底性，有时候力度大一些，有时候力度小一些。腐败问题政治化后所产生的敏感性是腐败分子最为有效的"防晒霜"。腐

---

① ［瑞典］博·罗斯坦：《政府质量：执政能力与腐败、社会信任和不平等》，蒋小虎译，新华出版社2012年版，第46页。

败最怕见阳光。将腐败问题政治化之后，各类媒体、舆论等对腐败的曝光、批评等相对减弱。人们对腐败的议论和批评越少，对搞腐败的人而言则保护力越强。在可能危及共同体安危的借口之下，掌握权力的腐败分子就可以肆无忌惮、毫无顾忌。改变"谈腐色变"的氛围和环境，去掉因腐败的政治性而产生的敏感性，就可以让更多的力量参与到腐败治理中，才会对极少数腐败分子产生文化震慑。将反腐败聚焦到具体个人的腐败行为上，将其作为科学研究的对象，就更容易找到腐败产生的具体原因以及防治的具体对策。

  对腐败的系统研究很早就开始了，但对反腐败的研究却相对晚一些，尤其是国际反腐败的开展更是很晚的事情。其中一个重要的因素是腐败含义由政治性腐败转为个体性腐败的时间比较晚，对"反腐败"研究和讨论受到很多人为限制和干扰。之前社会科学很少将腐败作为研究对象，甚至连腐败这个词都很少使用。2022年8月18日，笔者将"反腐败"输入中国知网搜索框，选择"篇名"进行搜索，最早的文献是1988年3月1日《实事求是》刊登的《反腐败斗争是执政党建设的重大课题》，比用"腐败"一词搜索的文献要晚30多年。自中共十三大报告提出"在改革开放的过程中，党内反腐败斗争是不可避免的"之后，"反腐败"成为一个高频词汇出现在党和国家文件以及新闻报道之中，"反腐败已成为当前我们党和国家政治生活中的突出问题和社会上的热门话题"[1]。此后，中国对反腐败的研究不断深入，《社会学研究》《政治学研究》《经济研究》等重要期刊不断刊发新的研究成果。进入21世纪之后，中国反腐败研究的机构不断涌现，反腐败研究逐渐成为一门"显学"。国际对反腐败的研究和实践起步也较晚，同样存在很多人为障碍。1988—1995年出版的四册《发展经济手册》(*the Handbook of Development Economics*)，其目录中没有出现"腐败"[2]。绝大多数

---

[1] 李高山：《关于反腐败问题的若干思考》，《理论探索》1989年第3期。
[2] ［瑞典］博·罗斯坦：《政府质量：执政能力与腐败、社会信任和不平等》，蒋小虎译，新华出版社2012年版，第47页。

本科类政治学和经济学教科书对腐败几乎只字不提。[①] 到 20 世纪末,世界银行等国际组织开始推行反腐败,反腐败的国际形势发生了重大变化。例如,世界银行行长沃尔芬森在 1996 年年会上号召人们与阻碍发展的"腐败癌症"作斗争,建议把反腐败提到世界银行的行动日程上来。[②] 1998 年 11 月,世界银行设立制裁委员会,该委员会将根据世界银行《获取资助指导大纲》第 1 款第 15 条制裁欺诈与腐败行为。1998 年 8 月,世界银行设立了反腐败委员会(又称"机构廉政局"),下设秘书处,主要负责调查针对世界银行集团资金运作以及内部职员违规活动的指控。[③] 10 月 19 日,世界银行又设立了举报腐败与欺诈行为的免费热线电话。联合国的报告《全球反腐败方案》(*Global Programme against Corruption*)认为,20 世纪 90 年代对腐败问题闭口不谈的禁忌终于被打破,尤其是在外交界和政府间组织内。[④] 世界银行前行长詹姆斯·D. 沃尔芬森(James D. Wolfensohn)于 2005 年在接受记者采访时说:"当我十年前来到世界银行,大家对腐败三缄其口,可现在我们已经在一百多个国家开展项目,腐败已经成为热门话题。"[⑤] 事实表明,只有淡化腐败的政治性色彩,突出其个体违法违规的性质,才能让反腐败行动避免人为干扰和障碍,在全球范围深入持久开展下去。

[①] Johnston, Michael. 2006, "From Thucydides to Mayor Daley: Bad Politics, and a Culture of Corruption", *PS, Political Science and Politics*, 39 (4): 809–12.
[②] 李广民、李进浩:《世界银行反腐败措施研究》,《长春师范学院学报》(人文社会科学版) 2008 年第 11 期。
[③] 丁开杰:《世界银行——帮助受援国创造善政环境》,《中国监察》2003 年第 9 期。
[④] [瑞典] 博·罗斯坦:《政府质量:执政能力与腐败、社会信任和不平等》,蒋小虎译,新华出版社 2012 年版,第 46 页。
[⑤] [瑞典] 博·罗斯坦:《政府质量:执政能力与腐败、社会信任和不平等》,蒋小虎译,新华出版社 2012 年版,第 47 页。

第五章　腐败治理成功的判断标准

第一节　工具理性与价值理性

反腐败为了什么？为什么我们要反腐败？对于一般的人来说，这似乎是一个非常简单的问题。反腐败就是为了遏制或者消除腐败，实现廉洁。腐败的存在是反腐败产生的必要前提。很多人几乎毫无任何质疑地认为，腐败对社会有百害而无一利，必须予以清除。在人类历史上一直把腐败视为负面现象，不仅法律法规、制度规定要对其进行惩处，而且社会道德、伦理、习俗都将其作为贬抑、抵制和谴责的对象。反腐败就是为腐败而生，为廉洁而战。只要腐败存在，反腐败就不会停止。只要腐败不存在了，反腐败也就成功了。一般人通过这个浅显易懂的分析会很自然地得出，判断反腐败是否成功的标准就是看腐败是否存在和腐败是否严重。如果一个社会或组织之中腐败不存在或非常轻微，反腐败就是成功的，否则反腐败就是失败的。廉洁性似乎是判断反腐败成功与否的唯一标准。

为了腐败而反腐败，这是从工具理性角度作出的解读和诠释。反腐败是实现廉洁的工具或者手段，但在实践过程中反腐败自身又常常成为一种目的，不断深入推进，向纵深发展。从情感和伦理角度而言，腐败行为一直受到道义的谴责，遭到各种正式和非正式制度的否定和惩处。因而反腐败具有绝对的正义性、合法性、合理性，不仅仅得到制度性的肯定和支持，也得到了社会舆论和道德褒扬，得到强大的社会性力量的拥护。反腐败往往成为赢得民心众望，获得权威、威信的重要工具。只要竖起反腐败的大旗，就会很快占据道义制高点。反腐败具有道义的价值和功效。反腐败也是凝聚社会人心的重要工具。共同的价值观念、情感认同需要通过高度认同的行动来培育和强化。反腐败恰恰天然地具有了这方面的优势。腐败属于社会失范行为，破坏了既有的制度秩序和道德准则，损坏稳定的利益关系格局，因而遭到所有人的厌恶和憎恨。反腐败力度的增强，往往会使人心从散乱走向整齐，社会向心力、凝聚力增强。反腐败的这个工具价值具有很强的吸引力。当社会内部矛盾突出和尖锐的时候，反腐败则成为一个重要的工具得到强化和频繁地使用。反腐败在历史上始终具有重大的工具价值，给人们留下了深刻的烙印，因而成为国家治理、社会管理、组织运作不可缺少的工具。反腐败的工具性作用通过专门的反腐败机构、反腐败法律制度、规章制度、专业非政府组织等的经常性存在持续性发挥作用，社会提供了资金、人员、场所、技术等资源予以支持和保障。反腐败的专业化、职业化也就自然而然地形成了。当然，这种职业化或专业化的存在也是反腐败工具性价值的重要体现。在人类漫长的历史长河中，具有反腐败专门职能的公共机构或者组织很早就嵌入了公共管理活动中。专业化或职业化本身会产生一种动力或者一种作用，促使反腐败的工具理性不断强化和加强。组织化的机构要保持存在感和生命力，必须在与其他组织体的竞争中凸显自己的作用。反腐败不仅成为一种职业，而且发展成为一项事业。廉洁本来是人类努力追求的目标。但腐败如同引发人感冒的病毒一样很难根绝，并且常常趁人们不注意，就会滋生蔓延而成为灾害。"腐败—治理—再腐败—再治理"，在历史上不断地循环反复，因而出现了"历史周期率"的社会现象。对于腐败的颠覆性的破坏力，人们始终充满敬畏和警惕，历史上不断出现有识之士的忠告，不断有对腐败采取行动的呼吁和要求。在权力被滥用的同时，总有更大的权力与腐败进行斗争。社会反腐败因而此起彼伏，斗争永不停歇。为了实现廉洁目标，人类想尽办法，甚至无所不用其极，如明朝朱元璋将腐败分子剥皮楦草，对腐败分子处以极刑。反腐败是实现廉洁的手段，手段往往会成为目的，也成了认定工作成败优劣的标准。为了实现廉洁这一个目标，各种反腐败工具被生产出来并通过舆论宣传、道德美化等方式推行，但任何工具和制度都具有两面性，一旦超出一定的限度，都可能产生负面性。对反腐败工具理性的过度追求，影响力、话语权、正义感频繁和过度运用也会产生副作用。在实现反腐败正义目标的过程中，个人的正常利益、诉求、自由生活等可能受到限制或约束。反腐败机构对其他社会组织和机构的强力干预，也日益引起人们的警觉、反思，甚至反感。随着反腐败强度增加到一定阈值，人们逐渐认识到反腐败如同其他任何政策措施一样，同样会产生负面效应。例如，过于严格的要求和制约会带来形式上的遵从和服从，腐败成本和风险增加同时会减弱部分权力行使者干事创业的积极性和创造革新精神，以变通方式可以得到解决的问题现在已经无法得到办理，办事、生活和交易成本增加让人难以忍受，等等。工具理性引导下的反腐败很容易超越社会承受力，使得正义、公平、效率、福利改善等价值目标受到伤害，对反腐败质疑、厌烦、异议、抵制等现象开始浮现并逐步普遍，社会达成的反腐败价值共识出现裂缝，甚至产生情绪对撞和意见冲突，反腐败深入持续推进所遇到的阻力就会越来越强大。

从工具理性角度认识和理解反腐败从而制定政策和采取行动容易导致反腐败实践中不断出现"松—紧—松—紧"的反复。反腐败松一阵，腐败就严重，社会反映强烈，然后又紧一阵，社会再度反映强烈，又不得不松一阵。久而久之，反腐败总是离廉洁的目标甚远、差距很大。历史的教训使人们不得不对工具理性的反腐败方式产生怀疑，自然也就会思考其他的出路，价值理性则是对工具理性进行反思后的结果。价值理性的反腐败摆脱工具理性的狭窄视角，从社会和组织整体目标出发认识反腐败的价值和作用。将社会或组织目标的实现作为反腐败成功的判定标准，也作为反腐败措施和手段选择、判断优劣的衡量标准。廉洁仅仅是反腐败的一项目标和任务，不再是唯一锚定的靶向。除了廉洁之外，反腐败还有更为重要的任务和目标需要实现，如经济发展、盈利、增收、公平正义、更高效率、更加温馨和人性的服务、幸福满足感、安全获得感等。从价值理性的视角出发，要求对反腐败进行整体统筹规划，需要与其他经济社会政策衔接互动、配合联通。反腐败不再是孤立地、单项地推进，而是在整个经济社会发展结构中发挥其作用。反腐败仅仅是实现综合目标的工具集合，这项工具集合中有很多具体的措施，如透明公开、群众参与、预算约束、权力制约、舆论监督、制度完善等，但这些措施仅仅是实现综合目标的工具而已，自己本身不可能成为目的。反腐败的目的是使每个个体在社会群体中有更多的获得感、幸福感、安全感。价值理性让反腐败具有新的更高的目标和任务，因而反腐败具有新的意义和更大的价值。当反腐败的目标锚定在一个更为远大和复杂的目标体系之上，就会更多地进行综合性的权衡和考量，更持续、高质量的发展，是从长计议而不是急于求成的一锤子买卖，做更多打基础利长远的事而不是热衷于干"短、平、快"的活。在单一的目标方向下，反腐败如同一艘小艇，很容易受到波浪、风速等的干扰和妨碍。但在目标体系这艘航母之上，反腐败在众多目标实现的过程中找到平衡点，更为稳定持续地开展。价值理性对反腐败提出了更高的要求，反腐败机构的任务更加多元，工作更加复杂和艰巨。虽然对于整个社会组织的运行来说，可能会更加协调，有利于促进整体目标的实现，但在一定时期里，腐败可能会比较普遍或者严峻地存在。鱼和熊掌不可兼得，在多重目标体系中，廉洁目标有时候不得不让位于其他更为迫切、重要的目标。多元价值目标体系中存在着选择的问题，最优先实现的往往是当时社会最为重要和紧迫的目标，在社会整体资源有限、经济社会发展条件不充分的情况下，配置用于实现其他目标的资源可能会减少，因而不得不考虑现实而适度放慢前进的步伐。虽然强调价值理性可能会造成暂时腐败现象比较普遍或者严重，但因为其他目标的实现更有利于大多数社会成员的利益，因而得到大多数人的拥护，社会对腐败的容忍度较高，社会或组织仍然保持着较高的稳定性和向心力。在社会经济发展到一个较高的阶段之后，人们对廉洁的要求更高，反腐败力度就会适当增强，腐败就会得到持续有效的遏制。持久的廉洁都是建立在社会稳定、经济发展、人民幸福这个基础之上的。从人类历史来看，有很多政府或者政权都曾经通过努力实现了较高程度的廉洁，但因为缺乏经济社会发展条件的支撑，往往难以持续，最后腐败会卷土重来。历史实践表明，工具理性的反腐败只有配合价值理性目标的实现，方能取得成功并将成果巩固下来。

关于反腐败研究，工具理性占据着主导性地位。无论是在有关反腐败方面的著作、论文、研究报告中，还是在新闻报道里，"腐败""反腐败""贪污""贿赂""洗钱"等词汇随处可见、比比皆是。在研究和谈论的话题中，除了反腐败目的、方法、措施、问题、对策之外，很难看到反腐败影响公平、效率、福利改善等的内容。透明国际是全球最有影响力的反腐败非政府组织，但这个机构的网站大多是关于各国各地区腐败的消息、报告，除了腐败和反腐败之外，很少有其他方面的内容。人的视野是有限的，精力与时间也是有限的，社会集体记忆和信息储存的内存空间也是有限的。当人们对某一件事情过于关注的时候，就难免会忽略其他的东西。而这些被忽略的东西在某个时期和地方可能比所着力关注的事情重要得多。当沿着工具理性进行思考和研究的时候，很容易陷入如何发现腐败、惩处腐败、防止腐败这么一个狭小的空间里，特别是容易被廉洁的目标牵引着走向极端化，采取很多超越现实条件和社会心理承受能力的手段和措施，从而给社会整体利益带来损害。腐败本身是社会化的产物。从犯罪学的角度来说，社会上存在着天生的犯罪人，但不存在天生的腐败分子。一个人腐败变质，都是特定的社会环境和条件作用的结果，并不是其天生就具有腐败的基因或特性。技术性或工具性的反腐败，往往看到的是行为人所实施的行为，而很少关注和重视这种行为发生的社会原因、经济条件等。其责任后果由行为人承担，但人们对腐败的社会性原因却关注和思考不够。为了达到或者实现惩治腐败的目标，对腐败往往采用非常严厉的手段。

目前在很多国家和地区，严刑峻法仍然被认为是遏制腐败的重要手段，但从犯罪学理论来说，严刑峻法并不一定会产生预防和阻遏犯罪与违法的良好效果。最为有效的预防和阻遏犯罪和违法的方式是及时发现并及时给予处罚。行为人的违法犯罪行为一旦实施，会立即感受到压力和不利后果，对行为人的触动很大。及时性不仅让行为人产生敬畏，而且会让社会上其他人不敢产生以身试法的侥幸心理。刑罚、纪律处分、政务处分、行政处罚以及其他处分或者组织处理都是权力机关或者机构可以动用的珍贵的公共资源。这些资源的珍贵性在于其使用的节制性。过度滥用惩罚性资源，就可能让这些资源的权威性和可信度贬值。本来用较轻的处罚就足以防止或者吓阻违法违纪和犯罪行为，但我们选用了较重的处罚方式，这就是对惩罚性资源的不经济使用，或者称为不理性的低效滥用。工具理性的思维让我们形成了从重从严就是有效的习惯偏好和路径依赖。对于打击腐败的实际效果，往往偏重于震慑，防止效仿和腐败再发，但对于惩治带来的社会反应、经济成本、道德效果、文化心理等往往考虑不充分，或者没有进行评估。工具理性主导的廉政研究已经很难再有新的突破和重大的贡献。理论的研究往往与实践部门的工作报告内容和性质没有多少差别，甚至比后者更加枯燥乏味单调。实践部门从事的具体工作本身就是工具性的，这是由其职责任务所决定的，是法律制度所规定的。但理论研究循着工具理性思路开展，就难以摆脱以解释性研究为主的功用主义束缚。这种研究在一定时候和场合是实践所欢迎和鼓励、支持的，但是，一旦这种研究落后于或者稍微超前于实际的时候，往往会受到不屑一顾的鄙夷或视之为荒唐的指责与非难。走出工具理性，走进价值理性的宏大视角，是廉政学研究与廉政研究所不同的地方。廉政研究从工具理性角度就腐败而讨论腐败和反腐败。廉政学应该从科学理性和经济社会发展的宏阔视野中研究和审视腐败与反腐败，将反腐败作为国家和社会治理的一个工具，考虑这个工具与其他国家治理工具的优化组合等，从而为国家治理现代化找到更有价值的方案。

第二节 "大目标"与"小目标"

反腐败在国家治理和组织管理中具有特定的功能和定位，有特定的措施和资源来保障功能的实现。反腐败的功能与特定机构或者组织需要实现的目标是紧密相关的。反腐败需要发挥作用，并且是朝着某个方向发挥作用。但反腐败的功能定位与目标还是具有一定区别的。功能定位是在规范性文件中作出具体规定的职责、任务、使命，是按照规定必须实现的或者努力实现的，不然就是失职失责，将会受到制度的惩罚和道义的谴责。目标虽然看似很清晰，但在行动中往往是十分模糊的，并且会以不同的行为框架和语言定义进行灵活解读。行动在目标方向上具有很大的可选择性，需要作出情境分析、价值判断、利益权衡。最后在复杂的选择过程甚至矛盾斗争之后，再确定具体的行动方向，采取实际的行动。方向选择的过程，如前所分析，基本上是工具理性和价值理性较量、博弈、妥协和权衡的过程。两种理性较量的结果产生了不同的反腐败方向。当然，这种博弈的过程是不断持续的，并不会经过一次或几个回合的较量就终结。有时候工具理性占据优势，有时候价值理性处于上风，有时则两者旗鼓相当、相互妥协兼顾。工具理性将反腐败作为目标，为了反腐败而反腐败。追求廉洁是反腐败不断靠近的终点，与其他目标相比较，从具有此类需求的人员数量、重要程度来说，这个目标是"小目标"。每个人都渴望生活在廉洁的社会之中，对廉洁具有很强烈的需求。但社会公众的社会需求是多样的，并且是发展变化着的。除廉洁之外，人们还有安全稳定、卫生健康、生态环保、价值实现、效率便捷、收入福利等多方面的需要。社会需求在不同人群中有着很大的差异性，有的甚至还具有冲突性。对于廉洁的需求，从道义上说，所有人都是需要的，都会支持反腐败。但在现实中却十分复杂，充满着种种看似矛盾的现象。有的贪欲很强的官员，希望通过贪污贿赂获取钱财，有的社会成员想通过行贿得到合同、项目工程、晋升重用的机会。社会需求复杂多样，在具体的现实利益面前，廉洁就可能暂时不会成为其需求，相反成为一些当事人讨厌、防范、担心并且想方设法破坏、挑战的对象。例如，通过行贿等违法犯罪方式获取项目工程的人，往往会想方设法逃避监督和调查，在言论上或心理上可能会对反腐败的政策表示质疑、抵制和反对。很多人可能将反腐败作为目标，但也有一些人则未必持有同样的社会心态。如果反腐败不会损害、威胁到自己的利益和安全，将廉洁作为反腐败的目标会得到认同和支持。一旦反腐败触碰到自己或者特殊关系人的利益，对其人身或者财产安全构成威胁，这些人一般不会再将廉洁作为反腐败的目标进行配合和支持。廉洁作为反腐败的目标在实现的过程中非常艰难和复杂，这也是为何几千年以来人类社会廉洁的目标始终难以实现的一个重要原因。反腐败的"小目标"在转变成为现实的过程中会遇到很大的困难和阻力，这是工具理性者几千年来想努力实现但至今尚未实现的梦想。腐败一直顽固地存在着，目前没有任何一个国家和地区将其消灭。反腐败政策和制度制定的科学性、合理性是一个重要的方面，制度的执行与实施则是另一个方面，而影响政策和制度执行效果的一个重要因素就是人们对于腐败并不完全一致的复杂心态。尽管廉洁得到广泛倡导和推崇，具有绝对的道义性，但总有一些人基于利益考虑或者其他心理而希望腐败存在或蔓延下去。

价值理性将反腐败彻底作为手段，更加关注人的生理、心理和社会需求，形成了一个以人的需求为中心的目标体系，其中包含了廉洁的要素，但除此之外，还包含更多人的生存和发展相关的目标，如安全、就业、收入、社会稳定、环境保护等。反腐败服务于这个目标体系，是实现这些目标的手段和工具。这个目标体系就是"大目标"。与"小目标"相比，"大目标"的内容更为丰富，更加与人的现实需求和利益紧密结合并直接发生关联。站在"大目标"这个高度来看待反腐败，视野更加开阔和深远。反腐败作为工具，廉洁就不可能再成为唯一的目的。反腐败可以找到千万个理由来证明廉洁目标的必要性和重要性，但相对于关系每个人生存发展的重大问题来说，廉洁目标在某些时候可能就相形见绌了。尤其是在腐败得到有效遏制，不会对个人安全和利益造成足够大的影响和破坏的时候，人们对反腐败的关注度就会减少。即便在腐败非常严重的形势下，只要其他目标得到实现，腐败对个人的利益和安全等直接侵害较少，人们对腐败的容忍度就会很高。在反腐败力度加大之后，如果采用的策略和措施针对的是离人们利益较远的对象，如打击级别很高的官员或者涉案金额大的腐败分子，或者抓捕逃到国（境）外的腐败分子，而反腐败没有触及自己身边的腐败分子，没有改变生活、工作、环境，没有降低交际、生活、谋生、经营的成本，这种反腐败会赢得社会公众一时的关注，吸引大家的眼球，但很多人会很快将对反腐败的关注力转向其他与自己利益更为紧密的地方。反腐败与大多数人的生活距离太远，群众在反腐败中无"获得感"，虽然朝着"小目标"方向的步子迈得很快很大，但其实与反腐败的"大目标"却毫无关联甚至背道而驰。这种反腐败往往难以与民众情感产生共鸣，与公众的利益期盼融通不足，因而难以持久深入，最后可能连廉洁的"小目标"也难以实现，即便暂时实现也难以保持和巩固。这也是尽管历史上很多国家反腐败的力度很大，甚至判处总统和大量高官刑罚，但始终没有走出腐败严重的阴影的重要原因。

　　判断反腐败成功与否，关键是要看反腐败"大目标"与"小目标"实现的程度。根据"大目标"与"小目标"的实现程度，反腐败可能有三种不同的结果。其一是最为完美的、最优的结果，"大目标"和"小目标"都得以实现。组织体的所有憧憬都变成了现实，国家实现了经济发展、社会稳定、人民幸福，企业实现了利润大幅增长、职工实现了收入增加，同时组织体内部的廉洁也实现了。就国家治理层面而言，干部清正没有贪污受贿、政府清廉办事公平公正透明、政治清明主动让贤让能没有跑官要官、社会清爽不用办事找关系、请客送礼，文化清新崇廉尚洁正能量十足。具体的社会组织，如企业利润增加、职工收入增多,企业内部管理有序廉洁规范,没有挪用、侵占等违法行为,对外没有行贿受贿。其二是可能"大目标"实现了,但"小目标"不太理想,腐败比较严重。经济快速发展的国家,往往普遍存在腐败多发高发的历史时期,就属于这种情况。"大目标"效果非常好,但"小目标"往往跟不上或者不尽如人意,出现了腐败高发多发现象。但这种次优状态在发展到一定程度的时候,利益关系的混沌状态就需要规范,需要廉洁机制来保障经济发展的成果,强化和稳定利益关系,对廉洁就会产生强烈的需求,最后形成"大目标"和"小目标"都实现的完美结局。处于良性发展的次优状态应当是成功的。当然也有一种可能,就是经济发展到一定程度,出现发展"陷阱",经济发展停滞不前,甚至出现了倒退,利益关系变得越来越复杂,内部矛盾不断激化和深化,社会甚至出现骚乱等不稳定现象,腐败就会持续蔓延恶化,最后"大目标"和"小目标"都可能实现不了。处于恶化趋势下的次优状态,算不上成功。现在一些处于"中等收入陷阱"的拉美国家就处于这种状态。这些国家原来经济发展很快,社会财富增多,人民生活质量很高,但后来经济衰退,社会动荡,人们的生活质量下降,腐败始终严重存在,有的甚至比之前更为严重。其三是"小目标"实现了,但"大目标"实现效果不理想。腐败控制效果一般是与经济社会发展相适应的,受到经济发展水平的制约和限制。当经济发展水平较低的时候,反腐败非常困难,很难取得成功。但通过强力方式,一个国家和地区以及一个组织可能实现清廉的"小目标"。但从世界历史上看,这种廉洁因为缺乏经济的足够支撑和保障,往往难以持续。在经过一段时间之后,关键或者核心人员发生变化,内部利益矛盾冲突激化,因开放度加大而受到的外部影响增多,腐败就容易卷土重来。从世界各国来看,目前廉洁程度较高的国家和地区往往都是经济发达的国家和地区。经济发展水平较低的国家和地区,历史上也出现过非常廉洁的时期,但很容易又变得腐败严重。《管子·牧民》写道:"仓廪实而知礼节,衣食足而知荣辱。"社会需求是分层次的,相对于衣食住行等基本生活需求而言，廉洁是社会追求的较高层次的需求。反腐败不能仅仅考虑廉洁这个目标，同时要兼顾人的最基本的需求。脱离"大目标"的反腐败，仅仅取得暂时性的"小目标"实现的胜利而缺乏"大目标"实现所带来的足够保障，往往是不可靠、难以为继的，最后反腐败的成果也难以巩固，腐败仍然会反弹回潮。

表5-1　　　　　　　　　　反腐败的三种可能结果

	最优	次优	最差
"大目标"	实现	实现	未实现
"小目标"	实现	未实现	实现

反腐败"大目标"与"小目标"不仅在国家层面存在，在社会组织和单位中也存在。每一个组织体自身的反腐败都需要解决廉洁的问题，同时更要关注其他价值目标的实现问题。判断一个国家反腐败成功的标准与一个社会组织反腐败成功的标准有相同之处，但也有不同之处。因为国家和一个十分微观的社会组织的目标并不一样。国家需要照顾更大的人群，因而目标更为宏观，如经济发展、社会发展、人民幸福等，单个社会组织的目标则非常具体直接。不同性质的社会组织目标各不相同，企业型社会组织偏向于经济目标，社会服务型组织偏向于提供社会服务，政府组织则聚焦于公共产品和公共服务。但不论是国家还是具体的社会组织，反腐败都是其组织存在所不可缺少的保障和支撑。廉洁都是共同努力奋斗的目标之一。在判断成功的标准中都有共性内容，那就是不存在腐败或者很少存在腐败。也就是说，在与价值目标相对应的"大目标"上具有差别，但在实现廉洁的"小目标"上是相同的。反腐败成功与否的标准不能仅仅局限于腐败是否存在或多少，"小目标"必须服务于"大目标"。保持组织机构廉洁、人员清廉、风清气正、办事公平，这是反腐败要直接实现的目标。但反腐败不能因为反腐败而反腐败，反腐败仅仅是实现"大目标"的手段而已。没有"大目标"的实现，即便是廉洁的社会组织，

也会因为组织目标的未完成或者背离而会引起公众的不满，最后可能带来系统性的风险。

第三节　判断腐败治理成功的标准

　　为了有效遏制腐败，各国各地区推行了很多改革，但透明国际对这些改革措施持比较悲观的态度："不幸的是，成功的反腐败改革尚不多见，而失败是大量的。"[①] 国际机构判断反腐败改革成败的依据是什么？有的学者对某些国家不同历史时期的腐败状况进行了比较，认为某个时期腐败比较严重，但另一个时期相对比较廉洁。如美国学者亨廷顿曾对不同历史时期英美两国的腐败状况进行了考察，他发现："18世纪和20世纪美国政治生活中的腐化现象好似就没有19世纪美国政治生活中的腐化现象那么严重。英国亦是如此，17世纪和19世纪末英国政治生活看上去就比18世纪的英国政治廉洁些。"[②] 亨廷顿判断某个国家廉洁或腐败的理论依据是：在现代化进程最激烈阶段，腐败现象就特别猖獗，社会的腐化程度也最为严重。他的这个判断标准是否科学合理呢？现代化进程激烈是不是必然伴随着经济的快速发展和利益的迅速调整，财富分配和流转加速，从而导致腐败的多发高发呢？为何不用经济快速发展，而用现代化进程激烈的表述呢？很多人以为，不廉洁的社会就是反腐败没有成功，那么廉洁的社会是否必然意味着反腐败成功呢？廉洁与反腐败成功与否，到底有什么关系？有的认为："二战后的现代化阶段，亚洲国家的腐败现象更为普遍，腐化程度也更为严重。"[③] 在现代化过程中，大多数发展中国家为加快经济发展，加强了政府对经济的指导与干预，政府职能因此扩大，

---

① ［新西兰］杰里米·波普编著：《反腐策略——来自透明国际的报告》，王淼洋等译，上海译文出版社2000年版，第3页。
② ［美］塞缪尔·亨廷顿：《变化社会中的政治秩序》，王冠华等译，生活·读书·新知三联书店1998年版，第54页。
③ 刘金源：《论亚洲国家现代化进程中的腐败问题》，《当代亚太》1999年第4期。

这就为"权钱交易"的出现提供了空间。① 经济快速发展，往往伴随着比较严重的腐败，如果以廉洁为标准，这些国家就算不上反腐败成功；但如果以经济发展为标准，以人的生活质量改善为标准，则可能反腐败就非常成功。因此，腐败是否严重（廉洁）并不能成为反腐败成功与否的唯一标准。廉洁不完全等于反腐败成功。经济越来越糟糕，人民生活越来越差，但保持相对廉洁的国家，并不能说是反腐败成功的国家。有的学者对香港特区的反腐败进行了专门研究，将香港特区作为从腐败走向廉洁的亚洲典范，提出"从1974年2月15日廉政公署成立时算起，香港大约只用了十年的时间就实现了从严重腐败到高度廉洁的转变"，而后基本维持了这种高度廉洁的局面，与新加坡共同构成亚洲十分廉洁的两个样板。② 是什么原因促使香港特区能够在短时间内实现从普遍腐败到高度廉洁的逆转呢？又是什么原因导致香港特区能够长时期维持廉洁的局面呢？在所有的解释变量之中，学者们认为："毋庸置疑，香港的廉政制度建设在这个过程中起到了关键性的作用。"③ 但在阐述廉政制度时，他们认为，廉政制度是一个集合体，是由包括香港特区的基本经济、政治制度在内的多项制度所组成的廉政制度体系的共同产物。他们在分别阐述的时候，用了不少篇幅介绍香港特区所取得的经济成就。但对于经济成就与廉政的关系却没有提及，尤其是对这个时段GDP、人均GDP、公务人员及其他人群的收入变化并没有论及。其实，香港特区反腐败成功得益于多方面的因素。将经济、政治等方面的因素都用廉政制度来概括并不妥当，其关联性并不大。在文献中我们经常会看到某个国家或地区"反腐败是成功的"干脆和武断的判断，有的还总结出各种模式，在反腐败机构的工作报告中我们也常常见到"取得明显成效""成功的道路"等说法。这是个人或某些人随便臆想出来的判断，还是根据什么标准得出来的

---

① 刘金源：《论亚洲国家现代化进程中的腐败问题》，《当代亚太》1999年第4期。
② 段龙飞、任建明编：《香港反腐败制度体系研究》，中国方正出版社2010年版，第1页。
③ 段龙飞、任建明编：《香港反腐败制度体系研究》，中国方正出版社2010年版，第1页。

判断？这些依据是当时社会已经普遍认同和接受的流行观念，是不用证明的一种潜在文化，还是有数据和事实或者其他的方法可以验证的？当反腐败成功的判断标准没有确定的时候，对这些问题我们是很难作出回答的。

当前对反腐败的研究较多地依循工具理性思路，局限于腐败或廉洁这个"小目标"范围，将具体手段或措施作为目的，进而作为判断反腐败成功与否的标准。如透明国际认为，反腐败是否成功的评价标准包括媒体独立、言论自由、信息公开、施政透明等多个方面。[1] 媒体、言论、透明等都是反腐败的重要措施。反腐败举措与反腐败成效是两个不同的概念，两者并不具有必然的关联。[2] 反腐败举措是投入，而反腐败成效则是产出，是不同层面的东西。[3] 透明国际将反腐败措施手段作为奋斗目标和方向，并且不管这些手段和措施运用是否到位和有效，将其作为判断一个国家或地区反腐败是否成功的标准。任何反腐败的措施都可以产生积极的效应，但也可能具有负面效应。因为受到其他因素的制约和作用，在措施实施之后并不一定能够取得效果。有效实现反腐败的手段和措施是多种多样的，但很少能够靠几种措施就取得成功。反腐败的成功需要一系列反腐败措施的协同作用方可能取得成效。单独或者几种措施和手段所发挥的作用相对有限，并不能预示或意味着反腐败就能取得成功。媒体独立的国家不一定是廉洁的国家，在言论管制较严格的国家，如新加坡，同样可以实现较高程度的廉洁。人类历史上很多社会组织曾是比较廉洁的，但是高度集权或者极具威权的，如一些慈善宗教组织。这些组织的人员具有信仰和价值追求，严格自律，恪守规范，不为物质利益所诱惑。但这些组织对言论自由都有

---

[1] 透明国际官方网站（https://www.transparency.org/news/feature/corruption_perceptions_index_2017），转引自公婷、杨丽天晴、肖汉宇《何谓反腐败的成功？——理论与实践》，《廉政学研究》2018年第1辑。

[2] 公婷、杨丽天晴、肖汉宇：《何谓反腐败的成功？——理论与实践》，《廉政学研究》2018年第1辑。

[3] 公婷、杨丽天晴、肖汉宇：《何谓反腐败的成功？——理论与实践》，《廉政学研究》2018年第1辑。

限制，有的限制还很严格。言论自由的政治主张是工业社会的产物。廉洁社会或社会组织的出现远远早于媒体的出现，也早于言论自由的出现。言论自由程度与廉洁有时具有正向的关系，但有时候存在背离和紧张的关系。如发生"颜色革命"和政治制度转型的国家，其言论自由比社会转型或剧变之前大幅增加，腐败却更为严重了。借助更加自由的空间流动、获取资源的多样性和更为便捷的通信工具手段，尤其是自媒体的普及，人们的自由表达权得到充分展现。但信息交互更加自由和迅速的时代并没有迎来廉洁时代，腐败仍然是全球各国面临的重要问题。工业化时代到来，随着媒体产业的兴起，信息公开慢慢地被宣传为反腐败的"撒手锏"，通过法律规定、政府文件、社会精英演讲等多种权威性方式的认可和强化，信息公开的反腐败作用被刻板化，成为人们普遍认同的价值理念、文化观念。这种观念牢不可破，几乎不会遭受任何质疑。虽然信息公开有利于反腐败，但信息公开也会带来负面的影响和担忧。个人隐私、商业机密和国家秘密的保护决定了信息公开的临界点。社会和组织对信息保护、信息开放的程度与安全控制、信息运用能力、社会要求、技术水平等紧密相关，彼此之间的差异非常悬殊。并不是所有的社会或者组织都适宜运用公开透明的方式开展反腐败。有的社会和组织开放历史较长、程度较高，信息运用和控制技术水平高，信息公开透明度可能较高。但技术水平比较落后，开放程度较弱的社会和组织，因为信息公开的基础性条件不足，如果对这样的社会和组织提出过高的信息公开要求，不仅会给反腐败造成阻力，还会对社会和组织的稳定秩序、发展安全造成紧张并带来挑战，甚至造成严重的破坏。一些特殊的组织，对信息安全程度的要求特别高，就不可能将向社会公众公开作为反腐败的选项。一般人习惯性地认为信息公开有利于促进廉洁，但也常常会忽略一个历史事实，即在人类历史长河中，我们会发现不少相对廉洁的社会或者组织，其信息公开并不充分。这些都说明，信息公开只是反腐败的一个重要条件，但并不是充分必要条件。用信息公开作为反腐败成功的标准，其实就是人为地将其作为必不可少的因素,就有可能排斥其他与信息公开方向不同但很有效的措施的运用。通过分析和思考,我们可以看出透明国际提出的媒体独立、言论自由、信息公开等判断反腐败成功与否的标准并不完全合理。

将某一具体的工具性措施和手段作为反腐败成功的标准的弊端太大。这种标准过于武断,在实践检验中很容易暴露出问题。任何反腐败制度、工具、措施在一定时期都可以产生比较好的效果,但在其他时期或者其他地方效果就可能较差或者没有效果。世界上往往没有十全十美的工具手段。任何反腐败措施和工具都如同药物一样,具有负面作用。将反腐败成功的标准工具化,用可能具有正反不同效果的措施手段来衡量某个社会或组织的反腐败是成功的,常常会出现不同的结果。因为衡量的标准总是因为情势的变化而发生着变化。措施手段仅仅表明了反腐败投入的成本和力度,但具体效果如何,很难从这些措施手段的运用过程来判断。做与没有做是可以观察到的,但做得效果如何,是否实现了预期目标,则无法通过这些具体措施来给出答案。相反,有时这些多变的标准还会具有迷惑性,例如,一些被广泛推崇的反腐败措施都使用了,并且执行符合标准,实际效果却较差,腐败仍很严重。因此,根据这些工具性手段来衡量结果或效果如何,在相当程度上是自欺欺人,从过程或手段运用角度得出的"廉洁"判断往往水分较大。权力掌握者和行使者如果对根据这种标准评估出来的结果沾沾自喜、不思进取,就会耽误反腐败及其相关的改革。公婷等提出了新的标准,认为反腐败的成功必须具备三个要素,即多维度的治理、全方位的参与和深层次的预防。[①] 这个标准不像工具性标准那么详细具体,而是被抽象地概括为多维治理、社会参与和预防三个要素。相对于媒体独立、言论自由、信息公开、施政透明等措施而言,这种抽象概括更为全面,将政权机关、社会组织与公民可能采取

[①] 公婷、杨丽天晴、肖汉宇:《何谓反腐败的成功?——理论与实践》,《廉政学研究》2018年第1辑。

的措施和工具都纳入其中，逻辑上更为周延合理。但这个标准还是关注工具性的运用，并没有摆脱工具理性的束缚。这种聚焦于腐败或廉洁的判断标准看似具有很强的专业性，但忽略了反腐败的特定场域。反腐败措施选择是由特定的经济和社会基础决定的，虽然反腐败机构或者其他政治机构有一定的空间和权力选用某种或者不选用某种工具和手段，但受到很多条件的约束和限制，并不能根据机构自身意愿与领导人个人意志和喜好自由选择。反腐败工具选择的受约束性，是一种普遍存在的现实。虽然腐败是遭人痛恨的可耻现象，反腐败是正义之举，但在实践中有关机构反腐败并不能随心所欲，而是会受到来自各方面的压力、限制和约束。即便是目前在透明国际排名上十分靠前的国家和地区的反腐败机构，其反腐败手段和措施的选用也是有选择性和有条件约束的。工具性的标准关注具体的措施，但忽略了影响这些措施选择的背景和约束条件。之所以会这样，是因为工具性标准研究者往往将经济发展等作为一种预设前提，作为一种不用证明或没有必要提及的存在。但现实却相反，经济社会发展对反腐败工具的选择起着决定性的影响。在非发达国家和地区，经济社会发展是最为重要的目标和方向，反腐败工具的选择无法脱离或者超越这种社会现实。一旦反腐败选择的工具和手段超越了特定的经济社会发展阶段，这种工具和手段往往就只具有形式性的意义和价值，最后都难以达到其所要达到的目标。

　　反腐败要取得成功不可能依靠一种或者两种手段或措施，而是必须有多个要素、多方面力量的参与、多种举措的运用。工具理性偏重于技术层面的要素，如透明度、舆论监督、社会参与、预防和制度等。但这些技术性要素的多少、力度的强弱与特定的场域相联系，与经济社会的发展程度相匹配，并且相互作用和影响。技术性要素不可能不受限制地无限投入和加强，经济水平、技术条件、社会承受力、价值观念等方面的制约因素很多。反腐败对经济社会必然产生影响。任何一项反腐败技术性要素的参与和增加，都会带来利益关系的调整变化，这种变化既可能是积极正面的，也可能是消极负面的。脱离或者超越特定经济社会发展条件的技术性反腐败要素的投入可能会带来危险，有可能将稳定的社会关系打破，导致社会的混乱和失序、经济的衰退和人民生活质量的下降。因此，在选择反腐败技术要素的时候，需要进行综合性考虑。反腐败从来不缺手段和措施，而是缺少符合特定形势的适宜的手段和措施。将反腐败作为一种技术工作，为了反腐败而反腐败的技术性操作是相对比较简单的，但如何在宏观的视域和环境下，平衡处理好"大目标"和"小目标"的关系，在众多的手段和措施中选择对某个社会或者组织最为合适的手段和措施，既要实现廉洁，又要保障经济社会发展，这是十分困难的。在一个社会或组织中实施和运用的效果明显的措施和手段，很难完全复制到其他社会和组织中，因为场域不同，环境和条件存在差距，移植使用之后就可能出现变异现象。在选择和借鉴其他社会和组织试验有效的措施和手段的时候，还得从价值理性出发进行评估权衡，根据特定的条件和环境作出用还是不用、完全用还是部分用、现在用还是将来用的判断。

直接从价值理性角度出发也就是从经济社会发展水平、公众生活质量等方面来衡量反腐败是否成功的研究相对较少。事实上，人们在评价和横向比较不同国家和地区的廉洁状况的时候，其心里都将价值理性作为最为重要的标准。人们往往对经济发展程度高、公众生活水平高的国家和地区打了比较高的廉洁分，而对经济发展落后的国家和地区的廉洁度评价并不高。对于反腐败能否提升治理能力，学术上存在较多的分歧。因为国家和社会治理涉及领域广泛，很多方面的因素都影响和决定着治理能力和治理水平，反腐败仅仅是其中的一个方面或者因素而已。因此有的认为，指望一个独立的反贪机构或者任何形式的腐败控制来全面提升善治是不现实的。[①] 有的认为，善治成效的取得

---

① B. Guy Peters (2010), "Institutional Design and Good Governance", in Gjalt de Graaf, Patrick von Maravic and Pieter Wagner (eds.), *The Good Cause: Theoretical Perspectives on Corruption*, Opladen and Farmington Hills MI: Barbara Budrich Publishers, pp. 83 - 97. 转引自施易安、公婷《直面挑战：香港反腐之路》，邬彬等译，中国方正出版社 2021 年版，第 171 页。

是反贪机构作出的贡献,是由于政府行为或者经济增长带来的变化。但很多专家学者认为,反腐败对治理的作用明显,为善治作出了贡献。例如,很多研究香港特区反腐败的专家都认为,香港特区廉政公署推动了善治理念,实现了公务员的廉洁,增加了政府与民众之间的互信,促进了经济的发展,提升了商业领域的道德水平,并且提高了社会信任水平。[1] 反腐败的成功能够有力地帮助实现善治目标,但我们能否通过善治发展程度来判断腐败治理是否成功呢？答案应该是肯定的。结果是检验实施过程有效性的试金石。腐败是社会不良因素长期潜藏发酵并滋生蔓延的不正常现象,与治理结构不完善、治理能力弱、水平较差密切相关。Kaufmann 等认为,腐败是"因治理不当而产生的一个痼疾"[2]。腐败治理是善治的一个方面,促进善治是腐败治理的最终目标。通过观察和测评国家和社会治理效果,可以为腐败治理成效提供重要的检验标准。

从治理目标来检验腐败治理的效果虽然是目标导向性的,但却是间接性的。腐败治理毕竟仅仅是国家和社会治理中的一个方面和内容,并不代表全部。国家和社会治理水平高、效果好,腐败治理效果不一定好。在现实中,有的国家和地区腐败可能普遍存在,但人们对政府治理能力和水平评价却很高。人们可能从腐败治理方面得到的满足感、获得感较少,但在法治、经济发展、社会稳定与安全、民主自由度、政府服务效率等方面获得的满意度很高。因此完全以治理效果来作为衡量腐败治理成功与否的标准也存在很大的失真走偏的风险。从工具理性

---

[1] Klitgaard, Robert, Ronald MacLean-Aboroa and H. Lindsey Parris (2000), "Corrupt Cities: A Practical Guide to Cure and Prevention", Washington DC: The World Bank; Manion Melanie (2004), *Corruption by Design: Building Clean Government in Mainland China and Hong Kong*, Cambridge, MA: Harvard Universtity Press, p. 2. 转引自［澳］施易安、公婷《直面挑战：香港反腐之路》,邬彬等译,中国方正出版社 2021 年版,第 171 页。

[2] Kaufmann, Daniel (2000), "World Bank Institute foreword", in Robert Klitgaard, Ronald MacLean-Aboroa and H. Lindsey Parris (eds.), *Corrupt Cities: A Practical Guide to Cure and Prevention*, Washington DC: The World Bank, Ⅷ. 转引自［澳］施易安、公婷《直面挑战：香港反腐之路》,邬彬等译,中国方正出版社 2021 年版,第 170 页。

和价值理性结合的角度，各方面的因素都予以考虑，综合全面地设计衡量腐败治理成功与否的标准，具体而言，主要应考虑腐败统计数据、感知度调查、发展指数三个方面。

腐败治理首先针对的是腐败，必须将腐败遏制在一定的限度之内。彻底地消灭或者消除腐败并不可行，但可以设立专门机构，投入资源力量，加大惩治力度，从而不断减少腐败存量，遏制腐败增量。观察一个社会或者组织治理腐败是否成功，首先应当观察反腐败方面的统计数据。一些人往往非常在乎腐败案例，尤其是法院判处的贪污腐败案件的数量。反腐败机构收到的腐败举报线索、立案、结案、起诉、判决等数量是客观反映一个社会或组织腐败严重程度的重要指标。但这些指标都是"阴阳指标"，具有双重性。这些指标的值越低，可能说明腐败较少，政府和官员比较廉洁，但也可能说明反腐败机构查处力度不够，还可能存在不作为的问题。这些指标的值越高，表明反腐败力度越大，但有可能表明腐败比较严重。当然，也有的人说，社会举报少，查处的案件少，腐败就少，政府和社会就廉洁。用案件线索来源和查处的腐败案件两个指标来衡量，在看"进口"的同时看"出口"可能比单独看一个指标更为合理和更加准确。但从实践来看，当反腐败到了一定程度，也就是将面上的腐败处理完之后，深层次的腐败往往是社会公众难以发现和觉察的，更谈不上举报了，深层次的腐败需要拥有专门手段和措施的专业机构和人员才能发现。党的十八大以来，中国腐败问题线索来源发生了很大的变化。有的地方纪委监委运用大数据比对方式发现了大量的问题线索，而审计、巡视巡察、办案等方式发现的案件线索则逐渐减少，因而其作用相对有限。来自社会举报的案件线索的数量是反腐败机构难以直接控制的，但反腐败机构自己发现的案件线索则与其主动发现问题的积极性、创造力、工作力度是紧密相关的。因此，这些看似非常客观的指标也变得很不可靠。因此，在进行国际比较的时候，很少用反腐败机构的统计数据作为依据。一方面，这方面数据的公布未必充分和及时，存在数据采集的困难；另一方面，统计标准不同，可比性较差。还有一个因素则是这些数据容易人为控制和操作，可能会给比较造成很大的困难和麻烦。

在使用反腐败机构公布的统计数据判断治理腐败成功与否存在困难和风险的时候，使用感知度调查的方式则成为一个比较流行的做法。感知度调查有对社会公众抽样的问卷调查方式，也有针对特定专家的调查。受访对象对于腐败普遍程度、严重程度、反腐败成效的感受成为判断反腐败成功与否的重要衡量标准。感知度调查有认知度、知晓度、满意度、信心度、参与度等多种维度。腐败黑数客观存在，但到底有多少腐败，虽然一些专家做过估算，但这些都是不准确的主观看法或猜测。腐败的隐蔽性决定了腐败数量在一定程度上存在的不可知性。但腐败存在于社会之中，某个社会和组织的具体腐败数量虽然难以知晓，但其普遍性或严重程度却是可以感知的。因此，通过问卷等方式对特定群体的心理反应进行调查，是一个比较有效的可行的办法。反腐败的效果最终要接受社会公众的检验，群众的认知度、知晓度、满意度、认可度、信心度等也是判定反腐败是否成功的重要参数。但社会心理的变化容易因受到临时性事件的影响而发生波动，如在问卷调查期间，刚好发生了一个舆论反映强烈的腐败案件，受访者的心态就会受到影响和干扰。调查的方式和方法不同，也会影响调查的效果。如现在使用的网络调查、电话调查，可以减少大量的成本，提高调查统计工作效率，但调查样本可能排除了大量不使用电话、网络的老年人、低收入人员等。接受网络调查、电话调查往往容易带有情绪，不如面访可以观察受访者的反应，从而判定调查的有效性、真实性。

腐败统计数据、感知度调查都是直接针对腐败治理而言的，是从反腐败机构及其相关机构的数据和公众的主观感受来看反腐败的效果。反腐败不是目的，而是手段，最终是为了实现经济发展、社会稳定和人民幸福等价值目标。因此，考察一个社会或者组织的反腐败是否成功，不仅要看"小目标"是否实现了，而且要观察"大目标"的实现程度，因此有必要设计发展指标。如果社会或者组织被认为是非常廉洁的，但经济衰退、社会动荡不安、人民的生活质量下降，这种反腐败也是不成功的。发展指标因为社会和组织的使命目标不同而不同，但需要考虑经济性指标、社会性指标、人民生活质量指标等。经济性指标包括GDP、年度人均GDP、年度城镇人均可支配收入、年度农民人均纯收入等。社会性指标有反映社会平等的城镇和农村贫富差距基尼系数、城镇登记失业率等，反映社会福利水平的财政性社会保障支出占总预算内财政支出比率以及养老保险、医疗保险、工伤保险覆盖率等，反映社会安全状况的群体性事件发生率、刑事案件发生数/万人、生产安全事故死亡人数/亿元GDP、枪击案件数量等。人民生活质量指标，如高铁里程数、网民规模、智能手机人均拥有量、汽车拥有量、人均住房面积、每千人口床位数、婴儿死亡率、人均平均预期寿命、婴儿死亡率、人均受教育年限、人均图书阅读量等。

在判断某个国家或地区腐败治理是否成功时，方法正确非常重要。在指标选择上，我们不仅要看腐败案件的客观指标，而且要分析对问卷调查数据的主观感受，以此弥补腐败案件统计数据的不足。同时我们还要跳出就腐败谈腐败的局限，将腐败治理的"小目标"与"大目标"结合起来，从经济社会发展和人们生活质量水平的大背景下来考察，避免视角的狭隘。但是，仅这些方面还是远远不够的。观察一个国家或者社会的腐败状况的时候，不仅仅要看某个时点的横截面的社会发展指标，更重要的是要看历史纵向指标及其发展变化。各个国家和地区的腐败状况在不同时期都会发生变化。腐败与经济社会发展一样具有动态的历史变化性，没有永远廉洁的国家和地区，也没有永远腐败的国家和地区。判断一个国家或地区腐败治理是否成功，必须加以历史性地看待，既要观察其历史与现在，同时要判断其未来发展的趋势，而不能孤立、片面、静止地只看当前腐败治理的现实。有的国家可能在某个时期腐败比较普遍或比较严重，但社会发展指标正向着积极方向变化，反腐败决心和力度都较大，说明这类国家腐败能够得到有效控制，腐败并没有影响经济社会的发展进步。有的可能被认为目前廉洁度较高，腐败较少，但经济社会发展指标出现了下滑，此类国家或地区腐败形势极有可能会恶化，或者腐败已经在这个国家或地区内部蔓延，但并没有受到控制，这类国家也很难说得上是腐败治理成功的。不少国家的经济社会在发展到一定程度之后，处于停滞状态，公众生活质量没有明显的改善，腐败也没有受到有力的打击和有效的控制，这种"原地踏步式"的腐败治理很难说得上是成功的。

第六章 反腐败机构的双重职能

第一节 反腐败机构职能的特性

反腐败基本包括预防和惩治两个性质不同的内容。从防止腐败的角度来说，所有的政治机构、司法机关等公共机构以及企业公司等私营机构等都具有反腐败的需求和必要，在管理中有防范腐败风险的职责和义务。作为实现特定政治、经济和社会目标的组织体，权力或者资源都由组织的代理人或受托人管理，防止委托权力或者资源滥用是每个组织得以维持、运行并实现其职能目标所必需的条件。组织体往往在成立之初就会有防止腐败发生、减少腐败风险等方面的考虑、设计和安排，腐败治理的原则和要求会自觉或不自觉地嵌入组织的管理制度、惯例、规矩和习惯之中，成为组织文化的一部分。在行使委托管理权的时候，人员较多、层级较多或者管理结构比较复杂的组织，往往会根据需要设有专门的防止腐败的机构或者部门，赋予其专门的权限。但各类组织体预防腐败的程序和制度规定与其内部任务部署、检查监督等日常工作紧密融合在一起，实施的效果往往会更好，因此一般将预防腐败的职能分配给组织内部的各个内设部门和岗位，而单独设立预防腐败机构的组织体比较少见。专门的预防腐败的组织多半由政府设立，主要用于帮助和指导公共和私营组织开展腐败预防活动，提供预防腐败的方法和策略，开展相关的研究、培训、咨询，同时组织预防腐败的宣传活动，开展有关的教育培训，提高社会的廉洁意识。但为了节约行政资源和成本，预防腐败的机构往往与惩治腐败的机构整合在一起而成为反腐败机构的一个部分。虽然所有公共或者私营机构同时兼有预防腐败的功能，但调查和惩治腐败的职能一般都安排特定的机构或者职能部门专门开展。惩治腐败技术性较强，从发现腐败线索到按照规定的权限、程序作出处分的决定，需要很多专业性的知识和技能。惩治腐败对公正公平的要求很高，因为惩治腐败涉及具体个人或者组织的权益、自由、声誉、资格、名誉等的停止、减损、剥夺，必须严格按照法律法规和制度规定严谨认真地进行，而不能放权由所有的公共机构或者私营机构行使。是否拥有腐败的调查处置权，是判定一个组织是否属于反腐败机构的关键标准。正是根据这个标准，社会习惯性地从字面上认为反腐败就是打击和惩治腐败，一般将专门履行腐败线索处理、调查、审查等职责的机构视为反腐败机构。反腐败机构是社会比较通俗的叫法，而并非官方正式用语。世界各国各地区基本上不使用"反腐败"这个词来作为某个机构的名称。如香港特区廉政公署、澳门特区廉政公署、新加坡贪污调查局等都没有使用"反腐败"的词汇，但人们都习惯性地称之为反腐败机构，就是因为这些机构有一个共同的特点，即拥有调查腐败行为的权限和手段措施。虽然所有的公共机构和社会组织都参与腐败预防，有的还配合参与发现、打击腐败、处理腐败，如审计、巡视、行政执法、司法等机关参与发现腐败；经纪检监察机关调查审理后的案件被移送司法机关，需要由检察院提起公诉，法院作出判决；给腐败分子判处的刑罚需要监狱和公安部门配合执行，组织处理、福利待遇调整等要由组织部门负责等。但因为这些机构或者部门不行使腐败调查或侦查的权力，社会一般不把它们当作反腐败机构，至少不将其视为专门的反腐败机构。监委、纪委虽然行使监督检查法律、党内法规执行，党和国家政策、决策部署贯彻落实等大量非反腐败的职责，但因为这个机构拥有腐败调查和处置的权限和手段措施，社会都将其看作反腐败专门机构。反腐败机构具有较高的权威性和震慑力，除了其在政权机构中享有的特殊的政治地位之外，这些机构还都拥有法律赋予的特有措施和手段，可以影响和决定其他个人和企业的利益和命运。这种剥夺性的惩罚权力具有专属性，是其他政治机构和社会组织所不具有的。专属性并不代表唯一性。这种专属的惩罚性权力在有的国家和地区只由一个机构行使，在有的国家或地区则由多个机构共同享有，它们彼此竞争、相互制约，从而避免专横独断。惩罚性权力自由裁量的空间较大，在操作行使的时候容易失控而出现权力滥用，因此所有国家和地区对反腐败机构都有很多的限制和制约。将惩罚性的权力分属不同机构或部门行使，这是一种功能性分权的制衡方式。同时人事任免、经费保障、监督检查等其他方面对反腐败机构也有很多制约。

在政治组织结构中，所有部门或者机构的职能都是用正式制度方式明确规定的。职能任务是所有机构或者部门存在的基本前提。一旦其职能不存在或者不需要了，这个部门或者机构存在的基础就消失了，也就可能会被撤销或转型。从对世界各国反腐败机构的比较观察可以发现，仅仅承担反腐败一项职能的机构十分罕见。世界各国绝大多数反腐败机构在承担反腐败任务的同时，往往都同时承担着其他的职责，发挥着其他的功能。多元化的职能设计有利于最大化地利用公共权力和资源，缓解权力性资源的紧张和不足。政治机构和组织的职能设置讲求合理性和有效性，也会考虑多种职能之间的关联性和互补性。反腐败机构承担的其他职能与反腐败职能之间具有耦合性和相关性，这些职能由一个机构统一行使，可以防止相互扯皮和目标实现过程中的冲突，同时还有助于更好地发挥其功能，服务于整体性目标的实现。职能的多元化也可以延长机构的生命周期。社会变迁会影响社会的需求，一些机构的职能因为不能适应形势发展需要而作出调整，多种职能则减少了机构被撤销的风险，增大了延续的机会和扩展的空间。

反腐败机构查处腐败其实是理顺、调节、矫正权力失范行为，将不正常的、受到破坏的权益关系恢复到正常状态的过程。腐败是一种社会失范行为。失范是文化结构的瓦解，尤其是当文化规范和目标与社会结构赋予其群体成员实现这些目标的能力严重脱节时。[①] 默顿认为，当目标与能力脱节时，行为人可能会忍受，也可能会主动创新，还可能在形式上遵从但实际上并未遵守规范，有的则可能会完全放弃、消极退却，最后一种情况则是可能会选择反抗。对于权力行使者而言，因为他们手中掌握着权力和资源，在目标无法实现的时候，则会选择以非规范的方式，其中包括腐败的方式来实现目标。因此要解决腐败问题，更好地实现反腐败的效果，反腐败机构不可能只是简单地、单纯地履行反腐败一项职能。任何看似简单的权益关系的处理、决断，往往都涉及多个权力机关、政府机构、司法部门的共同参与。任何一个政治机构都无法单独完成对腐败行为的处理，即便拥有较多反腐败调查手段和措施的反腐败机构，也并不拥有全流程的处置权限。为了保护个人的正当合法权益，防止权力滥用，世界各国通行的做法是将处理腐败的权力分给不同的政治机构和部门，权力既有合理分工，同时又相互制约和监督。强有力和有效的反腐败，需要使所有反腐败机构的力量和资源高效率地得到运用，其职能得到充分发挥。依靠政治权力系统自身的力量来反腐败，必须有强有力的组织协调机制，还需要一个或几个行使这种职能的权威性较高的机构。具有决策性的机构和反腐败机构常常共同行使这种职能，实践中反腐败机构设立在最高权力机构或者直接对最高权力职位岗位负责，利用官僚制的自上而下的权威和优势来动员、组织实施反腐败。腐败常常发生在政治组织系统自身，政治组织自身虽然有反腐败的自觉，但仍然需要借助系统外的力量。新闻媒体、社会组织、普通个人等是反腐败不可缺少的力量。与这些力量的联系、沟通、反馈是反腐败机构获得线索、产生情感共鸣、赢得舆论支持不可缺少的渠道。因此，反腐败机构在履行反腐败职能的时候需要从事相关的活动，动员、组织各种力量参与，防止相互之间的冲突，也要消除自己势单力薄的弊病。但这些职能活动都是与反腐败相关的，

[①] ［美］罗伯特·K. 默顿：《社会理论和社会结构》，唐少杰、齐心等译，译林出版社 2015 年版，第 303 页。

为反腐败职能目标的实现提供服务和支持，因而也都属于反腐败职能的一个部分。反腐败是一项复杂的系统工程，这个特性决定了反腐败机构很难做到职能纯粹和单一，在直接发现和调查处理腐败的同时，必须赋予其协调其他相关主体参与反腐败，与其他机构和组织共享资源信息的权限。

所有的国家机器都是为了特定的政治功能服务的，都具有共同服务于特定时代的政治使命。反腐败机构也是如此，承担着特定的政治使命和任务。反腐败本身就具有政治性，但除了这种政治性职能之外，不同国家的反腐败机构根据发展程度的不同，还承担着大量其他的职能和任务。经济社会发展程度决定了反腐败机构的职能。在经济落后的国家，发展经济是社会的迫切需求，是整个国家的首要任务，因而所有的政治组织在履行其分工的职能时，都会自觉或不自觉地将经济发展任务以不同方式融入自己的业务之中。在动荡不安的社会里，社会稳定成为公众期盼的首要任务，包括反腐败机构在内的所有国家机器都会将其作为应当的任务去完成。当经济社会发展到相当程度之后，利益关系相对稳定和谐，制度定型成熟，政治系统内部的各个部门和机构的职责被相对稳定地履行，分工明确，职责清晰。但即便这样的国家，在遇到重大的突然的事故、灾难、动乱时，外部因素的突然性变化也会引起国家政治体系内部各机构的职能划分及其职能履行。某些机构在履行自己原来确定的职能的同时，还会履行一些临时性的职能和任务。履行临时性的非常规性的职能，有的是依据法律，有的是执行行政命令，有的是为应对舆论压力等。以什么方式接受这些职能，不同国家的做法各不相同。

时代的使命和任务往往会影响每个机构和组织的生存和发展空间。为了实现特定的使命和完成历史性的任务，社会或者组织会选择不同的组织形式和实现方式，资源所有、使用、配置的方式会相应地作出调整。这些大环境的变化势必会影响反腐败机构的存续和发展。在资源高度集中的计划管理体系中与在资源分散配置的市场化运作体系中，反腐败机构的地位、作用是完全不一样的。在市场化的环境下，市场机制在资源配置中发挥着决定性的作用，很多经济活动都不必由国家的反腐败机构干预，而是由市场主体靠自身力量来解决和处理，国家通过立法和执法等方式强化权力制约和规范，减少权力对微观经济活动的不当干预。但市场经济的活跃度、逐利性，利益关系的复杂化，权力与利益违法交换的条件、机会增多，腐败现象也会相应地变得复杂而隐蔽。反腐败机构在市场化环境下，必然需要适应时代要求，懂得市场化运作的技术、方法、规律，在市场化场域中不仅考虑腐败打击与遏制的问题，而且要关注市场秩序的维护、市场交易的安全、市场运作的规范等经济和社会问题。

反腐败是保持政治系统健康良性持续运行所必需的。腐败是利益矛盾冲突的暴露和显现，是法律制度和政治系统运行出现障碍或不适的体现。反腐败机构具有较早发现和知晓矛盾与问题的天然性优势。对于以腐败方式暴露出来的社会矛盾和问题，惩治这种治标的方式虽然可以暂时性解决，但难以根除。只要矛盾和问题产生的原因没有被发现和解决，同源性问题就会继续不断发生。推动改革和制度完善，推动有关单位、部门和地方整改，从源头上防止类似问题的再发，反腐败机构从减少自身责任压力和任务负担出发，本能地具有解决问题的强烈责任感，这种愿望和冲动可能比其他机构更为强烈和迫切。因为只有从源头上彻底解决了滋生腐败的土壤、条件和机会，反腐败机构的压力和任务才会减轻。反腐败机构虽然拥有调查腐败的权力，用调查权谋取个人私利的行为在个别调查人员中也时有发生，但反腐败机构不像其他机构和部门一样直接掌握和控制用人、项目、资金、资源等管理权力，不易成为众多企业、社会组织和个人直接"围猎"的对象。与具体利益保有一定距离，就容易在复杂的利益关系中扮演"旁观者"和"看守人"角色，保持相对的中立性和冷静清醒。涉及腐败的机构，掌握权力的个别人员卷入非正常的利益关系之中，就会成为既得利益者，不但缺乏推动改革的内在动力，可能还是改革的阻碍者和破坏者。

改革是对利益关系的重新调整和优化配置。反腐败从某种程度上而言，就是要打破非正常的利益关联，推动利益的调整改革，恢复正常的利益关系，促进利益配置的优化和效率。在腐败严重的地方，社会反映都十分强烈，面对强大的舆论压力，反腐败机构作为中立方，应从全局的利益出发，积极破除利益樊篱，推动各项改革发展，增进民众对政权的信心、信任和支持，增厚政治系统的民意基础和强化其合法性存在。破除利益阻碍推动改革，反腐败机构具有权威性和强有力的法纪手段和工具，这些保障性优势是其他机构所不具有的。反腐败职能履行到位，其实就发挥了一种潜在的功能，就是推动整体治理能力提升和治理体系完善。在反腐败的过程中，反腐败机构利用本身的手段和职能优势推动和保障改革、督查监察决策落实、维护社会稳定和公共安全、引导回应舆情、促进政府高效率运转、促使公职人员作风优良、服务优质等，发挥了国家政治机器防腐"润滑剂"和动力"推进器"的功能，不仅有效实现了廉洁的"小目标"，更为重要的是实现了反腐败的"大目标"。在经济发达程度不高的国家和地区，腐败因为比较突出而成为社会关注的热点和焦点，受经济发展条件的限制和约束，这些国家的反腐败机构如果仅仅局限于反腐败一项职能，其权限和手段比较有限，权威性和影响力不足，不仅仅在"大目标"上不能发挥太大的作用，即便在反腐败这个具体的"小目标"上，也会面临很多的问题。工具性地发现腐败、按照规定权限和程序惩治腐败，但并不能解决腐败滋生的土壤和条件，不能从源头上有效防止和遏制腐败的发生。头痛医头、脚痛医脚的工具性反腐思路，成本很高，代价很大，因此很难快速走出腐败严重和经济发展落后的双重困境。

反腐败具有全覆盖的特性，社会所有组织都需要开展此项活动。全覆盖的特性让反腐败机构不能简单地局限于惩处腐败分子这一项业务或工作上。各个行业和领域的腐败虽然都具有以权谋私的共性，但具体的形态、表现方式、作案手段、高发环节和领域等是不同的，各自有其规律和特点。如果反腐败机构不掌握各个社会组织中权力运行及其社会关系的特点，就很难有效地发现问题和疑点，即便得到了与腐败有关的线索，也无从有效突破，用证据和事实将疑点和线索坐实。预防腐败更要针对各行业、各领域自身的特点。众多领域和行业的多样性业务要求反腐败机构在履行职责的时候需要有更加宽阔的视野、全面的知识、系统性的方法。反腐败全覆盖的要求，给反腐败机构提出了业务全面的要求。除了反腐败技术性操作之外，反腐败机构及其人员尚应知晓和熟悉其他业务部门的业务。对其他业务工作越熟悉，惩治和预防腐败就越具有针对性和有效性。反腐败的这种特性要求反腐败机构职能具有"表内"和"表外"结合的特性。"表内"职能是法律制度明文规定的职能，这是规定的必须完成的任务。"表外"职能则是为了更好地完成"表内"职能而需要额外承担和完成的职责。

　　治理腐败成功与否，与反腐败机构职能履行是否到位有很大的关系。有的学者提出，独立高效的反腐败机构已被证实是反腐败成功的必要条件。[1]反腐败机构在反腐败中的地位非常特殊，它是反腐败重要的组织者、推动者、指挥者、协调者，发挥着十分重要的作用。但从另一个角度来看，腐败长期严重并不断恶化而且得不到改善，也有反腐败机构的责任。反腐败机构在治理框架和体系中与其他机构和主体发生多种联系和作用，其作用的发挥受到各种因素的制约。从系统论的角度来说，反腐败机构发挥作用，腐败得到有效遏制，不仅仅是反腐败机构独立作用的结果，而是整个治理体系协同发力和共同作用的结果。反腐败有效说明整个治理系统运行良好。反腐败效果不理想，虽然可以将责任归咎于反腐败机构的不作为甚至乱作为，但更为重要的是整个治理系统出现了问题，不能对反腐败机构进行制约、监督、激励、促进，从而不能使其发挥应有的功能和作用。将反腐败机构的独立与否作为反腐败成功的必要条件，虽然强调了反腐败机构在反腐败中的重要地位和作用，但忽略了其他主体配合与参与的重要性和必要性，容

---

[1] 公婷、杨丽天晴、肖汉宇：《何谓反腐败的成功？——理论与实践》，《廉政学研究》2018年第1辑。

易忘记各种机构共同组成的整体所具有的不同于其他某个具体机构的独特的重要作用。反腐败是一项庞大的系统工程，很多的社会主体、经济主体和政治主体参与其中，不仅仅有反腐败机构，而且有其他机构；不仅仅是反腐败机构中的公职人员，而且有其他系统和领域的公职人员。企业、社会组织和普通公民，不论是自然人还是法人，都是反腐败的主体。这些主体共同作用形成整体合力，对腐败产生了抵制力。不同的主体在特定的社会中发挥其作用和影响。反腐败是多种主体和力量的博弈和斗争，反腐败机构仅仅是其中的一支力量。在不同的社会和组织中，因为历史、政治制度和具体现实情况不同，主导反腐败的力量各有不同，有的主要依靠反腐败机构，有的主要依靠议会等决策性机构，有的主要依靠司法机构，有的主要依靠普通群众。反腐败机构虽然被社会公众认为在反腐败方面的作用巨大，但实际上其功能作用也受到各种制约和约束。反腐败机构的大部分问题线索来源于社会公众的举报、其他机构的提供，自己主动发现的线索是相对有限的；其经费、人员等资源与自身作用发挥存在着一定的关系，但更多与财政收入、决策层面的利益博弈和综合考量有关；其监督手段和措施也不是自设或自创的，某些有力、有效的反腐败举措往往会引起激烈的争论，法律法规赋予的措施手段很多，但实践中能够起到"撒手锏"作用的手段工具毕竟较少；反腐败机构及其人员在对监督对象行使权力的同时，也受到媒体、公众、其他公职人员的高度关注和监督，谨慎、保守、严肃成为这个职业的特征。最高决策层的反腐败决心意志、普通群众对腐败的敏感程度与情绪反应都会影响反腐败机构的用力程度和方向，影响其职能作用的发挥。因为从事和参与腐败治理的主体很多，反腐败机构面临着竞争和挑战。在互联网和通信高度发达的信息时代，媒体和公众在网络空间暴露的腐败线索不断测试着反腐败机构的反应速度和处置问题的能力水平，也检验其是否有敢于斗争和亮剑的态度和勇气。公众对反腐败机构的信任，就是在长期的不断检验和测试过程中慢慢积攒形成的。公众对反腐败机构的信任度越低，实名举报率就越低，调查腐败的成本就越高，反腐败阻力和难度就越大，反腐败机构履行其职责、完成好其任务使命的难度也就越大。在反腐败力量比较分散的国家和地区，由多个机构竞争性执法，反应迟钝、处置问题能力较差的机构会遭受强烈的舆论谴责。群众力量的动员和运用往往比反腐败机构产生出更大的阻遏作用，反腐败更为透彻，但群众运动式揭发检举腐败容易对社会关系造成重大破坏和伤害。在历史上的一些社会和组织内部，专门的反腐败机构并不存在，有的甚至被取消，但社会上的腐败却很少，主要是因为有其他主体替代反腐败专门机构发挥了作用。因此，在反腐败进程中，特定的机构并不一定是成功治理腐败的必要条件，反腐败机构或者其他机构尽职履责积极发挥作用才是必要的条件。这种必要条件不一定是专门机构独立与否，关键是要发挥好作用。但要让反腐败机构积极持续发挥作用，既不能滥用权力侵犯个人自由和利益，也不能不作为慢作为，对暴露出来的腐败问题视而不见，听而不闻，这需要根据社会发展形势不断完善国家和社会治理体系。

第二节　中国反腐败机构职能与效果

如前所述，以反腐败作为专项职责的机构是很少存在的。很多国家的反腐败机构往往兼有其他的职能或职责。人们习惯性地要找出一个专门以调查腐败为重要职责的机构并将其简称为"反腐败机构"。中国从事反腐败的机构较多，如纪委监委、巡视机构、审计、检察机关、法院、公安等，但因为纪委监委在调查腐败方面承担的职责较多，所以中国人习惯性地将纪委监委视为中国的反腐败机构。但这个看法并不完全准确，反腐败仅仅是纪委监委工作职责中的一方面内容而已。其他在腐败发现、调查、侦查、起诉、审判、预防等环节中发挥腐败治理功能的机构很多，同样，所有的机构在承担腐败治理功能的同时，都得履行其他相关的职责。下面我们以纪委监委为例分析中国反腐败机构的职能设计及其实施的效果。

纪委和监委是两个性质不同的机构，其履行的职责在很多方面是相同的，因此实行合署办公，"一套人马、两块牌子"，这样可以整合力量，避免职能重叠，节约大量的编制、人员、经费等资源。但纪委监委两个机构还是有很大区别的。纪委的全称是中国共产党纪律检查委员会，是中国共产党党内监督专责机关。1949年11月，中央政治局通过的《中共中央关于成立中央及各级党的纪律检查委员会的决定》指出："为了更好地执行党的政治路线及各项具体政策，保守国家与党的机密，加强党的组织性与纪律性，密切地联系群众，克服官僚主义，保证党的一切决议的正确实施，特决定成立中央及各级党的纪律检查委员会。"[1] 可以看出，反腐败没有被直接规定在其中，但作为纪律性的内容，反腐败也应该属于纪委的任务。但从条文的内容来看，更为重要的任务在于其他方面，如保证大政方针的执行等。对纪委的职能定位虽然历次党章都有所调整，但基本内容保持着稳定，即一方面包含维护大政方针的执行、保证党的决议正确实施的非反腐败内容；另一方面是维护纪律，与反腐败有关的内容。例如，党的十九大通过的《中国共产党章程》第四十六条规定了纪委的主要任务和职责。纪委的主要任务有三项：维护党的章程和其他党内法规；检查党的路线、方针、政策和决议的执行情况；协助党的委员会推进全面从严治党、加强党风建设和组织协调反腐败工作。[2] 党的二十大对纪委任务进行了补充，增加了"推动完善党和国家监督体系"的要求。《中国共产党纪律检查委员会工作条例》在其第四章主要任务中用了七个条文对《中国共产党章程》第四十六条第一款关于纪委主要任务的规定进行了细化；在第五章工作职责中用11个条文细化了中国共产党章程对纪委六项职责的规定。从《中国共产党章程》和《中国共产党纪律检查委员会工作条

---

[1] 中央纪委纪检监察研究所编：《中国共产党反腐倡廉文献选编》，中央文献出版社2002年版，第15页。
[2]《中国共产党章程》（中共第十九次全国代表大会部分修改，2017年10月24日通过），共产党员网（https://www.12371.cn/special/zggcdzc/zggcdzcqw/），2022年10月16日访问。

例》以及其他的党内法规和决定中可以看出，从纪委设立70多年的历史来看，反腐败仅仅是纪委的一项任务或职能。维护党章和党内法规，促进党组织和党员牢固树立党章意识，保证党内法规得到有效执行，以严明的纪律巩固党的团结统一，检查党的理论和路线方针政策的执行情况，坚决维护党中央权威和集中统一领导，加强对党中央决策部署落实情况的监督检查，督促党组织和党员履职尽责、担当作为，确保党中央政令畅通、令行禁止，这些任务和职能与反腐败虽然存在间接关系，但并不是反腐败职责。全面从严治党的任务包括制定全面从严治党规划、计划，推动各项工作落实；推动全面从严治党主体责任制度执行，检查同级党委领导班子成员包括"一把手"管党治党责任落实情况，监督下级党组织落实主体责任；加强对同级党委领导班子的监督，发现班子成员包括"一把手"履职尽责、廉洁自律等方面的重要问题，按照规定如实报告；协助同级党委加强对本地区本单位政治生态、党风廉政等情况分析，将有关问题向同级党委报告并提出意见建议；协助同级党委开展巡视巡察工作；对日常监督、巡视巡察、审计监督等发现问题整改情况开展检查，通过加强监督推动整改常态化；协助起草相关党内法规和规范性文件；参与党委组织的管党治党有关专项工作。全面从严治党包含腐败预防和腐败发现等方面的任务，但大部分仍然与反腐败没有直接关系。党风建设的任务包括锲而不舍落实中央八项规定精神，大力弘扬党的光荣传统和优良作风，驰而不息纠治形式主义、官僚主义、享乐主义和奢靡之风，坚决纠正损害群众利益的不正之风，保持党同人民群众的血肉联系。党风正则腐败少，党风建设任务的落实见效对反腐败肯定有益，但作风问题并不完全是腐败问题，党风建设与反腐败还是有鲜明区别的。也正是因为二者有着本质区别，所以长期以来各类文件、会议、领导讲话一直将"党风廉政建设"与"反腐败"区别开来。

监委的职责在2018年3月20日第十三届全国人民代表大会第一次会议通过的《中华人民共和国监察法》（以下简称《监察法》）中作了

明确规定。该法第十一条规定监察委员会履行监督、调查、处置职责：（1）对公职人员开展廉政教育，对其依法履职、秉公用权、廉洁从政从业以及道德操守情况进行监督检查。（2）对涉嫌贪污贿赂、滥用职权、玩忽职守、权力寻租、利益输送、徇私舞弊以及浪费国家资财等职务违法和职务犯罪进行调查。（3）对违法的公职人员依法作出政务处分决定；对履行职责不力、失职失责的领导人员进行问责；对涉嫌职务犯罪的，将调查结果移送人民检察院依法审查、提起公诉；向监察对象所在单位提出监察建议。

2021年9月20日，国家监察委员会公布《中华人民共和国监察法实施条例》（以下简称《监察法实施条例》），对监委的监督、调查、处置职责进行了细化。有一些职责也不是反腐败的内容，如该条例第十五条规定："监察机关应当坚决维护宪法确立的国家指导思想，加强对公职人员特别是领导人员坚持党的领导、坚持中国特色社会主义制度，贯彻落实党和国家路线方针政策、重大决策部署，履行从严管理监督职责，依法行使公权力等情况的监督。"在监察调查职责中，《监察法实施条例》规定监察机关依法对《监察法》第十一条第二项规定的职务犯罪进行调查，并对其管辖的罪名进行了列举，如前面所分析的，所有的罪名都是职务行为，但很多的罪名并不是腐败行为。我们可以看出，监委与纪委一样承担着反腐败之外的职责或任务，并不仅仅是为了反腐败这一项任务或职责而设立的机构。

从对纪委和监委任务和职责的分析中我们可以看出，这两个合署办公的权力机构承担着反腐败之外的重要职责和任务，在职能设计上具有双重性。这一点与大多数国家和地区反腐败机构的职能多样性是一致的。但中国的反腐败机构职能设计具有自己的鲜明特色，就是中国的反腐败机构高度强调政治性。党的最高领导人在纪检监察工作会议及其他会议上对党风廉政建设和反腐败工作的要求，都将政治性的任务落实放在首位进行强调，对反腐败机构政治性要求强调比较多、要求也比较高。中央纪委全会的工作报告反复强调履行党章赋予的政治责任、牢固树立"四个意识"、维护党中央权威和集中统一领导,要求把党的政治建设摆在首位,坚持正确政治方向,提高履职的政治能力,"自觉把党中央决策部署与纪检监察职责科学、历史、具体地结合起来,自觉把纪检监察工作放在决胜全面建成小康社会、全面建设社会主义现代化国家的大局中谋划、部署、推进"[①]。这种具有程式性的政治性要求和做法看似与反腐败没有关系,实质上却紧密相关,有效保证了反腐败服务于党和国家大局,促进了党和国家事业的发展。

反腐败虽然在党和国家事业中非常重要,但在党和国家事业全局中仅仅是一个部分或者局部。反腐败是一项具体的业务工作,实践中一些从事反腐败工作的人员经常会存在单纯业务工作的思想,也就是说有着简单地将腐败发现、调查、惩治等具体工作做好的想法,认为反腐败工作做好了,自然就是讲政治的表现,自己的工作也就算做好了。从中国共产党百年奋斗历史经验来看,这种单纯业务的观点一直是受到批评和反对的。中国共产党以马克思主义为指导,坚持实事求是的原则,是一个善于从实践中总结经验教训并不断提炼和丰富完善自己理论的求真务实的政党。反对纯粹业务的思想,是用鲜血总结出来的教训。中国共产党很早就认识到纯粹业务或者军事的观点对党的革命和建设所产生的极大危害性。1929年12月28—29日,在福建省上杭县古田村召开的中国共产党红军第四军第九次代表大会通过了《中国共产党红军第四军第九次代表大会决议案》,就是著名的"古田会议决议"。这个决议由毛泽东亲自起草,第一部分指出党内存在的几种错误思想,其中"单纯军事观点"就是其一。"单纯军事观点"将军事与政治对立起来,不承认军事只是达到政治任务的工具之一;认为红军只是单纯打仗的,不知道红军是一个执行阶级的政治任务的武装集团。毛泽东提出,红军绝不是单纯地打仗的。

[①] 赵乐际:《以习近平新时代中国特色社会主义思想为指导 坚定不移落实党的十九大全面从严治党战略部署——在中国共产党第十九届中央纪律检查委员会第二次全体会议上的工作报告》(2018年1月11日)。

它除了打仗消灭敌人军事力量之外,还要负担宣传群众、组织群众、武装群众、帮助群众建立革命政权以至于建立共产党的组织等项重大的任务。红军的打仗,不是单纯地为了打仗而打仗,而是为了宣传群众、组织群众、武装群众,并帮助群众建设革命政权才去打仗的,离了对群众的宣传、组织、武装和建设革命政权等项目标,就是失去了打仗的意义,也就是失去了红军存在的意义。①

毛泽东因此提出了"教育党员使党员的思想和党内的生活都政治化,科学化"②的思想。从具体的业务性或者专门性工作中跳出来,从讲政治的高度和大局出发,围绕党的中心任务去开展具体的工作,这是中国共产党在革命实践中总结出来的宝贵经验。这种强调政治性的做法看似与具体工作有矛盾,其实是让微观的、具体的、局部的工作有了方向。在党的事业中,微观、具体的工作都仅仅是实现党的任务和目标的工具、手段和方式,微观工作都要服从和服务于党的中心和全局工作。

在党和国家的各个历史时期和历史阶段的宏大事业中,反腐败都仅仅是微观和局部性的工作。反腐败必须为了党和国家特定时期的中心工作服务。在目标上,廉洁只是反腐败要实现的"小目标",全面实现社会主义现代化、中华民族伟大复兴等目标则是中国共产党在当前新时代要实现的"大目标"。对于反腐败机构与其他党和国家的机构及其人员而言,都具有政治性的任务和要求,也就是说,都不能仅仅为了业务而抓业务,为了手头的工作而干手头的工作。在赋予反腐败职责和任务的同时,让纪委监委这类重要的反腐败机构利用其监督执纪问责等手段措施和条件承担起维护党内法规和法律法规执行,党和国家大政方针和决策部署落实执行监督检查任务,更加有利于党和国家事业目标的实现。将工具性与价值性目标结合起来,让反腐败机构从腐败

---

① 《毛泽东选集》第1卷,人民出版社1991年版,第86页。
② 《毛泽东选集》第1卷,人民出版社1991年版,第92页。

和反腐败的狭隘视角跳出来，在肩负反腐败任务的同时，还需要完成更为重要和艰巨的政治性任务，这是中国反腐败制度设计的特色。中国共产党百年奋斗的历程和新中国成立七十多年取得的辉煌历史性成就也表明，上升到讲政治高度来反腐败适合中国国情实际。这套机制在长期运行实践中不断完善，产生了非常好的效果。

第七章　人口因素与腐败治理

世界各国各地区腐败程度相差很大，学者一般从经济、文化、政治等方面寻找差异性产生的原因。影响人们对一个国家和地区腐败程度感知和判断的因素很多，但很少有人将人口规模作为其中的一个重要因素。社会虽然是由个人构成的，但不同于具体的个人，而是作为一个整体而独立存在。社会事实独立于其组成的个体而存在，并对个人产生约束、限制、规范等作用。按照组成的个体数量，社会有大小不同的区别。虽然不同的社会共同体都有很多的共性，但是成员数量众多的社会共同体与人数较少的社会共同体在内部关系构成、外部作用影响等方面有非常大的差别。在现代国家产生并通过边界线将其疆域清晰标记出来之后，人口自由迁徙受到很大的限制。之前，人们可以通过自由迁徙选择生活地，但现在则只有少数人具有这种能力和条件。人口数量对一个国家和地区的治理影响深远，但这个影响被很多人忽略了，尤其是在廉政学研究领域，还很少有人关注人口规模与腐败程度感知之间的关系。将人口规模对国家治理产生的影响，进而将其对腐败产生的作用机理揭示出来，可以理性认识和比较各国各地区之间的腐败，有助于我们对反腐败形势作出进一步准确把握和科学判断，进而增强未来反腐败必胜的信心，更加坚定对治理腐败的理论、制度、文化的自信。

第一节　人口规模增加治理难度系数

社会是由具体的个人组成的，对个人的行为或者小规模的社会进行观察相对容易，对其进行管理调节和支配控制的方式也较为简单。但当社会共同体的人员数量达到一定规模之后，其内部结构会发生深刻变化，相互之间的关系就变得极为复杂。个体之间、个体与组织之间、个体与整体之间形成的复杂关系不仅难以观察辨析，更难以预测、把握和控制，这给管理协调提出了很大挑战和困难。因此韦伯提出："大规模团体的管理（Verwaltung）的各种条件，与基于邻人关系或个人关系的小团体的管理，有根本上的差异。"[1]

人口规模产生的效应深刻地影响着国家治理模式和路径的选择。大国与小国虽然都是具有独立主权的国家，但人口规模大的社会共同体本身就是一个复杂的有机体，内部的结构就更加复杂，内部竞争激烈，存在着不同于小国的风险和挑战。因为人口规模相差悬殊而在治理模式和方式上有很大不同，所遇到的问题也有很大的不同。比如，小国就较少有地方割据或分裂的风险，也很难说有中央与地方关系。[2] 小国人口少，治理起来相对容易，容易达到善治的目标。西方政治学家、社会学家等都认识到了这一点，因而很多人有小国倾向。亚里士多德曾主张城邦不宜过大，人口不宜过多，疆域更应适中。他指出："一个繁庶的城邦不一定就是一个伟大的城邦。""一个极为繁庶的城邦虽未必不可能、却总是很难使人人都能遵守法律（和礼俗）而维持良好的秩序。凡以政治修明著称于世的城邦无不对人口有所限制。"[3] 法律（和礼俗）就是某种秩序，普遍良好的秩序基于普遍遵守法律（和礼俗）的习惯。城邦人数过多，就难以维持良好的秩序。最美的城邦，其大小必然有限度，以适合秩序的需要。[4] 在亚里士多德看来，10万人的城邦是荒唐的，因为公民间互不了解对方的行为、能力、名望和财富，所以统治者

---

[1] [德] 马克斯·韦伯：《支配社会学》，康乐等译，广西师范大学出版社2010年版，第16页。Verwaltung 也有翻译为"行政"的，但一般翻译为"管理"。因此这里用"管理"而不用"行政"。
[2] 苏力：《大国及其疆域的政制构成》，《法学家》2016年第1期。
[3] [古希腊] 亚里士多德：《政治学》，吴寿彭译，商务印书馆1965年版，第357页。
[4] [古希腊] 亚里士多德：《政治学》，吴寿彭译，商务印书馆1965年版，第357—358页。

很难发号施令，或进行有效的仲裁。① 柏拉图认为，最佳的城邦要有合适的人口数，即5040个农夫和他们的田产保护者。房屋和土地分成相同的份数，以使人与财产永远在一起。② 以色列尤瓦尔·赫拉利也认为，拥有1亿人口的国家，其运作方式在根本上就和100人的小部落大不相同。③ 人口规模决定了国家政权组织形式的选择。达尔等认为："无论是民主制还是贵族制，城邦政体有效运作的前提条件是在一个小的地域范围内拥有少量的人口。"④ 卢梭明确提出："民主政府就适宜于小国，贵族政府就适宜于中等国家，而君王政府则适宜于大国。"⑤ 韦伯也同样认为，"直接民主制的行政"往往在人口非常少的国家实施可能比较有效。只要涉及大规模的管理，"民主制"的概念即有剧烈的变化，从社会学的角度来看，再将它纳入"民主制"的范畴，实无意义可言。⑥

人口规模是国家治理中的重要问题，影响国家治理的方方面面，渗透在国家治理过程的所有环节中。人口是国家治理的基本对象，人口规模达到一定程度之后就会产生规模效应。所谓规模效应可以有几个方面的表现。一是"加法效应"。当人口达到相当规模，需要大量的管理和服务时，就会长久地存在一支庞大而不容忽视的管理队伍，公共服务和公共产品的大量需求和大量供给对市场、社会等各个方面就会产生重大的影响。例如，大规模集中采购将会对市场商品价格产生波动，对相关方的利益产生很大的影响。使用好可以造福群众，让广大百

---

① 杨共乐：《古代希腊城邦特征探析》，《北京师范大学学报》（社会科学版）2008年第6期。
② ［古希腊］柏拉图：《法律篇》，张智仁、何勤华译，上海人民出版社2001年版，第148页。
③ ［以色列］尤瓦尔·赫拉利：《未来简史》，林俊宏译，中信出版社2017年版，第122页。
④ ［美］罗伯特·A.达尔、爱德华·R.塔夫特：《规模与民主》，唐皇凤、刘晔译，上海人民出版社2013年版，第17页。
⑤ ［法］卢梭：《社会契约论》，何兆武译，商务印书馆2003年版，第83页。
⑥ ［德］马克斯·韦伯：《支配社会学》，康乐等译，广西师范大学出版社2010年版，第16页。韦伯认为，一种管理被称为"民主制的"，有两个理由：一是这种管理基于所有人原则上都有同等资格来处理共同事务。二是在这种管理里，命令权力被缩减到最低程度。行政职务是轮流的、由抽签决定或由直接选举委派（任期很短）。

姓从苛刻严厉的集体谈判中享受廉价而又优质的公共服务和产品。但如果不当使用，贿赂让集中采购的商品价高质次，则会让国家、集体和公众受损，让销售商品和服务的企业及其个别腐败的官员受益。二是"除法效应"。社会资源毕竟十分有限，人口规模越大，人均社会资源拥有量就越小。在人口规模大的国家，其内部的竞争会比较激烈，采用不正当手段获取资源的冲动较大，防止腐败等越轨行为的成本就会更高、难度更大。三是"指数效应"。人口规模非常大的国家，个体之间的关联性和互动性就越大，要素以及要素之间的关系越复杂，个人行动可能产生的影响呈指数扩展。借助便捷的微博、微信等自媒体工具，指数放大效应更为明显和突出。例如，2022年年初曝光的"铁链女事件"，就是因为一个人在朋友圈发了徐州丰县一被拐卖妇女的视频后引起全国广泛关注的，最后推动全国人大迅速修改完善法律。自媒体已经将分散的呈原子状态的个体紧密地联系在一起，相互发生共鸣、共情等作用的可能性大幅增加。发生在人口较多国家的小事，可能会产生比规模很小的国家大得多的影响，关注的人多得多。发生在人口很少国家的很多重大事件，往往都不会受到太多人的关注，传播得也并不远。人口规模巨大的国家，其人口会分布在全球而不仅仅在国内。发生在国内的事件会通过指数效应在国际上产生影响。人口众多带来的规模效应导致治理需求越多、幅度越大、内容越多，难度也越大，从而产生"治理负荷"问题。① "大有大的难处"，也有的学者认为，人口众多会产生"规模障碍"的问题。② 人口规模问题是各类管理活动要考虑的重要问题。不同的人员规模决定了大小不同的控制幅度（span of control）。所谓控制幅度是指直接向一个管理者汇报的人员数量。③ 按照控制幅度宽窄不同，管理可以分为扁平化管理（Flat Management）和等级式管理两种方式。扁平化管理层次相对较少，等级式管理层级多，成本

---

① 韩志明：《大国治理的负荷及其应对机制——以规模问题为中心的理论考察》，《南京社会科学》2021年第4期。
② 谢岳：《联邦主义——大国繁荣的政治抉择》，《探索与争鸣》2012年第9期。
③ [美]谢默霍恩：《管理学原理》，甘亚平译，人民邮电出版社2005年版，第120页。

较高，效率较低，缺乏灵活性，对社会需求反应缺乏敏感性。在人口数量较少的共同体中，容易实现扁平化的管理。当直接管理的对象规模非常大的时候，就不得不实行分级管理，管理复杂程度和难度提高，管理等级和层次越多，科层制结构就越复杂。人数越多，需求越是多样，社会关系越复杂，交互影响的层面和环节越多，偏好的差异性越大，矛盾纠纷也就越多。[1] 社会性公共需求增多，公共产品和服务的供给就会增大。技术的发展进步，尤其是工业化社会以来，社会风险不断增多，有限政府向有为政府转变，公共机构增多，社会管理的分工越来越细化和专业。因此需要委托、授权、代理的事项就越多，权力越轨、滥用权力的行为就会越多。

腐败是一种社会性疾病，与病毒一样具有传染性。在一个共同体中，如果一个人或者一部分人能以腐败的方式获得利益和好处而极少受到惩罚或者付出代价，其他人很快会纷纷效仿，腐败就会逐渐蔓延扩散开来，腐败的方式就会成为某个共同体内部明确认同或者默认的行为文化。人口数量对腐败的传染性影响极大。人口数量越多，腐败"病毒"感染个人的机会更多，腐败的传染速度就会更快。当腐败蔓延到一定范围，成为一种风尚或者习惯，要进行遏制就会有相当的难度。在人口规模大的社会共同体中，阻遏腐败传染的难度更大，反腐败要付出的代价也更大。从腐败遏制的有效性或者彻底性角度而言，因为船小容易掉头，人口规模小的共同体遏制腐败相对容易成功，政策和措施执行比较容易落到基层或者每个人身上。在人口众多的共同体中，腐败治理则要复杂和困难得多。在腐败蔓延之后，形成了各种复杂的利益关系和纽带。消除任何一种腐败，都是一种获利方式的消除和改变，必然会引起一连串的利益关系变化。在人口规模大的社会共同体中，利益关系链条会很长、很复杂，反腐败常常会产生牵一发而动全身的作用，从而遇到很多难以预料的阻力。人口规模太大，反腐败很难一

---

[1] 韩志明：《大国治理的负荷及其应对机制——以规模问题为中心的理论考察》，《南京社会科学》2021年第4期。

次性地覆盖所有人，让每个人都进行"体检"筛查，一次性地发现所有的腐败并予以解决。反腐败的力量总是非常有限的，在人口规模巨大的国家和地区，尽管决策层想努力实现全覆盖，但在政策实际执行的时候一般都会分层分批地渐进推进。有时候对一项新的政策和措施还会选择试点，然后逐步推开。由于反腐败力量的有限性和出于政策推进稳妥性的考虑，反腐败用力存在不均衡，效果上难以做到整齐划一，总会有一些腐败分子成为漏网之鱼。一部分腐败被遏制了，但其他的腐败仍然会存在和蔓延。新的腐败变种会不断产生，对社会造成新的破坏。一部分人的腐败问题解决了，但其他人仍然会以腐败的方式获取好处，从而影响其他人。一个单位、部门或者系统的腐败清除了，但其他地方的腐败仍然存在，很快又会再次感染他人。有的腐败是暂时消失了，但等条件合适的时候，又会死灰复燃，再次传染开来。腐败病毒还具有抗药性，针对反腐败政策和措施的漏洞很快会出现新的应对办法。在人口众多的国家和地区，管理层级过多，政策传导程序复杂，反腐败压力传导常常层层递减。越往基层走，反腐败政策和措施执行力对腐败病毒的有效性就越弱。但在人口规模很小的国家和地区，最高层与最基层之间的距离很短，政策传导容易做到迅速且不变味，责任压力和政策制度执行力容易做到上下一致。

　　腐败病毒一旦蔓延，在人口众多的共同体中就更容易形成难以消除和改变的潜规则和社会文化。在人口非常少的国家和地区，文化的改变相对比较容易，因为大家达成共识并且采取一致性的行动相对比较容易。但在人口众多的国家和地区，要改变某种文化习惯却困难得多。例如，"礼"与"贿"不加区分的情形在世界上曾经很普遍。由人组成的社会必然有人情，公职人员也一样需要人情交往。管理人员收取服务对象礼物、宴请、娱乐安排等，在历史上很多国家和地区都曾经是一种常见的现象，有的现在依然还在流行。随着社会的进步和发展，人们逐渐认识到这种现象是一种损害公职行为廉洁性的腐败，各个国家和地区开始制定政策、采取措施进行防范并加以惩处。但综观世界各国和地区就会发现，这方面治理取得较好效果的往往是人口少的国家和地区，人口众多的国家和地区尽管采取的措施和手段很多且力度很大，然而，效果并不如一些人口少的国家和地区那样好。文化认同的核心是观念的认同，思想上的接受。文化的改变最为关键的是转变集体观念和认识。但集体的意识和观念并不完全等同于个人的意识和观念，它在社会上一经形成就独立于个体，并对个体产生约束和限制的作用。个人意识或者部分人思想的改变并不意味着集体观念的改变，相反会因受到集体观念的抵制和反对而减弱甚至消失。在人口很少的共同体，也许很小的行动或者措施就可能改变集体的观念。但在人口众多的共同体，因为彼此之间复杂的利益关系的影响，要迅速达成集体共识非常困难。在思想和观念上达成共识都十分困难，更遑论采取一致的行动来自觉改变长期形成的习惯或者风俗了。

第二节 人口规模对腐败感知的影响

在讨论和比较各国各地区腐败和反腐败的过程中，人口数量往往是隐含不计或被忽略的因素。但是，人口因素却是一个非常重要的变量。共同体成员在增长到一定程度后，就会导致专业性管理机构和管理人员的出现，委托代理关系也就会产生。委托代理关系一旦产生之后，就会形成超脱委托人控制的独立性倾向，并且会出现对委托人管制、约束甚至制裁和惩罚的力量。"行政任务之量与质的长期增长，会逐渐导致某些受过训练与有经验者在业务处理上之技术优越性，并无可避免地助长了（至少）某些职员事实上的永久存在。因此，一个为了行政目的——同时当然也是为了行使支配权——的、特别而永久性的组织的成立，其可能性永远存在。"[①] 韦伯论述了在规模庞大的组织体管理中，轮流、选举、短期的"直接民主制管理"适应不了这种大规模情势，会

---

① [德] 马克斯·韦伯：《支配社会学》，康乐等译，广西师范大学出版社2010年版，第16页。

永久存在一个固定、由专业人员构成的、具有层级性的组织专门行使管理职能。不管这个组织采取由望族人士组成的、"合议制"的构造，还是采取所有职员皆统合为一个在单一首长领导下的层级结构，即"一元制"的结构。行政性的支配关系在这个组织中得到了强化，并且具有独立和不受共同体成员约束的冲动。支配权力关系形成之后，委托与被委托、服务与被服务的关系就变成了管理与被管理、约束与被约束的关系。虽然有的共同体中的每个成员都可能不愿意接受这种支配关系的约束，但支配性的组织和结构具有特定的手段和强大的力量维护其支配地位，让其支配范围里的成员处于控制之中。人口规模越大，社会结构越复杂，人们对支配性的管理组织和结构的依赖程度就会越多，支配性结构和组织的力量就会越强大，控制手段和权力种类就会越多。与此同时，支配权力异化的可能性也就越大。利益冲突、裙带关系、官僚主义、腐败等管理上的弊端也就难以避免，并且容易增多。

　　单个或数量较少的个体性腐败与数量较多的个体性腐败整体给人产生的冲击力是完全不同的。单个腐败的影响范围十分有限、影响程度相对较小，并且影响期间可能相对短暂。尽管各种媒体对个别案例进行报道和宣传，在人口范围较小的国家和地区，个别案件的影响力往往只能在很小的范围产生影响。过一段时间之后，人们会对报道的具体案件中的人物、情节、金额、时间等内容忘得干干净净。但人们对这些腐败案件依稀会有一些印象，从而构成对整体性腐败模糊认识的基础。当众多的个体性腐败不断被揭发和公布之后，这些零星的模糊意识会不断被强化或激活，就会形成十分强烈的整体性腐败印象。有时候将零星的碎片化的腐败案例通过集中的统计方式公布出来，也会形成规模效应，产生很大的冲击力，从而让人们迅速形成整体性腐败较强的意识。为了减少人们对整体性腐败的感知度，有的国家对腐败案件不进行全国总量性的统计，让腐败数据分散在不同的机构之中呈现出散点状发布，这样就会让人们感觉不到或不会强烈地感受到将腐败数据汇总之后所形成的强烈冲击力。但有的国家将腐败或者与腐败相关的数据汇总统计然后集中向社会发布，这时反腐败的成效会非常直观地呈现出来，但同时汇总后的数据会受到社会的高度关注，大家会联想到各级反腐败机构公布的个案，可能认为整体性腐败较严重。因此，实行国家汇总统计然后集中发布方式的国家比不进行统计并集中公布的国家，人们在接受各类调查时，更容易认为腐败更为严重。对透明国际腐败感知指数排名比较靠前的国家，我们往往很少能够在网上看到或者检索到这些国家所有反腐败机构每年查处的全国性腐败统计数据。因为没有腐败案件的具体数据，只能依靠感觉或者问卷调查的主观方式对这些国家的腐败进行感知。但主观感知方式往往很容易受到客观腐败案件数据的影响。当存在一个数量巨大的腐败总体案件的时候，往往会给人一种腐败比较严重或者普遍的暗示性影响。当客观数据不存在的时候，个人的主观感受所受到的外部影响和干扰要少得多，因而其感受可能与没有受到数据影响有很大的差别。总之，人口规模容易产生腐败放大效应，会让人感觉腐败比较普遍或者比较严重。

人口规模越大就越容易让人产生腐败严重的感觉。如果以国家为单位测量腐败程度，而不考虑其人口规模，人们一般会认为大国腐败很严重，而人口较少的国家的腐败程度则较轻。人口小国发生的腐败案件往往难以形成大规模效应，因为这些国家的人口总量决定了腐败数量的极限。但在人口大国尤其是人口十亿以上的超大规模人口大国，即便腐败发生率不高，但因为人口较多，必然会形成相当的"规模效应"，每年发生的腐败案件的数字可能会较大。按照人均腐败数量计算，人口多的国家比人口少的国家腐败发生率[①]要低很多。在人口很少的国家中，一年发生几十件个体性腐败也许让人感觉不到其整体性腐败的严重性，但这样的国家人均腐败量却非常高。可是人们却很少关注人均腐败量这个数据。大国人均腐败量尽管很低，但是将所有个体性腐败的量加总在一起就会成为一个很大的数字，甚至可能会超过某个国家人口的数量。世界上人口数量少的国家占多数，人口上千万上

[①] 腐败发生率就是指腐败案件数量与一个国家或地区的人口总量的比例。

亿的国家数量非常有限。对大多数人口小国的人来说，超大人口规模的大国每年有百万件以上被有关机构查处的案件可能是不可思议的事情。人们对腐败总量的数据高度关注，习惯用腐败总量的数据来测量或描述一个国家或地区的腐败严重程度。腐败总量数据较多，就容易让人对这个国家或地区产生整体性腐败比较严重的感觉。如果一个国家或者地区人口数量较少，腐败总量也相应会少，人们就会感觉腐败并不严重。例如，1975年至2018年，有学者认为，我国香港每年因涉嫌腐败被起诉的人数在100—700人。[①] 2021年，香港人口总数是747.42万人。香港廉政公署网站在固定位置公开年报，我们在其网站上可以完整下载20世纪90年代以来每年的年报。其公开的数据非常翔实也比较及时。2012—2021年检控人数每年都在150人以上（见图6-1）。2021年因贪污及相关罪行而被检控的人数为190人，其中索贿/受贿、行贿的有49人（见表7-1）。

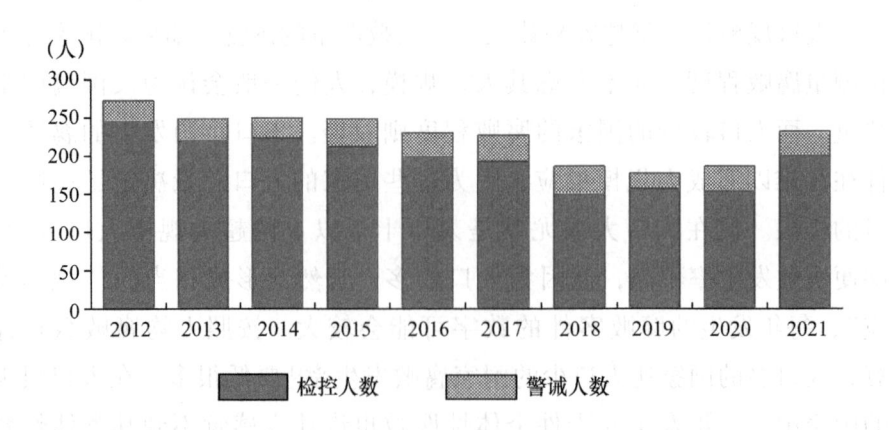

图7-1 2012—2021年香港特区廉政公署检控或警诫人数

资料来源：《中华人民共和国香港特别行政区廉政公署二零二一年年报》（https://www.icac.org.hk/icac/annual-report/2021/）。

---

① Legislative Council, Panel on Security. 2016, "Briefing by the Commissioner, Independent Commission against Corruption", LC Paper No. CB (2) 654/14-15 (06), 2February.

表 7-1　香港特区廉政公署 2021 年检控人数（依罪行性质分类）　　　（人）

罪行分类	政府决策局/部门	个别人士（涉及政府决策局/部门或公共机构）*	公共机构	私营机构	合计
索贿/受贿					
第 201 章**第 3 条	3	0	0	0	3
第 201 章第 4（2）条	1	0	0	0	1
第 201 章第 9（1）条	0	1	0	27	28
行贿					
第 201 章第 4（1）条	0	3	0	0	3
第 201 章第 9（2）条	0	0	0	14	14
代理人使用文件欺骗主事人					
第 201 章第 9（3）条	5	0	0	12	17
披露受调查人身份					
第 201 章第 30 条	0	0	0	1	1
与贪污有关连或因其引致的罪行及指名罪行					
第 204 章***第 10（2）（a）条所描述罪行	3	7	1	6	17
第 204 章第 10（5）条所列罪行	2	4	0	100	106
合计	14	15	1	160	190

* 个别人士因涉及政府决策局/部门或公共机构贪污调查而被检控。

** 香港法例第 201 章即《防止贿赂条例》。

*** 香港法例第 204 章即《廉政公署条例》。

资料来源：《中华人民共和国香港特别行政区廉政公署二零二一年年报》（https://www.icac.org.hk/icac/annual-report/2021/）。

新加坡是透明国际清廉指数排名靠前的亚洲国家。2022 年 9 月 21 日新加坡总统哈利马·亚科布在新加坡贪污调查局（Corruption Practices Investigation Bureau，CPIB）成立 70 周年纪念活动上的讲话中指出："新加坡被公认为是世界上十分廉洁的国家之一，有一个廉洁、诚实的政府和强有力的法治。"① 根据百度网站的数据，2018年新加坡总人口为563.87万人。新加坡虽然自认为是廉洁度非常高的国家，但相对于香港特区廉政公署和中国内地来说，对腐败案件查办和审判有关数据的公开程度并不是很高。调查、起诉、判决的腐败分散在网站的通告之中，很难找到历年统一汇总的数据。新加坡贪污调查局（The Corrupt Practices Investigation Bureau，CPIB）是新加坡从事反腐败调查的专门机构，从其网站上我们看不到其年度工作报告，但从其网站公开的信息可以看出，新加坡每年都有不少腐败案件。2022年10月18日，笔者浏览了该网站，只发现2020年的PDF格式的腐败统计数据，数据公开得并不及时，最新的是两年之前的数据。只公开少数几个数据：腐败相关的举报件数、登记调查的案件数量、私营机构占所有腐败案件的比例（86%）、在透明国际CPI指数中的排名、2020年贪污调查局感知度调查的两个数据（94%的被调查者认为新加坡控制腐败的工作有效，80%的被调查者认为贪污调查局是值得信任的反腐败机构）和加强能力提高调查效果的两个数据，即结案率（clearance rate，87%）和判罪率（conviction rate，97%）。2020年受到新冠疫情的影响，新加坡的腐败举报和调查数量都大幅减少，但数量仍然不少。新加坡贪污调查局当年收到腐败相关的举报239件，比2019年下降32%；登记调查的腐败案件有81件，比2019年下降32%。② 通过计算，我们可以得知，2019年腐败相关的举报是351件，登记调查的腐败案件是119件。相对于其500多万人口数量来说，每年百件左右的腐败案件，数量已经不少了。但非常令人奇怪的是，在透明国际的腐败感知指数（CPI）中，新加坡的得分和排名却长期优于香港特区。例如，2021年香港特区CPI指数得分为76分，排在第12名；新加坡85分，排名第三。2016年以来新加坡排名一直

---

① Speech by President Halimah Yacob at Corrupt Practices Investigation Bureau's 70th Anniversary Commemorative Event, 21 Sep. 2022, https://www.cpib.gov.sg/press-room/speeches/speech-president-halimah-yacob-at-corrupt-practices-investigation-bureau-70th-anniversary-commemorative-event.

② Corruption Statistics 2020, https://www.cpib.gov.sg/research-room/annual-statistics-report/.

居前十，其得分从1995年以来一直在80分以上（见图7-2），但香港特区从2011年84分以来在76分左右徘徊了十年。透明国际的腐败感知指数印证了反腐败机构集中公开的数据越多，会让人感觉腐败似乎更为严重和普遍；反腐败机构不公开腐败案件或者公开的数据越少，就越让人感觉似乎更加廉洁。在评价一个国家和地区的腐败或者廉洁程度时，将调查、起诉腐败案件的数据作为客观数据在理论上虽然是非常重要的参考，但实际上客观数据一般只有专门从事廉政研究的人员才会对其认真搜集、甄别、比较和分析使用。非专业从事廉政研究的人，一般很少会分析比较这些客观数据。因为全世界对腐败并没有一个统一的认定标准，非专业从事廉政研究的人一般会将反腐败机构公布的所有数据不加区别地视为腐败的数据。在反腐败机构不集中汇总公布数据的国家和地区，公众可能只是从传统媒体、自媒体或者其他信息渠道知道一些零星的腐败案例，对于腐败严重程度的感觉是零星的、碎片化的，所形成的记忆和感觉是不稳固的且容易遗忘的。一个不容易捕捉的社会现象或社会事实经过数据量化处理之后，就很容易从模糊不清或者懵懵懂懂的状态一下子变得清晰、直观和形象。一旦反腐败机构将一年或者多年查处的腐败案件集中统计出来并且分门别类地详细公之于众时，公众就会感觉和认识到腐败比较严重或者普遍。但是，专业从事廉政研究的人员却与普通的公众不一样，他们会利用专业知识和技能，从是否公布客观数据以及对有关腐败的大量数据进行理性分析之后，形成专业的与普通公众的直观感觉不同的直观判断。廉政研究理论几乎没有任何疑义地认为，阳光是最好的防腐剂。对于反腐败机构其实也如此。一个国家的廉洁程度与反腐败机构的努力程度、工作效果直接相关。但反腐败机构的工作具有特殊性，很多工作是非常隐秘的，并且很少有国家和地区会安排其他机构对反腐败机构的不作为进行监督或者调查。反腐败机构是否公开自己的工作及其效果的数据和材料，基本上取决于其自身。从理论上而言，只有在法治程度较高，法律制度对反腐败机构信息有要求，或者反腐败机构对履职尽责要求非常高、自觉性非常强的国家和地区，反腐败机构才会主动将自己的工作信息公之于众，接受社会各方面的监督。中国内地纪委监委、检察机关、法院长期以来有将查办案件等资料数据通过网站、年鉴、工作报告等方式公开的传统。2013年中共十八大之后，中央纪委带头每年公开自己的工作报告。《中华人民共和国监察法》《中国共产党党务公开条例（试行）》等法律法规和党内法规对纪委监委信息公开作出了规定。香港特区廉政公署长期以来每年都公开自己的职责、内部机构、人员数量、经费、开展教育反贪的活动、收受举报的数量、登记调查的案件、每年问卷调查等工作资料和数据。这些都是中国反腐败机构高度自觉和自信的做法，让反腐败在公众的知晓和参与下透明开展，充分赢得公众的信任和支持。以公开的方式开门反腐败，比不公开的环境下反腐败取得的效果更为显著。反腐败机构不公开或者很少公开自己的工作及其效果方面的资料和数据，就无法证明自己反腐败努力程度及其客观效果，从理论和逻辑上也就很难作出"腐败很少"或者"最廉洁"这样的判断。

香港特区腐败感知指数

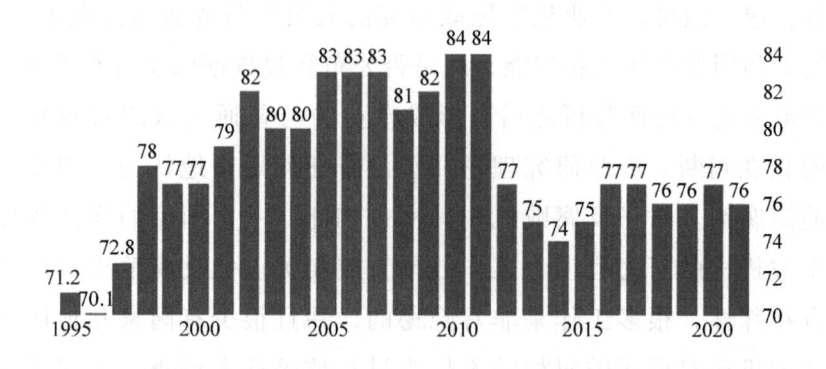

图7-2 香港特区1995—2020年CPI得分（分）

新加坡腐败感知指数

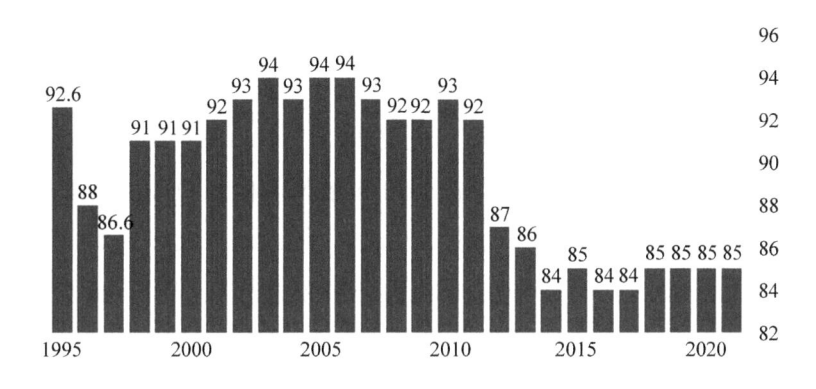

图 7-3　新加坡 1995—2020 年 CPI 得分

资料来源：https：//tradingeconomics.com/singapore/corruption-index；https：//tradingeconomics.com/hong-kong/corruption-index。

中国人口超过 500 万的地级市很多，但每年立案的腐败案件数量并不多。例如，四川达州市 2021 年常住人口为 538.54 万人（第七次全国人口普查数据），户籍人口 652.84 万人。人口数量与新加坡基本相当。截至 2021 年 10 月 13 日，达州市之前五年共立案 8434 件、处分 8716 人；其中县处级干部 133 人、移送司法机关 219 人。[①] 也就是在 2017 年 10 月至 2021 年 10 月这五年中，达州市平均每年立案 1687 件、处分 1743 人；其中县处级干部 27 人、移送司法机关 44 人。湖南省永州市是中部地级市，根据第七次全国人口普查，永州市常住人口为 5289824 人。[②] 2018 年永州市全市受理群众信访举报 3433 件次，增长 29.8%，处置问题线索 4041 件，增长 60.5%。立案 2243 件，结案 2146 件，给予党纪政务处分 2220 人，同比分别增长 37.3%、32.8%、

[①] 袁洪：《深化全面从严治党 推进清廉达州建设 为打造成渝地区双城经济圈北翼振兴战略支点提供坚强保障——中国共产党达州市第四届纪律检查委员会向中国共产党达州市第五次代表大会的工作报告（2021 年 10 月 13 日）》，达州市纪委监委官网（http：//www.dzjw.gov.cn/dzzlk/2021/1025/17382.html），2022 年 5 月 11 日访问。

[②]《人口与民族》，永州市人民政府官网（http：//www.yzcity.gov.cn/cnyz/rkymz/list_tt.shtml）。

29%。涉嫌犯罪移送司法机关43人，收缴违纪资金5090万元。① 2019年全市受理群众举报3399件，处置问题线索4236件，立案1983件，结案1728件，处分1705人，其中移送司法机关50人。② 2020年永州市纪检监察机关受理信访举报3511件，处置问题线索6574件，立案1883件，处分1825人，移送检察机关24人。③ 2018—2020年，永州市平均每年移送司法机关39人。达州市和永州市的数据都是党的十八大后在壮士断腕的强力反腐态势下产生的。党的十八大以来持续十年以上保持如此强大的反腐败力度可以说是当今世界所仅有，人类世界历史上少有。这段时期，中国各级纪检监察机关查处违纪违法行为的数据都非常高，但达州市和永州市每年因为职务犯罪而移送司法机关的人员均不超过100人，比新加坡立案的腐败犯罪的数量要少很多。纪委监委立案的案件有相当多不是腐败案件（这已经在第二章第一节腐败范畴的判定中进行了非常详细的说明），因为这些案件很可能是违反政治纪律、组织纪律、生活纪律、工作纪律、群众纪律的行为，即便是违反廉洁纪律的案件，很多也是违反中央八项规定精神的案件，很多属于利益冲突等行为，但因为违反纪律或法律规定，要给予纪律或政务处分。目前纪委监委查处的构成犯罪、移送司法机关的案件多半包含了腐败行为。但纪委监委立案和移送司法的职务犯罪案件并不一定都是腐败案件。另外，新加坡是少有的官方机构对腐败进行定义的国家，根据《1960年防止腐败法》（PCA），腐败被广泛定义为提供贿赂以

---

① 杨永：《坚持以政治建设为统领 奋力推动新时代纪检监察工作高质量发展——在中国共产党永州市第五届纪律检查委员会第四次全体会议上的工作报告（2019年1月22日）》（http://www.yzlzw.gov.cn/html/2020/0910/22466.html）。

② 杨永：《完善监督制度 规范权力运行 用铁的纪律护航"全面小康决胜年"——在中国共产党永州市第五届纪律检查委员会第五次全体会议上的工作报告（2020年1月22日）》（http://www.yzlzw.gov.cn/html/2020/0910/22469.html）。

③ 陈刚：《强化政治监督 护航"三高四新" 为建设现代化新永州提供坚强保障——在中国共产党永州市第五届纪律检查委员会第六次全体会议上的工作报告（2021年4月1日）》（http://www.yzlzw.gov.cn/html/2021/1013/24284.html）。

换取好处的行为。[①] 不仅新加坡将腐败限定于贿赂行为，而且新加坡采用犯罪的标准判定腐败，只有构成犯罪的行为才算是腐败。法律赋予新加坡贪污调查局负责调查的内容范围或事项非常窄，主要限于贿赂。可以说，其网站上公开的腐败案件基本上是贿赂案件。从腐败定义范围以及已经查处的腐败案件占人口总数量的比例而言，新加坡的腐败可能并不少。

第三节　人口规模与腐败感知的关系

人口规模与管理监督难度系数是正相关的。在一个社会和组织中，人口越多，需要公共财政或者经费供养的管理和服务的人员数量就会越多，监督对象也就会相应增多，管理和监督的难度系数就会加大。从廉政学的角度而言，人口规模越大的社会和组织，反腐败的难度就越大，一般腐败也更为严重。在透明国际排名中，排名非常靠前的国家和地区往往都是人口较少的国家和地区，人口过亿的国家和地区排名都相对靠后。在微观社会组织中，如在企业和社会组织中，同样也是如此，员工或者职工数量越多，管理和监督成本就越高，公共支出项目资金增多，管理环节和程序就更多，腐败就容易滋生。小企业往往只要老板自己控制住腐败风险就行，但在企业做大之后，随着聘用人员的增多，遏制腐败的难度就会加大。从图7-4可以看出，得分在70分以上的国家，绝大多数都是人口在5000万人以下的国家。得分在80分以上的国家都是人口很少的国家。人口超过1亿的国家，绝大多数得分在40分以下，只有两个国家得分在60分以上。

[①] 在新加坡，腐败被广泛定义为以贿赂换取好处。贿赂可以是货币性的，也可以是非货币性的，包括金钱、礼物、贷款、费用、奖励、佣金或任何种类的其他财产、任何职位、雇佣或合同贷款、义务或其他责任的支付、解除或清算任何其他服务、优惠或利益任何满足的提议、承诺或承诺。《防止腐败法》，新加坡贪污调查局网站（https://www.cpib.gov.sg/about-corruption/legislation-and-enforcement/prevention-of-corruption-act/）。

当然，也有一批人口数量相对较少，但腐败感知指数得分较低的国家。

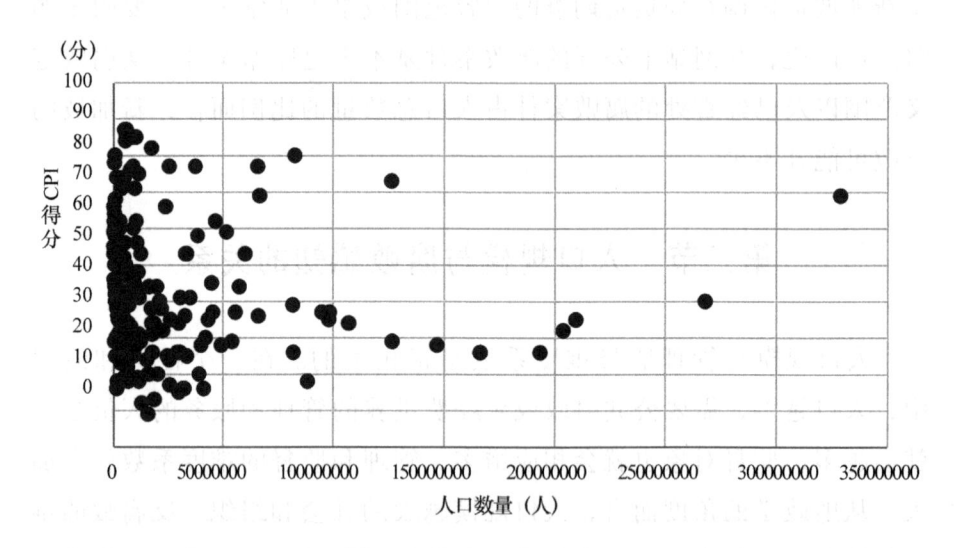

图 7-4 人口与 CPI 得分的关系（2019 年数据）

资料来源：根据透明国际（TI）发布的 Corruption Perceptions Index 2019 和百度百科"世界各国人口排名"数据绘制。

根据透明国际（TI）发布的 Corruption Perceptions Index 2019 和百度百科"世界各国人口排名"，我们搜集并整理了 177 个国家和地区的人口数量和清廉感知指数得分。表 7-2 展示了人口数量与腐败感知分值的均值、标准差等信息。可以看到，这些国家和地区的人口规模差异悬殊，人口最多的中国大陆有 13.9475 亿人，而人口最少的多米尼克仅有 7.47 万人；各国家和地区的清廉感知指数也有很大差异，得分最高的丹麦和新西兰为 87 分，最低的索马里仅有 9 分，平均得分为 42.83 分。为使人口的分布更趋近于正态分布，我们将人口数（以个为单位）取自然对数，表 7-2 展示了人口自然对数的均值、标准差等信息。

第七章　人口因素与腐败治理

表 7-2　　　　　　　　　描述性统计结果

变量	（1）样本量	（2）均值	（3）标准差	（4）最小值	（5）最大值
清廉感知分值	177	42.83	18.91	9	87
人口（万）	177	4254.45	14997.32	7.47	139475
人口自然对数	177	16.01	1.81	11.22	21.06

对人口自然对数和清廉感知分值的相关分析显示，两变量的Pearson相关系数为-0.2340，且在0.01的显著性水平下显著，这表明人口自然对数与清廉感知分值间存在显著的负相关关系。我们建立以清廉感知分值为被解释变量、人口自然对数为解释变量的线性回归分析模型，回归分析结果如表7-3所示。

表 7-3　　　　　　　　　回归分析结果

变量	（1）清廉感知得分（CPI）
人口自然对数	-2.234***
	(-2.898)
截距项	78.606***
	(6.327)
样本量	177
R^2	0.046
调整后 R^2	0.040
F检定值	8.40***

*** $p<0.01$，** $p<0.05$，* $p<0.1$。

从表7-3中可以看到，在不考虑其他因素影响的情况下，可以认为一个国家或地区的人口规模对该国家（地区）的清廉感知分值有显著的负向影响：人口的自然对数值每提高1个单位，清廉感知分值将下降 2.234 分。用数学方程形式表示即为：

$$清廉感知分值 = 78.606 - 2.234 \times 人口自然对数$$

该模型经调整后的决定系数为 0.04，说明人口的自然对数值可以解释清廉感知分值 4% 的变异程度。虽然该模型的决定系数较低，模型解释力有限，但可以说明人口规模是影响一个国家或地区清廉感知指数的重要因素。

从多年跟踪研究来看，透明国际 CPI 得分与人口的关系变化不大。因为一个国家和地区人口数量的变化是比较缓慢的，CPI 指数也变化不大。例如，将 2019 年与 2016 年的数据进行对比就会发现，这两张图极为相似。但是事实上，一个国家的腐败是很容易发生变化的，一个国家社会动荡不安，腐败很可能就会大幅增加。技术性的反腐败并不是很难的问题。一旦反腐败力度加大，一个国家和地区的腐败就会大幅减少，在三年的周期内可以发生巨大的变化。但透明国际的指数反应比较滞后，指数缺乏灵敏性。

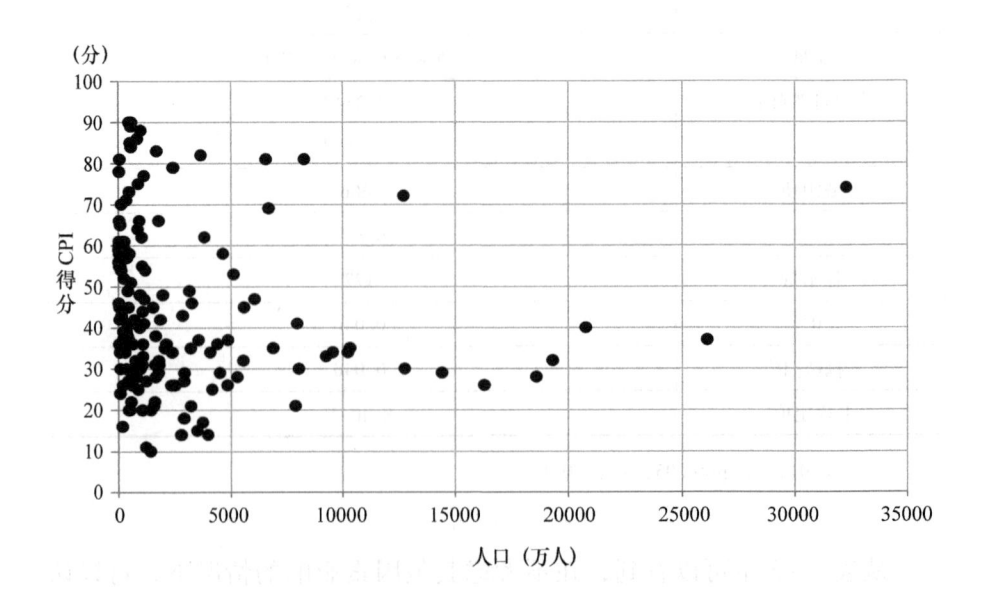

图 7-5 人口与 CPI 得分的关系（2016 年数据）

从图 7-5 中可以看出，人口是影响廉洁程度的一个重要变量，但并不是唯一的变量。人口数量较少容易实现廉洁，但绝不意味着人口少就一定会廉洁。除了人口之外，还有其他因素会影响人们的腐败感知评价。在 CPI 得分较低的国家和地区中，也有不少是人口在 5000 万人以下，甚至人口更少的国家。就是说，人口较少的国家和地区可能廉洁程度很高，也可能腐败程度很高。但是，从 2016 年和 2019 年两年的人口与透明国际 CPI 数据对比中，我们可以发现两个规律性特征：一是 CPI 得分较高的国家和地区往往人口都较少。CPI 得分超过 80 分的国家人口都在 5000 万人以下。在透明国际 CPI 排名前十的国家中，没有一个国家人口超过一亿人，其中人口最多的是德国。德国是透明国际总部所在地，该组织创始人是德国人。德国的腐败比较严重。透明国际作为社会组织享受德国免税政策待遇，德国得分高可以另当别论。除此之外，超过千万人的国家只有荷兰和瑞典，但这两个国家的人口不足 2000 万人，其他国家都是 500 万人左右，有的国家更小，如卢森堡，只有 60 多万人，还不如中国一个县人口的数量。

表 7-4　2019 年在透明国际清廉指数排名居前十位国家的人口比较

国家	得分（分）	排名（名）	人口（人）
丹麦	87	1	5806081
新西兰	87	1	4944070
芬兰	86	3	5521773
新加坡	85	4	5638700
瑞典	85	4	10230185
瑞士	85	4	8526932
挪威	84	7	5328212
荷兰	82	8	17302600
德国	80	9	82979100
卢森堡	80	9	602005

资料来源：根据透明国际（TI）发布的 Corruption Perceptions Index 2013/2019 和百度百科"世界各国人口排名"资料制作。

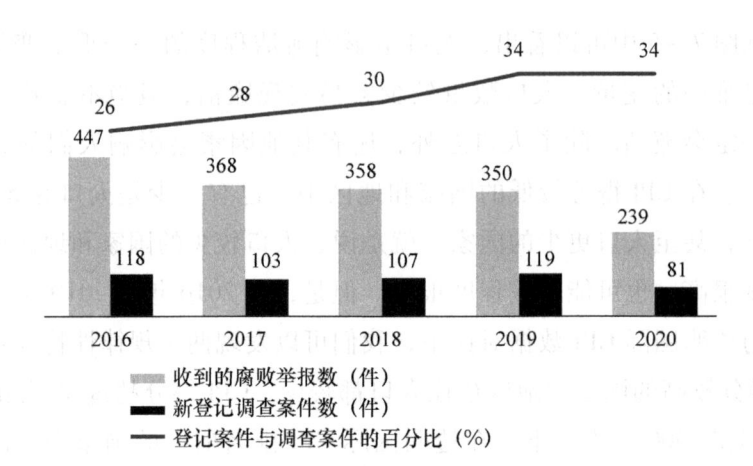

图 7–6　2016—2020 年新加坡贪污调查局收到的腐败举报与新登记调查的案件量

年份	收到的腐败举报数（件）	新登记调查案件数（件）	登记案件与调查案件的百分比（%）
2016	447	118	26
2017	368	103	28
2018	358	107	30
2019	350	119	34
2020	239	81	34

资料来源："Corruption Statistics 2020"，新加坡贪污调查局网站（https://www.cpib.gov.sg/files/research%20room_%20Annual%20Corruption%20Stats%202020%20Press%20Release.pdf）。

二是人口超级多的国家和地区 CPI 得分相对较低。人口超过 5000 万人的国家和地区，很少有 CPI 得分超过 40 分的。人口数量越多，管理难度就越大。人口超过一亿人、CPI 得分超过 60 分的国家和地区属于凤毛麟角，目前只有日本和美国，大部分都在 50 分以下，排名都比较靠后（见表 7–5）。在西方发达国家中，美国和日本这两个国家的得分都是相对靠后的。人口超过 4 亿人的国家，目前只有印度和中国，2019 年得分均为 41 分，分数都不高。

表 7–5　人口超过一亿人的国家和地区在 2019 年透明国际清廉指数中的得分与排名比较

国家和地区	得分（分） 2013	得分（分） 2019	排名（名） 2013	排名（名） 2019	人口（万人）
中国内地	40	41	80	80	139475.00
印度	36	41	94	80	134427.00

续表

国家和地区	得分（分） 2013	得分（分） 2019	排名（名） 2013	排名（名） 2019	人口（万人）
美国	73	69	19	23	32880.20
印度尼西亚	32	40	114	85	26807.46
巴西	42	35	72	106	20959.80
巴基斯坦	28	32	127	120	20388.50
尼日利亚	25	26	144	146	19339.25
孟加拉国	27	26	136	146	16155.00
俄罗斯	28	28	127	113	14679.37
墨西哥	34	29	106	130	12657.77
日本	74	73	18	20	12633.00
菲律宾		34		113	10729.50

资料来源：根据透明国际（TI）发布的 Corruption Perceptions Index 2013/2019 和百度百科"世界各国人口排名"资料制作。

如前所述，受人口规模效应的影响，人们腐败感知会完全不同，人口大国每年发生的腐败案件总量必然会多，容易让人产生腐败严重的感觉。人口较少的国家和地区，每年发生的腐败总量相对较少，在经济发展水平较高，人们生活较少的掩盖之下，人们容易形成腐败不严重甚至不存在腐败的感觉。由于人口因素对腐败感知会产生较大的影响，因此将人口数量不同的国家和地区放在一起进行比较，是很不公平和合理的。人口大国与人口小国没有太强的可比性。中国和印度的干部数量就比一些国家的人口总数还多，管理难度不能同日而语。如果要进行比较，那么就必须将人口数量作为重要的变量进行考虑，可以采用两个方法进行比较。一是对人口相当的国家进行比较，将人口较多的国家和地区之间进行对比，将人口较少的国家和地区之间进行对比；二是按照人均腐败量或者廉洁贡献率进行对比，将人口数量作为重要的变量予以考虑，这样比较的结果才合理和公平。按照人口相当的原则进行比较，目前能够与中国进行对比的国家只有印度，虽然印度独立的时间与新中国成立的时间相差不远,但两个国家选择了不同的政治制度,中国经济发展要好于印度,廉洁程度目前也要高于印度。2020年,印度得分（40分）比2019年的41分降低1分。中国得分为42分,高于印度。在2019年人口过亿的12个国家中进行对比,即便按照透明国际的CPI指数,中国廉洁程度也比较高。

所谓世界廉洁贡献度,就是各国、各地区为世界廉洁所作贡献的程度。将世界看作一个整体,每个国家和地区都是其中的一个部分。因为人口各不相同,廉洁程度各不一样,各国、各地区对世界廉洁的贡献率也各不一样。我们可以用透明国际的CPI指数为基础,将人口因素考虑进去,把各国各地区得分与其占世界人口的比例相乘,就可以得出其世界廉洁贡献率。例如中国2019年人口占世界人口的比例为18.1%,当年CPI指数得分为41,41×18.1%＝7.421,中国对世界的廉洁贡献率就是7.421。印度的廉洁贡献率也比较高,为7.175。美国只有2.953,日本仅为1.1972,俄罗斯更低,只有0.535。在世界所有国家和地区中,中国的廉洁贡献率是最高的。

表7-6 人口5000万人以上的国家和地区的廉洁贡献率

国家或地区	人口数（人）	占世界人口之比（%）	CPI得分（分）	廉洁贡献率
中国大陆	1394750000	18.10	41	7.421
印度	1344270000	17.50	41	7.175
美国	328802000	4.28	69	2.953
印度尼西亚	268074600	3.49	40	1.396
巴西	209598000	2.73	35	0.956
巴基斯坦	203885000	2.65	32	0.848
尼日利亚	193392517	2.52	26	0.655
孟加拉国	166155000	2.16	26	0.562
俄罗斯	146793744	1.91	28	0.535
墨西哥	126577691	1.65	29	0.479
日本	126330000	1.64	73	1.197
菲律宾	107295000	1.40	34	0.476

续表

国家或地区	人口数（人）	占世界人口之比（%）	CPI得分（分）	廉洁贡献率
埃塞俄比亚	98665000	1.28	37	0.474
埃及	98408200	1.28	35	0.448
越南	95354000	1.24	37	0.459
刚果民主共和国	88806000	1.15	18	0.207
德国	82979100	1.08	80	0.864
伊朗	82256200	1.07	26	0.278
土耳其	82003882	1.07	39	0.417
法国	66992699	0.87	69	0.600
泰国	66335930	0.86	36	0.310
英国	66040229	0.86	77	0.662
意大利	60377663	0.79	53	0.419
南非	57725600	0.75	44	0.33
坦桑尼亚	55890747	0.73	37	0.270
缅甸	54339766	0.71	29	0.206
韩国	51811167	0.67	59	0.395

资料来源：根据透明国际（TI）发布的 Corruption Perceptions Index 2013/2019 和百度百科"世界各国人口排名"资料制作。

我们从表7-7中也可以看出，在透明国际清廉指数排名和得分中经常靠前的国家的廉洁贡献度是非常低的。如2019年得分靠前的十个国家廉洁贡献率合计只有1.516，比美国一个国家的廉洁贡献率还要低，与中国和印度相比，差别则更大。

表7-7　2019年在透明国际清廉指数排名中居前十位国家廉洁贡献率

国家和地区	人口（人）	占世界人口之比（%）	CPI得分（分）	廉洁贡献率
丹麦	5806081	0.08	87	0.070
新西兰	4944070	0.06	87	0.052
芬兰	5521773	0.07	86	0.060
新加坡	5638700	0.07	85	0.060

续表

国家和地区	人口（人）	占世界人口之比（％）	CPI 得分（分）	廉洁贡献率
瑞典	10230185	0.13	85	0.111
瑞士	8526932	0.11	85	0.094
挪威	5328212	0.01	84	0.008
荷兰	17302600	0.23	82	0.189
德国	82979100	1.08	80	0.864
卢森堡	602005	0.01	80	0.008
合计				1.516

资料来源：根据透明国际（TI）发布的 Corruption Perceptions Index 2013/2019 和百度百科"世界各国人口排名"资料制作。

中国自古以来就是人口大国，几千年的国家治理都是在这个基础和前提下进行的。人口众多是中国的基本特征，也是国家治理必须面对的客观现实。2021年5月11日，第七次全国人口普查结果公布。全国总人口为1443497378人，其中，普查登记的大陆31个省、自治区、直辖市和现役军人共1411778724人；香港特别行政区人口为7474200人；澳门特别行政区人口为683218人；台湾地区人口为23561236人。人口众多形成了巨大的市场，产生了强大的经济规模效应，但也给国家治理带来特殊性、复杂性和艰巨性。"中国社会是世界上独一无二的最大型社会，主要表现为其最大数量的人口规模上。"① 超大规模的人口数量与广袤的领土范围及其形成的纵横交错和叠加复合的复杂关系，构成了中国大国治理的现实基础，给中国社会的调控和转型提出了艰巨的任务。② 国家治理与"数以亿万计民众的生计紧密地联系在一起"，国家治理的结构、形态和问题也都蕴含在这些关系之中。③ 更好地理解

---

① 王沪宁：《政治的人生》，上海人民出版社1995年版，第8页。
② 唐皇凤：《大国治理：中国国家治理的现实基础与主要困境》，《中共浙江省委党校学报》2005年第6期。
③ 周雪光：《权威体制与有效治理：当代中国国家治理的制度逻辑》，《开放时代》2011年第10期。

基于人口的规模问题及其治理情形，是深入理解和阐释中国国家治理逻辑的重要内容。[①] 中国是世界上人口众多的国家，国家治理的难度系数非常高，反腐败的难度也非常大。这是我们认识中国腐败的一个不能忽视的重大客观现实问题。中国反腐败取得了伟大成就，保证了中国经济发展、社会稳定和人民生活不断改善，为世界的廉政建设和反腐败事业作出了巨大贡献。透明国际等国际机构对中国等人口大国的腐败测评的分数很低，忽视人口规模是这些机构测评工具存在的重大瑕疵。对于国际上各种腐败测评结果，我们必须认识其不足，理性地认识和更加客观、准确地评价中国及其他一些人口大国的腐败。

[①] 韩志明：《大国治理的负荷及其应对机制——以规模问题为中心的理论考察》，《南京社会科学》2021年第4期。

第八章 经济发展与腐败治理

第一节 经济发达程度对腐败感知的影响

人口因素是影响腐败治理效果的重要因素。观察国际上有关腐败测评机构的数据，我们除了发现人口少的国家和地区可能获得高分之外，还看到经济发展水平对一个国家和地区腐败的评价同样具有重大影响。经济越发达，腐败感知指数得分往往越高。透明国际虽然从媒体独立、言论自由、信息公开、施政透明等方面评价反腐败是否成功，但认真研究分析透明国际发布的腐败感知指数（CPI），就会看到经济发展程度是影响腐败测量的另一个十分重要的变量。在透明国际的腐败感知指数中，各国各地区的得分与人均GDP呈正相关的关系。排名靠前和得分高的国家和地区都是经济发展程度较高的国家和地区。如2016年在透明国际CPI中排名前二十的都是发达国家（见表8-1）。

表8-1 2016年人均GDP排名前二十的国家和地区的人口及CPI得分

排名	国名	GDP（亿美元）	人口（万人）	人均GDP（美元）	透明国际CPI得分（分）
1	列支敦士登	66.64	4	175368	—
2	卢森堡	599.48	58	102827	81
3	瑞士	6598.27	837	78814	86
4	挪威	3705.57	523	70812	85
5	爱尔兰	2940.54	477	61608	73

续表

排名	国名	GDP（亿美元）	人口（万人）	人均GDP（美元）	透明国际CPI得分（分）
6	冰岛	200.47	33	60021	78
7	卡塔尔	1524.69	257	59326	61
8	美国	185691.00	32313	57467	74
9	丹麦	3061.43	573	53419	90
10	新加坡	2969.66	561	52963	84
11	瑞典	5110.00	990	51601	88
12	澳大利亚	12046.16	2413	49928	79
13	荷兰	7708.45	1702	45296	83
14	奥地利	3864.28	875	44178	75
15	芬兰	2367.85	550	43091	89
16	加拿大	15297.60	3629	42158	82
17	德国	34667.57	8267	41936	81
18	比利时	4663.66	1135	41097	77
19	英国	26188.86	6564	39900	81
20	新西兰	1850.17	469	39424	90

资料来源：根据透明国际（TI）发布的Corruption Perceptions Index 2016和网上资料整理。

非洲、亚洲、拉丁美洲有很多经济欠发达的国家和地区，在透明国际腐败感知指数中得分都较低，排名都比较靠后。"贫"与"腐"是世界上极难解决的社会问题。贫困问题从某种程度上而言是经济发展的问题。"贫"与"腐"其实是经济发展与腐败问题。这两个问题经常交织在一起，变得更难以解决。贫困容易导致腐败，腐败则会阻碍经济发展因而造成贫困。从世界发展史来说，很少有国家和地区在短期内将这两个问题同时解决。一些学者从文化角度研究这个问题，认为经济落后的欠发达国家中普遍存在的腐败不是偶然的，而是结构性的，与这些国家的文化习俗和传统有关。似乎某些具有特定问题的地域或者民族，其腐败会长久盛行而难以改变。笔者并不赞同这种带有宿命论的观点，文化是人创造的，人同样也可以将其改造。从各国各地区发展的历史来看,没有一成不变的文化。人类文化始终相互交融、冲突和变化。但对于大多数国家和地区而言,贫困和腐败叠加所导致的问题的确很难在较短时期内予以解决,这是一个客观的不可否认的事实。结构性因素导致腐败的理论从某种程度上而言对腐败的国际评估和舆论产生了重大的影响。各国各地区在透明国际等腐败评估机构中的得分和排名虽然每年都会有所变化,但比较几十年的数据就会发现,排名很少有实质性的改变,靠前的依旧靠前,排在后面的依旧在后面。通过这一点,我们就可以看出,惯性思维或者思维定势对腐败严重程度判断影响之深。

人的主观判断和认识往往具有偏见和局限。腐败感知指数并不能准确反映这个国家和地区的腐败严重程度。但在缺乏更好的工具的情况下,几乎所有从事与腐败有关的评估机构都通过问卷调查的方法获取数据,通过人们的主观感受来对各国各地腐败程度进行对比。受访者对一个国家或地区腐败程度的评价受到很多外在因素的影响,其中一个重要因素就是经济发展水平。经济发展水平较高的国家或地区也存在腐败,甚至存在严重的腐败。但人们习惯性地将经济发展水平较高与廉洁程度高画上等号。其实,经济发达并不意味着腐败不严重,但在耀眼的阳光照射和刺激下,人们经常会头晕眼花,会改变注意方向。炫目的经济增长掩盖了腐败的事实,使之逃离了人们的关注视线。[①] 由于人们实际上更注意富裕国家中的其他方面,对于其中的严重腐败问题,经常出现知觉不能、视而不见的无意视盲现象(change blindness)。经济发达或者富裕的国家和地区,人民生活水平高,往往为其他国家和地区的人所羡慕。就业充分、收入高、福利好等优越的经济条件让国民自然产生出自信和优越感,社会矛盾相对缓和,严重的腐败问题一般不会凸显成为社会焦点问题,因而也很容易被人们所忽视。来自贫穷落后国家或地区的人都是带着学习的心态从不同角度寻找和阐释这些

---

① [美]康灿雄:《裙带资本主义:韩国和菲律宾的腐败与发展》,李巍等译,上海人民出版社 2017 年版,第 2 页。

国家经济发达的原因,很少认真观察和研究其存在的问题和瑕疵。虽然也有一些学者、媒体人士等指出富裕国家存在着严重腐败问题,但这些问题往往不是大家所关注的重点,大家都想从发达国家学到如何变富变强的方法和经验,都是有选择性地寻找和接受各种知识和信息,腐败、黄赌毒等问题往往不在学习内容之列。因此,当他们被国际机构问卷调查人员问到西方发达国家的腐败是否严重的问题时,自然就不会选择严重这一选项了。可以说,经济优先的原则让发达国家和地区在国际反腐败评价中占据了无比优越的地位。

腐败对贫穷和富裕的地方并没有任何偏爱和选择,发达国家与欠发达国家一样存在着腐败并且在某些领域非常严重。布莱斯勋爵(Lord Bryce)很早就将腐败视为美国的一大缺陷,并认为腐败在欧洲新独立的国家以"病毒形式"("virulent form")爆发。[1] 美国约瑟夫·奈(J. S. Nye)指出,欧洲和美国并不能垄断道德,同样存在腐败。[2] 政府及其工作人员需要运用权力进行社会管理,从事监管活动,维护公共秩序。使用权力的过程就可能产生腐败。腐败的严重程度与治理水平和能力直接有关。但任何国家和地区不可能在任何时期或者任何领域的腐败治理能力和水平都很高,都会给腐败以可乘之机。例如,警察腐败几乎在世界所有国家都是多发并且难解的问题,发达国家这一问题也比较严重。美国侦探法兰克·赛尔皮克(Frank Serpico)认为:"10%的纽约市警察肯定是腐败的,10%的肯定是廉洁的,剩余的80%则希望自己是廉洁的。"[3] 所有国家和地区的政府都为公众提供公共产品和服务,改善人们的生活。凡是公共权力和资源集中的地方,都容易产生腐败。美国政府曾经出资建设了公共保障住房或为低收入群体提

---

[1] James Bryce, *Modern Democracies*, New York, 1921, Vol. II, p. 509.

[2] Nye, J. S., 1967, "Corruption and Political Development: A Cost-Benefit Analysis", *American Political Science Review* 61: 417–427.

[3] Sam Roberts, "Rooting Out Police Corruption", *New York Times*, June 29, 2012. 转引自[美]苏珊·罗丝-阿克曼、邦妮·J. 帕利夫卡《腐败与政府:根源、后果与改革》,郑澜译,中信出版社2018年版,第52页。

供租房补贴,符合申请条件的美国家庭数量远高于政府提供的房产数量,供给不能满足需求,因而这个领域中的腐败也不会少。在康涅狄格州的一个镇上,当地官员手中持有两份名单,一份是排队等候的符合条件的申请者名单,另一份是因为行贿而享有加速办理特权的申请者名单。① 在医疗、国防、金融、选举等领域,美国至今仍然存在比较严重的腐败。尤其是选举领域的腐败,2010 年美国联邦最高法院在公民联盟诉联邦选举委员会一案(Citizens United v. Federal Election Commission)中作出判决,允许政党和竞选人及其工作人员通过企业等外部团体无上限募集匿名资金,政治献金之类的腐败变得更为严重。韩国与日本也是富裕的发达国家。自 1948 年独立以来,韩国发生了难以计数的腐败丑闻,大量精英人士声誉扫地,其中包括前总统全斗焕和卢泰愚,以及很多总统幕僚、大量军事将领、政客、技术官僚、银行家、商人和税务官,他们要么被判刑入狱,要么流亡国外。② 日本银行中以权贵资本主义形式出现的腐败,是引发 20 世纪 90 年代日本金融危机的导火索,并使日本在金融危机之后相当长的一段时间内陷入萧条。③ 发达国家也出现过前"腐"后继的严重腐败现象,如美国州长腐败案频发,伊利诺伊州等州甚至连续出现"腐败州长"。1900 年至 2013 年,伊利诺伊州共选举了 20 位州长,有腐败丑闻的就达到 7 位,比例超过了三分之一。21 世纪以来,伊利诺伊州连续几任州长因存在腐败问题而受到调查。④ "黑金政治"是美国制度性腐败的直接体现。每当总统选举、中期选举临近,"黑金"就会源源不断涌入美国政坛。英国《卫报》网站 2022 年 8 月 29 日刊文揭露,在过去两年里,通过一系列不透明交易,美国亿万富翁、电子制造业巨头巴里·塞德(Barre Seid)向共和

---

① [美]苏珊·罗丝-阿克曼、邦妮·J. 帕利夫卡:《腐败与政府:根源、后果与改革》,郑澜译,中信出版社 2018 年版,第 60 页。
② [美]康灿雄:《裙带资本主义:韩国和菲律宾的腐败与发展》,李巍等译,上海人民出版社 2017 年版,第 1—2 页。
③ [美]苏珊·罗丝-阿克曼、邦妮·J. 帕利夫卡:《腐败与政府:根源、后果与改革》,郑澜译,中信出版社 2018 年版,第 55 页。
④ 蒋来用:《美国州长"前腐后继"》,《中国纪检监察》2014 年第 13 期。

党人伦纳德·利奥主持的一家保守派政治团体"联邦党人学会"捐赠了美国有史以来最大的一笔"黑金",总金额高达16亿美元。[①] 其他西方发达国家也出现过系统性和"塌方式"腐败。例如,加拿大对116名在职和退休参议员2011年3月至2013年3月期间的财务情况进行了审计。2015年6月,加拿大总审计长弗格森在发布会上称,9名参议员问题严重,5人常年居住在首都地区,却堂而皇之地骗取住宿补贴。比如,参议员罗德·齐默在731天中有613天居住在其渥太华的家中,但填报的首要居所却在马尼托巴省,不仅每月领取2200加元(1加元约合5.03元人民币)的外地住房补贴,同时14次报领往返两地的出差机票。违规骗取住宿与差旅补贴的参议员达30人之多,占现职参议员的三分之一。[②] 2001年底,美国能源公司安然公司因为腐败而破产震动美国企业界。2002年1月,全球电信业巨头世界通信公司被发现虚报38亿美元利润,后来这一数字被修正到70亿美元。这些案例让西方的学者认识到,欧美人对腐败的假设是错误的。上层腐败并不只发生在那些非西方文明的"异类"国家,也不是只有工作在制度存在漏洞的国家的官僚机构与国营部门的官员才会腐败。当我们发现腐败(既包括大规模腐败也包括系统性腐败在内)也存在于规章严苛的资本主义体系的核心时并不应该觉得惊讶。[③] 欧盟在2009年有关腐败的特别欧洲晴雨表调查报告《欧洲人对腐败态度的全面报告》前言中指出,2005年和2007年的调查表明,大多数欧洲人认为腐败是一个国家问题,许多人还认为欧盟机构存在腐败问题。在这两年期间,一些欧盟成员国发生了引人注目的腐败案件,其中包括马耳他、西班牙、奥地利、英国

---

① 李云舒、柴雅欣:《最大政治献金案曝光美国制度腐败真实面目 起底美式"黑金政治"》,《中国纪检监察报》2022年9月19日第4版;另参见《英媒:美国政治就是"黑金政治"》(https://www.360kuai.com/pc/962ccef11385334f8?cota=3&kuai_so=1&sign=360_57c3 bbd1&refer_scene=so_1)。

② 李学江:《"骗补贴之风"侵蚀加拿大参议院》,《人民日报》2015年6月17日第21版。另参见人民网(http://world.people.com.cn/n/2015/0617/c1002-27168852.html)。

③ [美]迪特尔·哈勒、[新西兰]克里斯·肖尔主编:《腐败:人性与文化》,诸葛雯译,江西人民出版社2015年版,第2页。

和芬兰。这些案件中有许多涉及政治家和公务员,并受到了有关国家和整个欧洲媒体的广泛关注。这个报告提到透明国际排名中一直靠前的芬兰,说明这些排名靠前的国家同样存在腐败。

但是,目前学者对发达国家腐败的研究碎片化居多,系统和深入的研究与分析较少,因而难以形成总体性腐败严重的感觉。大家都习惯性或理所当然地认为发达国家非常廉洁,因而很少将注意力聚焦在这些国家的腐败之上,对发达国家媒体披露的腐败或丑闻往往也关注不够。除了少数国家和地区反腐卓有成效外(如中国香港以及瑞典、新加坡),其他大多数国家收效甚微,尤其是发展中国家。[①] 这种观点几乎是很多学者的常识性认识。学者认为,腐败在发展中国家是突出问题,具有研究价值,西方发达国家的腐败较少或不严重因而研究意义不大。长期以来,学术界对西方国家优点和长处的研究和关注过多,介绍其经验甚至刻意美化其做法,有意识地将好的名词概念与西方发达国家相对应,但对其腐败等负面现象和问题进行深入系统研究和关注的太少,研究客观性全面性不够。西方学者和世界银行、透明国际等国际机构有关腐败的论文和研究报告的内容大量与发展中国家或者转型国家的腐败有关,介绍反腐败经验则往往选择西方发达国家。一些西方学者非常自信地将自己的书作为介绍西方一些发达国家关于反腐败的成熟理念、经验和做法的"有效治理腐败的指南"[②]。全球对腐败研究的这种态势持续了半个多世纪,深深地影响了各国各地区的媒体和公众,给人们对发达国家腐败程度的感知判断产生了不当影响。经济上的优势自然转化成为反腐败以及其他方面的优势,这是发达国家和地区所占的便宜和优势。

[①] 龙朝阳、田银华:《腐败行为及其治理选择——基于前景理论的研究》,《公共管理学报》2008 年第 4 期。

[②] [美]罗蕾塔·格拉茨阿诺·布茹宁:《不要贿赂:发展中国家如何繁荣不腐败》,范允龙译,光明日报出版社 2015 年版,第 6 页。

第二节　经济发展对腐败研究的影响

随意翻开一本包含腐败国际比较内容的西方著作，我们几乎都会发现大家在论证或描述同一个内容或主题，即富裕的国家腐败很少，腐败都是欠发达国家的问题。有的认为，"政府腐败在贫穷国家比在富裕国家更为普遍"①，"腐败在低收入国家更为普遍，且代价高昂"②；有的认为，在一些发展中国家，"腐败几乎覆盖了普通市民生活的各个方面"③；有的认为，"大部分发展中国家，腐败被认为是重要的问题"④，"腐败问题在发展中国家相当严重，要比发达国家普遍得多"⑤。西方学者普遍认为，与政治和法制较为健全的发达国家相比，发展中国家的腐败现象更为普遍。⑥ 这些观点原来由西方个别学者提出并在发达国家流行开来，经过国际机构、媒体等多方面的传播和宣传，很多欠发达国家的学者、商业人士等也都接受了这个观点。"富裕的市场经济民主国家在诸多方面都相差无几，但是贫穷和专制国家在诸多方面不尽相同——腐败现象也是如此。"⑦ 这句话很有列夫·托尔斯泰在《安娜·卡列尼娜》开头所写的第一句"幸福的家庭都彼此相似，不幸的家庭各

---

① Jie Bai, Seema Jayachandran, Edmund J. Malesky, Benjamin A. Olken (2013), Does Economic Growth Reduce Corruption? Theory and Evidence From Vietnam, Working Paper 19483, http://www.nber.org/papers/w19483。

② Benjamin Olken, Rohini Pande (2002), "Corruption in Developing Countries", *Annual Review of Economics* 4 (1): 479–509.

③ [美] 罗蕾塔·格拉茨阿诺·布茹宁：《不要贿赂：发展中国家如何繁荣不腐败》，范允龙译，光明日报出版社2015年版，第4页。

④ Olken, Benjamin A., 2009, "Corruption Perceptions vs. Corruption Reality", *Journal of Public Economics*. 93: 950–964.

⑤ Svensson Jakob, 2005, "Eight Questions about Corruption", *Journal of Economic Perspective*. 19.3, pp. 19–42.

⑥ 兰小欢等编译：《腐败与反腐败的经济学》，北京大学出版社2016年版，前言第2页。

⑦ [美] 迈克尔·约翰斯顿：《腐败征候群：财富、权力和民主》，袁建华译，上海人民出版社2009年版，第2页。

有各的不幸"①的味道。按照这个逻辑，富裕国家具有很强的同质性，是没有腐败可以研究的，贫穷国家的腐败才丰富多样，才具有研究的价值。因此他们对腐败的研究都集中在发展中国家。②欠发达国家的腐败常常成为被研究解剖的标本。富裕等于廉洁、贫穷等于腐败的经济优先原则在学术研究上得到了转化，西方发达国家的学术界具有优越感，有的甚至具有居高临下的傲慢。个案性的新闻报道和调研数据是一些西方学者得出结论的重要依据。他们喜欢在报告和论文开头引用一些非常夸张的发展中国家的腐败案例，尤其是总统等高级官员的极端腐败案例，然后才开始讨论自己要说的问题，给人感觉好像是这些国家的腐败严重到了无可救药的程度。比如，扎伊尔前总统 Mobutu Sese Seko，据保守估计共掠夺了大约50亿美元的财富，这一数字相当于1997年他被推翻时整个国家的外债。据称，印度尼西亚和菲律宾前总统 Mohamed Suharto 和 Ferdinand Marcos，贪污的金额分别比 Mobutu 高出2倍和7倍。③在20世纪90年代早期肯尼亚 Goldenberg 骗局中，Goldenberg 公司收到了政府出口补贴计划10亿美元的资金，作为对肯尼亚产量甚少（如黄金）甚至完全不生产（如钻石）的虚假商品出口的补贴。④国际货币基金组织的一份内部报告指出，仅2001年，安哥拉石油收益中有近10亿美元，相当于人均77美元在政府金库中蒸发。⑤这一数额大约是安哥拉2001年收到的人道主义援助资金的3倍，而安哥拉有四分之三的人口生活在每天1美元的标准以下，有三分之一的儿童在5岁之前夭折。根据土耳其政府的报告，如果承包商没有行贿，在建造房屋时不偷工减料，2004年夺走数千人生命的地震所带来的危害会

---

① ［俄］列夫·托尔斯泰：《安娜·卡列尼娜》，智量译，凤凰出版传媒集团、译林出版社2011年版，第3页。
② 兰小欢等编译：《腐败与反腐败的经济学》，北京大学出版社2016年版，前言第2页。
③ Transparency International, 2004, *Global Corruption Report 2004*, Lodon：Pluto Press.
④ "Public Inquiry into Kenya Gold Scam", 2003, *BBC News*, March 14；Available at < http：//news.bbc.co.uk/1/hi/business/2851519.stm >.
⑤ Pearce, Justin (2002), "IMF：Angola's 'Missing millions'", *BBC News*, October 18. Available at < http：//news.bbc.co.uk/2/hi/africa/2338669.stm >.

轻得多。①

大量国际项目贷款评估、来自全球各国的留学生、网络和自媒体的垄断地位、英语等在全球的广泛运用、图书资源文献的共享等，给西方国家的学者带来极大的便利条件，以掌握各国各地区腐败情况的翔实的资源和信息，对贫穷国家腐败可以做到全方位、立体式的研究。这是贫穷国家想做但不可能做到的事情。西方学者认为，贫穷国家的腐败更为突出，原因是多方面的，如在发展过程中财富分配上存在着巨大的不平等；政治职务是获取财富的主要手段；不断变化的道德准则产生着冲突；社会和政府执行机制薄弱；缺乏强烈的民族共同体意识。② 但在诸多原因之中，最为本质的原因是贫穷。有学者鲜明地指出，军人政府和革命运动领袖所咒骂的自己国家中的那种"腐化"，实际上就是在咒骂他们国家的落后。③ 将近一个世纪以来，西方学者和媒体认为贫穷国家腐败普遍的刻板印象一直没有发生改变。虽然他们提出判断贫穷国家腐败突出的标准是多维的，但经济发展落后这个根本的标准始终没有改变。富裕象征廉洁，贫穷意味腐败，是当前被西方反腐败组织和人士奉为圭臬却秘而不宣的一条法则。经济决定腐败感知是隐含在各类腐败感知指数中的重要标准。弄清了这个隐含的标准，我们就会理解西方发达国家主导的各类国际机构的腐败评价指数和作出的各类腐败研究成果的价值倾向和偏见。

西方学者指出，腐败研究越来越多地受各国政治和学界的大气候影

---

① Kinzer, Stephen (1999), "The Turkish Quake's Secret Accomplice: Corruption", *New York Times*, August 29, sec. 4, p. 3; Jakob Svensson:《关于腐败的八个问题》，载兰小欢等编译《腐败与反腐败的经济学》，北京大学出版社2016年版，第1页。

② Colin Leys, "What is the Problem about Corruption?", *Journal of Modern African Studies*, 3, 2 (1965): 224–225; Ralph Braibanti, "Reflections on Bureaucratic Corruption", *Public Administration*, 40 (Winter, 1962): 365–371. 转引自 J. S. Nye, "Corruption and Political Development: A Cost-Benefit Analysis", *The American Political Science Review*, Vol. 61, No. 2 (Jun., 1967), pp. 417–427.

③ ［美］塞缪尔·亨廷顿：《变化社会中的政治秩序》，王冠华等译，上海人民出版社2008年版，第45页。

响。① 带有偏见的意识形态影响甚至左右着国际腐败研究的方向及其结论。任何国家和地区都存在腐败。但如果有选择性地将这些国家和地区的腐败进行集中和深入的解剖，很容易让人感觉腐败极为严重。当垃圾散布在不同的地方时，我们可能不会注意到它的存在。但将其像山一样堆在哪怕是最为偏僻的角落，我们也会觉得环境污染或者破坏非常严重。处于经济优势地位的西方学者，在20世纪50年代以来，将世界的腐败问题指出来，让人们认识到其危害性，这是一个重大的贡献。但与此同时，他们大多选择研究贫穷国家的腐败，巧妙地掩盖了发达国家中存在的突出腐败问题，把世界对腐败的注意力转移到了这些贫穷落后的国家。经过将近一百年的积累和发展，全球对腐败的研究已经形成了一个很深的"陷阱"。到现在，很多人已经掉入了这个"研究陷阱"之中：由于某些国家经济发展程度高，因此就可以先验地认为这些国家和地区腐败很少。这个"研究陷阱"已经被一些人发现和指出了，有西方学者就曾指出："这些关于发展型国家的文献将我们引向了错误的分析道路。"② 但这里的"发展型国家"是特指韩国这样持续快速发展成为富裕国家但腐败却很严重的国家。韩国这样的富裕国家的经济增长是可以与腐败并存的，但菲律宾这样落后的国家，腐败却阻碍了经济的发展，与增长难以共存。这类研究并不是深入研究富裕国家中严重的腐败，而是为富裕国家中存在的严重腐败进行辩解，与鲜明地提出富裕国家腐败少、贫穷国家腐败多观点的人的立场其实完全是一致的。这种论证逻辑、思维方式和研究结论同样是一种陷阱，会将我们引向错误的分析方向。不管使用的是问卷调查、指数评估的方法，还是运用个案研究、案例分析、历史比较等方法，西方研究腐败学者的立场决定其研究阐释的片面性和局限性。水流冲击岩石会形成凹陷，久而久之则形成洞，最后成为越来越深、越来越宽的洞穴。"研

---

① [美]迈克尔·约翰斯顿：《腐败征候群：财富、权力和民主》，袁建华译，上海人民出版社2009年版，第Ⅱ页。
② [美]康灿雄：《裙带资本主义：韩国和菲律宾的腐败与发展》，李巍等译，上海人民出版社2017年版，第4页。

究陷阱"也具有这种"洞穴效应"。个别西方学者提出贫穷国家的腐败是普遍的这种判断,其他学者不断扩宽深化、完善修饰和增加补充,经过学术研究、媒体宣传、信用评级、评价指数、国际公约等机制化运作而不断强化,这个论断就成为无须动脑筋花费时间去质疑的观点。再继续发展下去,这个观点就会成为研究论证新的问题的内生条件和重要前提,大家会自然而然地、没有任何怀疑地引用和宣传。贫穷的国家存在腐败,有的可能比较严重,这个事实不可否认。但我们也应当看到,腐败严重的情况在富裕的国家也同样存在。只要有权力的地方就可能有腐败,对腐败治理不严和措施运用针对性不强的地方腐败就多。腐败并没有嫌富爱贫的特性。不管是富裕国家还是贫穷国家,经过努力都可以取得反腐败成功。但大量的文献将我们引入歧途,将贫富与腐败紧密相连,误导我们过于僵化地解释经济增长快和发展好的国家为何腐败很少,不断找资料论证经济发展落后的国家和地区为何腐败那么多。

瑞典学者博·罗斯坦认为,公平与否是政府质量的真正基础。公平行使公共权力就是政府官员在贯彻法律或政策时,如果没有特殊规定,任何特殊公民或特例均不得予以考虑。不为特殊关系和个人偏好所影响,一视同仁不偏袒。公平存在,则所有腐败现象都将根除,包括那些偏袒行为,如庇护主义、幕后黑手、裙带关系、政治偏袒、挤压歧视以及各种"搞特殊"。换言之,公平意味着没有腐败。没有腐败意味着国家必须平等对待享有平等权利的公民。[①] 在经济落后的国家和社会里我们经常会发现非常公平的例子。这些国家或地区虽贫穷落后,但社会贫富差距很小,资源和财富分配比较均衡,社会公平正义得到比较充分保证,为了维护政权的合法性和稳定性,政府采用强有力的手段和方式治理腐败,因而廉洁程度相当高,人们普遍感觉腐败较少。但是因为经济发展落后,贫困问题没有得到较好解决,人民生活水平较低,生

---

① [瑞典]博·罗斯坦:《政府质量:执政能力与腐败、社会信任和不平等》,蒋小虎译,新华出版社2012年版,第15、17页。

活质量较差，其较高程度的廉洁因为缺乏充足的物质条件保障而难以持续，在经济体制转型、对外开放、国有企业改制等方面因素的作用下，腐败很容易滋长蔓延。这些国家虽然廉洁程度较高，但较少受到世界的关注，其主要原因就是贫穷和落后，但这些国家在改革之后出现的腐败增多现象却备受关注。富裕与廉洁，世界上多数人首选富裕，其次才考虑腐败与廉洁与否。富裕的国家或地区，即使事实上存在腐败甚至腐败比较严重，但很多人对客观存在的严重腐败问题的感知度可能会较低，觉得腐败并不严重。在贫穷落后的国家或地区，即便廉洁程度较高，腐败行为极少，但人们也会产生腐败严重的感知。贫穷落后的国家和地区在国际反腐败评价的比较中始终处于劣势地位。

国际上已经将腐败与贫穷紧密地联系在一起。要摆脱腐败，就要摆脱贫穷，发展经济。发展经济改善人民生活是反腐败的目的，也是从根本上解决腐败问题和降低公众腐败感知度的关键。按照经济发展优先的原则，一个国家或地区经济发展滞后，其廉洁程度应相应较差而有待提升。落后贫穷的国家一旦摆脱贫困变得富裕，就应该与西方发达国家一样享有廉洁的美誉。但情况并不是这样。当欠发达国家通过经济迅速发展走上富裕道路，其在国际上得到的腐败评价并没有发生多少实质性的改变。国际上的反腐败评价存在双重标准。欠发达国家经济增长的速度与廉洁感知度得分的提升并不成正比例。只有贫穷的国家才存在追赶富裕国家的问题，但国际上的腐败研究文献从不以经济发展，腐败就减少的逻辑来解释这些国家出现的经济增长现象。将腐败与贫穷联系在一起，其实，让经济发达的国家和地区具有了远离腐败的特权。经济发达腐败就少只适用于西方发达国家，而不适用于后来追赶的发展中国家。在解释发达国家和地区富裕的原因时，有效的反腐败或者官员廉洁往往作为内生的自然变量。而不发达国家的贫穷落后或者存在其他方面的问题，却总是脱离不了腐败这个重要的原因。发展中国家的制度结构通常比较脆弱[①]，更容易遭到腐败的侵蚀；财富

---

① [美]康灿雄：《裙带资本主义：韩国和菲律宾的腐败与发展》，李巍等译，上海人民出版社2017年版，第3页。

分配不平等，握有权力者心理容易失衡等观点被运用于贫穷的国家，就如同真理一样不容置疑，但这并不适用于富裕的国家。

第三节 国际反腐败研究中的偏见

对于腐败的关注和研究是西方学者最早开始的，他们最先不是对本国腐败进行研究，而是从研究非洲、亚洲欠发达国家的腐败开始的。西方国家对腐败的研究远远早于其他国家。目前在国际上具有话语权和影响力的腐败研究成果和学者主要来自西方国家。美国学者20世纪50年代就对腐败有了比较系统深入的研究，研究选题涉及腐败与文化的关系、腐败与民主的关系、腐败与现代化的关系以及腐败的"功能"等。但与其他国家主要研究本国腐败及其治理不同，美国的腐败研究主要不是针对本国的腐败，而是主要针对其他国家尤其是第三世界国家的腐败。政治腐败案例虽然在美国也层出不穷，但它并未被视为当代美国政治中的一个严重问题，而只是美国政治学讨论的众多问题之一。约翰·霍普金斯大学高级国际研究院也设有名为"腐败"的课程，但重点研究第三世界国家的腐败和反腐败。[①] 美国研究腐败的知名教授都是以研究发展中国家而非美国的腐败出名的。美国研究本国腐败的学者也有，如福特汉姆大学泽菲儿·提绍特（Zephyr Teachout）出版了《美国的腐败——从富兰克林的鼻烟盒到联合公民胜诉案》，密苏里大学的杰夫瑞·米洛（Jeffrey Milyo）教授等研究美国公共领域的腐败、选举中的腐败，这些学者的研究成果都非常具有深度。但研究美国腐败的学者的影响力远不如研究发展中国家腐败的学者。西方发达国家在研究中逐渐形成了一种文化或潜规则，即腐败研究以非西方发达国家为主要对象。西方学者认为，腐败问题是一个指责政权但不直接向

---

① 周琪：《西方学者对腐败的理论研究》，《美国研究》2005年第4期。

其统治进行挑战的途径。[①] 廉洁文化是文化软实力的重要内容，其关系到政治文化和社会文化的道德性和纯洁性，腐败研究是占据道义制高点的重要方式，其成果可以直接成为国际或国内政治斗争的武器或者弹药。在广大欠发达国家意识到这个问题之前，西方发达国家已经在这个领域精耕细作走得非常远了。苏联解体、东欧剧变发生，社会主义阵营的国家纷纷倒向西方，以及冷战结束之后政治体制转轨、经济转型国家中频繁出现的思想混乱、更加突出的腐败、"颜色革命"等社会骚乱动荡和政权更替等现象绝不是历史的偶然，它们与西方学者对这些国家腐败的大量研究之间不可能毫无关系。这绝不是一种历史的巧合。

腐败评价工具既是腐败研究的重要内容，也是腐败研究的重大成果。西方学者帮助国际机构构建了各种腐败测量指数，但这些测评腐败程度的工具和方法的准确性和科学性一直受到质疑和反对。目前测量腐败的各种指数都是由富裕国家和地区的机构设计和实施的，测评得出的结果总是对富裕国家和地区有利。虽然在西方国家内部也能听到对这些评估工具的反对和质疑的声音，但发出最强烈反对声音的还是广大欠发达的非西方国家。目前还没有一种测评腐败的方法能够得到世界的公认。从前面对腐败范畴的详尽讨论中我们就可以看出，关于腐败的定义并没有一个统一的规范的说法。对一个大家还没有说清楚的现象进行测评，可想而知，其结果只能是混乱。评价的组织者总会带上自己的价值观和意识形态见解来设置指标和选择方法。例如，国家风险国际指南（International Country Risk Guide）、透明国际腐败感知指数（Corruption Perception Index）、腐败控制指数（Control of Corruption）等都主要依靠被调查者的主观感觉来评判全球所有国家和地区的腐败。不同的被调查者采用不同的感知标准，使用不同的腐败定义，最后形成的数据可信度并不高。但这些不可靠的数据经过学术化的方式

---

① Michael Johnston, and Yufan Hao（郝雨凡），1995，"China's Surge of Corruption"，*Journal of Democracy* 6: 80-94.

包装之后，可信度增强了。西方学者、非政府组织、媒体、评估机构之间相互引用，最后给人数据真实可信的印象。特别是国际投资、国际援助等与这些指数挂钩，使得它们在国际上运用非常广泛，影响力也越来越大。Michael Johnston（2002）认为，腐败测量指数很重要，影响着外交政策、援助、投资和贷款决策，但这些指数往往将政治因素特别是民主化问题考虑进去。虽然这些指数指标以及意识形态、价值观偏见等广为诟病，但这些指数已经相互链接为一个整体而成为一种强大的国际文化力量，具有相当强的约束力和控制力。其他研究方法，如政治关联价值估计、审计数据分析、差值法估计、直接观察估计、贿赂调查估计等，因为都是以个别国家和地区作为研究对象，缺乏全球性的比较，相互之间没有形成一个可以互认的整体，被认可度较差。但这些不同的方法形成相同的结论，即富裕的国家廉洁，贫穷的国家腐败，对国际舆论的影响也很大。

意识形态色彩一直像阴魂一样紧紧缠绕着国际腐败研究。爱德华·班菲尔德这类学者将落后和发展滞后作为某些特定社会文化、道德的产物。[①] 即便在 20 世纪 70 年代，人们也普遍认为，腐败是因第三世界国家政治不稳定并且缺乏"社会纪律"而产生的一种社会病学症状。[②] 著名经济学家曼瑟·奥尔森认为，与繁荣市场国家内的政府比较，第三世界的政府部门要腐败得多，其原因是第三世界国家试图推行较多的违反市场规律的政策。[③] Jakob Svensson 运用国家风险国际指南（International Country Risk Guide）、透明国际腐败感知指数（Corruption Perception Index）、腐败控制指数（Control of Corruption）等，得出"所有

[①] 参见 Edward Banfield (1958), *The Moral Basis of a Back Ward Society*, Clencoe, IL: The Free Press.

[②] ［美］迪特尔·哈勒、［新西兰］克里斯·肖尔主编：《腐败：人性与文化》，诸葛雯译，江西人民出版社 2015 年版，第 4 页。

[③] ［美］曼瑟·奥尔森：《权力与繁荣》，苏长和、嵇飞译，上海人民出版社 2018 年版，第 116 页。

腐败比较严重的国家都属于发展中国家或者转型国家"[1]的结论,还特别提出:"令人意外的是,许多国家现在或者近期曾经由社会主义政府治理。除了少数一些例外,绝大部分最腐败国家的收入水平较低。"[2] Michael Johnston(2002)认为,透明国际的 CPI 和其他机构的评分,以及由此引发的学术和公众辩论,似乎证实了我们长期以来的怀疑,即贫穷、不民主和不稳定国家的腐败排名最差。在西方发达国家的学者看来,腐败不仅仅是贫困的结果,而且深层的是政治制度。

将发展中国家和转型的社会主义国家贴上腐败标签的意图是很明显的。拉斯玛·卡克林斯研究认为,东欧共产主义国家腐败现象猖獗肆虐。[3] 联合国开发计划署 2002 年发布波黑《地区研究报告》,认为约70%的人认为地方政府"极度腐败","对于普通公民而言,腐败无孔不入,决定了生活规则,这与所谓的'他们依靠腐败解释生活'(they interpret life in terms of corruption)的说法别无差别"。阿利纳·蒙吉尤·皮毕第调查认为,像罗马尼亚这样的国家,腐败根植于特定的政治文化土壤,几乎所有公共福利的分配都是以"非普遍性为出发点,折射出权力恶性分配的现实"。因此,国际援助机构虽然致力于构思反腐败政策,但成功的范例很少。[4] 将腐败、贫困与政治制度等负面特征紧紧捆绑在一起,曾是一段时期里西方腐败研究的一个很明显的特点。例如,西方社会学者从结构化与交互式两种角度研究腐败。[5] 交互式研究关注特定公职领域内行为人以权谋私的具体交易行为。结构化研究

---

[1] Jakob Svensson:《关于腐败的八个问题》,载兰小欢等编译《腐败与反腐败的经济学》,北京大学出版社 2016 年版,第 6 页。

[2] Jakob Svensson:《关于腐败的八个问题》,载兰小欢等编译《腐败与反腐败的经济学》,北京大学出版社 2016 年版,第 6—7 页。

[3] Karklins, Rasma (2005), *The System Made Me Do It: Corruption in Post-Communist Societies*, Armonk, NY: Sharpe;[瑞典]博·罗斯坦:《政府质量:执政能力与腐败、社会信任和不平等》,蒋小虎译,新华出版社 2012 年版,第 116 页。

[4] Mungiu-Pippidi, Alina (2006), "Corruption: Diagnosis and Treatment", *Journal of Democracy* 17 (3): 82;[瑞典]博·罗斯坦:《政府质量:执政能力与腐败、社会信任和不平等》,蒋小虎译,新华出版社 2012 年版,第 123—124 页。

[5] [美]迪特尔·哈勒、[新西兰]克里斯·肖尔主编:《腐败:人性与文化》,诸葛雯译,江西人民出版社 2015 年版,引言第 4 页。

则是将腐败与一个国家的政治经济制度和文化联系在一起,在意识形态上将腐败与特定的国家和地区紧密关联起来,而西方发达国家则对腐败有着特殊的免疫力。

> 这使腐败与发展滞后、贫困落后、愚昧无知、妇女压迫、原教旨主义、狂热盲信以及不合理性一道,登上了通常用来评价"异类"国家负面特征的榜单。这些"异类"国家理所当然地被排除在文明、现代并且处于西式民主管理下的国家之外。他们在本质上被"他们"自身的文化绑住了手脚。这里,腐败被视为某些社会(即"非西方"或者说欧美以外的,处于"转型期"或"发展中"的社会)的通病。它不会出现在其他社会中(或者出现概率较低)。①

西方学者不断探讨和发现发展中国家腐败严重的原因,基本上可以将其分为两类:一类强调制度的作用,认为制度好坏由经济因素所决定,人均 GDP 和教育水平决定腐败的起因（Lipset, 1960; Demsetz, 1967; Glaeser, La Porta, Lopez-de-Silanes&Shleifer, 2004）。有的强调制度的作用,认为腐败在生活条件较差的殖民地中更为普遍②;有的关注从不同国家移植到殖民地的制度,最后其结果差异很大,认为相对于英国殖民地国家,移植法国和社会主义法律的国家会有更多管制,腐败也相对较多。另一类强调经济和政治制度影响腐败的程度。有的关注市场管制,如商品进口限制、开展企业的审批等。有的关注政治方面的限制,如媒体曝光腐败和违法行为、通过选举竞争减少寻租和腐败。有的认为采取议会制还是总统制、比例制还是多数制的政治制度

---

① [美]迪特尔·哈勒、[新西兰]克里斯·肖尔主编:《腐败:人性与文化》,诸葛雯译,江西人民出版社 2015 年版,引言第 4 页。

② Daron Acemoglu, Simon Johnson, and James A. Robinson（2003）,"An African Success Story: Botswana", In *In Search of Prosperity: Analytical Narratives of Economic Growth*, edited by D. Rodrik, Princeton, NJ: Princeton University Press.

会影响政府官员的激励和公众限制官员滥用权力的能力。总体而言，将腐败、贫穷与制度结合在一起，西方学者实现了宣扬西方富裕国家经济和政治制度，批评和指责其他国家尤其是发展中国家和转型国家的目的。苏东国家在采纳西方学者和政客的建议实行议会制、媒体自由、私有化等政治和经济制度实现转型之后，腐败更为严重。西方学者就转向经济落后或具体制度设计和运用的角度对这些转型国家进行研究，但得出的结论依然是带有意识形态偏见的。从西方学者评价发展中国家的观点和论证方法中我们可以看出，判断一个国家廉洁的标准绝不是简单地只有一个指标，而是多维的指标群。除了针对腐败进行惩治和预防之外，还有经济发展、社会稳定、政治有序等多个方面的指标。治理腐败成功的标准其实已经成了衡量一个国家综合发展实力的指标。因此，如果仅仅想从遏制腐败这一个方面来实现廉洁治理的目标是绝对行不通的。即便这样的国家腐败很少，西方学者同样也会说腐败很严重，因为经济发展水平低，落后与腐败是紧密相关的。

第四节　经济发展与腐败的关系

　　腐败与经济增长之间的关系是一个十分有趣的问题，引起了很多学者的关注。魏德安在读了20世纪90年代中期保罗·莫罗（Paolo Mauro）的《腐败与增长》（Corruption and Growth）这篇论文时就萌生了写《双重悖论：腐败如何影响中国的经济增长》的念头。该文从统计角度得出了腐败与经济增长呈负相关的关系。这是一个很有代表性的例子。研究腐败与经济增长关系的观点主要分为两种：一是认为经济发展与腐败呈负相关，经济越发达，腐败程度就会越低；二是认为经济发展与腐败呈正相关，经济越发达，腐败就会越严重。从动态的角度而言，认为经济发展与腐败呈负相关的学者会认为腐败阻碍经济的发展，让经济难以达到发达程度。因此遏制腐败才能促进经济的发展。认为二者呈正相关的则认为，腐败是经济的润滑剂，降低了交易成本，促进了经济繁荣。因此反腐败则可能阻碍经济发展。从现在国际上对腐败的研究来看,第一种观点占据着绝对主流地位。腐败对经济发展的影响是负面的、破坏性的,这是国际公认的规则。这也是国际组织倡议、国际公约产生并不断强调的价值观念,被写入了《联合国反腐败公约》、OECD 反贿赂公约以及很多国家的法律之中。腐败对于经济的危害性和破坏程度,有不少实证研究成果。美国国家经济研究局(National Bureau of Economic Research) Benjamin A. Olken 等人的研究结果表明,随着贫穷国家经济的增长,腐败可以"自行"消退,并且它们展示了经济增长和良好制度之间的一种积极反馈。[1]

其实,这两种观点都是对已经存在的腐败事实的阐释方法,往往因为分析的对象不同而采用不同的观点。在研究和分析富裕国家的时候,较多的学者持负相关的观点,认为收入与腐败之间存在负相关关系,富裕国家的腐败更少。[2] 亨廷顿在分析第三世界新兴国家时提出腐败程度与社会和经济迅速现代化有关,认为现代化通过它在政治体制输出方面所造成的变革加剧了腐败。[3] 社会结构剧烈变动,社会利益重大调整引发了社会秩序和社会结构的重大变化,既有的制度和规则难以调节新的利益关系,腐败容易滋生蔓延,这是世界上常见的一个现象。但亨廷顿在其著作《变革社会中的政治秩序》中对发达国家和第三世界国家采取了不同的态度。他并不否认美国等西方国家的腐败,但十分巧妙地将美国腐败严重的时期归为上一个世纪而不是当前,认为美国在 19 世纪七八十年代,铁路、水电煤气等公益事业和

---

[1] Jie Bai, Seema Jayachandran, Edmund J. Malesky, Benjamin A. Olken (2013), "Does Economic Growth Reduce Corruption? Theory and Evidence From Vietnam", Working Paper 19483, http://www.nber.org/papers/w19483.

[2] Benjamin A. Olken, Rohini Pande, "Corruption in Developing Countries", *Annual Review of Economics* 4 (1) (2002): 479–509. 转引自兰小欢等编译《腐败与反腐败的经济学》,北京大学出版社 2016 年版,第 37 页。

[3] [美]塞缪尔·亨廷顿:《变化社会中的政治秩序》,王冠华等译,上海人民出版社 2008 年版,第 45—47 页。

工业公司对州立法机构及城市委员会的贿赂加速了美国经济的增长。[①]但他撰写《变化社会中的政治秩序》时，美国的现代化已经完成，也就意味着美国的腐败不会再像以前那样严重。韩国、印度、墨西哥、菲律宾、巴西等准备进入或正在进入现代化的广大第三世界国家的腐败则非常严重。韩裔美国学者康灿雄则更加直截了当，他对比分析了韩国和菲律宾这两个亚洲国家的腐败及其产生的原因。菲律宾经济落后，他认为是裙带现象、腐败横行阻碍了发展。但对于进入发达国家阵列的韩国的情况则不一样，腐败和裙带关系使得韩国政府和商界精英构成稳定的系统，减少了交易成本，并使长期的合作协议和投资行为更富有效率。[②] 同样的腐败，在贫穷的国家则解释为阻碍经济发展，在富裕的国家，则解释为降低交易成本，提高了经济效率。

在对欠发达国家腐败进行的研究中，有的会采用经济发展与腐败呈正相关的观点，但在论证的过程中多少会有所修正。如魏德安不认为腐败是经济快速增长的原因，但认为经济增长与腐败的关系具有正相关性。[③] 他将腐败分为发展性腐败和退化性腐败，认为韩国、日本和我国台湾这些经济发展迅速的经济体存在发展性腐败，腐败有利于各派政治力量建立起一个能够促进经济增长的发展型联盟[④]；认为刚果民主共和国、塞拉利昂、海地、多米尼加共和国、尼加拉瓜、中非共和国、赤道几内亚等欠发达国家出现了盗贼集团和自上而下的全面腐败，对经济的掠夺达到触目惊心的程度，因而属于退化性腐败。但中国是一个特殊的例子，他高度认可中国经济持续快速发展，但认为中国的腐败同样比较严重，认为中国的腐败不同于韩国与日本官商勾

---

① ［美］塞缪尔·亨廷顿：《变化社会中的政治秩序》，王冠华等译，上海人民出版社2008年版，第53页。
② ［美］康灿雄：《裙带资本主义：韩国和菲律宾的腐败与发展》，李巍等译，上海人民出版社2017年版，第3页。
③ ［美］魏德安：《双重悖论：腐败如何影响中国的经济增长》，蒋宗强译，中信出版社2014年版，前言Ⅶ。
④ ［美］魏德安：《双重悖论：腐败如何影响中国的经济增长》，蒋宗强译，中信出版社2014年版，第227页。

结的结构性腐败。他采用了不同的解释方法，认为中国的腐败让官员谋求私利的行为和商界追逐利润的行为实现了协调，促进经济增长能为腐败的官员带来很多好处。另外，中国经济在开始起飞之前有着轻微的腐败，在腐败加剧的时候，中国政府则采取了非常有力的反腐败措施。①

腐败与经济发展之间呈正相关或负相关判断的得出与研究者使用的研究方法和研究对象有关。对于腐败的研究，有的认为，当前多数学者遵循两大基本传统：一种是跨地域（cross-section）的比较，运用统计学的方法去衡量大多数国家和地区的腐败程度；另一种是描述个案，提供一个社会腐败现象的丰富细节。② 长期性的跨地域比较，主要由具有相当经济实力、较强组织能力和比较充足的人力资源的机构进行。如透明国际等机构从横向比较各国各地区的腐败，并以得分和排名的方式加以直观呈现出来。很多研究就是运用各种统计学和模型来对这些排名和得分进行解释。通过比较分析，人们常常得出腐败与经济发展呈负相关的结论，认为经济越发达，腐败程度就越低。腐败阻碍了经济的发展，反腐败有利于经济的发展。认为腐败与经济发展具有负相关关系的观点，基本上是选择全球性的横向比较方法得出的。

在进行个案研究的时候，尤其是在研究经济发展与腐败之间关系时，历史、文化、社会环境等更为具体的细节被考虑得更多，研究者往往选择一个国家或者地区的历史数据进行纵向对比研究。但在一个国家或地区内部进行纵向历史对比的时候，学者往往会得出相反的结果，即腐败与经济发展呈正相关的关系，即认为经济快速发展，腐败往往更多。例如，有的通过将腐败频度和中国国内经济增长曲线做对比，认为二者的变化趋势存在一致性，1992年是转折点。在这一年之前，不

---

① [美]魏德安：《双重悖论：腐败如何影响中国的经济增长》，蒋宗强译，中信出版社2014年版，第234—236页。
② [美]迈克尔·约翰斯顿：《腐败征候群：财富、权力和民主》，袁建华译，上海人民出版社2009年版，第4页。

论是腐败频度曲线还是市场化进程，都呈现出进展缓慢的势头。此后，不论是腐败频度曲线还是市场化进程，都呈现出快速增长的势头。因此得出20世纪90年代的腐败频度与社会经济的发展有着正相关关系。[①]从西方发达国家工业化和现代化发展的历史来看，几乎所有西方国家都有过类似的经历，在经济快速发展的时期，往往也是腐败多发高发的时期。对一个国家和地区做纵向比较的研究，有时会让人产生悲观的情绪，就是因为容易得出腐败有利于经济发展、反腐败却阻碍了经济的发展这样的与常理相悖的结论。并且在现实之中，我们似乎感觉有很多的例证可以用来佐证这种判断。

横向国际性比较与纵向历史性比较存在矛盾。横向比较将经济发展作为提升腐败感知指数得分的重要方式，但纵向的历史比较，似乎将经济发展作为诱发腐败的重要原因。这种看似矛盾的现象，其实是人们感知或认知上存在的错觉。横向国际性比较容易被经济发达程度的表象所迷惑或欺骗。经济发达其实是人们期盼和希望的。腐败的测量其实是对经济发达程度的测量，也就是对人们期望的生活的评估。横向国际性比较很难用客观准确的案例和数据来进行，往往都是用主观感知，如问卷调查、访谈等方式进行的。受访者对各国腐败严重程度的比较并不是建立在对各国腐败真正了解的基础之上的。因为腐败是非常隐蔽的，要了解一个国家或地区的腐败程度，必须在一个国家或地区长期生活，真正介入该国该地区的政治、经济和社会之中去体验，与本地人产生利益关系和冲突之后才能发现腐败。短期的停留、访问或偶尔参与都很难真正了解其腐败严重程度。对腐败严重程度的感知总没有对该国基础设施、人们生活水平、科技现代化、教育医疗水平等感受直接并且深刻，因为腐败参与者会尽力掩饰而不会轻易暴露，而经济社会繁荣和技术先进则是被充分展示和显现出来的，用视听感官往往可以直接感受到。

---

① 王传利：《1990年至1999年中国社会的腐败频度分析》，《政治学研究》2001年第1期。

第五节　经济发展是实现反腐败
成功的根本途径

腐败与经济发展的关系问题，可以引申为三个具体的问题。一是腐败与经济发展之间相互作用和影响的关系，即腐败促进或者阻碍经济发展，经济发展促进廉洁或者造成了更多的腐败机会；二是腐败与经济发展之间相互"意味"的关系，即富裕意味着腐败少，贫穷意味着腐败多；三是将腐败与经济发展关系研究作为反腐败成功标准的设定和实现的路径。将腐败少或经济发展好作为反腐败成功的单一标准，都存在严重的问题。如前所述，廉洁但贫穷的国家和地区有很多，但国际上并不认可其反腐败成功。经济非常发达已经成为世界上十分强大或十分富有的国家，或者通过持续快速发展达到发达国家水平的国家，也很少有人认为它们就是反腐败成功的国家。廉洁并且经济社会保持良好发展的国家和地区绝对是反腐败成功的例子，但这样的国家和地区是极其稀少的。如果以既廉洁经济社会又保持良好发展作为反腐败成功的标准，世界上就没有几个国家和地区反腐败是成功的。经济社会发展和廉洁程度都是不断变化着的，廉洁的国家和地区在发展过程中也可能因为政策和改革等运用不当而腐败严重。经济发展也具有周期性，三十年河东三十年河西，经济发展好的国家也会因为资源枯竭、国际形势变化、内部矛盾等因素而衰退。对于绝大多数国家和地区而言，以下三种形态可能出现得较多（见表8-2）：一是廉洁但经济社会发展差强人意；二是经济发达或者持续发展但腐败严重，廉洁程度不高；三是腐败严重并且经济社会落后。腐败严重并且经济社会落后肯定算不上反腐败成功的例子。对于第一种和第二种状态中的国家和地区，是否算腐败治理成功？这是个非常有争议的问题，也成为国际上腐败研究的焦点。

表 8-2　　　　　　　　　腐败与经济发展的关系

	腐败状况	经济发展状况
腐败状况	非常腐败，经济非常落后	腐败，但经济发展很好
经济发展状况	经济发展比较落后，非常腐败	经济发展很好，腐败很少

如果从腐败和经济发展两个方面设定反腐败成功的标准，并作为反腐败努力的方向。那么，我们就必须在减少腐败和发展经济上取得协调和平衡。如前所述，贫困和腐败是两个非常难以解决的问题，二者叠加后则更为复杂。腐败会阻碍经济的发展。经济发展的困难也可能让反腐败受阻而难以取得成功。典型的例子就是尼日利亚。2015年，尼日利亚总统穆罕默德·布哈里（Muhammadu Buhari）上台后开展了一系列反腐败斗争并取得了一定的成效，但没有几年尼日利亚国内就出现了名为"还我腐败"（BBOC）的反常现象，有些公众甚至要求恢复国家以往的腐败政权模式。反腐败行动受阻的一个重要原因就是经济下滑。尼日利亚经济结构单一，石油交易收入占该国收入的八成以上。整个石油工业约占尼日利亚经济的14%。原油出口额占尼日利亚国内出口商品总额的71.4%，油价大跌严重冲击着该国经济。2015年，尼日利亚的经济增长率为2.8%，为近十年来最低。严重的经济危机大大减少了政府收入，并导致当地货币奈拉贬值，这让一些普通百姓的生活更加窘迫。普通民众的利益没有得到根本保障，因而部分人民没有和布哈里政府站在一起，反而站在了"BBOC"一边。[①]

新加坡则是经济发展实现腐败有效治理的典型。20世纪60年代、70年代和80年代，新加坡国内生产总值的实际平均增长率分别达到8.7%、9.4%和7.2%，高速增长与腐败现象得到有效治理和政治社会的稳定程度密不可分。1960年至1990年，新加坡经济持续保持着8%左右的高速增长，30年间实际GDP增长了11倍，86%的居民获得了政府提供的组屋，教育医疗条件获得极大改善。1990年，新加坡全国公

---

① 刘予希：《尼日利亚反腐败行动受阻探析》，《国际公关》2021年第9期。

务员为6.5万人，因违纪受到处分的有99人，为公务员总数的1.5‰，其中犯贪腐罪的有7人，为总数的万分之一。[①]

英国、荷兰和斯堪的纳维亚国家在200年前都曾经腐败丛生，但是现在腐败现象却相对较少。这些国家正是在重商主义和现代福利国家之间的这段自由时间内发展成为强大国家的，公众道德明显加强，特别是在较高的社会阶层。较低阶层的薪金改革普遍推行，它往往是通过把习惯性的贿赂转变成合法酬金来实现的。[②] 经济基础决定上层建筑。西方学者认为的廉洁国家之所以能够走出腐败多发期，主要是因为通过发展经济，国家有充足的财力将公务员的薪酬提高到一定高度，从而能够抵制贿赂。虽然由于意识形态的偏见，目前国际上对经济持续较快发展的国家的腐败评价与经济发展取得的成就相匹配。但不可否认的是，经济发展应该是腐败治理中最为重要的因素。只要坚持不懈地发展，当经济发展到一定程度之后，包括腐败在内的问题都能实现更好的治理。事实上，人们说腐败严重与否就是一种感觉。如果经济不好，同样的腐败或者更少的腐败，你也会觉得是一个严重的问题。腐败往往是"出气筒"，人们会将生活中很多的不幸与不满归咎于腐败。如果经济条件好，你就会觉得腐败不是严重的问题。西方国家掌握着腐败研究和评判的话语权，都是以经济发展实力作为支撑的。反腐败话语权的竞争最后是国家综合实力的竞争。没有经济发展，腐败控制得再好，在国际反腐败话语体系中也极有可能获得较低的评分或落后的排名。虽然"经济发展好可以遮百丑"这种说法具有一定的绝对性，但在现有的国际反腐败话语体系之中，经济不发展而要实现反腐败成功几乎是不可能的。

缪尔达尔1968年曾经详细列举了印度桑瑟南委员会（Santhannam Committee）在一份重要报告中提出的改革建议。这个委员会要求建立

[①] 李文：《新加坡治腐：政治稳定打基础 严惩贪腐是关键》，《中国纪检监察报》2014年1月20日。

[②] ［瑞典］缪尔达尔：《亚洲的戏剧：南亚国家贫困问题研究》，方福前译，首都经济贸易大学出版社2001年版，第167页。

更简单和更准确的政治与行政决策规则和程序以及更严密的监督。相机抉择即自由裁量的权力应该尽可能缩小。低级文职官员的报酬应该提高，他们的社会和经济地位应该得到提高和保障。安保机构包括特别警察部门的力量应该得到加强。应当修改法律和程序，以便惩罚腐败官员的行动能够更快和更有效地执行，也应当采取措施对付私营部门中那些腐蚀公务员的人。宣布公共文件为机密的做法应该受到限制。禁止商业企业为政党提供捐款。对真诚的举报控诉人应该保护。如果报纸妄发没有证据的报道，应该受到起诉。该委员会认为，腐败是一个长期的问题，需要坚定的决心和许多年的持久努力才能解决。[1] 现在看来印度桑瑟南委员会的报告提出的改革建议对治理腐败也不过时，但在当时的印度，哪怕是在现在的印度都可能难以实现。看到问题所在并能找出原因，提出相应建议和措施是一回事，将这些措施加以落实产生效果则是另一回事。提高低级文职官员的报酬，使他们的社会和经济地位得到提高和更有保障，加强安保机构包括特别警察部门的力量，禁止商业企业为政党提供捐款，对举报人进行保护，更快和更有效地惩罚腐败官员，都必须有财政有实力才能够做到。要做到这一点必须实现经济快速发展。

---

[1] ［瑞典］缪尔达尔：《亚洲的戏剧：南亚国家贫困问题研究》，方福前译，首都经济贸易大学出版社 2001 年版，第 166 页。

第九章 欧盟国家治理腐败成功吗

"西方发达国家是腐败问题较少的地区"[1]的观点曾长期影响着我国的学术和新闻界，然后渗透到社会上成为一种普遍性的群体性认识。大家对欧洲国家，尤其是北欧和西欧国家，往往对其廉洁程度与"从摇篮到坟墓"的福利保障制度评价甚高。有的认为，北欧国家政府清廉程度高[2]，认为瑞典公务员廉洁高效，在反腐败方面做得比较成功，被誉为世界上最廉洁的国家之一[3]，是国际社会反腐败的样板[4]。有的认为，西欧国家基本能够保持廉政。[5] 英国的政府、公务员基本上都能够奉公守法、廉洁从政，官员中鲜有贪污、受贿等腐败问题发生，公务员队伍整体比较廉洁[6]；法国政府有一支高素质的公务员队伍，他们洁身自好，爱岗敬业，尽职尽责地为国家工作。[7] 有关欧洲国家腐败研究的文献极少，对其廉政建设的做法和经验的介绍则较多，如认为欧洲

---

[1] 王玥超：《腐败背后的文化因素——以法国为例》，《法国研究》2012年第1期。
[2] 傅聪：《北欧国家的反腐败体制》，载李秋芳主编《世界主要国家和地区反腐败体制机制研究》，中国方正出版社2007年版，第217页。
[3] 中央纪委监察部教材编审委员会审定：《国（境）外廉政建设与反腐败考察研究》，中国方正出版社2007年版，第13、19页。
[4] 赵婷：《瑞典社会民主党廉政建设与腐败治理机制研究》，《当代世界与社会主义》2019年第4期。
[5] 中国社会科学院欧洲研究所反腐败课题组：《西欧主要国家的反腐败体制》，载李秋芳主编《世界主要国家和地区反腐败体制机制研究》，中国方正出版社2007年版，第232页。
[6] 中央纪委监察部教材编审委员会审定：《国（境）外廉政建设与反腐败考察研究》，中国方正出版社2007年版，第28、33、44页。
[7] 中央纪委监察部教材编审委员会审定：《国（境）外廉政建设与反腐败考察研究》，中国方正出版社2007年版，第60页。

国家实行透明政治、透明行政、信息公开，社会公众积极参与，新闻媒体独立自由报道，注重预防和违纪纠错措施，刑罚量刑不重但足以给腐败分子造成沉重的精神压力，加大对信息提供者的保护力度等。[1] 长期以来，对欧洲国家的腐败问题关注甚少，这是当前我国廉政学及其学科研究的现状。

有些学者很早就认识到欧洲国家存在腐败。如日本学者片桐薰（1993）对意大利政治腐败的研究，佛罗伦萨大学多纳泰拉·黛拉·波尔塔教授（1997）研究了意大利的商业政客。意大利学者伊夫·梅尼（2001）指出欧洲有的国家腐败丑闻接连不断，腐败事件层出不穷，主要原因是精英集团通过"政治官职累积"的过程征服城市、部门和地区。法国学者认为，传统的说法——政治阶级、法国政府并没有腐败，只是一小撮败类走上了歧途，应该受到惩罚——已远远不够。在法国，腐败不是一种次要病症，而是制度的组成部分。[2] 德国民众认为，政党政客以及把持经济利益的部门最容易腐败，政治腐败在德国可谓是一个源远流长的话题，但议员腐败问题被关注得相对较少。[3]

一些西方学者对于欧洲国家廉洁程度非常高的观点直接作出了否定。斯塔凡·安德松和弗兰克·艾尼提埃尼克鲜明指出："有一个关于欧洲治理的老掉牙的说法是：腐败出现于阿尔卑斯山以南，它的内部则很少。而最近发生的重大丑闻表明，情况并非如此。"[4] 德国基督教民主党在20世纪90年代利用秘密资金资助竞选活动，德国前总理赫尔

---

[1] 傅聪：《北欧国家的反腐败体制》，载李秋芳主编《世界主要国家和地区反腐败体制机制研究》，中国方正出版社2007年版，第218—219页；赵婷：《瑞典社会民主党廉政建设与腐败治理机制研究》，《当代世界与社会主义》2019年第4期；中国社会科学院欧洲研究所反腐败课题组：《西欧主要国家的反腐败体制》，载李秋芳主编《世界主要国家和地区反腐败体制机制研究》，中国方正出版社2007年版，第235—243页。

[2] ［法］J. F. 梅达尔：《论作为研究对象的腐败——评〈共和国的腐败〉》，蜀君译，《国外社会科学》1994年第3期。

[3] ［德］汉斯·约格·阿尔布莱希特：《德国贿赂犯罪的基本类型与反腐刑法的最新发展》，韩毅译，《经济刑法》2017年第17辑。

[4] ［瑞典］斯塔凡·安德松、［美］弗兰克·艾尼提埃尼克：《腐败与腐败控制》，阳平译，中国方正出版社2023年版，第8页。

穆特·科尔受到牵连。挪威（石油和天然气）和瑞典（军备）的大型工业集团卷入重大的国际腐败。2001—2007年，德国西门子拨出12亿美元，向各国政府官员行贿4000多笔款项，鼓励他们购买西门子的产品和服务。[①] 英国一些资深政客使用议会的费用系统支付个人开支，其中一个议员使用议会的资金清理自家庄园的马厩壕沟和安装照明设备。[②] 挪威化肥制造商亚苒国际集团（Yara International）为进入利比亚和印度的市场向两个国家官员行贿800万美元。[③]

　　腐败普遍及其严重程度是衡量腐败治理成功与否的不可缺少的一个标准。如果一个国家或地区腐败非常普遍或者非常严重，那就很难谈得上腐败治理成功了。大家普遍认为欧洲国家腐败较少，但实际情况到底如何呢？我们需要运用合适的测量工具来对欧洲国家的腐败状况进行量化比较。透明国际CPI指数是覆盖几乎全球各国各地区的测量腐败的工具，持续二十多年后，它在全球已经有较大的影响力。但从测量结果的可靠性、稳定性、可信度、深度等方面来说，对欧洲腐败状况最为全面并且权威性最强的研究是欧盟有关腐败的特别欧洲晴雨表调查。这项特别欧洲晴雨表调查由欧盟司法、自由和安全总署（the Directorate-General for Justice, Freedom and Security）委托，并由通信总署（the Directorate-General for Communication）配合完成。这项调查从2005年开始，至2019年进行了七次，覆盖欧盟所有成员国。调查由专业的调查公司执行，采用面对面的方式对随机抽取的受访者进行。为了保证结果的代表性，对每个受调查的国家或地区15岁及以上的人随机抽取样本至少1000名以上，仅在人口少于100万人的国家或地区使用500人的样本量。特别欧洲晴雨表调查随机选择受访者，并对总样本进行加

[①] U. S. Security and Exchange Commission, 2008. SEC charges Siemens AG for engaging in worldwide bribery. www.sec.gov/news/press/2008/2008-294.htm.

[②] Prince, R. (2009, May 12). MPs' expenses: Clearing the moat at Douglas Hogg's manor, The Telegraph. www.telegraph.co.uk/news/nestopics/mps-expenses/5310069/MPs-expenses-clearing-the-moat-at-Douglas-Hoggs-manor.html.

[③] Richard Cassin, "Norway jails four ex Yara execs for India, Libya bribes", FCPA blog, 8 July 2015, https://fcpablog.com/2015/07/08/norway-jails-four-ex-yara-execs-for-india-libya-bribes/.

权以确保人口和地域的代表性。从调查的组织和持续几十年的时间与数据的稳定性来看，特别欧洲晴雨表调查结果可信度非常高。这项调查的内容比较多，可以比较全面地了解欧洲国家和地区各个方面的腐败，而不仅仅是一个简单的总体性的指数。调查根据欧盟相关条约开展，具有相当的权威性和经费等方面的保障。与透明国际等非政府组织不同，欧盟不用担心经费等因素，公正性和中立性较强。特别欧洲晴雨表调查的结果不会受捐助、赞助等的干扰。目前，这个数据库应该是了解欧盟国家腐败状况的最为权威的数据源。

第一节 欧盟国家腐败的普遍性

腐败的隐蔽性很强，发现、调查并且处理或惩罚的腐败不可能是实际已经发生的腐败的全部。不管一个国家和地区如何加大反腐败的力度，腐败与犯罪一样，都会存在黑数。一些学者通过查处的腐败案件数量来推算腐败黑数，但推算出来的结果与实际的腐败黑数之间必然存在着误差，并且我们还无法对这个误差的程度用合适的方法进行检测和判定。为了反映一个社会的腐败程度，世界上通行且便捷的方法是使用问卷等主观测量的方法开展调查，依据公众的感知来作出判断。欧盟有关腐败的七次大型的特别欧洲晴雨表调查数据为判断欧盟国家[①]的腐败程度提供了重要的参考。腐败普遍性是对腐败覆盖范围大小、数量多少的总体模糊的感知判断。运用欧盟有关腐败的特别欧洲晴雨表调查数据，可以对欧洲的腐败程度做一个鸟瞰式的观察。

一 腐败是欧盟国家的主要问题

任何一个国家和地区都存在着腐败，只有当腐败严重到一定程度之

[①] 1993年欧共体正式改名为欧洲联盟，之后数次东扩，到2019年欧盟有关腐败的特别欧洲晴雨表调查时涵盖28个国家。本书使用2005—2019年欧盟的数据进行研究，因此将英国作为欧盟国家。2020年1月31日，英国才正式脱欧，不再是欧盟国家。

后，才会受到广大社会公众的关注，因而成为突出的社会问题。通过调查腐败问题是否成为社会关注的热点、焦点问题或主要问题，我们可以间接看出一个社会的腐败程度。欧盟在2009年有关腐败的特别欧洲晴雨表调查报告《欧洲人对腐败态度的全面报告》前言中指出，2005年和2007年的调查表明，大多数欧洲人认为腐败是一个国家问题，许多人还认为欧盟机构存在腐败问题。2005—2011年进行的四次调查都有"腐败是你们国家的一个主要问题吗"这个题目①，到2013年的调查，这个题目才被删除。2005年，72%的欧洲人认为，腐败是所在国家的主要问题，2007年这一比例为75%，2009年为78%，2011年是74%。从四次调查结果可以看出，数据比较稳定，变化幅度不大。整个欧盟的数据比较高，认为腐败是自己所在国家的一个主要问题的受访者占四分之三（见表9-1）。瑞典虽然是透明国际等国际机构普遍认为十分廉洁的国家之一，但四次调查也有相当比例的受访者认为，腐败是瑞典的一个主要问题，2005年达到50%；2007年有所下降，为44%；2009年继续下降至37%；2011年则有所上升，为43%。

表9-1　　　　　　　腐败是你们国家的一个主要问题吗？　　　　　　　（%）

调查年份	完全同意	倾向于同意	倾向于不同意	完全不同意	不知道
2005	37	35	18	4	6
2007	39	36	17	4	4
2009	41	37	16	3	3
2011	41	33	17	5	4

资料来源：根据2005年、2007年、2009年、2011年欧盟有关腐败的特别欧洲晴雨表调查报告数据整理。

二　各国腐败差异普遍比较大

腐败普遍程度是腐败的覆盖范围，也就是腐败的广度。国际机构及

---

① 具体的题目是：For Each of the Following Statements, Could You Please Tell Me Whether You Totally Agree, Tend to Agree, Tend to Disagree or Totally Disagree with It. 1. Corruption is a Major Problem in (OUR COUNTRY).

其很多学者多半认为欧洲国家，尤其是北欧国家腐败极少，腐败并不普遍。但欧盟的几次调查都显示，一半以上的欧洲人认为，腐败在欧洲国家普遍存在。2013年欧盟有关腐败的特别欧洲晴雨表调查的问卷题目对此做了大幅度修改，将"腐败是你们国家一个主要问题吗"改为"您认为腐败问题（在我们国家）有多普遍"。2013年至2019年进行的三次调查认为腐败普遍的受访者均超过三分之二：2013年为76%；2017年略有下降，但仍占68%；2019年又稍有回升，达到71%（见表9-2）。在欧盟各国，认为没有腐败的受访者微乎其微。

表9-2　　　　您认为腐败问题（在我们国家）有多普遍　　　　　（%）

调查年份	非常普遍	相当普遍	相当罕见	非常罕见	没有腐败	不了解
2013	35	41	15	4	0	5
2017	26	42	20	5	1	6
2019	27	44	18	4	0	7

资料来源：根据2013年、2017年、2019年欧盟有关腐败的特别欧洲晴雨表调查报告数据整理。

欧洲各国之间的腐败存在差异。2017年和2019年欧盟有关腐败的特别欧洲晴雨表调查报告都认为，新加入欧盟的13个国家比欧盟15国的受访者更可能认为腐败在他们的国家很普遍（2017年是74% vs. 66%，2019年是76% vs. 69%）；欧元区受访者比欧元区以外的受访者更有可能认为自己所在国家的腐败问题很普遍（2017年是71% vs. 62%；2019年是72% vs. 67%）。但我们从图9-1可以看到，认为腐败普遍的受访者较多的国家不仅有新加入欧盟的东欧国家，也包括南欧、西欧和北欧国家。2019年欧盟的调查结果与2017年基本相同，认为腐败现象普遍存在的受访者比例在50%以下的5个国家与2017年相同，分别是荷兰（47%）、卢森堡（42%）、瑞典（40%）、丹麦（35%）、芬兰（22%）。在其他23个欧盟成员国中，大多数受访者（50%以上）认为腐败问题在自己的国家较普遍，其中包括法国、比利时、英国等国。

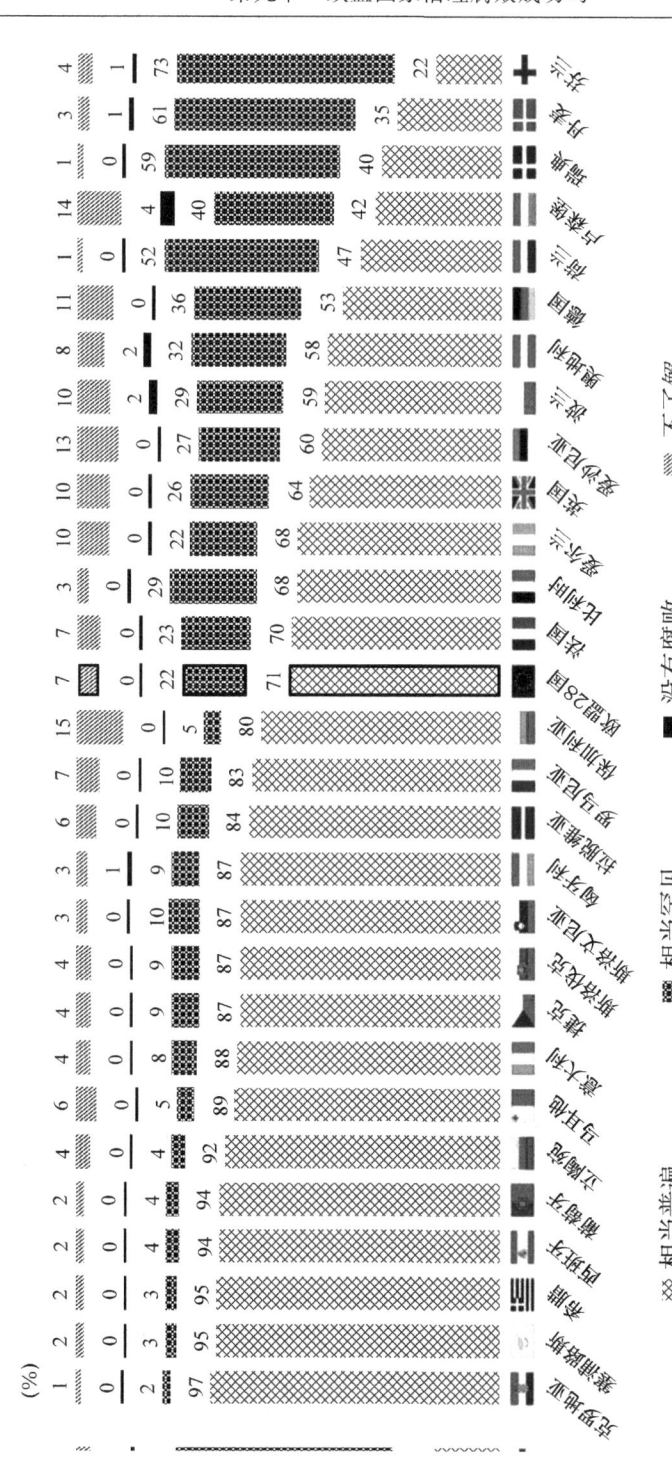

第九章 欧盟国家治理腐败成功吗　269

图 9-1　2019 年欧盟各国受访者认为腐败问题普遍程度的比例

资料来源：2019 年欧盟有关腐败的特别欧洲晴雨表调查报告。

三　不同领域腐败普遍性存在差异

对腐败的普遍程度的观察可以是泛泛而谈式的总体描述，也可以从不同领域腐败的普遍程度进行深入观察。2005 年至 2019 年有关腐败的特别欧洲晴雨表调查都有"（在我国），您认为行贿受贿和滥用职权谋取私利在以下情况中都很普遍吗"这个题目，表明这个题目非常重要。2005—2011 年四次调查的题目基本相同，只是 2011 年增加了"私营企业人员"一个选项，共有 16 个选项。2013 年之后问题的题干相同，但选项有了很大的调整。增加了"政党""税务机构""银行和金融机构""社会保障和福利部门"，将国家、区域和地方层面的政客、警察与海关分别合并为一个选项；司法部门工作人员被细分为"公诉机构"和"法院（特别法庭）"；对有些名称和表述作了调整，如将"公共卫生部门工作人员"改为"医疗保健系统"，将"公共教育部门工作人员"改为"教育部门"，共有 17 个选项。这些选项与国家社会稳定安全有关，都是欧洲人非常关注的并且是腐败最容易发生的问题领域，这些选项都是权力较大的领域，在其他国家和地区也同样受到高度关注。欧盟七次调查结果的分析，将有助于我们深入了解欧盟国家中哪些领域的腐败十分普遍。

从表 9-3 中可以看出，2005 年至 2011 年的四次调查，每次受访者选择最多的是国家层面的政客，基本在一半以上。选择区域层面和地方层面的政客的受访者比例也不低，在多次调查中都接近一半。负责公共招标和建筑许可的官员被选择的比例在四成以上，有的年份的调查则超过了一半，显示出审批权力变异为腐败的风险较高。受访者比例处于 30%—40% 的领域非常多，有监管部门、警察部门工作人员、颁发企业执照的官员、司法部门工作人员、私营企业人员、海关部门工作人员和公共卫生部门工作人员等，表明这些领域腐败的普遍程度相差并不大。在每次调查中，选择公共教育部门人员的受访者都不超过 20%。公共教育部门虽然也存在行贿受贿和滥用职权谋取私利的现象，但与公共卫生部门相比较而言，其普遍程度要小得多。同样都是颁发许可证（permit），行贿受贿和滥用职权谋取私利在颁发建筑许可证的官员中比在颁发企业许可证的官员中要普遍得多。

表9-3　您认为行贿受贿和滥用职权谋取私利在以下情况中都很普遍吗（2005—2011）　（%）

序号	问题选项	2005	2007	2009	2011
1	国家层面的政客	54	46	57	57
2	区域层面的政客	47	37	49	48
3	负责公共招标的官员	50	43	52	47
4	颁发建筑许可证的官员	49	42	51	46
5	地方层面的政客	45	37	48	46
6	监管部门（健康、建筑、食品质量、卫生管理和执照）	37	32	39	35
7	警察部门工作人员	39	31	39	34
8	颁发企业许可证的官员	37	29	38	33
9	司法部门工作人员	35	27	37	32
10	私营企业人员	—	—	—	32
11	海关部门工作人员	38	30	36	31
12	公共卫生部门工作人员	31	26	32	30
13	公共教育部门工作人员	19	13	19	17
14	其他	2	1	1	1
15	无	6	5	3	4
16	不知道	11	9	5	9

资料来源：根据2005年、2007年、2009年和2011年欧盟有关腐败的特别欧洲晴雨表调查报告数据整理。

从表9-4中可以得出，在2013年以后的三次调查中，国家、地区和地方层面的政客选项被合并为一个，多次调查结果显示，其受访者比例超过一半，紧跟政党之后。欧盟历次有关腐败的特别欧洲晴雨表调查结果表明，在列举的所有选项中，欧洲人认为55%以上的政党和政客都普遍存在行贿受贿和滥用职权谋取私利的现象，比例最高。在欧盟历次调查中，欧洲人选择"授予公共招标的官员"和"颁发建筑许可证的官员"的比例都较高，均在四成以上，但选择"颁发企业许可证的官员"的受访者比例只有三成以上。私营企业中的腐败一般受关注较少，但在2011—2019年的四次调查中，都有三成以上的欧洲人认为私营公司收受贿赂和滥用权力谋取个人利益现象普遍。三成左右的受访者认为，监管部门、银行和金融机构、警察与海关、医疗保健系统收受贿赂和滥用权力谋取个人利益现象十分普遍。选择税务机关的受访者比例相对较低，不到三成。法院（特别法庭）、公诉机构与警察和海关相比，受访者比例要相对低一些，欧洲国家的警察和海关这些执法机关比法庭、公诉机构等司法机关更容易腐败。在三次调查中，选择社会保障和福利部门、教育部门的受访者比例都不到两成，说明认为这些民生领域收受贿赂和滥用权力谋取个人利益的欧洲人相对较少。教育和医疗是关系千家万户利益的重大民生问题，但选择医疗保健系统的受访者明显多于教育部门。这表明在欧洲人看来，医疗卫生领域比教育部门腐败更为普遍。

表9-4 您认为行贿受贿和滥用职权谋取私利在以下情况中都很普遍吗（2013—2019） （%）

序号	问题选项	2013	2017	2019
1	政党	59	56	53
2	国家、地区或地方层面的政客	56	53	49
3	授予公共招标的官员	45	43	38
4	私营公司企业	38	40	37
5	颁发建筑许可证的官员	41	42	37
6	颁发企业许可证的官员	33	33	30
7	监管部门（医药安全、建筑、劳工、食品质量、卫生管理和执照）	35	34	29
8	银行和金融机构	36	33	29
9	医疗保健系统	33	31	27
10	警察和海关	36	31	26
11	税务机构	26	25	20
12	法院（特别法庭）	23	23	19

第九章　欧盟国家治理腐败成功吗　　273

续表

序号	问题选项	2013	2017	2019
13	公诉机构	19	21	16
14	社会保障和福利部门	18	19	15
15	教育部门	16	16	13
16	无	5	7	6
17	不知道	7	10	10

资料来源：根据2013年、2017年和2019年欧盟有关腐败的特别欧洲晴雨表调查报告数据整理。

四　腐败普遍存在于各类公共机构

公共机构是拥有和执行公权力的重要主体，其腐败普遍性基本决定了一个国家和地区的腐败程度。2005年至2019年欧盟历次有关腐败的特别欧洲晴雨表调查都有"哪些公共机构有腐败"这个题目，主要是调查国家机构（national institutions）、区域机构（regional institutions）和地方机构（local institutions）以及欧盟机构中腐败的普遍程度。欧洲大多数受访者认为，腐败普遍存在于地方、区域和国家机构中，特别是认为国家层面的公共机构腐败更多。欧盟机构中的腐败也同样非常多。除了2007年之外，在其他四次调查中认为欧盟机构腐败的欧洲人都超过70%（见表9-5）。

表9-5　　　　　　　　哪些公共机构有腐败　　　　　　　　（%）

调查年份	地方机构			区域机构			国家机构			欧盟机构		
	赞同	不赞同	不知道	赞同	不赞同	不知道	赞同	不赞同	不知道	赞同	不赞同	不知道
2005	75	18	7	73	17	10	77	15	8	71	12	16
2007	75	16	9	75	15	10	78	13	9	66	14	20
2009	81	14	5	81	13	6	83	12	5	76	12	12
2011	76	17	7	75	16	9	79	14	7	73	11	16

调查年份	区域机构和地方机构			国家机构			欧盟机构		
	赞同	不赞同	不知道	赞同	不赞同	不知道	赞同	不赞同	不知道
2013	77	15	8	80	12	8	70	12	18

续表

调查年份	区域机构和地方机构			国家机构			欧盟机构		
	赞同	不赞同	不知道	赞同	不赞同	不知道	赞同	不赞同	不知道
2017	72	17	11	73	16	11	—	—	—
2019	68	19	13	70	17	13	—	—	—

说明：2013年、2017年和2019年三次调查问卷的选项将区域机构和地方机构合并，不再分设。例如，2013年77%的受访者认为在区域机构和地方机构存在腐败，而15%的受访者表示"不赞同"，8%选择"不知道"。2017年和2019年的调查不再有欧盟机构的题目。

资料来源：根据2005—2019年欧盟有关腐败的特别欧洲晴雨表调查报告数据整理。

第二节　欧盟国家的腐败受害程度

腐败普遍性与腐败受害程度是衡量腐败程度的重要维度，分别从宏观与微观、间接和直接的角度进行测量。在腐败普遍性调查中，受访者很多是以旁观者的角色出现的，受访者站在远处来观察和评价腐败，是受访者对腐败程度的整体模糊的感觉，与实际腐败程度可能存在很大的差异，容易受到外部事件的影响和干扰。例如，在重大腐败案件刚被发现并被媒体广泛报道时进行问卷调查，受访者就会感觉腐败比较普遍。腐败受害程度是在亲身经历或者亲眼所见的腐败事实基础上对腐败产生的感知判断。此时受访者作为受害人角色，身临其境地近距离观察发生在自己身上的腐败。腐败是已经发生的直接对自己构成侵害或形成的威胁，受访者的受害程度由腐败客观事实支撑，并不会受到外界宣传等因素的影响。从这个意义上而言，腐败受害程度具有客观性和稳定性，弥补了腐败普遍性感知容易受外界干扰的缺陷。但是，腐败受害程度也具有缺陷。腐败受害程度感知以受访者及其家人、亲友遭受腐败侵害或威胁为前提，但具有受害人身份的受访者数量极少。随机抽取的受访者很有可能并未受到腐败侵害。因此，腐败受害程度数据会非常低，甚至有可能是零，与腐败普遍性数据相差甚远。这种现象不是欧盟国家所独有的，在其他国家的有关腐败调查中也同样存在。

腐败受害程度可以用腐败对个人的影响（Personal effect of corruption)、个人腐败经历（Personal experience of corruption）等具体指标来衡量，在欧盟的问卷调查中有以下几个题目。

第一个题目是：日常生活中个人是否受到腐败影响？从表9-6可以看出，2011年至2019年进行的四次调查的数据非常稳定，每年都有四分之一的受访者认为，他们在日常生活中受到了腐败的影响，说明腐败受害程度较广。不同国家的受访者之间差异很大，东欧、南欧的受访者比北欧和西欧的受访者比例要高一些。例如在2017年的调查中，68%的罗马尼亚受访者、59%的克罗地亚受访者、58%的西班牙受访者、50%的塞浦路斯受访者、46%的希腊受访者表示他们受到了腐败的影响。在法国（8%）、德国（6%）、芬兰和卢森堡（均为5%）以及荷兰和丹麦（均为4%）的受访者中所占比例不到十分之一，说明也有一部分人受到了腐败的影响。

表9-6　　　　对"日常生活中个人受到腐败影响"的评价　　　　（%）

调查年份	完全赞同	倾向于赞同	倾向于不赞同	完全不赞同	不知道
2011	10	19	22	45	4
2013	10	16	21	49	4
2017	9	16	17	52	6
2019	9	17	19	47	8

资料来源：根据2011—2019年欧盟四次有关腐败的特别欧洲晴雨表调查报告数据整理。

第二个题目是："在过去的12个月里，（在我们国家）有人在为您提供服务时要求或期望您行贿？"[①] 腐败分为贪污、挪用、行贿等种类，但欧盟问卷的题目仅仅选择了索贿这种腐败形式，范围非常窄。欧盟有关腐败的特别欧洲晴雨表调查显示，具有被索贿经历的受访者比例都较低，2005年和2007年只有7%，2009年仅为9%。在多次调查中都没有超过

---

① Over the last 12 months, has anyone in (OUR COUNTRY) asked you, or expected you, to pay a bribe for his or her services?

10%。但与其他国家和地区进行比较，就会发现这个数据并不低。例如中国香港特区廉政公署2018—2019年问卷调查显示，香港特区居民在过去12个月内亲身遇过贪污的不到2%（见表9-7）。之所以在不同国家和地区测量出来的个人的腐败经历的数据都很低，主要是因为受访者出于防止受到调查干扰或者出于维护自己的声誉等方面的考虑，一般都不愿意将自己亲身经历的腐败，尤其是不愿将行贿等腐败信息透露给他人。对于腐败方面的问卷调查，受访者警惕性更高。对过于敏感的提问往往会回避，甚至拒访。

表9-7　在过去12个月内中国香港亲身遇过贪污的受访者比例　　（%）

	2018	2019	2020	2021
有	1.3	1.6	1.5	1.3
没有	98.4	98.1	98.4	98.3
不知道/没有意见	0.3	0.3	0.1	0.4
样本数目（份）	1518	1506	1530	1714

资料来源：《2021年廉政公署周年民意调查》，香港特区廉政公署网站（https://www.icac.org.hk/filemanager/tc/content_176/survey2021.pdf）。

第三个题目是：调查受访者在与公共和私营机构接触过程中，是否遇到过腐败。2005年至2013年使用的调查题目是："在过去的12个月里，（我们国家）是否有人要求您，或期望您，为他或她的服务支付贿赂？"2017年后，这个题目中的题干由支付贿赂改为礼物、帮助或额外付费，调查题目为："在过去12个月的接触中，有任何人（在我们国家）在提供服务时要求您或期望您提供礼物、帮助或额外付费吗？"2005年至2019年的调查结果平均为7%，其中两次调查受访者比例在8%，两次比例是7%，只有2013年比例最低，仅为4%。2007年比例最高，达到了11%（见表9-8）。欧盟在2017年特别欧洲晴雨表调查报告中解释上升的原因是问题由提供贿赂改为提供礼品、帮助或金钱造成的。但这个理由成立的可能性不大，因为2011年、2007年、2005

年使用的题目与2013年是一样的,受访者比例甚至超过2017年。各国之间的差异非常大,例如在2013年的调查中,2004年后加入欧盟的12个国家中15%的受访者表示他们被要求行贿,而最早的欧盟15国只有2%。有的国家比例非常高,如2019年匈牙利和罗马尼亚都达到27%,比利时(24%)、匈牙利(20%)、立陶宛(19%)也都比较高。2017年,比利时27%的受访者与有关公共机构接触时被要求或被期望提供礼物、帮助或金钱,匈牙利这一比例达到25%。

表9-8 过去一年里有人要求或期望提供贿赂(或者礼物、帮助或额外付费)的比例 (%)

调查年份	是	否	拒答	不知道
2005	7	89	—	3
2007	11	89	—	0
2009	9	89	—	2
2011	8	89	—	3
2013	4	91	2	2
2017	7	89	2	2
2019	8	86	2	4
均值	7.71	88.86	2	2.29

说明:2007年报告与2009年报告的数据存在偏差。2007年报告中的数据为:"是"占8%,"否"占89%,"不知道"占2%。2009年的报告将2009年与2007年的数据做了对比,"是"占11%,"否"占89%,"不知道"为0。2011年的报告第61页认为2007年选择"是"的受访者占11%,笔者采信2009年和2011年报告中的数据。

资料来源:根据2005—2019年欧盟有关腐败的特别欧洲晴雨表调查报告数据整理。

第四个测量腐败受害程度的题目是腐败曝光率(exposure to corruption),具体是:"在过去12个月内,您是否经历或目睹过任何腐败案件?"这道题目是2013年调查时增加的题目。在三次调查中,2013年比例最高,为8%,2017年和2019年分别为5%和6%(见表9-9)。不同国家的受访者对这个问题的回答存在差异。有的国家比例比较高,如在2017年的调查中,克罗地亚(16%)、保加利亚(12%)、匈牙利

（10%）经历或目睹过腐败案件的受访者均超过 10%。

表 9-9　　　　在过去 12 个月内，您是否经历或
　　　　　　　　目睹过任何腐败案件？　　　　　　　　（%）

调查时间	经历过	见过	否	拒答	不知道
2013	5	3	90	1	1
2017	2	3	93	1	1
2019	2	4	93	0	1
均值	3	3.33	92	0.67	1

资料来源：根据欧盟 2013 年、2017 年和 2019 年有关腐败的特别欧洲晴雨表调查报告数据整理。

第五个测量腐败受害程度的题目是："是否知道其他任何人收受了贿赂？"这也是 2013 年欧盟问卷调查时增加的题目。2013—2019 年都至少有 11% 的欧洲人选择了"是"，比经历或目睹过腐败案件的受访者比例略高（见表 9-10）。三次调查数据基本相同，显示出相当的稳定性。

表 9-10　　　　是否知道其他任何人收受了贿赂？　　　　（%）

调查时间	是	否	拒答	不知道
2013	12	84	2	2
2017	12	85	1	2
2019	11	86	1	2
均值	11.67	85	1.33	2

资料来源：根据 2013 年、2017 年和 2019 年有关腐败的特别欧洲晴雨表调查报告数据整理。

2009 年的特别欧洲晴雨表调查报告《欧洲人对腐败态度的全面报告》在结论中指出："这项最新调查的结果并不容乐观。大多数欧洲人都赞同，腐败是他们国家的一个主要问题，并且存在于各级机构中。尽管这是普遍消极的观点，但在过去 12 个月里，只有不到 10% 的受访者个人有腐败方面的经历。"因为腐败具有隐蔽性，能够明确表示自己遇到腐败的人很少。实际上发生的腐败比受访者明确表示出来的数据要

高得多。虽然在过去的一年中受访者明确表示经历的腐败将近10%，但相对于其他国家而言已经不低了。

第三节　欧盟国家的腐败容忍度

腐败容忍度是廉政学中非常重要的一个概念，是衡量一个国家腐败程度的重要指标。公众对腐败的容忍度表示社会对腐败的可接受程度。腐败容忍度越高，社会对腐败越宽容，腐败就会越容易发生和泛滥，腐败分子将会肆无忌惮、无所顾忌。公众对腐败的不可接受程度越高，表明社会氛围对腐败越反感和抵制，搞腐败将会面临强大的社会压力。一般而言，腐败容忍度高的国家和地区，腐败都比较普遍。

从2013年开始，欧盟有关腐败的特别欧洲晴雨表调查增加了腐败可接受度（Acceptability of Corruption）的内容，2013—2019年三次问卷调查都有这样一道题目："更一般地说，如果想从公共管理或公共服务中获得一些东西，您认为可在多大程度上接受以下任何一种做法？1.送钱；2.赠送礼品；3.找关系帮个忙。"三次调查结果相当稳定，四分之一左右的受访者认为，找关系帮个忙（do a favour）、赠送礼品是可以接受的，超过15%的受访者认为，送钱是可以接受的（见表9－11）。多次调查表明，在公共管理或公共服务活动中，所有欧盟国家都没有实现对腐败的零容忍，每个国家都有相当部分的人具有以腐败方式获取公共产品或服务的可能性。欧盟一些国家的腐败容忍度非常高，社会对腐败非常宽容。

表9－11　　在接受公共管理或公共服务时对一些做法的看法　　（%）

选项	调查年份	总是可接受	有时可接受	从不接受	不知道
找关系帮个忙	2019	4	19	74	3
	2017	3	19	75	3
	2013	3	23	72	2

续表

选项	调查年份	总是可接受	有时可接受	从不接受	不知道
赠送礼品	2019	2	20	75	2
	2017	3	18	76	3
	2013	2	21	76	1
送钱	2019	2	14	82	2
	2017	2	12	83	3
	2013	1	15	82	2

资料来源：根据2017年和2019年欧盟有关腐败的特别欧洲晴雨表调查报告数据整理。

根据受访者对这三个问题的回答，欧盟制定了"腐败容忍指数"（a tolerance to corruption index），从认为腐败是"可接受的""容忍的"还是"不可接受的"三个方面对受访者进行了分类。该指数显示，2017年70%的受访者、2019年69%的受访者认为腐败是不可接受的，比例并不是十分高。2019年认为腐败是"不可接受的"受访者超过一半的欧盟成员国有21个，比例较高的是葡萄牙（88%）、芬兰（83%）和西班牙（81%）。2019年认为腐败是"不可接受的"受访者的比例不到一半的有7个，匈牙利（38%）、拉脱维亚（39%）、捷克（41%）、克罗地亚（46%）、奥地利（47%）、斯洛伐克（48%）和罗马尼亚（49%）。2017年，认为腐败是"不可接受的"比例低于50%的国家有捷克（47%）、克罗地亚（45%）、斯洛伐克（44%）、匈牙利（35%）和拉脱维亚（34%）。从2017年和2019年的调查来看，2004年后新加入欧盟的13个国家的受访者比原来15个成员国的受访者对腐败的接受度更高，也就是说，腐败容忍度相对更高（见表9-12）。丹麦、塞浦路斯、西班牙、法国、爱尔兰、意大利、卢森堡、荷兰、马耳他、葡萄牙、芬兰、瑞典的腐败可接受度在两次调查中都高于欧盟28国的平均水平，这些国家主要是欧盟2004年扩张之前的国家，但也有塞浦路斯、马耳他、斯洛文尼亚等在2004年扩容后新加入欧盟的国家。处于欧洲西南部的西班牙、葡萄牙在两次调查中都遥遥领先，超过北欧、西欧很多国家。南部的意大利的受访者选择不可接受的比例也非常高,超过了法国、德国、比利时、卢森堡、英国等国家。丹麦、瑞典、荷兰、卢森堡等北欧国家在透明国际(TI)的腐败感知指数(CPI)中一直名列前茅,但其腐败可接受度并不是欧盟28个国家和地区中最高的,也没有达到零容忍的程度。在两次调查中,腐败容忍度都较高的国家有捷克、拉脱维亚、克罗地亚、匈牙利、斯洛伐克等,这些国家都是2004年扩容后新加入欧盟的国家,说明这些国家腐败程度比较高。

表9-12　　　　　腐败容忍度指数(不可接受率)　　　　　(%)

15个国家(EU15)		2017	2019	13个国家(NMS13)		2017	2019
简称	名称			简称	名称		
BE	比利时	70	64	BG	保加利亚	61	63
DK	丹麦	79	79	CZ	捷克	47	41
DE	德国	67	70	EE	爱沙尼亚	69	70
EL	希腊	61	56	CY	塞浦路斯	71	74
ES	西班牙	83	81	LT	立陶宛	52	56
FR	法国	78	71	LV	拉脱维亚	34	39
IE	爱尔兰	81	74	HR	克罗地亚	45	46
IT	意大利	79	72	HU	匈牙利	35	38
LU	卢森堡	76	70	MT	马耳他	83	79
NL	荷兰	73	68	PL	波兰	64	71
AT	奥地利	64	47	RO	罗马尼亚	58	49
PT	葡萄牙	84	88	SI	斯洛文尼亚	77	73
FI	芬兰	84	83	SK	斯洛伐克	44	48
SE	瑞典	81	79				
UK	英国	65	70				

资料来源:根据2017年和2019年欧盟有关腐败的特别欧洲晴雨表调查报告数据整理。

第四节　欧盟对腐败普遍性存在的解释

从欧盟多次问卷调查结果中我们可发现,所有欧盟国家对腐败都没有做到零容忍,有的国家腐败容忍度非常高,经历或者目睹过腐败的受访者比例较高,大多数公众认为,腐败在欧盟各国普遍存在,是各国面临的主要问题。2009年和2011年欧盟在问卷调查中专门就腐败的原因设计了一个题目:"您认为,(我国)社会存在腐败的原因是什么?"调查结果显示,40%以上的受访者认为是商业和政治之间的联系太密切,比例最高。在2009年的调查中,荷兰受访者选择最多的是商业与政治之间的密切关系,高达35%。选择惩治腐败力度不够的受访者比例也很高,三分之一以上的欧洲人认为,政治家(政府和议会)在打击腐败方面做得不够,将近三分之一的受访者认为对腐败没有真正的惩罚(法院判决从轻或不起诉)。2009年的调查显示,斯洛伐克(58%)、西班牙(41%)和瑞典(37%)的受访者认为,缺乏对腐败的真正惩罚是腐败存在的主要原因,在欧盟国家中比例最高。欧洲人对自己国家的公共管理能力和状况有较多的不满。2009年和2011年两次调查显示,分别有32%和33%的欧洲人认为,公共资金因为没有以透明的方式使用导致腐败。在2009年的调查中,47%的法国受访者认为,社会存在腐败的原因是公共支出缺乏透明度,比例最高。公共支出不透明也是拉脱维亚(41%)、奥地利(36%)和荷兰(35%)的受访者选择最多的。这表明,即便是廉洁程度被国际机构认为比较高的国家也在公共资金使用管理方面存在不足,公开力度不够。用人不公的问题在欧盟国家也比较突出,五分之一以上的受访者认为,腐败的原因是公共行政部门的许多任命不是以品行或能力为依据。有法不依的问题也同样存在,约20%的受访者选择主管当局并不依法办事。从文化角度而言,约五分之一的受访者认为,许多人接受腐败作为日常生活的一部分。一部分欧洲人将腐败作为日常生活的常态来对待,对腐败容忍度较高。这种文化的存在对反腐败构成严重的障碍。受访者选择比例最低的是"恶劣的社会经济条件(低收入、贫困)导致腐败"。只有少数欧洲人将腐败归因为经济发展水平。

表9–13 您认为，（我国）社会存在腐败的原因是什么？ （%）

选项	2009	2011
政治家（政府和议会）在打击腐败方面做得不够	34	36
商业和政治之间的联系太密切	42	40
公共行政部门的许多任命都不是以品行/能力为依据	24	22
公共资金没有以透明的方式使用	32	33
主管当局并不依法办事	21	18
对腐败没有真正的惩罚（法院判决从轻或不起诉）	32	29
许多人接受腐败作为日常生活的一部分	21	19
恶劣的社会经济条件（低收入、贫困）导致腐败	17	18
其他	2	2
（我国）社会没有腐败现象	2	2
不知道	4	6

资料来源：根据2009年和2011年欧盟有关腐败的特别欧洲晴雨表调查报告数据整理。

以上是欧盟对腐败产生原因进行的直接调查数据。很遗憾的是，在2011年之后，欧盟没有继续对腐败产生的原因进行调查。2013年之后的调查问卷题目更加丰富，对欧盟国家腐败产生的原因作了更加充分和全面的揭示。社会学从结构化与交互式两个角度研究腐败。结构化的研究是从制度和文化角度展开的，认为腐败被视为某些社会的通病，不会出现在其他社会之中或者出现的概率极低。交互式研究则关注特定公职领域内行为人的行为。[1] 欧盟有关腐败的特别欧洲晴雨表调查是跨国家和地区的比较，是典型的结构化研究。通过分析欧盟跨越十多年的多次调查结果，我们会发现导致欧盟国家腐败普遍的原因是结构化的，而非个别人的交互式行为。

一 政治制度结构决定了惩治腐败力度和效果都不理想

欧洲各国反腐败机构的反腐败力度不大，遏制腐败的功能并没有得到大多数公众的认可。这一判断欧盟有关腐败的特别欧洲晴雨表调查

---

[1] [美]迪特尔·哈勒、[新西兰]克里斯·肖尔主编：《腐败：人性与文化》，诸葛雯译，江西人民出版社2015年版，第4—5页。

有多项数据来验证和支撑。

(一) 对高层腐败打击不力

对高层腐败（High-level corruption）的打击能够充分彰显出反腐败的决心和成效。但欧盟国家对高层腐败普遍存在着打击不力的问题，只有极少数政客的腐败被曝光，反腐败机构也很少主动发现和查处政客中的腐败行为。政客在出现腐败丑闻之后往往以辞职了事，很少有"老虎"被追究刑事责任。欧盟2013—2019年的三次调查显示，三分之二以上的受访者认为自己所在国家的高层腐败没有完全被起诉，2013年曾高达73%。欧盟各国之间尽管存在差异，但认为高层腐败没有完全被起诉的受访者比例非常高。例如，在2017年的调查中，希腊（86%）、保加利亚（83%）、西班牙（81%）、匈牙利（81%）、立陶宛（80%）都有80%及以上的受访者认为本国高层腐败没有完全被起诉，荷兰（54%）、芬兰（48%）、卢森堡（47%）、丹麦（40%）这些被国际机构普遍认为廉洁程度较高的国家，也至少有40%以上的受访者认为自己所在国家的高层腐败没有完全被起诉，法国（77%）、德国（65%）、英国（58%）、意大利（67%）等国比例也都比较高。

表9-14　　　　对"高层腐败没有完全被起诉"的评价　　　　　（%）

	完全赞同	倾向于赞同	倾向于不赞同	完全不赞同	不知道
2013	39	34	12	5	10
2017	35	34	12	7	12
2019	31	35	14	6	14

资料来源：根据2013年、2017年和2019年欧盟有关腐败的特别欧洲晴雨表调查报告数据整理。

(二) 公诉难以阻止腐败

对腐败案件提起诉讼然后追究其刑事责任是打击腐败的严厉措施。只有提起公诉的案件数量足够多并且成案率比较高，给予腐败分子的处罚足够到位，才会产生足够的震慑。如前所述，大多数欧洲人认为，腐败在自己所在的国家普遍存在，但欧洲人经历和所见的腐败案件非常少。公众感知到的普遍腐败与经历的腐败之间存在很大的差距，其中一个重要的原因是腐败发现、调查、起诉、惩处和报道等方面的力度不够。即便腐败非常普遍，但只要在打击腐败的任何一个环节用力不足，都可能会使腐败案件减少。从2005年开始，欧盟问卷调查开始就"在（我国）有足够多成功的公诉来阻止人们行贿或受贿"这个表述调查受访者的看法，50%以上的受访者认为自己所在的国家对行贿或受贿提起公诉力度不够。2013年的问卷题目稍微做了修改，将行贿受贿改成腐败行为，受访者表示不赞同对腐败有足够成功的起诉的比例没有发生太大变化，仍然高达50%以上（见表9-15）。2005—2019年的历次调查结果表明，欧洲人对司法诉讼反腐败的效果的认可度普遍不高。

表9-15　对"在（我国）有足够多成功的公诉来阻止人们行贿或受贿"的评价　　　　　　　　　　　　　　　（%）

调查年份	赞同	不赞同	不知道
2005	30	59	11
2007	32	58	10
2009	30	63	7
2011	22	67	11
2013	26	62	12
2017	33	53	14
2019	20	66	14

资料来源：根据历次欧盟有关腐败的特别欧洲晴雨表调查报告数据整理。

（三）对腐败案件判处太轻

2009年和2011年欧盟专门对腐败案件的判决轻重进行了调查。两次调查结果都显示，77%的受访者认为，"（我国）腐败案件的法庭判决太轻"（见表9-16）。捷克（2009：89%；2011：92%）、希腊（2009：89%；2011：86%）和斯洛文尼亚（2009：89%；2011：

85%）在两次调查中都排在前列，表明南欧和东欧国家对腐败惩治力度严重不够。但从欧盟2009年和2011年的调查报告中我们也看到，比利时（2009：81%；2011：82%）、德国（2009：78%；2011：71%）、法国（2009：76%；2011：78%）、英国（2009：72%；2011：71%）、芬兰（2009：74%；2011：69%）、荷兰（2009：70%；2011：62%）、瑞典（2009：64%；2011：62%）、卢森堡（2009：54%；2011：43%）、丹麦（2009：54%；2011：49%）这些西欧和北欧国家的比例也不低。从欧盟2009年和2011年的调查数据中我们可以看出，不仅欧盟国家腐败案件查处、提起公诉力度严重不足，法庭对腐败案件判决太轻也是普遍存在的问题。

表9-16 对"（我国）腐败案件的法庭判决太轻"的评价　　　　（%）

	赞同	不赞同	不知道
2009	77	15	8
2011	77	11	12

资料来源：根据2009年和2011年欧盟关于腐败的特别欧洲晴雨表调查报告数据整理。

（四）政府打击腐败有效性差

欧盟自2009年开始对"政府打击腐败的努力是有效的"进行调查。2013—2019年进行的五次调查显示，不赞同"政府打击腐败的努力是有效的"受访者的比例虽然逐次下降，但始终保持在50%以上。2009年、2011年和2013年的三次调查中甚至有三分之二及以上的欧洲人不赞同自己国家的政府反腐败有效。认为政府反腐败有效的欧洲人在每次调查中都不超过三分之一（见表9-17）。西欧和北欧国家比例也很高，如在2019年的调查中，比利时（53%）、法国（62%）、爱尔兰（52%）等有超过一半的受访者认为政府打击腐败的努力无效，瑞典（43%）、荷兰（48%）、芬兰（39%）、丹麦（42%）、英国（43%）、德国（47%）等国的受访者将近四成或超过四成。

表9-17 对"政府打击腐败的努力是有效的"的评价 （%）

	赞同	不赞同	不知道
2009	23	71	6
2011	22	68	10
2013	23	66	11
2017	30	56	14
2019	32	53	15

资料来源：根据2009—2019年欧盟五次关于腐败的特别欧洲晴雨表调查报告数据整理。

二 预防腐败制度措施有漏洞和缺陷

（一）对政治资金监管不力

欧盟国家实行多党竞选的政治制度，而竞选中的政治腐败是这类国家面临的共同问题。欧洲的公众对选举资金不公开、监督不严反应比较强烈。只有不到三成的欧洲人认为自己所在的国家政党融资充分公开并受到了监督，50%以上的欧洲人认为自己的国家没有做到这一点，有时甚至超过三分之二的欧洲人认为竞选资金不公开和监管不充分（见表9-18）。虽然欧盟各国之间存在差别，但与其他题目不一样，南欧、东欧和北欧、西欧国家的受访者在这个问题回答上的差别并不是非常大。例如，在2017年的调查中，认为自己所在的国家政党融资并未充分公开和受到监督的受访者超过一半的，既有东欧、南欧国家，如意大利（61%）、罗马尼亚（52%）、保加利亚（70%），也有北欧国家，如比利时（58%）、芬兰（51%）、丹麦（54%），还有法国（65%）、德国（58%）这样的欧洲大国。欧盟多次调查的数据表明，欧洲政治腐败在各国比较普遍，主要原因在于竞选资金不透明公开，缺少有效的监管。

表9-18 对"政党融资充分公开并受到监督"的评价 （%）

	赞同	不赞同	不知道
2011	22	68	10
2013	22	67	11

续表

	赞同	不赞同	不知道
2017	29	58	13
2019	32	55	13

资料来源：根据2011—2019年欧盟四次有关腐败的特别欧洲晴雨表调查报告数据整理。

（二）政商关系过于紧密

商业与政治之间的联系是否紧密是特别欧洲晴雨表调查的重要内容。2013年，81%的欧洲人认为，他们国家的商业和政治关系过于密切因而导致腐败。2017年，这一比例达到79%（见表9-19）。从欧盟有关腐败的特别欧洲晴雨表调查可以看出，政商关系紧密导致腐败，权力与资本紧密勾连产生利益输送，是欧洲腐败的重要特征。在2009年和2011年的调查中，在腐败发生原因所列举的选项中，选择"商业和政治之间的联系太密切"的受访者比例最高，分别为42%和40%。在2011年的调查中，受访者选择这一选项比例高的国家有法国（55%）、芬兰（50%）、意大利（50%）、比利时（44%）、德国（47%）。这些国家都是欧盟中有影响力的国家，有的被国际机构评为廉洁国家。但从欧盟国家的调查来看，政商之间的关系紧密，会导致腐败多发。但这种腐败非常隐蔽，在西方"旋转门"机制下，腐败被制度化和结构化，因而难以受到查处和打击。如前所述，欧盟国家对腐败打击力度不够，起诉腐败成功率较低，对于政治与资本勾结的腐败更是难以查处。尽管大多数欧洲人已经感觉到这个方面的问题严重性，但在欧盟各国反腐败实践中，很难出台有针对性的制度措施来解决，这方面的腐败案例更是微乎其微。

表9-19　　对"商业和政治之间的联系太密切"的评价　　（%）

调查年份	赞同	不赞同	不知道
2013	81	10	9

续表

调查年份	赞同	不赞同	不知道
2017	79	12	9
2019	76	13	11

资料来源：根据2013年、2017年和2019年欧盟有关腐败的特别欧洲晴雨表调查报告数据整理。

（三）商业成功需要借助政治关系

政治权力与商业利益紧密捆绑在一起，这是世界上实行多党制竞选、轮流坐庄政治体制国家普遍存在的问题。2013—2019年欧盟的历次调查都显示，大多数（50%以上）受访者认为，在自己的国家取得商业成功的唯一途径是建立政治关系（见表9-20）。如前所述，在2005年至2011年的四次调查中，在所列举的行贿受贿和滥用职权谋取私利可能比较普遍的十多个选项中，每次调查受访者选择最多的是国家层面的政客。参加政治竞选的政客都是经济利益集团的代表，在当选职务之后其所代表的利益集团将会以各种方式获得关照和支持。

表9-20　对"取得商业成功的唯一途径是建立政治关系"的评价　（%）

	赞同	不赞同	不知道
2013	56	36	8
2017	52	38	10
2019	51	37	12

资料来源：根据2013年、2017年和2019年欧盟有关腐败的特别欧洲晴雨表调查报告数据整理。

（四）反腐败措施运用具有选择性

欧盟国家反腐败力度之所以较小，是因为欧盟各国的政治体制。欧盟国家普遍实行多党竞选的政治制度，各个政党都有自己的利益，为了争取或者维持执政地位，反腐败往往是权宜之计而不是长久之策，常常成为政治竞争与斗争的工具，反腐败措施的运用具有非常强的选择性。从多次调查中可以看出，赞同反腐败措施的运用是公正的、不是别有用心的受访者数量只有三分之一左右，而不赞同也就是认为反腐败措施运用不公正、别有用心的受访者人数超过或者接近一半（见表9-21）。反腐败作为打击竞选对手的手段，并不完全公平公正地适用于所有的腐败分子。

表9-21　对"反腐败的措施运用是公正的、不是别有用心的"的评价　（%）

调查年份	赞同	不赞同	不知道
2013	33	51	16
2017	35	47	18
2019	38	44	18

资料来源：根据2013年、2017年和2019年欧盟有关腐败的特别欧洲晴雨表调查报告数据整理。

三　腐败滋生的文化土壤比较厚

（一）偏袒和腐败阻碍商业竞争

2013年开始，欧盟问卷调查增加了偏袒（favouritism）和腐败阻碍商业竞争的调查内容。在2013年至2019年的调查中，认为自己所在国家的偏袒和腐败阻碍了商业竞争的受访者占大多数，只有五分之一的受访者表示不赞同（见表9-22）。虽然南欧和东欧国家认为"自己所在国家的偏袒和腐败阻碍了商业竞争"的受访者比例相对高于北欧和西欧国家，但并不因此就能得出北欧和西欧国家偏袒和腐败阻碍商业竞争状况就不存在或者很少的结论。被国际机构惯性地评为廉洁程度较高的北欧和西欧国家也有相当比例的受访者认为，"自己所在国家的偏袒和腐败阻碍了商业竞争"，如法国（2013：75%；2017：70%；

2019：67%）、英国（2013：61%；2017：56%；2019：48%）、比利时（2013：61%；2017：62%；2019：59%）、卢森堡（2013：58%；2017：46%；2019：40%）、瑞典（2013：54%；2017：47%；2019：42%）、德国（2013：49%；2017：51%；2019：42%）、芬兰（2013：48%；2017：39%；2019：41%）、荷兰（2013：34%；2017：38%；2019：38%）、丹麦（2013：19%；2017：18%；2019：24%）的比例都不低。这说明相当部分欧洲人对利用腐败方式开展商业竞争持容忍态度，反映出欧洲人较高的腐败容忍度。欧盟国家的数据在三次调查中都相对稳定，并没有出现非常剧烈的变化，从一定程度上说明欧洲的反腐败政策和公众心态相当平稳。

表9-22　对"自己所在国家的偏袒和腐败阻碍了商业竞争"的评价　　（%）

	赞同	不赞同	不知道
2013	69	20	11
2017	67	21	12
2019	63	23	14

资料来源：根据2013年、2017年和2019年欧盟有关腐败的特别欧洲晴雨表调查报告数据整理。

（二）人情关系在欧洲非常重要

学术界普遍认为，中国社会是一个讲人情面子的社会。[1] 但从欧盟多年的调查来看，欧盟国家也存在厚重的人情关系文化，成为诱致腐败的深层次因素，深深嵌在欧洲企业活动和社会生活之中。首先是偏袒行为比较普遍。偏袒是以个人关系和感情为基础的徇私行为，例如在分配公共资源、合同机会时优亲厚友等。如前所述，2013—2019年

---

[1] 翟学伟：《人情、面子与权力的再生产——情理社会中的社会交换方式》，《社会学研究》2004年第5期；阎云翔：《礼物的流动：一个中国村庄中的互惠原则与社会网络》，上海人民出版社2000年版；韩少功：《人情超级大国》，《读书》2001年第12期；黄光国：《人情与面子：中国人的权力游戏》，中国人民大学出版社2010年版。

的调查显示，三分之二左右的欧洲人认为偏袒和腐败阻碍了商业竞争。为了争取商业资源和机会，偏袒和腐败成为很多欧洲人的选择方式。另一个重要表现就是利用关系获取公共服务。在2013年、2017年和2019年的调查中，分别有73%、66%、64%的受访者认为，贿赂和凭借关系是获得某些公共服务的最容易的途径（见表9-23）。瑞典学者研究发现，瑞典人对公务员提供公共服务的公正性表示怀疑。大约40%的受访者表示，他们从公务员那里得到的服务肯定离不开私人关系，这一比例高于周边其他北欧国家。[①]

表9-23 对"贿赂和凭借关系是获得某些公共服务的最容易的途径"的评价

（%）

	赞同	不赞同	不知道
2013	73	18	9
2017	66	23	11
2019	64	23	13

资料来源：根据2013年、2017年、2019年欧盟有关腐败的特别欧洲晴雨表调查报告整理。

（三）腐败是企业文化的一部分

企业是市场活动的重要主体，很多商业贿赂和行贿受贿都与企业活动有关。从表9-24可以看出，在欧盟2013—2019年的调查中，60%以上的受访者认为腐败是企业文化的一部分，一半以上的受访者认为在自己的国家取得商业成功的唯一途径是建立政治关系，说明关系和人脉在欧洲国家商业经营活动中同样非常重要。三次调查结果没有太大的差别，表明受访者对这些问题的反映比较稳定，体现出腐败作为文化而存在的稳定性。

---

① ［瑞典］斯塔凡·安德松、［美］弗兰克·艾尼提埃尼克：《腐败与腐败控制》，阳平译，中国方正出版社2023年版，第77—78页。

表9-24　认为"腐败是企业文化的一部分"的受访者比例　　　　　　（%）

	赞同	不赞同	不知道
2013	67	25	8
2017	62	28	10
2019	61	28	11

资料来源：根据2013年、2017年和2019年欧盟有关腐败的特别欧洲晴雨表调查报告数据整理。

四　公众参与反腐败的积极性并不高

（一）腐败举报率很低

大部分经历或目睹过腐败的欧洲人并不举报。2013—2019年，四分之三左右的受访者表示遇到腐败不举报，2017年81%的受访者表示他们没有向任何机构举报自己经历或目睹的腐败。在经历或目睹过腐败后，北欧和西欧国家一半以上的受访者表示不举报，比例也非常高（见表9-25）。例如在2013年的调查中，法国（79%）、丹麦（77%）、瑞典（72%）、卢森堡（76%）四分之三左右的受访者，英国（74%）、芬兰（52%）、荷兰（54%）、德国（62%）、比利时（63%）超过一半的受访者选择不举报。2017年欧盟组织的关于腐败的特别欧洲晴雨表调查报告在结论部分对举报率低的原因进行了分析，认为欧洲普遍对国家处理腐败举报这一问题的能力缺乏信心。[①] 举报率是综合反映反腐败情况的指标，直接说明对打击腐败缺乏信心或者信心不足，这与前面分析的欧洲反腐败力度不够紧密相关。除此之外，还存在举报平台缺乏、渠道不畅、举报方式不知晓等多方面的原因。

表9-25　　　　　　经历或目睹过腐败的人是否举报

调查年份	不举报	举报	拒答	不知道
2013	74	12	6	8

---

① 欧盟委员会2017年10月关于腐败的特别欧洲晴雨表调查报告，第111页。

续表

调查年份	不举报	举报	拒答	不知道
2017	81	18	1	0
2019	77	21	2	0

资料来源：根据2013年、2017年和2019年欧盟有关腐败的特别欧洲晴雨表调查报告数据整理。

大多数欧洲人遇到腐败都不举报，只有大约五分之一的人向当局举报。从2013年开始，特别欧洲晴雨表调查专门增加了一个关于不举报原因的题目："我将找出人们不举报腐败案件的可能原因。请告诉我，您认为最重要的原因是什么？"在这个问题上，提供了11个选项，要求受访者最多选三个。关于不举报的原因，欧盟经过调查后认为主要有两个方面：一是举报知识的缺乏；二是存在阻碍举报的因素。①

欧洲人关于举报腐败的知识比较欠缺，最为典型的就是不知道去哪里举报腐败。这说明反腐败机构与公众之间联通渠道存在问题，举报腐败的方式缺乏或者知晓率不高。五分之一以上的受访者选择不知道到哪儿举报（见表9-26）。在11个选项之中，这虽然不是最高的，但相对于其他选项而言，比例并不低。这么多的人不知道到哪儿举报反映出很多问题，最为直接的可能是反腐败机构对举报方式宣传普及不够。反腐败机构不作为问题可能非常突出，社会影响力非常弱，让公众感觉不到其存在。欧洲国家看似有很多机构可以在反腐败中发挥作用，如媒体、议会、监察官、检察院、警察、法院等，但并没有一个专职机构来具体负责反腐败工作，因而存在九龙治水但水不治的问题。从调查中我们也发现，腐败比较隐蔽，举报人虽然亲历或者目睹腐败案件，但要举报证明腐败案件非常困难，这是受访者选择比例最高的一个选项（占将近一半）。

---

① 欧盟委员会2017年10月关于腐败的特别欧洲晴雨表调查报告，第111页。

表9-26　　　　　　　人们不举报腐败案件的可能原因　　　　　　　（%）

选项	2013	2017	2019
证明举报的问题很困难	47	45	45
举报没有意义，因为腐败分子并不会受到惩罚	33	32	30
对举报人保护不力	31	29	29
不知道到哪儿举报	21	22	22
每个人都知道腐败但没有任何人举报它	20	19	19
举报腐败的人会与警察或其他当局产生纠纷	18	20	19
不想背叛他人	16	18	19
腐败不值得举报	16	16	16
其他	2	2	2
无	3	4	3
不知道	4	6	5

资料来源：根据2013年、2017年和2019年欧盟有关腐败的特别欧洲晴雨表调查报告数据整理。

（二）阻碍举报的因素有很多

对腐败惩治力度不够是影响公众举报的一个重要因素。公众对反腐败机构缺乏信心，有三分之一左右的受访者认为举报没有意义，因为腐败分子并不会受到惩处。对举报人保护不力占的比例非常高，达到30%左右。另外，约20%的受访者担心举报腐败会惹上麻烦，与警方或其他当局产生冲突，说明打击报复腐败举报人的现象可能存在。欧盟国家虽然强调反腐败，但在腐败惩治、举报人保护、举报渠道便捷畅通等对腐败具有强烈防治效果的实质性举措方面缺乏力度，从而让举报腐败的"吹哨"行为并不积极。这种局面与前面受访者反映的腐败普遍存在、反腐败力度不够都能够相互印证。

直接调查被访者不举报的原因可以比较出不同选项的重要性。相对而言，"不知道到哪儿举报"在问题选项排序中并不靠前。在专门设计的调查题目中，举报知识缺乏则表现得非常突出。从2013年开始，问卷调查增加了这个题目："如果您经历或目睹过腐败案件，您是否知道向何处举报？"调查结果显示，2013年至2019年知道到哪里举报的欧洲人不到一半，明确表示不知道到哪里举报的受访者比例相对更高。不知道到哪里举报的受访者比例出现了逐步上升的趋势，从2013年的44%上升到了2019年的53%；知道到哪儿举报的受访者出现了逐步减少的趋势，从51%下降到44%（见表9-27）。

表9-27　如果您经历或目睹过腐败案件，您是否知道向何处举报？（%）

调查年份	是	否	不知道
2013	51	44	5
2017	47	49	4
2019	44	53	3

资料来源：根据2013年、2017年和2019年欧盟有关腐败的特别欧洲晴雨表调查报告数据整理。

欧盟28个国家之间的差异非常大，例如，2017年不知道到哪儿举报腐败的受访者比例最低的希腊（36%）与最高的匈牙利（72%）相差一倍。但不知道到哪儿举报的受访者比例差异在欧盟区域上的差别并不明显。例如中欧、东欧国家有的比较突出，如匈牙利、保加利亚、奥地利；西欧、北欧国家也很突出，如比利时、爱尔兰50%以上的受访者并不知道向何处举报。瑞典、芬兰、卢森堡、丹麦、荷兰等这些向来被国际机构誉为非常廉洁的国家都有40%及以上的受访者遇到腐败不知道向哪个机构举报（见表9-28）。

表9-28　经历或目睹过腐败案件但不知道向何处举报的受访者比例（%）

15个国家（EU15）		2013	2017	2019	13个国家（NMS13）		2013	2017	2019
代号	名称				代号	名称			
BE	比利时	61	64	66	BG	保加利亚	46	60	59
DK	丹麦	43	49	55	CZ	捷克	43	56	55

续表

15 个国家（EU15）		2013	2017	2019	13 个国家（NMS13）		2013	2017	2019
代号	名称				代号	名称			
DE	德国	42	51	57	EE	爱沙尼亚	58	46	52
EL	希腊	47	36	34	CY	塞浦路斯	35	43	53
ES	西班牙	43	46	46	LT	立陶宛	52	45	53
FR	法国	49	52	56	LV	拉脱维亚	57	46	48
IE	爱尔兰	51	62	63	HR	克罗地亚	48	60	58
IT	意大利	29	36	46	HU	匈牙利	63	72	71
LU	卢森堡	36	42	46	MT	马耳他	38	42	56
NL	荷兰	55	48	58	PL	波兰	43	52	51
AT	奥地利	53	61	68	RO	罗马尼亚	43	56	68
PT	葡萄牙	52	49	42	SI	斯洛文尼亚	33	43	51
FI	芬兰	38	40	43	SK	斯洛伐克	47	58	57
SE	瑞典	47	49	48					
UK	英国	46	45	51	欧盟		44	49	53

资料来源：根据2013年、2017年和2019年欧盟有关腐败的特别欧洲晴雨表调查报告数据整理。

选择举报腐败行为会遇到障碍的受访者比例非常高。在为何不举报腐败的问题中，欧洲人选择最多的选项是因为很难证明，2013—2019年三次调查都在45%以上，比例最高。30%以上的受访者认为毫无意义，举报不会有结果，腐败分子不太可能受到惩罚。腐败具有隐蔽性，外人很难搜集证据加以证明。但三分之一左右的受访者认为举报不会有结果，从相当程度上表明欧洲国家反腐败机构工作不力，腐败分子并没有受到严惩。将近30%的受访者认为举报人没有受到任何保护，举报腐败可能会遭受打击报复，存在较大的风险。

第五节　欧盟国家腐败特征与发展趋势

通过欧盟持续多年的有关腐败的特别欧洲晴雨表调查数据，我们会明显发现欧洲国家的腐败非常普遍。北欧和西欧国家虽然比南欧和东欧廉洁程度要高一些，但其廉洁程度也并不如人们所想象的那样理想，腐败依然普遍存在，国家和地方公共机构、政治选举、招投标等部门和领域腐败尤为突出。透明国际持续二十多年公布的 CPI 指数显示，北欧、西欧这些原来得分较高的国家几乎都出现了得分下降的趋势，有的下降幅度还较大，表明这些国家的腐败状况不仅没有好转，而且在不断恶化。欧盟虽然推动成员国开展反腐败工作，但欧洲各国各地区对腐败打击力度普遍不大，预防腐败的措施较少，而且并未较好地发挥作用，滋生腐败的文化土壤和条件广泛存在，政商关系、社会资本在社会文化中根深蒂固。欧洲国家的腐败具有其自身的鲜明特征。这些特征长期存在，深深嵌入各国的政治、社会和文化之中，除非发生剧烈的政治和社会变革，不然，欧洲国家的腐败状况很难发生根本性改变。如果欧洲经济发展停滞不前，或者人们的生活水平因为战争冲突、通货膨胀、能源危机、大规模移民、欧元大幅贬值等因素的影响而大幅下降，欧盟国家将来治理腐败成功的概率将会更低。

一　欧盟国家腐败特征

欧盟国家是透明国际等国际机构普遍给予较高廉洁评价的国家，人们习惯性地将欧洲尤其是北欧和西欧当作世界上非常廉洁的地方。但欧盟的多次深入调查提供了重新认识欧洲腐败的新材料和新视角，我们发现欧洲与其他地区一样存在着腐败，其腐败具有以下明显特征。

一是腐败非常普遍。腐败对任何国家和地区是没有选择性的。国家和地区不论强弱、贫富、大小，都可能存在腐败。意识形态、宗教信仰、历史文化、政治制度等不是与腐败绝缘的理由。只要有权力存在的地方，就会存在腐败。欧盟多次对成员国腐败的调查数据显示，所有国家都存在腐败，腐败是各成员国面临的主要问题，比较普遍。在国家、区域和地方以及欧盟公共机构中腐败广泛存在。私营企业没有政府公权力却有私权力，同样存在腐败。不管权力来源于公共机构，还是私营机构，都可能会变异为腐败。在招投标、审批、监管、执法、司法等诸多领域，腐败会大量存在，在民生福利如医疗卫生、教育、福利保障等领域，虽然腐败发生率较低或程度相对较轻，但同样存在着腐败。

二是悲观情绪弥漫。2009年和2011年的欧盟调查结果显示，欧洲人普遍对腐败持悲观态度，分别有69%和70%的欧洲人认为腐败一直存在且不可避免（见表9-29）。比利时（2009：81%；2011：83%）、荷兰（2009：82%；2011：80%）、卢森堡（2009：75%；2011：80%）等北欧国家的比例都非常高。在欧盟国家里认为腐败不可避免和长期存在的受访者比例之所以高，是因为欧盟国家普遍反腐败力度不够大，反腐败效果不好。具有腐败治理职能的公共机构发挥的作用有限，公众对政府反腐败缺乏信心，因而认为腐败是不可避免的悲观情绪蔓延开来。

表9-29　　　　对"腐败是不可避免的，它一直存在"的评价　　　　（%）

	完全赞同	倾向于赞同	倾向于不赞同	完全不赞同	不知道
2009	27	42	18	9	4
2011	26	44	17	9	4

资料来源：根据2009年和2011年欧盟关于腐败的特别欧洲晴雨表调查报告数据整理。

三是腐败分布具有差异性。欧盟成员国之间的腐败具有很大的差异，南欧、东欧国家与北欧、西欧国家相比，腐败普遍较多。国家公共机构比区域和地方的公共机构腐败似乎更多。权力大的机构，例如具有审批、招标、执法、监管权限等机构中的腐败比民生领域的腐败要多。差异性还表现在不同的群体之中。欧洲人认为政党和政客中的腐败最为严重，远远高于长期供职于公共岗位的事务官。但腐败分布的差异性与意识形态、政治体制、历史文化等并没有多大的关系。东欧国家原来是社会主义阵营中的国家，在实行三权分立、多党制、私有制等政治改革之后，腐败非常普遍。这些国家在政治剧变之后，并没有看到腐败出现缓解或变好的趋势。我们似乎可以看出，依靠政治或经济上剧烈转型来反腐败，难以取得成功。

四是民生领域的腐败普遍弱于政治领域的腐败。欧盟国家的腐败非常普遍，但主要发生在政治领域，民生领域相对较少。也就是说，腐败在政治领域渗透得非常深广，但在社会生活方面受到较好的控制，尤其是在北欧、西欧经济社会发展程度较高的国家。在所有公共及私营机构中，医疗保健系统是受访者认为接触最多的。2017年的调查显示，在过去的12个月里，78%的受访者访问过公共医疗从业者或公共医疗机构，与2013年的调查结果几乎相同。但欧洲只有数量极少的受访者（4%）表示，他们须给医院额外付款、贵重礼物或捐款。欧洲人认为，公共教育和医疗卫生领域人员的行贿受贿和滥用职权谋取私利的相对较少，远低于政党、政客、审批等领域。虽然公众对政治领域的腐败也很关注，但对发生在身边的腐败更为关切。政治领域和其他一些公共管理领域并不与公众的利益直接发生关系，与公众生活还有一定的距离。例如政党和政客的腐败虽然也会影响群众的利益，但并不如医疗卫生和公共教育那么紧密和直接，让人感受深切。民生领域的腐败受访者感受到的较少，公众受到腐败直接损害的非常少，因此腐败虽然很严重，但公众仍然觉得获得感较强。

二　欧盟国家腐败发展趋势

目前看不到腐败有明显好转的迹象。欧盟经过十多年调查的有关腐败程度的大多数数据都非常稳定。腐败与欧洲国家各地的建筑一样，长期保持着不变的风格。腐败的产生、发展和蔓延往往是同经济的发展紧密联系在一起的。经济不景气、发展速度缓慢、生产订单减少、失业率增加的时期，也就是经济领域内营私舞弊现象比较严重的时期。① 当前欧洲的经济发展缓慢，因为俄乌冲突，通货膨胀极为严重，欧洲并不具备腐败好转的政治形势和经济社会条件。欧盟国家的腐败与其政治制度和文化是紧密相关的，属于制度内生的结构性腐败。多党竞争制度从表面上看，似乎不同的政党相互监督，但实际上政党内部的腐败非常严重，竞选资金来源不透明，监管不严格。腐败都是权力内部的斗争，虽然各个政党在竞选时可能都打着反腐败的旗号，但在真正较真碰硬的时候都会考虑再三。政党都代表资产阶级的利益，相互的斗争和监督是十分有限的。任何一个政党上台，都不可能彻底、坚决有力地反腐败。因此虽然欧盟各国反腐败的机构众多，但真正有效发挥作用的并不多。公众信任度最高的是警察，而不是政党、媒体等。如前所述，欧盟对腐败的打击力度很小，对腐败处置过轻，达不到阻吓的目的。在既有的政治文化环境下，在短期内要从根本上扭转腐败普遍存在的现状很难。

　　腐败具有反复性。廉洁程度往往随着社会的发展而不断变化，没有一劳永逸的廉洁，也不可能永远都腐败严重。欧盟国家的廉洁程度正在发生变化。但这种变化不是朝着积极的方向发展，而是在相当大程度上向着相反的方向发展。虽然这种变化比较缓慢，但在欧洲经济难以重振和社会变革迟缓的情况下，看不到逆转的希望。

　　一般而言，如果反腐败力度够大并且非常有效，公众就会认为腐败的严重程度或普遍性在减弱，从而对未来反腐败会更加有信心。公众认为腐败越来越严重或者普遍，在相当程度上反映出反腐败力度不够大或者效果不好，对未来反腐败比较悲观。2007年特别欧洲晴雨表调查报告显示，43%的欧洲人认为，他们国家的腐败程度在过去三年中有所增加，近五分之一（19%）的人认为，腐败程度"增加了很多"，近四分之一（24%）的人认为"增加了一点"，超过三分之

---

① 中央纪委监察部教材编审委员会审定：《国（境）外廉政建设与反腐败考察研究》，中国方正出版社2007年版，第80页。

一（36%）的人认为腐败程度没有改变，而只有极少数（8%）的人认为腐败程度在过去三年中有所下降，其中大多数人认为"略有下降"（7%）。

大多数欧洲人认为，不论是国家、区域还是地方公共机构中都存在腐败；认为国家公共机构存在腐败的受访者比例非常高，每次调查都高于选择区域和地方公共机构的受访者比例，到目前为止我们还没有看到明显减弱的趋势。从2013年、2017年和2019年跨越六年的三次调查结果来看，区域和地方公共机构中的腐败有恶化的趋势。如图9-2所示，13个欧盟成员国的受访者对地方或地区公共机构存在腐败的评价不断恶化，只有葡萄牙、匈牙利、丹麦三个国家在微弱变好。

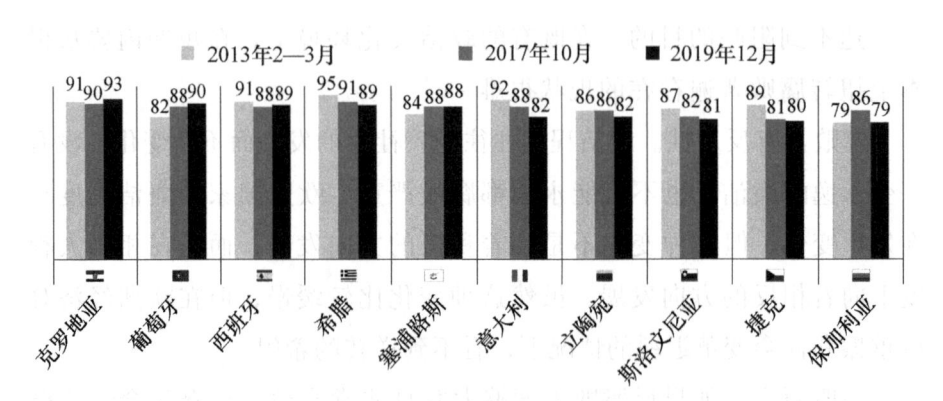

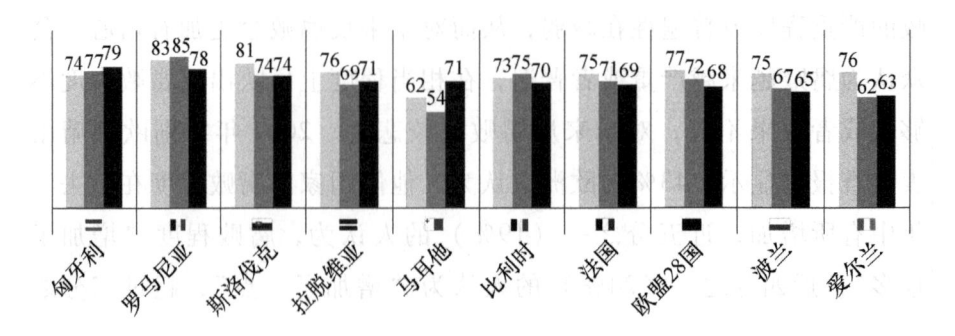

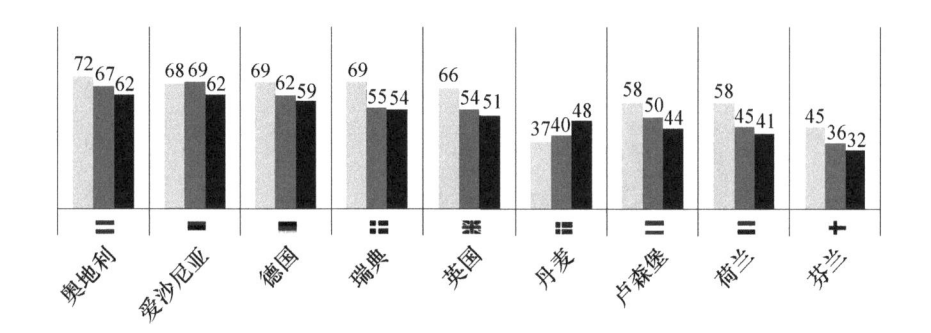

图 9-2 欧盟受访者认为自己所在国家的地方或地区
公共机构存在腐败的比例（%）

资料来源：2019年欧盟关于腐败的特别欧洲晴雨表调查报告（Special Eurobarometer 502），第49页。

欧洲老牌资本主义国家的廉洁程度都在恶化。2004年之前的欧盟15国[1]在透明国际（TI）腐败感知指数（CPI）中的得分虽然比较高，例如2021年基本都在55分以上，但在1995年至今将近30年里，少部分基本维持现状，大部分国家的得分出现显著下降的趋势。荷兰、卢森堡、丹麦、瑞典、挪威、芬兰、奥地利、爱尔兰、英国等原来得分都在80分以上，有的甚至是100分，但都出现了较大的下降。例如丹麦从最高100分下降到了2021年的88分。瑞典从1998年的95分下降到2021年的85分。荷兰从1997年的90.3分下降到2021年的82分。得分的最高值和最低值之间的差距达十多分。从透明国际几十年来的数据中可以看出，这些被透明国际认为是"最为廉洁的国家"在21世纪后出现了腐败恶化的趋势（参见图9-3）。

---

[1] 2004年前欧盟成员国有15个，分别是：法国、德国、意大利、荷兰、比利时、卢森堡、英国、丹麦、爱尔兰、希腊、葡萄牙、西班牙、奥地利、瑞典、芬兰。2004年5月1日，马耳他、塞浦路斯、波兰、匈牙利、捷克、斯洛伐克、斯洛文尼亚、爱沙尼亚、拉脱维亚、立陶宛十国正式加入欧盟。2007年1月1日，罗马尼亚、保加利亚加入欧盟。

荷兰腐败感知指数

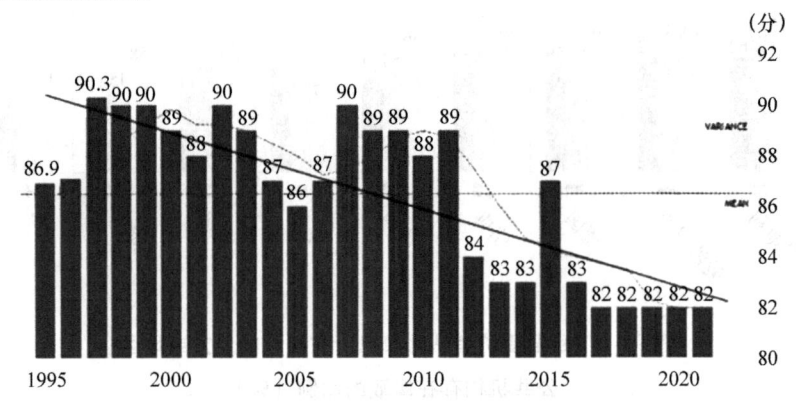

丹麦腐败感知指数

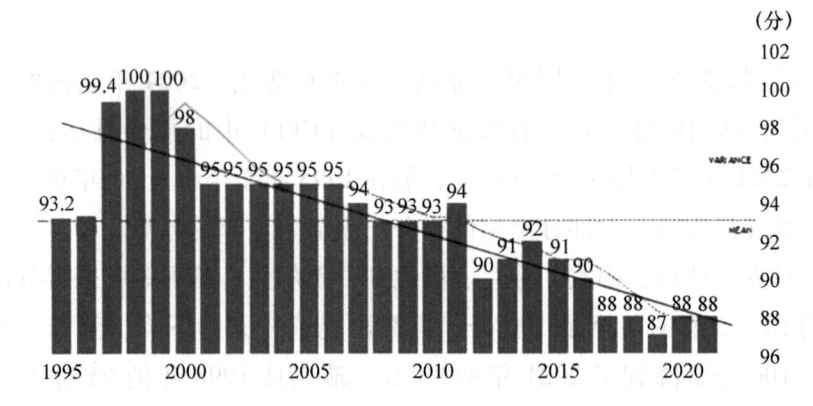

瑞典腐败感知指数

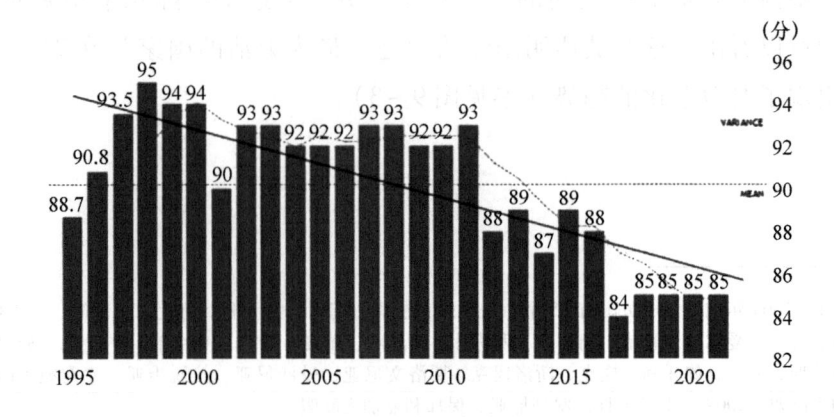

挪威腐败感知指数

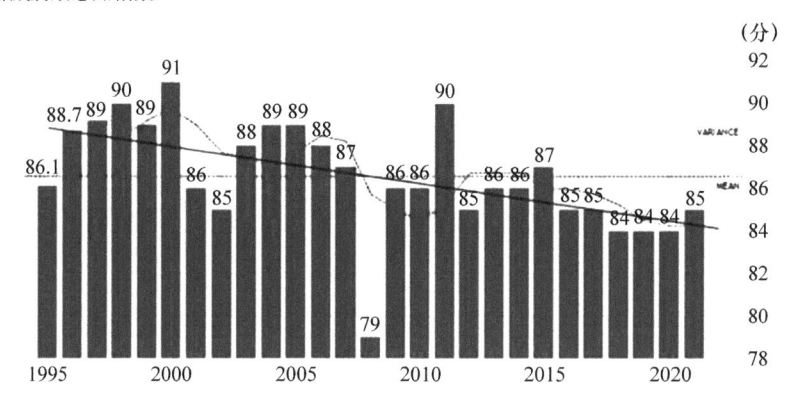

卢森堡腐败感知指数

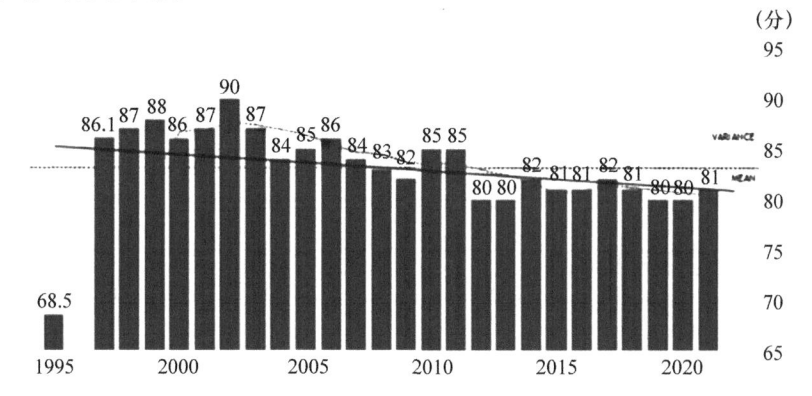

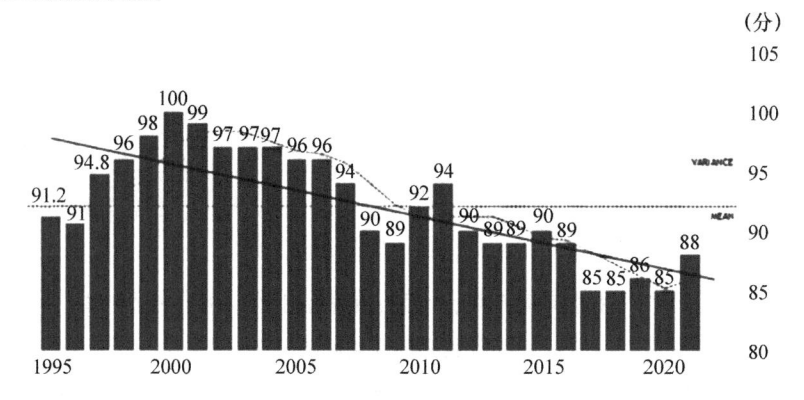

芬兰腐败感知指数

奥地利腐败感知指数

爱尔兰腐败感知指数

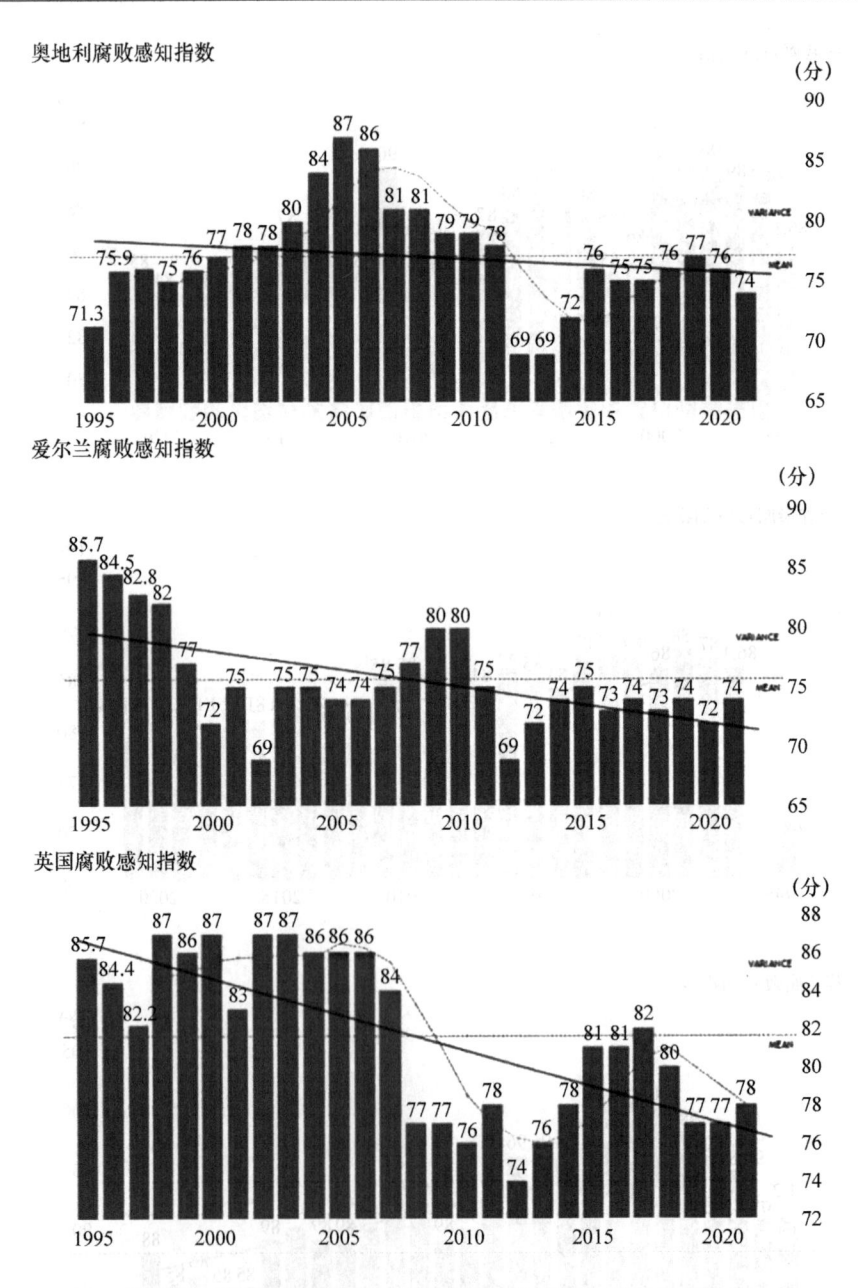

英国腐败感知指数

图 9-3　被透明国际认为"最为廉洁的国家"1995—2021 年 CPI 得分的变化趋势

资料来源：https://countryeconomy.com/government/corruption-perceptions-index/.

德国、法国等欧洲国家的廉洁水平基本维持原状。这些国家在透明国际腐败感知指数中的得分有高低变化，但总体趋势非常平稳，近30年来基本维持在一定的水平，廉洁程度难以显著提高，难以有大的突破。有时，这些国家廉洁状况还会恶化，得分会突然下降，例如德国曾从1999年80分下降到73分；法国从67分跌落到63分。

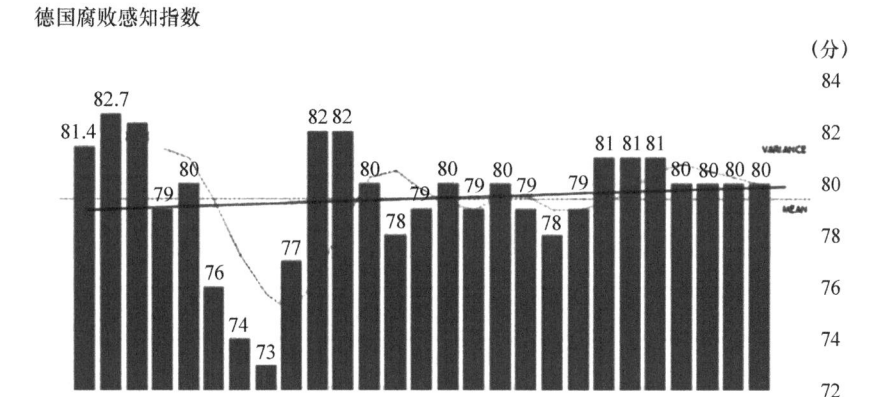

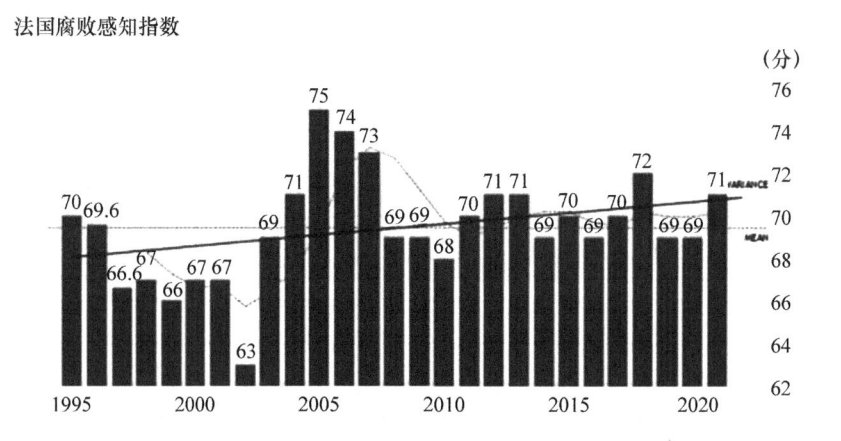

德国腐败感知指数

法国腐败感知指数

意大利腐败感知指数

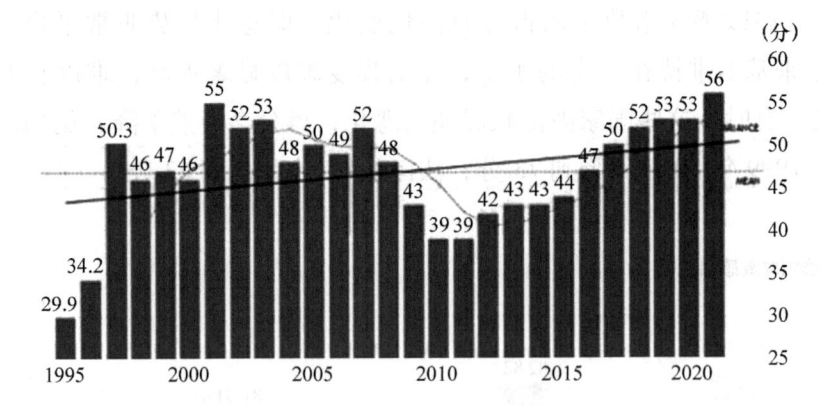

比利时腐败感知指数

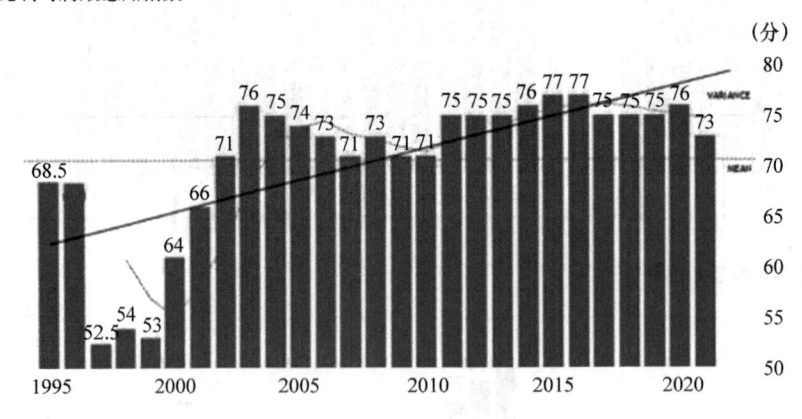

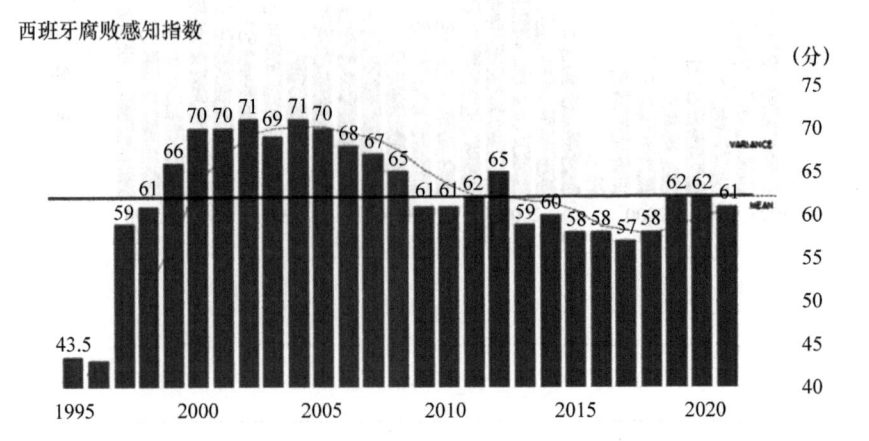

西班牙腐败感知指数

葡萄牙腐败感知指数

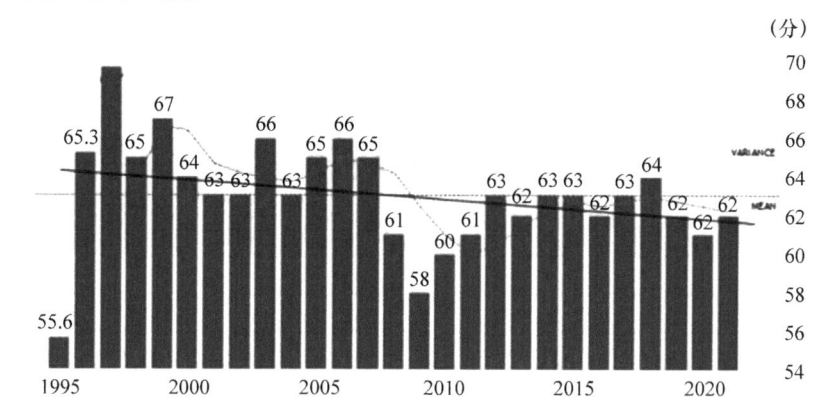

希腊腐败感知指数

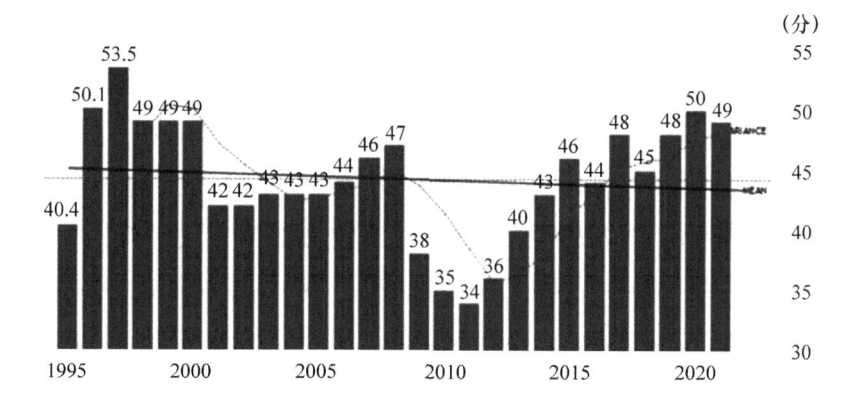

图 9-4　德国、法国、意大利、比利时等国 1995—2021 年
CPI 得分的变化趋势

资料来源：https://countryeconomy.com/government/corruption-perceptions-index/.

第十章　瑞典腐败治理成功吗

瑞典的人口数量在北欧国家中比较多，属于北欧大国，在透明国际腐败感知指数排名中一直非常靠前、得分较高。从欧盟组织的有关腐败的特别欧洲晴雨表调查数据来看，瑞典的腐败普遍性程度较其他欧洲国家要低。从腐败控制角度而言，瑞典治理腐败的效果相对其他欧洲国家要好很多。但瑞典的腐败同样较普遍，在很多领域以不同方式存在着。瑞典属于发达国家，经济和社会福利水平都较高。很多人因此认为瑞典腐败治理是比较成功的。为何瑞典治理腐败会取得成功？瑞典腐败治理成功是通过加大反腐败力度的方式实现的，还是通过其他方式实现的？从100多年的历史来看，瑞典腐败治理和经济社会发展是在特殊的国际格局和形势发生剧烈变动的背景下进行的。瑞典走上和完成工业化、现代化具有相当大的偶然性和机遇性。虽然身处欧洲，但瑞典幸运地避免并且非常好地利用了两次世界大战的难得机遇，迅速从落后的农业国变成了发达的工业国。瑞典治理腐败虽然是成功的，但其在取得成功过程中的好运气是千载难遇的。从历史的视角来看瑞典治理腐败的经验，给我们的一个重要启示就是：腐败治理在稳定和平的环境中进行更加容易取得成功。如果遇上了其他国家持续多年的战争这种难得的发"战争财"的机遇，腐败治理即便投入很少，也同样可以实现经济社会持续快速发展，使人民生活达到很高水平的理想状态。瑞典治理腐败的历史似乎给我们一种感觉：不用对腐败进行严厉惩治，也可以取得腐败治理的成功。这种感觉是否成立？

缺乏严厉打击的"柔性治腐"能否成功？瑞典治腐模式是否具有可复制性或者推广价值？这一章将从历史角度对瑞典腐败治理的过程和效果进行分析。

第一节 瑞典治理腐败的历史分析

在大家的印象中，北欧国家都是廉洁程度很高的国家，瑞典更是廉洁国家的代表和典型。不少人认为，瑞典是世界上高度廉洁或极廉洁的国家之一，是世界公认的清廉国家，是国际社会反腐败的样板。[1] 有的认为，瑞典在监督体制、信息公开、文化建设等方面彰显出自身的特色，构建了先进的廉政体系。[2] 有的认为，瑞典形成了健全的防治腐败立法体系、廉洁自律的社会道德文化、透明高效的政府运行机制、完善的多元主体监督机制，取得了腐败发生率极低、行政效率较高、社会环境清朗等良好成效。[3] 透明国际腐败感知指数上的得分和排名，是人们常常用来证明瑞典是最为清廉国家的直接证据。自1995年腐败感知指数（CPI）发布以来，瑞典以及芬兰、挪威、丹麦等几个北欧国家得分总是最高，排在最前列。说到瑞典的反腐败，人们往往都会提到1995年前副首相莫娜·萨林使用公务信用卡购买个人衣物，被媒体曝光引起非议而被迫辞职一事。极为特别的个案给人的印象是瑞典对公务员要求严格，高官一样会因小小的腐败而受到惩罚，但这样小概率的个案却为瑞典树立了从严反腐的良好形象。在像瑞典这样在透明国际CPI指数中排名比较靠前的国家中，经常会看到极个别高级官员因为小错而丢"官帽"的故事。但这些极少数官员的下台却给国家的廉洁形象加分不少。至少我们可以看到，对高级官员进行约束并且很严，公众对

---

[1] 赵婷：《瑞典社会民主党廉政建设与腐败治理机制研究》，《当代世界与社会主义》2019年第4期；李杰：《论瑞典社会民主党执政形象的构建》，《上海党史与党建》2017年第10期；欧庭宇：《瑞典防治腐败经验与启示》，《中共桂林市委党校学报》2020年第4期。
[2] 王华俊、季君丽：《瑞典的廉政建设经验及其启示》，《上海党史与党建》2014年第8期。
[3] 欧庭宇：《瑞典防治腐败经验与启示》，《中共桂林市委党校学报》2020年第4期。

政府就会充满信任和希望。高级官员违法同样受到处罚,并没有特权例外,法治平等精神得到彰显,让公众获得安全感,同时也对法律具有了敬畏感。但在腐败非常严重的国家的反腐败历史中,我们经常看到总统、首相等最高级别的官员的严重腐败丑闻。这些人的恶劣行为让整个国家和政权的形象都受到污损。一旦这些高级官员的腐败丑闻曝光,在短期内要改变对这个国家的廉洁评价是比较困难的。目前人们往往从透明国际的腐败感知指数和个案来判断一个国家的腐败程度。瑞典与其他北欧国家一样,给全球留下了比较廉洁的刻板印象,要忘记或者改变这种印象也是非常困难的。

瑞典曾经是一个非常腐败的国家,但到19世纪下半叶,瑞典发生了翻天覆地的变化,摆脱了腐败。有的认为,瑞典腐败治理成功并不是依靠惩治腐败,而是依靠改革。罗斯坦详细列举了19世纪瑞典摆脱腐败的20多项改革举措[1],但并没有将惩治纳入其中。瑞典采用的是间接的反腐败手段,并没有刻意直接瞄准腐败。总体而言,这些改革是为国家设定一整套政治制度。这种间接手段没有聚焦在迎头打击腐败和消除庇护主义,而是改变了政治文化。[2]

瑞典推进改革并不完全是为了治理腐败,而是社会形势的发展使然。1809年瑞典最后一次参加大规模战争后,社会比较稳定安宁,人口大量增长,政局稳定,但19世纪中期出现了严重危机,人口过剩,农村无产者队伍大批形成,大量人口移居国外。[3] 正是在这种背景之下,瑞典被迫推行改革。从历史材料可以看出,其改革的主要目的是促进经济和社会发展,解决吃饭、生存等现实问题,而不是反腐败。

---

[1] [瑞典]博·罗斯坦:《政府质量:执政能力与腐败、社会信任和不平等》,蒋小虎译,新华出版社2012年版,第127—132页。

[2] [瑞典]博·罗斯坦:《政府质量:执政能力与腐败、社会信任和不平等》,蒋小虎译,新华出版社2012年版,第133页。

[3] 玛茨·哈尔瓦松、时进:《瑞典工业化一百年》,《国际经济评论》1980年第5期。

专栏10-1：瑞典19世纪中期后的改革措施

大力促进和推进基础设施的改革。1840—1862年设立多个新公共机构，大规模投资通信基础设施建设（1862年成立国家铁道部，1856年成立国家电报通信部，1841年成立国家道路运河部）。铁路干线于1856年通车，到19世纪80年代铁路总长度就已经达到5000公里。[①] 交通、通信等基础设施的迅猛发展不但创造了大量的就业，而且为经济持续向好发展奠定了基础。

教育改革大幅提高了国民素质。1842—1862年，推动公立学校制度重大改革，出台并实施全民义务免费基础教育政策，成立国家学校督学委员会（the National Board of School Inspectors）；1845年法律规定男女平等，释放大量劳动生产力；1863年，大学教育的新规定确立了更高的学位标准。这些教育和人才方面的改革让国民接受良好的教育，能够吸收和创新科学技术。

经济改革释放了经济活力。1846年取消行会制度（The Guild System）；1848年，出台《股份公司法》；1664年贸易自由得到保障。这些经济改革鼓励竞争，激活了创新创业活力，推动科技不断创新，炸药、分离器、滚珠轴承、安全火柴、汽轮机、空气压缩机、自动航标以及精密测量仪器等技术问世，产生了一批高新技术企业，能够以高价获得高额利润然后进行再生产，瑞典经济发展较快。1870—1980年，瑞典按人口平均计算的国内生产总值每年增长2.5%，比主要的竞争对手美国、挪威和联邦德国高0.5%，比日本低0.2%。1980年，瑞典的国内生产总值平均每人为53000克朗，1880年为4200克朗（按1980年现价计算）。[②]

公共管理的改革也同时推进。例如，1855—1860年对公务员的工资制度进行了重大修订，建立韦伯工资制度。

[①] 玛茨·哈尔瓦松、时进：《瑞典工业化一百年》，《国际经济评论》1980年第5期。
[②] 玛茨·哈尔瓦松、时进：《瑞典工业化一百年》，《国际经济评论》1980年第5期。

我们可以看出瑞典在19世纪后半叶推行的改革是全方位的，主要是推动经济发展和社会进步，消除腐败滋生的文化土壤，创造廉洁发展的环境和文化。因此，通过经济社会发展改革成功实现了反腐败，瑞典是一个成功的典范。不仅仅瑞典如此，被人们认为廉洁程度最高的所有北欧国家都是相同的路径，即通过间接途径，通过推动全面改革改变腐败的政治文化，而不是以直接惩治和打击腐败的方式治理腐败。例如，1840—1860年丹麦进行了类似的大规模制度改革，"腐败几乎被连根拔起"[①]。

北欧国家运气非常好，因为它们不但逃离了第一次世界大战的浩劫，而且抓住时机解决了很多想解决但一直没有办法解决的问题。例如瑞典19世纪中期后的经济社会改革成就虽然比较明显，但经济发展仍然比较缓慢。在森林、土地、矿产等自然资源十分丰富的条件下，经过30多年的努力，到19世纪80年代才基本解决了日益增长的人口的吃饭问题，但它并不是富裕国家。对瑞典具有决定性影响的事件是第一次世界大战。瑞典没有卷入第一次世界大战，不仅仅保存和巩固了上百年的发展成果，没有让年轻劳动力在战争中消耗掉，战争还创造了大量生产就业机会。特别重要的是，瑞典利用这次战争还清了外债。在19世纪50年代之前，瑞典是非常贫穷的原料生产国，无法养活自己的人口。为了发展工业，瑞典大量举债，成为资本大量输入的国家。仅1908年这一年，外债就占国民收入的三分之一左右，单支付利息就占年出口总值的十分之一。借第一次世界大战外币大幅度贬值之机，瑞典很快就以非常便宜的马克和法郎还清了所有巨额债务。[②] 也就是说，瑞典利用这次战争无偿使用了国外的资金来完成工业化。瑞典也没有参加第二次世界大战，由于没有遭受战争，工业并未受到破坏，因此可以立即朝一个和平繁荣的国家

---

① ［瑞典］博·罗斯坦：《政府质量：执政能力与腐败、社会信任和不平等》，蒋小虎译，新华出版社2012年版，第135页。
② 玛茨·哈尔瓦松、时进：《瑞典工业化一百年》，《国际经济评论》1980年第5期。

前进，而不用集中精力重建社会。① 在其他国家忙于战争的时候，瑞典迈入了世界福利国家的行列，失业率非常低。战后，瑞典向世界需要重建的国家提供货物，使得经济保持着较高的增长。在1935—1974年的40年中，瑞典成为当时世界上唯一一个年平均增长率达到2.5%的国家。② 到1970年，瑞典已经一跃而成为世界第三富裕的国家。③ 瑞典的竞争优势一直保持到20世纪60年代中期，此后因战争受损国完成恢复建设任务，对其形成了强烈的竞争。但"瘦死的骆驼比马大"，瑞典的经济仍然保持着较好的发展，并没有出现系统性的倒退。

> 1989年至2000年瑞典生产率提高了59%，在西方国家中名列第一……2000年瑞典首次超过美国成为信息化程度最高的国家，在联合国开发计划署公布的世界发展程度排名榜上由1990年的第11位，提高到2000年的第二位，仅次于挪威。2006年瑞典在国际竞争能力排名榜上名列第三，超过了美国；而瑞典的基尼系数这一年为0.246，在世界上仅高于丹麦。④

瑞典的失业率非常低。例如2000年初瑞典的失业率约为4%，中青年中有80%的男性和78%的妇女充分就业。⑤ 经济上的成功和社会建设的成绩是人们判断瑞典反腐败成功的重要因素，甚至是决定性的因素。

从瑞典百年发展的历史来看，瑞典的确是赶上了好运气。但是好运气不可能永远都会有。在不再享有由特殊时期产生的发展优势时，其经济发展必然会面临困难。从最近40多年来看，瑞典的经济发展和福利制度已经开始面临不少挑战和压力。20世纪70年代发生的经济危机

---

① ［挪威］库恩勒等主编：《北欧福利国家》，复旦大学出版社2010年版，第10页。
② 玛茨·哈尔瓦松、时进：《瑞典工业化一百年》，《国际经济评论》1980年第5期。
③ W. Korpi (1992), *Halkar Sverige Efter. Sveriges Ekonomiska Tillväxt 1820 – 1990 Ijämförande Belysning*. Carlssons, Stockholm, p. 69.
④ 杨启先：《我对瑞典社会主义模式的认识》，《当代世界社会主义问题》2009年第1期。
⑤ 李杰：《论瑞典社会民主党执政形象的构建》，《上海党史与党建》2017年第10期。

虽然在瑞典出现得相对较晚，但也对瑞典等北欧国家产生了很大的冲击和影响。20世纪90年代，由于苏联的解体，芬兰出现了经济困境，瑞典遭受普遍失业和低经济增长，丹麦的普遍失业现象提前15—20年就已出现。[1] 在1990年之后的20年里，经济危机持续深化，瑞典遭受了与欧洲其他国家一样的普遍失业状况，即失业率高达10%—14%。[2] 新的贫困格局正在成为社会保障制度的一大挑战，是否应该缩小社会保障制度的规模并将其私营化？瑞典内部对此争论很激烈。除了不容乐观的经济之外，公平和贫富差距也是影响福利政策推行的重要原因。瑞典学者认为，瑞典公民并没有平等地分享新知识经济的成功或失败。新的、微妙的社会排斥机制和不平等机制被创造出来。收入差异被不断地迅速拉大，富人得以利用公共部门和教育、医疗等新设私营市场的公共管理改革所带来的各种机会，并且这种新的机会层出不穷。[3] 2000年3月10—12日，社会民主党在斯德哥尔摩召开的特别党员大会上表决通过的政治方针中提出："历史已经证明，正是社会公正促使瑞典成为一个技术先进、经济富裕的国家。"[4] 在不发生战争、内乱、严重自然灾害等情况下，虽然瑞典公众的生活质量不会骤然下降，但从目前瑞典经济社会发展的状况来看，要像20世纪60年代之前那样经济快速发展、就业长期保持低失业率的可能性极低。经济发展放缓和收入差距扩大，社会福利水平下降，将会影响福利国家形象，同时也会影响公众的腐败感知。

第二节 瑞典腐败普遍存在及其原因

从全世界比较角度而言，目前瑞典的腐败治理给人的感觉是非常成

---

[1] J. Lindvall（2005），Ett land Som Alla Andra: Fran Full Sysselsättning Till Massarbetslöshet, Atlas. Stockholm.
[2] ［挪威］库恩勒等主编：《北欧福利国家》，复旦大学出版社2010年版，第17页。
[3] ［挪威］库恩勒等主编：《北欧福利国家》，复旦大学出版社2010年版，第20页。
[4] ［挪威］库恩勒等主编：《北欧福利国家》，复旦大学出版社2010年版，第19页。

功的。目前很多的媒体和国际机构对瑞典正面宣传较多，帮助瑞典树立了良好的廉洁形象。但瑞典腐败治理的现实情况并不如这些媒体、国际机构以及一些学者所说的那么好。A. Bergh、G. O. Erlingsson、M. Sjolin 和 R. Ohrvall 四位政治学和经济学家曾共同对瑞典的腐败问题进行了研究，指出瑞典存在不应低估或忽视的腐败问题，揭示了其腐败的原因、范围和后果，指出了国际上对腐败评估的不足，并提出了建设性的改革建议，以遏制社会中发生的腐败类型。[1] 从逻辑上而言，瑞典与其他北欧国家是一个"从摇篮到坟墓"都由政府负责的、福利水平非常高的国家。这些国家有着非常庞大的公共部门，政府喜欢干涉，官僚组织庞大而繁杂，各类监管都拥有很大的自由裁量权[2]。政府掌握的权力和资源越多，腐败的空间和机会就越多。按照西方标准的经济学理论，瑞典和其他北欧国家的腐败应该到了不可救药的程度。但是，按照透明国际腐败感知指数（CPI）等常用的国家腐败程度比较指标，斯堪的纳维亚国家的腐败程度是世界上最低的。这里就有一个悖论：要么是政府干预越多腐败可能性越大的理论不成立，政府干预太多并不是腐败程度严重与否的关键；要么这些政府干预很多的北欧国家腐败很严重，但我们只是关注到其经济富裕，社会福利水平高，而没有注意到其腐败；要么这两种可能性都存在。

政府干预越多腐败机会可能越多，但是只要加强监管，仍然可以将腐败控制到较低的水平。世界上这样的例子不胜枚举。瑞典和其他北欧国家的腐败治理能够得到世界上众多媒体、机构或者学者的普遍肯定，必然有其可取之处。但这绝不意味着瑞典没有腐败。例如，2019年7月29日瑞典通讯社报道说，著名反腐败问题专家 Olle Lundin 教授表示，构成恶劣影响的新 Karolinska 医院和瑞典电网腐败案件（Svenska

---

[1] Bergh, A., Erlingsson, G. O., Sjolin, M. and Ohrvall, R., 2016. A clean house? Studies of corruption in Sweden. Lund: Nordic Academic Press.

[2] Rothstein, Bo. 2011, *The Quality of Government: Corruption, Social trust, and Inequality in International Perspective*, Chicago: The University of Chicago Press, p. 111.

Kraftnät）仍在发酵，表明瑞典在防范腐败方面做得很糟糕。① 因为官方语言非英语、政府透明度等方面的原因，瑞典发生的腐败案例可能没有公开或者以本地语言公开但没有引起世界的关注。

另一个可以非常有力地证明瑞典及其他欧盟国家腐败状况的资料是特别欧洲晴雨表调查数据。特别欧洲晴雨表是欧盟委员会、欧洲议会和其他欧盟机构组织开展的民意调查，每两年开展一次，用于监测欧洲公众对欧盟相关问题的看法以及对政治或社会问题的态度，为舆论专家、研究人员、媒体和公众提供相关的数据。从 1974 年开始，该项目由让·莫内（Jean Monnet）的前合作者兼信息总干事雅克-勒内·拉比尔（Jacques-René Rabier）在欧盟委员会内发起，一直持续至今。特别欧洲晴雨表除了进行一般常规的调查之外，还有很多专题性的调查。从 2005 年开始，欧盟对所有成员国腐败状况进行调查。这项特别欧洲晴雨表调查由司法、自由和安全总署（the Directorate General for Justice, Freedom and Security）委托，并由通信总署（the Directorate General for Communication）配合完成。该调查采用面对面的方式对随机抽取的受访者进行问卷调查。为了保证结果具有代表性，特别欧洲晴雨表对每个报告国家至少抽取 1000 名 15 岁及以上的人的随机抽样样本。在人口少于 100 万人的国家使用 500 人的样本量。如果仅在特定人群，例如 15—24 岁的人、受雇于 SME 的人等，则相应地调整样本量。特别欧洲晴雨表调查的受访者是随机选择的，并对总样本进行加权以确保人口和地域的代表性。从调查的组织和持续几十年的时间来看，特别欧洲晴雨表调查结果的可信度是比较高的。

如今瑞典基本上已不存在制度性的腐败，腐败已经被遏制在了非常低的限度。② 持这种观点的人绝对不是少数。但欧盟多次有关腐败的特别欧洲晴雨表调查显示，有相当比例（2005 年为 50%；2007 年为 44%；2009 年为 37%；2011 年为 43%）的受访者认为，腐败是瑞典的一个主要

---

① 《瑞典防范腐败方面表现糟糕》（http：//www.mofcom.gov.cn/article/i/jyjl/m/201908/20190802887366.shtml）。

② 劳剑：《反腐败在瑞典》，《检察风云》2006 年第 24 期。

问题。在2013年、2017年和2019年的三次调查中，认为腐败问题在瑞典普遍的受访者分别为44%、37%、40%。在2009年和2011年的调查中，分别有73%、66%的瑞典受访者认为"腐败不可避免，一直存在"（见表10－1）。

表10－1　瑞典认为"腐败不可避免，一直存在"的受访者比例　　（%）

调查年份	赞同	不赞同	不知道
2009	73	24	3
2011	66	29	3

资料来源：根据2009年和2011年欧盟有关腐败的特别欧洲晴雨表调查报告数据整理。

瑞典绝大多数人认为，过去三年里腐败增多或者变化不大，但认为腐败减少或者没有腐败的受访者比例极低。在2011—2019年的四次调查中，认为腐败增多的瑞典受访者远远多于认为腐败减少的受访者。认为过去三年里腐败增多的瑞典受访者大约是认为腐败减少的受访者比例的5—9倍。认为过去三年里腐败没有发生变化的受访者比例基本稳定在40%—50%，说明瑞典的腐败治理效果在将近十年的时间中并没有发生太大的变化。认为没有腐败的受访者几乎为零（见表10－2）。

表10－2　瑞典认为"过去三年里腐败程度变化如何？"的受访者比例　　（%）

调查年份	增多	没有变化	减少	没有腐败	不知道
2011	33	49	7	3	8
2013	45	42	5	0	8
2017	37	47	5	0	9
2019	43	41	5	0	11

资料来源：根据2011年、2013年、2017年和2019年欧盟有关腐败的特别欧洲晴雨表调查报告整理。

腐败主要存在于公共机构之中，从相当程度上而言，公共机构的腐败普遍程度表明了一个国家的腐败普遍程度。在 2005 年至 2019 年的七次欧盟有关腐败的特别欧洲晴雨表调查中，大多数（50% 以上）瑞典受访者认为，腐败存在于瑞典的国家机构（national institutions）、区域机构（regional institutions）和地方机构（local institutions）中，说明瑞典公共机构的腐败比较普遍。认为欧盟中存在腐败的瑞典人的比例更高，除了 2017 年和 2019 年两次调查没有对欧盟机构的腐败进行调查外，其他五次调查都有 80% 以上的瑞典人认为欧盟机构有腐败，而且比例非常高（见表 10-3）。

表 10-3　　　　　　　　　　哪些公共机构有腐败　　　　　　　　　　（%）

调查年份	地方机构 赞同	地方机构 不赞同	地方机构 不知道	区域机构 赞同	区域机构 不赞同	区域机构 不知道	国家机构 赞同	国家机构 不赞同	国家机构 不知道	欧盟机构 赞同	欧盟机构 不赞同	欧盟机构 不知道
2005	64	28	8	63	28	9	68	18	15	85	8	7
2007	57	33	10	55	34	11	60	29	11	80	10	10
2009	58	35	7	81	13	6	83	12	5	85	10	5
2011	66	28	6	62	31	7	64	30	6	85	10	5

调查年份	区域机构和地方机构 赞同	区域机构和地方机构 不赞同	区域机构和地方机构 不知道	国家机构 赞同	国家机构 不赞同	国家机构 不知道	欧盟机构 赞同	欧盟机构 不赞同	欧盟机构 不知道
2013	69	25	6	67	27	6	84	9	7
2017	55	37	8	56	36	8	—	—	—
2019	54	39	7	51	42	7	—	—	—

说明：2013 年、2017 年和 2019 年三次调查问卷的选项将区域机构和地方机构合并，不再分设。例如，2013 年的调查中，77% 的受访者认为在区域机构和地方机构存在腐败，而 15% 的受访者表示"不赞同"，8% 的选择"不知道"。在 2017 年和 2019 年的调查中不再有欧盟机构的题目。

资料来源：根据 2005—2019 年欧盟有关腐败的特别欧洲晴雨表调查报告数据整理。

瑞典与其他欧盟国家一样，之所以腐败普遍存在是因为对腐败打击不力。1919 年、1962 年、1978 年瑞典先后制定和完善了《反行贿受贿法》，刑法对受贿罪作出明确规定。1977 年修改了《刑法》第二十二章第二条关于受贿罪的规定,将贿赂犯罪的主体由原来的公务员扩展到企业的职员。[①] 有的据此认为瑞典的法律严格,可以杜绝"贪腐执念"[②]。但瑞典反腐败法律并未得到严格执行。2009年和2011年的欧盟调查都显示,对腐败没有真正的惩罚(法院判决从轻或不起诉)是腐败存在的主要原因,在所有选项中比例最高,均高达35%以上(见表10-4)。

表10-4　　　您认为(我国)社会存在腐败的原因是什么　　　(%)

选项	2009	2011
政治家(政府和议会)在打击腐败方面做得不够	19	25
商业和政治之间的联系太密切	25	29
公共行政部门的许多任命都不是以品行/能力为依据	33	30
公共资金没有以透明的方式使用	19	27
主管当局并不依法办事	14	13
对腐败没有真正的惩罚(法院判决从轻或不起诉)	37	35
许多人接受腐败作为日常生活的一部分	29	32
恶劣的社会经济条件(低收入、贫困)导致腐败	21	21
其他	0	3
(我国)社会没有腐败现象	0	4
不知道	0	4

资料来源:根据2009年和2011年欧盟有关腐败的特别欧洲晴雨表调查报告数据整理。

对腐败打击不力的一个重要体现在于对高层腐败打击不力。2013年、2017年和2019年三次调查显示,55%以上的瑞典受访者认为,瑞典高层腐败没有完全被起诉,2013年、2017年还达到了60%以上(见表10-5)。

[①] 王华俊、季君丽:《瑞典的廉政建设经验及其启示》,《上海党史与党建》2014年第8期。
[②] 李杰:《论瑞典社会民主党执政形象的构建》,《上海党史与党建》2017年第10期。

表10-5　　　　　对"高层腐败没有完全被起诉"是否赞同　　　　　（%）

	赞同	不赞同	不知道
2013	66	19	15
2017	62	25	13
2019	55	26	19

资料来源：根据2013年、2017年和2019年欧盟有关腐败的特别欧洲晴雨表调查报告数据整理。

司法机关对腐败惩处不力也是一个重要方面。从2005年开始，欧盟问卷调查开始就"在（我国）有足够多的成功的公诉来阻止人们行贿或受贿"调查受访者的看法，55%以上的受访者认为，瑞典对行贿或受贿提起公诉的力度不够，2005年、2007年、2011年则高达60%以上（见表10-6）。从历次调查的结果可以看出，瑞典对行贿和受贿的司法打击力度并不大，赞同有足够多的成功的公诉来阻止人们行贿或受贿的受访者的比例不超过三分之一，远远少于不赞同的受访者比例。2003年至2011年间瑞典检察机关反腐败部门收到的腐败举报案件有684宗，1248名涉嫌违法者[1]，受到指控的人数有1211人，被定罪的有267人。[2] 腐败指控人数较为均衡地分布在中央政府（27%）、地方和地区政府（26%）、私营领域（34%）之间，但中央政府定罪人数的比例（41%）要高于地方和地区政府（10%）（见表10-7）。1994年的《瑞典公共就业法》第二十二条要求国家机构举报涉嫌犯罪的雇员，包括比较严重的贿赂和滥用职权。[3] 但是这个要求对县议会和市政府不适用，因此增加了地方案件由内部处理而不向检察机关举报的可能性，这意味着在众多的政府活动领域中发生的腐败不可能出现在瑞典检察

---

[1] Salen, L. H. & Korsell, L. E. (2013). Den Anmälda Korrutionen i Sverige: Struktur, Riskfakrorer och Motåtgäder, Stochholm: Brottsförebyggande rådet. 转引自［瑞典］斯塔凡·安德松、［美］弗兰克·艾尼提埃尼克：《腐败与腐败控制》，阳平译，中国方正出版社2023年版，第239页。

[2] ［瑞典］斯塔凡·安德松、［美］弗兰克·艾尼提埃尼克：《腐败与腐败控制》，阳平译，中国方正出版社2023年版，第79页。

[3] 滥用职权是指在行使公共权力时，通过作为或不作为，有意或无意地不履行其职责。

机关反腐败部门的统计数据中。① 因此，只有瑞典才出现当了32年检察官却从未受理过一起官员腐败案件的检察长。②

表10-6 对"有足够多的成功的公诉来阻止人们行贿或受贿"的评价　　（%）

调查年份	赞同	不赞同	不知道
2005	26	67	7
2007	31	61	8
2009	34	57	9
2011	26	61	13
2013	26	59	15
2017	31	56	13
2019	26	55	19

资料来源：根据2005—2019年欧盟有关腐败的特别欧洲晴雨表调查报告数据整理。

表10-7　2003—2011年间瑞典指控和定罪的腐败案件人数分布　　（%）

	中央政府	地方和地区政府	私营领域	其他
指控人数（n=1211）	27	26	34	13
定罪人数（n=267）	41	10	34	16

资料来源：基于2003—2011年间反腐败小组收到举报的腐败案件（［瑞典］斯塔凡·安德松、［美］弗兰克·艾尼提挨尼克：《腐败与腐败控制》，阳平译，中国方正出版社2023年版，第79页）。

斯塔凡·安德松和弗兰克·艾尼提挨尼克将腐败分为交易性腐败和治理型腐败。③ 行贿、受贿、索贿等具有互动关系的腐败是交易型腐败。有意用来排斥个人或团体，使他们无法参与对自己有重大影响的决策的腐败是治理型腐败，如滥用权力、独裁专制等。瑞典公众认为，从他们经历过的徇私舞弊和裙带关系来看，治理型腐败的形式比贿赂

---

① ［瑞典］斯塔凡·安德松、［美］弗兰克·艾尼提挨尼克：《腐败与腐败控制》，阳平译，中国方正出版社2023年版，第79页。
② 骆兰兰：《在瑞典，官员腐败非常罕见》，《党的建设》2005年第7期。
③ ［瑞典］斯塔凡·安德松、［美］弗兰克·艾尼提挨尼克：《腐败与腐败控制》，阳平译，中国方正出版社2023年版，第2页。

等交易型腐败更常见。同样，瑞典地方政府官员也认为，招聘中的腐败比公共服务和政府合同中的贿赂更常见。但瑞典检察机关反腐败机构受理的腐败举报仅仅是严重的贿赂。因此，根据贿赂行为来衡量腐败可能会导致瑞典的腐败被低估。[①]

法院在打击腐败犯罪方面发挥着重要的作用。但瑞典的法院与欧盟其他国家的法院一样对腐败分子"下手"都不狠，显得比较"温柔"。2009年和2011年欧盟两次对腐败案件的判决轻重进行了调查，分别有高达64%和62%的受访者认为瑞典腐败案件的法庭判决太轻（Court sentences in corruption cases are too light）（见表10-8）。之所以法院对腐败判处较轻，是因为瑞典《刑法》对腐败规定的刑罚较轻。瑞典《刑法》规定，根据情节轻重可以对受贿者判处罚款直至最多六年的监禁，凡构成行贿罪的，判处罚款或二年以下的监禁。[②] 对受贿者判处的刑罚要重于行贿者，对行贿者判处的自由刑和财产刑太轻，会导致行贿责任较轻，行贿"围猎"风气较盛。

表10-8　　　对"法庭对腐败案件判决太轻"的评价　　　　　　（%）

调查年份	赞同	不赞同	不知道
2009	64	18	18
2011	62	16	22

资料来源：根据2009年和2011年欧盟有关腐败的特别欧洲晴雨表调查报告数据整理。

政府在惩治腐败中始终发挥着至关重要的作用。但与司法机关一样，瑞典政府对腐败的打击力度与公众期望有较大差距。在2013—2019年的五次调查中，瑞典不赞同"政府打击腐败的努力是有效的"受访者比例较高，始终保持在40%以上，2011年还超过了一半。在每

[①]　［瑞典］斯塔凡·安德松、［美］弗兰克·艾尼提埃尼克：《腐败与腐败控制》，阳平译，中国方正出版社2023年版，第78页。

[②]　王华俊、季君丽：《瑞典的廉政建设经验及其启示》，《上海党史与党建》2014年第8期。

一次调查中赞同"政府打击腐败的努力是有效的"受访者都比不赞同的受访者比例要低（见表10-9）。

表10-9　　　　　对"政府打击腐败的努力是有效的"评价　　　　　（%）

	赞同	不赞同	不知道
2009	42	44	14
2011	33	52	15
2013	34	46	20
2017	37	43	20
2019	34	43	23

资料来源：根据2009—2019年欧盟五次关于腐败的特别欧洲晴雨表调查报告数据整理。

瑞典腐败普遍存在除了对腐败打击不力这个最为主要的原因之外，政治资金监管不力也是一个重要的原因。"一部政治机器充其量感兴趣的是资助金，最坏的则是公开的贿赂。工作人员为一部政治机器控制住选区通常是为了在市政厅得到工作。每个政党的雇佣文人都知道他若不帮助该机器就得不到工作。"[1] 在实行多党制的国家里，政党选举竞争中的腐败都非常普遍，被卷入到选举中参与腐败的个人和企业是相当多的。欧盟多次调查的数据表明，瑞典与其他欧洲国家一样，竞选资金不透明公开，缺少有效的监管。赞同"政党融资充分公开并受到监督"的受访者在每次调查中都少于不赞同的受访者比例，在历次调查中从来没有超过50%，但不赞同者的比例在2011年和2013年的调查中则均为55%（见表10-10）。有的提出公开透明原则是瑞典整个廉政体系运作的基础，也是瑞典廉政体系建设中最引人注目的特征。瑞典的政务公开起步早、领域广、程度高。[2] 瑞典是世界上较早开展信息公开工作的国家之一，早在1766年，瑞典议会就确立了信息公开的原则。根据这项原则，

---

[1] ［美］曼瑟尔·奥尔森：《集体行动的逻辑》，陈郁、郭宇峰、李崇新译，格致出版社、上海三联书店、上海人民出版社2014年版，第153页。

[2] 张本平：《瑞典廉政建设的经验及启示》，《中国监察》2007年第19期。

任何一位瑞典公民都有权到任何一个政府部门查阅该部门的所有文件及相关政务信息，包括财务方面的文件（涉及国家安全、个人隐私和法律规定不予公开的信息除外）。[①] 但从政党融资公开来看，瑞典的公开透明度并不理想。在 2009 年和 2011 年的调查中，分别有 19%、27% 的受访者认为，社会存在腐败的原因是公共资金没有以透明的方式使用。

表 10-10　　对"政党融资充分公开并受到监督"的评价　　（%）

	赞同	不赞同	不知道
2011	39	55	6
2013	36	55	9
2017	44	46	10
2019	49	41	10

资料来源：根据 2011—2019 年欧盟四次有关腐败的特别欧洲晴雨表调查报告数据整理。

政商联系紧密是导致腐败发生的重要原因。选举中的腐败往往与政商关系密切相关。对行贿刑罚惩处较轻，也会导致商业人员"围猎"，对官员行贿等腐败现象可能普遍存在。瑞典三分之二以上的受访者赞同"商业与政治之间的联系紧密"，不赞同的受访者不到三分之一（见表 10-11）。从欧盟调查的数据可以看出，在瑞典政商关系非常紧密。

表 10-11　　对"商业与政治之间的联系紧密"的评价　　（%）

调查年份	赞同	不赞同	不知道
2013	76	18	6
2017	70	24	6
2019	67	26	7

资料来源：根据 2013 年、2017 年和 2019 年欧盟有关腐败的特别欧洲晴雨表调查报告数据整理。

---

① 王华俊、季君丽：《瑞典的廉政建设经验及其启示》，《上海党史与党建》2014 年第 8 期。

有的学者认为,瑞典的民众公民意识强烈,大多追求公正、公平的价值观,将对公职人员的监督当成一项最基本的权利,参与社会监督的积极性非常高。① 但从欧盟持续多年的调查结果来看,群众参与监督尤其是反腐败的积极性并不是很高。欧盟制定"腐败容忍指数"(a tolerance to corruption index),从"可接受的""容忍的"还是"不可接受的"三个方面对受访者进行了分类。瑞典的腐败可接受度在2017年、2019年两次调查中虽然高于欧盟28个国家的平均水平,分别为81%和79%,但其腐败可接受度并不是欧盟28个国家中最高的,也没有达到零容忍的程度,还有相当一部分瑞典人对腐败持容忍的态度。在2013—2019年的调查中,57%以上的受访者表示遇到腐败不举报。在2013年的调查中,在经历或目睹过腐败后,瑞典72%的受访者表示不举报。表示举报的受访者数量比例均少于不举报的受访者比例(见表10-12)。

表10-12　　　　　　　经历或目睹过腐败的人是否举报　　　　　　　(%)

调查年份	不举报	举报	拒答	不知道
2013	72	28	0	0
2017	57	43	0	0
2019	66	34	0	0

资料来源:根据2013年、2017年和2019年欧盟有关腐败的特别欧洲晴雨表调查报告数据整理。

第三节　"惩治"是反腐败成功的必备手段

治理腐败成功的国家所采用的路径、方法和措施各有不同,但从是否针对腐败行为和腐败分子实施严厉打击来看,可以分为两种途径:一是直接途径;二是间接途径。所谓直接途径就是建立一套完善的腐

---

① 王华俊、季君丽:《瑞典的廉政建设经验及其启示》,《上海党史与党建》2014年第8期。

败发现、调查、惩处的机制应对腐败行为，严肃处理腐败分子，让腐败代价和成本高、风险大，最后得不偿失而产生阻吓和预防腐败的效果。人们一般说的反腐败指的就是使用直接途径的方式的反腐败，也就是说，必须对腐败行为和腐败分子进行调查处理。所谓间接途径就是并不刻意针对腐败的具体行为和具体的腐败分子采取措施和手段，主要目的是改变政治文化和生态，消除腐败的条件和土壤。间接途径一般被人们简称为预防腐败。虽然在学术和政治管理实践中使用了惩治与预防的概念，将反腐败内容延伸到了间接途径上。但在一般的社会公众看来，间接途径因为不涉及具体腐败行为和腐败人员的处理，因而感受不深。在社会文化之中，通过具体的案例才能深深感受到反腐败是否采取行动，感受其效果、力度。

在反腐败实践中，绝大多数国家和地区往往将直接与间接手段并用，综合运用各种方法和措施来治理腐败。从世界历史比较来看，一个国家或地区要从严重的腐败中走出来，离不开严厉的惩治。"反腐败"一词中的"反"，首先在于对腐败的惩治。惩治手段是走向反腐败成功的必备手段和措施。新加坡李光耀对自己老友郑章远的腐败并未手下留情，专门设立反贪污调查局对腐败进行调查。我国香港在20世纪70年代反腐败是从总警司葛柏（Peter F. Godber）腐败被绳之以法开启的，为调查处理腐败，专门设立了香港廉政公署。韩国几个总统先后因腐败被调查而入狱。包括美国、加拿大、日本和大多数欧盟国家在内的许多西方国家迄今未能建立起一个独立的反腐败机构，而是依靠其警察调查腐败。[1] 2022年11月30日，澳大利亚议会通过了《2022年国家反腐败委员会法案》（The National Anti-Corruption Commission, Bill, 2022）和《2022年国家反腐败委员会（后续和过渡条款）法案》[National Anti-Corruption Commission (Consequential and Transitional Provi-

---

[1] Tony Kwok, Make City Anti-corruption Capital of the Whole World. China Daily | Hong Kong Edition, December 09, 2022, https://www.chinadailyhk.com/article/304318#Make-city-anti-corruption-capital-of-the-whole-world.

sions), Bill, 2022], 将澳大利亚廉洁执法委员会 (Australian Commission for Law Enforcement Integrity) 纳入国家反腐败委员会。国家反腐败委员会独立于政府，拥有广泛的管辖权来调查严重或系统性腐败，包括刑事和非刑事行为以及成立前发生的腐败行为，调查公职人员的腐败行为以及那些试图腐败公职人员的人。该委员会调查腐败拥有举行听证会、在没有搜查令的情况下进入和搜查联邦场所、电信拦截 (telecommunications interception)、使用监视设备 (surveillance device) 和搜查令以及获得电信和技术部门协助的权力。[①] 西方国家在打击腐败方面组织机构较弱，没有像廉政公署这样专门独立的反腐败机构，但也有机构在履行其他职责的同时负责调查和惩处腐败，并且正在显现出加强腐败惩治的趋势。反腐败是一场斗争，但这场斗争不是战场上敌我双方在明处的战斗，而是与工作在一起的戴着面具的"两面人"较劲。腐败分子也许天天都能看见，但腐败行为藏在暗处，腐败分子都会伪装，想方设法掩饰自己的腐败行为，因此对腐败分子不像战场上的敌人一样容易识别。发现腐败分子难，处分腐败分子也难，执行处分更难。消灭敌人能成为英雄，惩治腐败则会因得罪人而容易陷于被动。我们通过惩治腐败可以发现很多国家的治理问题。惩治腐败的艰难和复杂性决定其意义的多重性。

从惩治腐败中可以看出反腐败的意愿。腐败治理是否成功，决策层的认识水平、意志和决心最为关键。腐败动摇执政根基，作为领导成员应该认识到反腐败的重要性和必要性。同时要知晓反腐败的科学知识。仅仅知道重要但不会选择合适的方法、措施、切入点，认识也是很肤浅和片面的，甚至是非常有害的。腐败治理是一个专业性很强的知识体系。决心和毅力可以决定我们投入多少精力、资源进行反腐败，可以影响反腐败的持久程度和深度，但无法决定反腐败措施是否科学、合理和有效。没有效率或者效率低下、成本高昂的反腐败，不仅仅对反腐败

---

① National Anti-Corruption Commission Legislation, https://www.ag.gov.au/integrity/anti-corruption/national-anti-corruption-commission-legislation.

本身，而且对国家的整个治理都非常有害。有的国家出现强烈的抵制反腐败的运动，对治理腐败的有效措施因而被废止，最后导致"民间脏话"盛行，反腐败的形象和声誉受到玷污，反腐败的正义性与合法性受到怀疑，最终牺牲的是国家政府的形象，破坏了整个国家的治理秩序和信心。反腐败必须重视效率、效果和成本，要以最少的投入实现最大的产出，以最小的牺牲赢得最大化的治理成效。

从惩治腐败中可以看出力量对比。腐败和反腐败的博弈一直在此消彼长地进行着。反腐败在明处，但腐败的力量隐藏在反腐败队伍之中。我们并不知道腐败的力量有多大。只有在惩治腐败的时候，我们才会感受到真正的阻力和压力。口头上的反腐败，做做样子的反腐败，不真正触碰腐败分子的利益，是不会感受到腐败力量的强大和凶猛的。只有查处了腐败行为并且对具体的当事人给予处分而且要真正剥夺、限制其利益及其好处，让腐败分子利益和名誉等受到损害，腐败的力量就会从暗处转为明处。很少有腐败分子是孤立的。单独行动的贪污分子是有的，但即便这种单独的腐败也会引起其同类或者一些人的同情和支持。在对一个腐败行为进行惩处时，就可能意味着对具有这种行为的所有人都构成了威胁。反腐败看似是对一个人的否定和惩戒，其实是对一批具有类似行为的人的挑战和威胁。本来这些单独实施的、各自孤立的腐败行为是悄悄掩匿在各个角落的，但反腐败行动会让这些行动人在没有统一指挥、组织和协调的情形下突然团结在一起而成为一种力量。这种临时形成的力量的强弱影响着反腐败是否能够推行下去。敢于对腐败分子动手，并且能够持续不断地进行下去，至少表明反腐败组织是有力量的。反腐败愈坚决有力，表明反腐败的力量越强大，腐败的力量就越弱小。相反，如果腐败力量很强大，形成强大的阻碍，惩治腐败的力度就会减弱，或者在一阵子反腐败之后就会停歇。反腐败力量的强弱也可以通过查处的官员的影响力反映出来。查处的官员的级别、资历、政治背景、以往政绩等是判断其影响力的重要方面。有影响力的官员与一般官员腐败后受到查处所产生的震慑作用并不一样，有影响力的官员被坚决查处更能表明反腐败组织强大有力。

从惩治腐败中可以看出法治发展程度。惩治腐败必须严格依据法律。用法治的方式反腐败才能产生"有耻且格"的效果，让人觉得公平有廉耻之心，从而自觉规范自己的行为，纠正自己的错误。公平是法治最为核心的原则。法律要公平地适用于所有的人，不管谁腐败，都要受到同样的处罚。有选择性地反腐败，并不能使所有的腐败行为都受到调查，会让人对反腐败的正义性、合理性直接产生怀疑，也会助长侥幸的心理，并不一定会收到良好的效果。不公平的反腐败，并不是法治思维和法治方式下的反腐败，被调查处理的腐败分子心里不服，尚未被发现的腐败分子则暗自庆幸，没有腐败的人员会产生严重吃亏的想法而寻找腐败机会，最后的结果只能是腐败越反越多。

从惩治腐败中可以看出反腐败的效率。治理腐败成功需要持续不断努力，成本控制非常重要。高成本投入，可能暂时会取得非常好的效果，但因为经济社会难以承受，最终会难以持续下去，腐败会反弹回潮。结合实际选择成本最低而效果最好的方式，是治理腐败成功必须考虑的因素。惩治腐败需要人员、经费、设备等的投入。一般而言，反腐败机构人员越多，投入的经费必然就越多。如果反腐败机构的人员不能得到有效保障，腐败就难以震慑和被发现，腐败就会增多。很多国家和地区为了降低反腐败成本，采用多种方式降低成本，如采用建立电话、信件、网络举报等平台和渠道接受公众举报，有的甚至采用运动的方式，让公众检举控告腐败官员。媒体和网络是降低反腐败成本的重要工具。特别是自媒体的广泛运用，公众通过自媒体曝光腐败行为，为反腐败机构提供了大量的线索。虽然让腐败暴露或被发现的方式手段不断更新，但不管什么媒体、网络平台或者其他工具都是连接公众与反腐败机构的平台。只要反腐败机构或者其他相关部门真正地反腐败，积极宣传腐败对每个人利益带来的危害性，开通便捷举报腐败的网站、电话等方式和渠道，承诺在很短的时间里对举报线索进行回应，对举报信息实行严格的保密，保护举报人的安全等就能有助于建立与公众的信任关系。公众的信任、支持是降低反腐败成本最为重要的方式。大数据、区块链、人工智能、云宇宙等技术也是降低反腐败成本的重要方式，但是在技术运用中，有的也存在浪费、腐败等现象，不仅没有降低反腐败的成本，反而增加了财政支出，并且没有收到较好的效果。选择廉价可持续的有效算法及其他方法能够及时发现腐败线索，才是运用各项科学技术降低反腐败成本必须把握的原则。

惩治与预防一样都是反腐败的重要措施，2005年12月14日正式生效的《联合国反腐败公约》将"更加高效而有力地预防和打击腐败"作为公约的一条宗旨，要求各缔约国均应当努力定期评估有关法律文书和行政措施，以确定其能否有效预防和打击腐败。但一些学者在分析一些国家和地区的腐败治理时却对惩治提出了质疑。有的认为："仅就抓捕贪官的数量来判断反腐败的成效，未免失之偏颇，公开披露的数字未必一定反映问题的全貌。"[1] 惩治在反腐败中具有重要意义，但有的学者却并不以为然，例如博·罗斯坦认为，间接的经济社会发展问题最为重要，直接针对腐败的措施如预防和惩治并不是瑞典反腐败成功的原因。在他看来，瑞典似乎是不反腐败（惩治力度不够）就取得了反腐败的成功。博·罗斯坦的逻辑就是，腐败是公职人员为谋取私利而违背公平原则的行为，平等和公平是政府质量中最为重要的。在腐败滋生之时，就是践踏公平之日，行使国家权力必须受制于公平原则，其核心就是不论金钱、种族、宗教或者性别，都要一直不偏不倚。公平存在，则所有腐败现象都将根除。换言之，公平意味着没有腐败。没有腐败意味着"国家必须平等对待享有平等权利的公民"。政府质量的核心是公平行使权力。[2] 反腐败要成功或走向成功，必须以对腐败坚决进行打击作为必要的条件和前提。贪官抓得多未必能够证明当时的反腐败已经成功，但至少表明这个国家或地区正走在反腐败成功

---

[1] 公婷、杨丽天晴、肖汉宇：《何谓反腐败的成功？——理论与实践》，《廉政学研究》2018年第1辑。

[2] ［瑞典］博·罗斯坦：《政府质量：执政能力与腐败、社会信任和不平等》，蒋小虎译，新华出版社2012年版，第17页。

的路上，对这个国家或地区反腐败仍然充满希望和信心。如果社会对某个领域如选举、医保等领域，反映的腐败问题很强烈，但长期以来一直没有发现和惩处这个领域的腐败，只能是这个国家或地区反腐败不力，相关的反腐败机构存在严重的不作为。经济和社会发展对营造良好的环境和氛围是非常有帮助的，但如果对腐败不采取严厉并且有效措施，要成功实现反腐败是比较困难的，尤其是对于广大欠发达国家而言，在经济社会发展并不具有特殊机遇条件和运气的情况下，必须对腐败进行坚决有效的惩治方能有成功反腐的可能。即便在廉洁程度比较高的亚洲国家和地区，例如新加坡和中国香港，至今仍然对腐败保持着高压惩治的态势，说明惩治作为反腐败的必需手段的极其重要性和不可或缺的必要性。

腐败程度是一个动态变化的过程，这是由腐败具有反弹性的性质决定的。腐败在人类历史中长期存在，并不会因为国家或者阶级的消灭而消除。只要权力存在，就有权力异化的可能，也就可能产生腐败。反腐败是一个永远在路上"不舍昼夜"的过程。腐败的国家和地区经过努力治理可以变得廉洁，但较为廉洁的国家只要反腐败松懈，其腐败状况就会恶化。从透明国际几十年的CPI指数来看，瑞典、荷兰、卢森堡、丹麦、瑞典、挪威、芬兰、奥地利、爱尔兰、英国等这些得分很高的北欧和西欧国家均呈现出腐败恶化的趋势。透明国际的总部设在德国，其资助中的大部分来自北欧、西欧等欧洲国家，其CPI指数的公正性、合理性一直受到国际社会的批评。即使是一直获得透明国际腐败感知指数青睐的北欧国家也对这套指数的科学性与合理性提出过质疑和反对。这些国家的反腐败机构人员都公开承认自己的国家同样存在着腐败。从逻辑上而言，如果这些国家不存在腐败，也就没有必要设立这些机构，并且每年投入那么多的资金、人力等资源。欧盟从2005年开始专门就腐败进行特别欧洲晴雨表调查，并没有采用透明国际的指数来评估和比较成员国的腐败状况，也说明欧盟对透明国际CPI等指数的不太认可或信任。退一步而言，假设透明国际CPI指数是合理的，通过对比几十年来北欧、西欧国家的得分，也可以看到这些所谓廉洁程度较高的国家的 CPI 得分出现了不断下降的趋势。如同前面所述，欧盟国家腐败普遍存在，最为重要的原因就在于对腐败的惩治不力。这说明廉洁形象的持久保持并不是一件十分容易的事情。在某个时期或者阶段反腐败的成功并不意味着永久的成功，反腐败是一件需要持之不懈、永远努力的事情。

第十一章　中国腐败治理成功吗

对中国反腐败是否成功，目前学界很少讨论。在新中国成立70多年里，从20世纪80年代以来就有很多关于反腐败的成功经验、有效做法、历史成就的研究。这方面的文献在新中国或者中国共产党成立以来每逢十周年庆祝时尤为繁多，但很少有学者对中国的反腐败作出清晰、明确的成功与否的判断，系统而深入地对反腐败成功与否进行论证和分析的研究更是稀缺。学术性研究给人造成的客观印象和感觉是，中国反腐败有经验和成效，但算不上反腐败成功。2020年1月13日，中共中央总书记、国家主席、中央军委主席习近平在中国共产党第十九届中央纪律检查委员会第四次全体会议上指出："党的十八大以来，我们探索出一条长期执政条件下解决自身问题、跳出历史周期率的成功道路。"这是一个具有重大战略意义的新判断。中国反腐败实务界认为，经过持之以恒和卓有成效的努力，中国"成功走出一条中国特色反腐败之路"[1]，"成功走出一条依靠制度优势、法治优势反腐败之路"[2]。2023年9月，中共中央办公厅印发《中央反腐败协调小组工作规划（2023—2027）》，提出党的十八大以来，反腐败斗争取得压倒性胜利并全面巩固，成功走出一条中国特色反腐败之路。[3] 理论上的认识

---

[1] 肖培：《坚持不敢腐、不能腐、不想腐一体推进》，载《党的二十大报告辅导读本》，人民出版社2022年版，第584页。

[2] 杨晓渡：《完善党的自我革命制度规范体系》，载《党的二十大报告辅导读本》，人民出版社2022年版，第85页。

[3] 《中央反腐败协调小组办公室就〈中央反腐败协调小组工作规划（2003—2027年）〉答记者问》（http://news.cnwest.com/tianxia/a/2023/09/20/21900917.html）。

与实践的判断目前还存在较大的差距。为何理论研究对中国反腐败成功问题感觉到羞涩并缺乏底气呢？这是一个值得研究的问题。这个问题不解决，中国反腐败的自信也就无法树立，更难以谈及巩固和加强。

第一节 对中国腐败严重程度判断的认知偏差

判断中国治理腐败是否成功，目前主要有两个刻板印象给专家学者和社会公众造成严重的认知错判，误导和束缚人们的理性思考。首先是将新中国成立以来的反腐败历史割裂地看待，缺乏整体性认识和客观的态度。从已有的文献可以看出，中国反腐败阶段的划分与中国政治经济发展阶段划分是一致的，总体上以党的十一届三中全会为分界点，分为改革开放前后两个不同的时期。在对反腐败经验的总结中，关于改革开放之后的总结较多，但对新中国成立至党的十一届三中全会召开这28年时间往往谈及很少，对于"文化大革命"期间的反腐败效果因为政治顾虑都避而不谈。改革开放之后，计划经济转向市场经济，私有经济蓬勃发展，对外开放程度越来越深，人们的价值观念发生重大变化，资源福利获取从组织分配到个人和家庭都是自己想办法。20世纪80年代中期后，"腐败"一词开始频繁使用，腐败不断滋生蔓延，反腐败形势到90年代初变得"严峻"[1]，之后变得"严峻复杂"[2]，直到习近平总书记2017年1月6日在十八届中央纪委七次全会上的讲话，才作出了"腐败蔓延势头得到有效遏制"：

经过全党共同努力，党的各级组织管党治党主体责任明显增

---

[1] 例如1993年8月20日，尉健行同志在中共中央纪律检查委员会第二次全会上的工作报告中明确提出"反腐败斗争的形势是严峻的"（中央纪委办公厅、中央纪委研究室编：《党的十四大以来中共中央纪律检查委员会历次全会工作报告汇编》，中国方正出版社2006年版，第23页）。

[2] 习近平总书记2013年11月19日在中共十八届三中全会第一次全体会议上的讲话中提出"党风廉政建设和反腐败斗争形势依然严峻复杂"（中共中央纪律检查委员会、中共中央文献研究室编：《习近平关于党风廉政建设和反腐败斗争论述摘编》，中央文献出版社、中国方正出版社2015年版，第17页）。

强,中央八项规定精神得到坚决落实,党的纪律建设全面加强,腐败蔓延势头得到有效遏制,反腐败斗争压倒性态势已经形成,不敢腐的目标初步实现,不能腐的制度日益完善,不想腐的堤坝正在构筑,党内政治生活呈现新的气象。

也就是说,腐败蔓延恶化的态势持续了30年左右的时间。如果将新中国成立以来的历史割裂开,过于偏重改革开放以来的反腐败,结果就是只看到腐败严重的时期,但忽略了改革开放之前28年以及改革开放初期合起来长达30多年的廉洁期。随着历史经历者的不断去世,社会集体对于历史的记忆会淡化、模糊、混乱。一些人将30年左右腐败不断蔓延恶化的历史作为新中国成立70多年来的历史,这是导致中国人集体对自己国家反腐败成功缺乏足够自信的重要原因。哈布瓦赫认为,集体记忆不是一个既定的概念,而是一个社会建构的概念。[1] 集体记忆容易被扭曲,甚至可能会与历史完全不合。如果这种情况不进行调整,随着时间的推移,共享的集体记忆就会越来越少。更为可怕的是,集体的历史记忆也会发生变化甚至混乱,对反腐败历史认识的误解可能会持续深化,就会重构一种新的不同于历史的集体记忆。尽快通过多种形式恢复和强化那个时代人们廉洁和无私奉献的集体记忆,是廉政建设有必要做的工作。

从2012年起,我们开始就新中国成立以来不同时期的腐败问题对不同人群进行调查。最初在普通干部和专业人员中开展,问卷中设计的题目是:"您认为下面哪个时期中国腐败问题较为突出?"并提供了四个选项,即"1949—1978""1979—1990""1991—2000""2001—2010"。2014年开始在企业人员中进行调查。绝大多数人认为1949—1978年是中国最为廉洁的历史时期。从表11-1可以看出,2012—2015年,在专业人员、普通干部、企业人员三类群体中,只有极少数

---

[1] [法]莫里斯·哈布瓦赫:《论集体记忆》,毕然、郭金华译,上海人民出版社2002年版,第39页。

认为1949—1978年中国腐败问题较为突出；选择"1979—1990"的受访者也相对较少，与选择"1949—1978"的人数相差不大，表明从新中国成立到改革开放初期，中国的腐败问题在各类群体看来并不严重。但是选择"1991—2000"的比例高达20%以上，三类群体的感受表明从20世纪90年代开始，中国的腐败问题开始滋长蔓延。这个时期正是社会主义市场经济建设加速推进阶段，查处的腐败案件大幅增加。超过60%的受访者选择了"2001—2010"，表明在进入21世纪后的10年里，中国的腐败不断恶化。

表11-1　不同群体对不同时期中国腐败严重程度评价的比例（2012—2015）　　　　　　　　　　　　　　（%）

	专业人员				普通干部				企业人员	
	2012	2013	2014	2015	2012	2013	2014	2015	2014	2015
1949—1978	1.9	3.3	1.5	3.3	1.4	1.3	1.5	1.3	2.8	0
1979—1990	3.7	2.5	1.3	2.5	3.8	3.0	2.2	3.0	3.4	2.1
1991—2000	25.0	23.1	22.8	23.1	28.4	27.8	26.5	27.8	24.5	32.2
2001—2010	69.4	71.1	74.4	71.5	66.5	67.9	69.9	67.9	69.4	64.9

改革开放后，中国的腐败多起来，这是一个被普遍认同的事实。中共十四届中央纪委向党的十五大作的工作报告、十五届中央纪委向党的十六大作的工作报告，对腐败不断蔓延的形势和这段时期腐败大量滋生的主观和客观原因作过深入分析。[①] 中央纪委的工作报告分析非常客观，坚持了实事求是的原则。改革开放之后，中国的政治体制并没有发生根本性的改变，主要是经济体制从计划经济转向商品经济然后过渡到市场经济。一些人利用经济转轨或转型但监督、法制没有及时跟进的时机谋取私利，腐败滋生蔓延的机会较多。

改革开放之后，对中国腐败多起来的判断是中国基于历史纵向比较作

[①] 中央纪委办公厅、中央纪委研究室编：《党的十四大以来中共中央纪律检查委员会历次全会工作报告汇编》，中国方正出版社2006年版，第158—159、288、293页。

出的判断，而不是基于横向比较作出的判断。历史纵向的比较是自己与自己进行的比较，横向的比较则是不同国家和地区之间的比较。从这两个视角得出的结论是完全不同的。在同一个历史时期，中国的腐败状况与其他国家相比较到底如何呢？目前对此的研究并不是很多。美国乔治梅森大学经济学系教授 C. 拉米雷斯（Carlos D. Ramirez）建立的时间序列和跨空间指数，以媒体为基础比较研究中美之间的腐败，认为 20 世纪 90 年代中期的中国和 19 世纪 70 年代的美国人均收入水平大致相当，但中国的腐败程度远不如美国那么严重。中国 2009 年的实际人均收入相当于 20 世纪 20 年代后期的美国，但中国的腐败不比当时美国的腐败问题严重。以报刊为基础的腐败研究表明，当两国人均收入大体为 2800 美元（以 2005 年美元价值计算）时，美国的腐败程度是中国的 7—9 倍。当美国的人均收入达到 4200 美元时，其腐败程度是中国的 1.7 倍。当美国的人均收入在 1928 年达到 7500 美元左右（大体相当于 2009 年的中国）时，以报刊为基础的数据表明，两国的腐败程度十分接近。也就是说，中国的腐败程度充其量与美国在同一收入水平时相似。[1] 这一事实表明，中国的腐败问题尚未达到灾难性的程度。美国与中国都是上亿人口的大国，在国家规模上具有可比性，但通过横向比较就会发现，中国的腐败并非处于失控的状况，在经济发展水平相当的时期，中国的反腐败效果要好于美国。

腐败是权力失范的一种表现。对于失范现象发生的原因，社会学家有不同的理论观点。功能主义者认为，失范之所以在社会急剧变迁的情况下产生，是因为结构产生了裂痕，或者说是结构与其要素之间出现了分崩离析的局面。这是因为我们面前摆着许多可以选择或不可选择的可能性。在各种可能性中，我们要么会在犹疑不定之间作出艰难的选择，要么会在自己的内心中浮现出一片空白地带，而无从选择。[2] 腐败等失范行为是一种选择。当然，这种选择在社会绝大多数人看来是一种不道德

---

[1] ［美］C. 拉米雷斯：《从历史视角与美国进行比较——中国的腐败问题并非人们想象的那样严重》，载上海市哲学社会科学规划办公室、上海社会科学院信息研究所编《国外社会科学前沿 2013》第 17 辑，上海人民出版社 2014 年版，第 498、510、511 页。

[2] 渠敬东：《缺席与断裂——有关失范的社会学研究》，上海人民出版社 1999 年版，第 115 页。

的、违反了国家法律和组织纪律的"错误"选择。个人选择意愿增多或者选择的可能性增多，一个重要的原因在于个体意识的唤醒或强化。在《社会分工论》里，涂尔干提出社会团结的概念，并按照演化顺序将其分为机械团结（Mechanical Solidarity）和有机团结（Organic solidarity）。涂尔干认为，在分化社会里，个体在绝大多数的情况下都是按照自己的兴趣自由地信仰，自由地表达自己的愿望并进行自由行动，个体意识在机械团结和社会分工之前是不可能存在的。[①] 在有机团结的社会里，个人意识非常单纯和朴素，不会有太多的欲望和想法，因而腐败大量产生的社会环境和条件不具备，社会就会很清廉。但是在社会转型或过渡时期，各种欲望、情感和意识会不断膨胀和涌现出来，使日常生活世界充满着、纠缠着各种新的感受和经验，各种不同的观念、态度和信仰从不同的层面以不同的方式凸显出来，构成了一幅纷繁芜杂的生活图景。[②] 埃米尔·迪尔凯姆认为，权力和财富的突然增加，社会财富分配的标准被打乱，但新的标准又没有立刻建立起来。只要各种社会力量没有恢复平衡，它们各自的价值观念仍然处于未定的状态，就暂时不会有任何规章制度。人们再也不知道什么是可以做的，什么是不能做的，什么是公平的，什么是不公平的，什么是合理的要求和希望，什么是超过了限度的要求和希望。各种欲望由于不再受到舆论的制约，因此再也不知道哪里是应该停下来的界限。各种欲望都处于一种自然而然的兴奋状态，给人们更多的刺激，使人们的要求更高，更加忍受不了任何规章制度。传统的规章制度正是在这种时候失去了它们的权威性，因而放纵和反常的状态进一步强化，各种情欲在需要更加有力的约束时反而得不到约束。[③] 在经济转轨引发的利益调整时代，社会未来预期混乱，心灵不安分，人们缺乏稳定感、安全感和归属感、依托感，对于过去和现

[①] ［法］雷蒙·阿隆：《社会学主要思潮》，葛智强等译，上海人民出版社1988年版，第345—347页。
[②] 渠敬东：《缺席与断裂——有关失范的社会学研究》，上海人民出版社1999年版，第115页。
[③] ［法］埃米尔·迪尔凯姆：《自杀论》，冯韵文译，商务印书馆2013年版，第269—270页。

在没有自信可言，唯寄希望于明天和未来，才能稍稍找到一点点慰藉和安宁、快感和幸福。当所有社会成员都将幸福寄托于未来的时候，物欲横流也就成为必然，既有的东西都无法满足需要了。环顾左右前后，东张西望，茫然无措，坐立不安。生活与思想之间的张力变得更为紧张。掌握权力的人得到、汇集和掌握着更多的信息，不安的感觉更为敏感。社会结构发生剧烈变迁、冲撞往往会带来解体和动荡的风险。处于社会结构上层的部分人看到了社会危机，开始出现行为上的分化。有的采取积极的方式，从社会集体的利益出发，矫正社会结构的失序现象，避免社会危机的发生，保持社会结构的基本稳固。但有的为了自己的利益考虑，选择聚敛财富、转移财富，力图躲避危机。掌握权力者除了具有信息的优势之外，也有机会和能力扩张自己的欲望。因此在经济社会结构剧烈调整的时期，往往也是腐败高发多发的时期。

社会转型和过渡总是一种暂时的历史现象，在经过一段时间后一定会尘埃落定，必然会稳定下来，各种利益关系从错乱到恢复稳定的秩序，不仅仅是法律制度在利益关系稳定的时候会得到完善，更为重要的是社会制度，尤其是习惯、习俗等非正式制度调整稳定下来，社会预期和社会心理也会稳定下来。浮躁、杂乱的欲望从悬浮状态沉淀下来，社会归于成熟稳定安静，腐败的欲望和想法就会大幅减少，机会也会减少。从20世纪90年代开始滋长的腐败，经过30年左右泛滥之后，最后会随着社会稳定成熟而归于沉寂。腐败如同引起人感冒的冠状病毒一样难以被彻底消灭，但因为生存繁衍的环境和条件不具备，再难以兴风作浪而成为让人恐惧的大面积的"疫情"。

历史本来是由偶然性的事件组成的。反腐败要走向成功总要借助一些偶然性事件。虽然腐败遭人痛恨，人人想除之而后快，党和政府都为此做了很大的努力，但腐败蔓延的态势并没有得到遏制。腐败越是泛滥，遭遇的阻力和反对的社会力量就会越强大。反腐败的社会情绪、力量和社会呼声随着腐败的蔓延不断积聚和强大。但向腐败发起全面围剿的总攻，必须借助特定的历史事件，在特定的时机和条件成熟下才有可能展开。2012年，令计划、周永康等高级干部因为腐败而受调查。以反腐败为重心的全面从严治党拉开序幕。党的十八大期间，440多名中管干部被调查并被追究法律责任。党的十九大以来，高压反腐败的态势依然持续，力度丝毫不减。全面从严治党、反腐败、自我革命等"永远在路上"成为常态，腐败蔓延的态势已经开始快速向清廉的方向转变。

党的十八大是新中国反腐败的又一个重要分水岭，全面从严治党战略提出并实施，反腐败成为全党的重要工作。在2012—2022年十年里中国力度空前的反腐败斗争成效卓著、举世瞩目。[①] 2016年开始，我们将不同群体对不同时期中国腐败评价的题目选项做了细化，涵盖了党的十八大以来的几年时间。2016年和2017年的调查结果，与前四年的调查结果高度吻合。在四个时期中，三类不同群体选择"1949—1978"的受访者最高不超过2.5%。选择"1979—1990"的受访者比选择"1949—1978"的相对多一点，但增加的比例不大。这说明从新中国成立到改革开放初期，在多次调查中，各类群体普遍认为，这个时段中国的腐败问题并不严重。选择"1991—2000"的与前几年调查一样比例较高，说明新中国的腐败是从20世纪90年代开始逐步严重的。选择"2013年以来"的受访者比例出现了大幅回落，说明各类群体对反腐败的效果感受明显，腐败严重程度大幅减轻（见表11-2）。

表11-2　　　　三类群体对不同时期中国腐败程度严重的
评价的比例（2012—2017）　　　　　　　　　　（%）

	专业人员		普通干部		企业人员	
	2016	2017	2016	2017	2016	2017
1949—1978	1.5	0.7	1.1	0.7	2.3	1.5

---

① 肖培：《坚持不敢腐、不能腐、不想腐一体推进》，载《党的二十大报告辅导读本》，人民出版社2022年版，第586页。

续表

	专业人员		普通干部		企业人员	
	2016	2017	2016	2017	2016	2017
1979—1990	1.1	1.9	2.9	2.6	3.4	2.7
1991—2000	27.6	27.0	25.0	24.4	21.8	17.6
2001—2013	64.4	63.7	66.5	66.3	57.7	62.8
2013年以来	5.4	6.7	4.5	6.0	14.8	15.3

其次就是将腐败严重与反腐败不成功画等号。20世纪90年代中期以来，腐败问题开始变得严重突出起来。尽管党的十八大以来，实行全面从严治党方略，一体推进不敢腐、不能腐、不想腐机制建设，反腐败取得明显成效，但反腐败形势仍然严峻复杂。关于腐败有很多案例、研究和报道，但因为对反腐败成功的标准并没有充分的研究，虽然在总结经验的时候提及了反腐败与经济发展等中心任务的关系，但反腐败与经济社会发展之间的联系并没有受到充分的重视，这方面理论研究欠缺。党和政府的工作报告和领导人讲话等政治性文件突出经济社会发展的成就，但对反腐败在其中发挥的作用提及较少。反腐败机构受到职责范围的约束从专业和工具理性总结、宣传自己的工作，将信访举报、立案、结案、处分人数作为反腐败的重要成绩，虽然参与经济建设的中心工作很多，但在总结工作的时候是从维护政治纪律、挽回经济损失等监督执纪的角度出发的，因此对经济社会发展的成就提及较少。这种泾渭分明的分工也同样出现在宣传、教育等意识形态工作中，最后给国内外形成了很深的印象，就是中国经济发展非常成功，但反腐败不成功。这样的印象绝不是政治机关或者新闻媒体等有意为之的，而是意想不到的、与主观愿望相违背的意料之外的结果。美国魏德安教授的著作《双重悖论：腐败如何影响中国的经济增长》的立论基础就是中国经济建设非常成功，成就举世瞩目，但腐败却比较严重，反腐败不成功。这不仅仅是国外学者对中国的印象，不少中国人也存在此种看法。在没有任何不同的声音和观点的情况

下,通过著作、论文等研究成果、媒体宣传等方式,这种刻板印象还在不断强化。

以上两种认知与反腐败成功的认定标准都密切相关。因为长期以来受到西方标准的影响,言论自由、媒体独立、公开透明等被不断吸收并逐步根深蒂固成为社会的价值理念。按照西方国家于20世纪90年代形成的国际反腐败标准,改革开放之前的中国反腐败就不符合标准。因为那个时期信息不公开、言论和行为受到很大限制,虽然那个时期可以说是世界上比较少有的廉洁时期,但因为工具性的要求如言论自由、公开透明等不符合标准,也不能称作反腐败成功。在改革开放之后,党和政府公开透明度明显加大,言论和行为自由度大幅增加,后来腐败却增多了,因此也不符合西方反腐败成功的标准。但中国前后发生的变化充分证明了西方的反腐败标准不科学。信息公开、言论自由与廉洁目标的实现并不完全具有一致性。在改革开放之前,新中国刚刚成立不久,中国不具备信息公开等条件,但中国通过其他方式和手段实现了西方国家至今都难以达到的廉洁程度。在改革开放之后,中国在信息公开、言论自由等方面取得显著的进步,但这些措施的运用也未实现更加廉洁的期望,随着经济体制的转轨以及其他社会变革的开展,腐败现象却大幅增多。只有到了党的十八大之后,随着中国经济社会发展到一定程度,群众对反腐败的需求非常急迫,在中国共产党的坚强领导下,反腐败才取得了明显成效,又逐步恢复以前的廉洁局面。但党的十八大以来反腐败成效的取得,依赖的并不完全是西方标准中所列举的措施,而是综合运用了巡视、审计、问责、制定并贯彻中央八项规定、不断完善制度、深化改革、国际追逃追赃等诸多措施。反腐败成功的判断标准需要经过历史实践的检验。新中国成立后70多年从廉洁到腐败再恢复廉洁的反腐败过程,恰恰证明了西方标准不可行。反腐败需要运用多种措施和手段,但经济基础决定上层建筑,经济社会发展是决定性的因素,反腐败成功与否的判断标准必须体现出用实践充分证明的马克思主义哲学原理,需要加以重新改写。

第二节　中国曾是世界上廉洁程度非常高的国家

对中国的反腐败必须予以历史辩证客观全面地看待。中国共产党从腐败的国民党手中接过政权之后,经过"三反""五反"和社会主义改造,严重突出的腐败问题很快得到有效遏制。在改革开放之前,最主要的反腐败措施是群众运动。毛泽东在延安与黄炎培的对话中就提出,中国共产党找到了一条新路,就是靠人民监督政府,人人负起责任。在新中国成立之后的反腐败探索中。依靠人民群众搞群众运动成为主要的反腐败手段。群众运动是一把双刃剑,可以有效地监督政府及其工作人员,但是也容易扩大化而走向极端,给经济社会造成巨大的损失。但不否认,从新中国成立到20世纪80年代,中国内地的腐败现象和作风问题并不突出,相对于世界其他国家和地区而言,中国是世界上相当廉洁的国家。中央和各级人民政府是我国历史上空前廉洁的政府,绝大多数工作人员都过着清苦的生活,忠心耿耿地为人民服务。[1] 干部两袖清风、一心为公,社会风气很好,夜不闭户、路不拾遗、助人为乐,蔚然成风。即便对反对殖民主义和民族独立运动有严重偏见的西方学者也都承认,中国共产党着力抓捕腐败分子,严厉惩处腐败,用纪律严格约束其党员,在所有政府及其部门中都形成了反对腐败的稳定压力,是从思想和机制方面能够改变人性的一个显著例子。[2] 中国共产党对其党员严格纪律要求以反腐败的有效做法对各国产生了深远的影响。

---

[1] 中共中央文献研究室编:《建国以来重要文献选编》第3册,中央文献出版社1992年版,第27页。

[2] Guy Wint, *Spotlight on Asia*, Penguin books, Middlesex, 1955, p. 91. 转引自 Gunnar Myrdal, "Corruption as a Hindrance to Modernization in South Asia", Arnold J. Heidenheimer and Michael Johnston (eds.), 2002, *Political Corruption: Concepts and Contexts* (3rd, ed.), Transaction Publishers, New Brunswick, New Jersey, p. 275.

在亚洲，有的学者研究了南亚国家独立之后的腐败，认为这些国家在独立之后腐败更为普遍，数量不断增多。① 现在廉洁认可度较高的中国香港和新加坡，20世纪70年代之前腐败非常猖獗，腐败曾经是人们生活的一部分。

> 香港的腐败已经非常普遍，它蔓延到全社会的各个角落，成为香港市民日常生活的一部分。在政府部门之中，腐败日益猖獗，政府官员通过这种方式"勒索"市民。为了获取必需的公共服务，市民需要向政府官员提供各种"茶钱""黑钱"和"派鬼"。贪污罪行不仅充斥警察部门，在政府的其他部门，如消防处、房屋署、入境事务处、劳工处、海事处、医务署、邮政署、监狱署、运输署、市政事务署等等，贪污问题也非常严重，成为政府机体中一种常见的、多发的顽症。当时，香港公共服务机构之中的腐败相当严重，例如救护车送病人就医需要"茶钱"，消防员开水喉需要"开喉费"，医院病人也需要"打赏"清洁工，才能取得开水和便盆。当时的香港市民只要使用公共机构的资源，就必须知道怎样行贿。②

新加坡与中国香港一样，都曾是英国的殖民地，新加坡的腐败程度在20世纪70年代之前不亚于当时的中国香港，也非常严重。

> 1959年，新加坡成立了自己的政府，那时腐败现象充斥了所有的公共部门。在执法官员中辛加迪（团体）腐败特别普遍；他们的工资收入很低，收受贿赂是很平常的事。这种状况带来了一系

---

① Gunnar Myrdal, "Corruption as a Hindrance to Modernization in South Asia", Arnold J. Heidenheimer and Michael Johnston (eds.), 2002, *Political Corruption: Concepts and Contexts* (3rd, ed.), Transaction Publishers, New Brunswick, New Jersey, pp. 269–270.

② 段龙飞、任建明编著:《香港反腐败制度体系研究》，中国方正出版社2010年版，第4—5页。

列问题。首先，预防腐败的法律很脆弱。违法者的财产不会被没收。贪污调查局的官员缺乏足够的执法权力执行公务。其次，由于反腐败法律不完善，加上许多公务员通常都有贪污行为，使得证据的收集非常困难。第三，公众受教育程度一般很低，大多数人都是移民工人，已习惯于官员的不公平对待。他们顺从政府官员，不敢举报官员的腐败行为，害怕他们报复。他们不知道自己的权利，他们只知道做成事情的惟一方式就是行贿。第四，政府官员的工薪收入低于私人部门中工作的职员，结果都很清贫。许多公务员因为奢侈的生活方式而负债，其中一些人就借助于受贿腐败来弥补支出需要。最后，贪污调查局的官员是从新加坡警察队伍中短期抽调的。因此，他们从心理上并不准备全力以赴投入打击腐败的斗争中，特别是当腐败案件涉及其警察局同事时。此外，短期调任的做法使贪污调查局的活动经常中断，在调查工作完成之前，大多数官员早已到期调任另外的职务去了。[①]

可是，20世纪50—80年代的中国内地却完全是另一番景象。这个时期的腐败案件极少，干部清正廉洁。曾经设立的反腐败机构被撤销，出现较长时期没有腐败机构的现象。1949年9月29日，中国人民政治协商会议第一届全体会议通过的《中国人民政治协商会议共同纲领》第十九条规定："在县市以上的各级人民政府内，设人民监察机关。"10月，中央人民政府政务院人民监察委员会成立，地方各级人民政府监察委员会相继成立。1959年，中共中央决定，取消政府的行政监察机构，其职能由党的监察委员会行使，地方各级政府的行政监察机构也随之被撤销，其职能归于根据1955年3月中国共产党全国代表大会通过的《关于成立党的中央和地方监察委员会的决议》设立的党的各级监察委员会。但到1969年，各级监察委员会全部被撤销。1949年9月

---

① [加]里克·斯塔彭赫斯特、[美]萨尔·J. 庞德主编：《反腐败——国家廉政建设的模式》，杨之刚译，经济科学出版社2000年版，第57—58页。

29日，中国人民政治协商会议第一届全体会议表决通过的《中央人民政府组织法》第五条规定："组织最高人民法院及最高人民检察署，以为国家的最高审判机关及检察机关。"1966年5月，"文化大革命"开始，中国社会进入十年浩劫时期。在这场动乱中，检察制度发展中断，机构被撤销，人员被遣散，业务实际上被取消。[①] 新中国成立后在党政、司法系统中履行反腐败职能的机构先后被撤销。反腐败机构被撤销，虽然有很多原因，但有一条是不可否认的，就是没有存在的必要或者必要性很弱。经过长期不断的群众运动，腐败现象几乎被消灭。没有腐败的存在，反腐败机构就会多余，自然也就面临被淘汰的命运。当然，反腐败机构的职能不仅仅限于反腐败，还具有维护纪律等多项职能。反腐败机构的撤销会造成党规党纪等规范得不到维护，个人权利会因缺乏专门机构保障而受到损害。

"腐败"这个词汇的使用频率相当低。语言词汇是社会生活的客观反映。每个时期的高频词都是当时社会高度关注的热点问题。用词的频率反映出特定时代的社会现实，"腐败"一词出现的频率表明当时腐败是否存在及其严重程度。在20世纪50年代至80年代的党政机关文件、文学艺术作品以及群众生活口头语言中，很少用到"腐败"一词，这也从客观上反映了当时的社会事实。"腐败"一词是在20世纪80年代后期开始被频繁大量使用的，与当时腐败现象开始滋生并不断蔓延的社会现实是相吻合的。

第三节　改革开放以来中国反腐败成效的判断

1949—2022年新中国成立的70多年中，腐败最严重的时期是20世纪90年代到党的十八大之前的20多年的时间。在此之前的40多年里，中国的廉洁程度非常高。从遏制腐败的效果上而言，那个时期反腐败是非常成功的。党的十八大之后，腐败蔓延的态势得到强有力遏制，

[①] 蒋来用：《国家监察体制改革的史鉴与对策》，《国家行政学院学报》2017年第2期。

经济社会发展迎来逐步清廉的新时代。社会集体对腐败的记忆具有特殊性。廉洁的时期虽然很长，但社会记忆并不深刻。腐败的时间虽然短，但社会成员却印象深刻。虽然改革开放之前和之初的廉洁时期较长，但社会并不十分关注。对中国在20世纪90年代到党的十八大之前将近20多年的腐败严重时期人们记忆深刻，因而成为判断中国反腐败是否成功的关键，也是研究的重点。我们可以从以下几个方面认识这段特殊的时期。

腐败与经济发展密切相关。从世界现代化的历史过程来看，无论是欧美先发现代化国家还是亚非拉美后发现代化国家，腐败的大量增生是从传统到现代的转型过程中都出现过的普遍现象。[1] 从世界范围来看，已经完成工业化进程的西方发达国家，如美国、日本、德国、法国、英国以及北欧国家等，都经历过腐败猖獗的时期，这些国家进入相对比较廉洁的时期是在最近几十年，即20世纪80年代之后，腐败治理才见到明显成效。中国香港以及新加坡、韩国也是如此。新加坡人回忆说，50多年前，腐败曾是人们的一种生活方式。中国目前正处于经济持续快速发展阶段，30多年的改革开放取得了举世瞩目的成就，但也带来了令人头疼的腐败问题，引起了社会的强烈关注，但与半个世纪前的西方国家相比，中国的经济成就和腐败控制效果要好得多。美国C.拉米雷斯教授对中国和美国腐败程度的比较研究具有较强的说服力。他认为，20世纪90年代中期的中国和19世纪70年代的美国人均收入水平大致相当，但中国的腐败程度远不如美国那么严重。目前中国的腐败程度充其量与美国在同一收入水平上相似而已。但中国30多年走完了西方国家几百年所走的历程，经济快速发展、社会比较稳定、人民生活大幅改善，腐败控制在人们可以容忍的程度内，并没有影响政治和社会稳定与经济发展。

---

[1] 陈烽：《中国当前腐败增生的特殊背景与根源》，《中国社会学年鉴 1995.7—1998》，社会科学文献出版社2000年版，第215页。

一 中国在国际机构评估中呈现逐步向好的趋势

中国的腐败治理道路与西方发达国家不同。西方国家的腐败治理主要采用经济发展和预防的方式,对腐败发现、调查和惩治的力度严重不足,可以形象地说是"软性反腐"。但新中国成立以来,中国的腐败治理一直是强调对腐败的调查和惩治,形象地说是"硬性反腐"。对腐败惩治力度大,发现和惩处的腐败分子就多,在腐败感知上就会让公众觉得腐败严重。成功的反腐败将导致腐败行为大量暴露,举报投诉增加,腐败犯罪判决增多,有效的反腐败可能在短期内使得腐败感知严重恶化。[①]但从长期来看,"硬性反腐"会降低公众对腐败的感知。这一结论得到了国际机构和中国国内机构调查的证实。

要听到西方国家从客观上称赞中国反腐败有效的声音很难。国际政治和经济评价的话语权掌握在西方发达国家。如同在经济领域发展中国家没有定价权和发言权一样,在政治和意识形态领域,广大发展中国家也没有话语权。西方国家很少对中国说鼓劲的话,尤其是关于极为敏感的反腐败。但我们看一下具有代表性的国际机构的数据,就可以清楚地知道外国人是如何看待中国的反腐败的。总部设在德国的透明国际是专门从事反腐败调查的非政府组织,其结论在国际上影响较大。该机构从 1995 年开始依据其他国际机构的报告数据编制腐败感知指数(Corruption Perception Index,简称 CPI),对不同国家的腐败状况进行评价。如 2013 年发布的腐败感知指数,采用了 13 家机构的报告,如贝塔斯曼基金会、瑞士洛桑国际管理学院、世界经济论坛等,这些机构都由西方发达国家主导,代表西方国家"发声",垄断了国际话语权。透明国际采用这些机构的数据,在指标选取、方法设计等方面倾向于西方国家,而将发展中国家和转型国家排在后面。如腐败感知指数

[①] Michael Johnston (2002), "Measuring the New Corruption Rankings: Implications for Analysis and Reform", In Arnold J. Heidenheimer, Michael Johnston (Eds.), *Political Corruption: Concepts & Contexts*, New Brunswick, NJ: Transaction Publishers, pp. 865–884.

就没有考虑人口等客观因素，将拥有十几亿人的人口大国与拥有几万人的人口小国进行比较，缺乏合理性和可比性。虽然指数设计不科学，但我们还是可以看出西方对中国反腐败态度的变化。透明国际从1995年开始发布腐败感知指数，当时中国得分较低，只有2.2分（十分制）。当时样本国家和地区数有41个，中国排名第40位，倒数第二名。但之后中国的CPI得分不断提高，2011年上升到3.6分。2012年透明国际将CPI指数由十分制改为百分制，当年中国得分是39分。自2013年以来，中国反腐败力度明显加大，但当年中国CPI得分仅增加1分。尽管中国反腐败效果显著，但2014—2018年中国CPI得分却两次意外被下调。但到2019年，中国得分从2012年的39分上升到了41分。2019年透明国际CPI指数覆盖180个国家和地区，中国已经上升到第80名，处于中等以上。2021年上升到45分，排第66名，快进入前面三分之一强阵列。

尽管透明国际的CPI指数具有很大的偏见。但从1995年以来近30年的历史评估数据来看，中国的CPI得分不断上升，排名不断靠前，表明中国的廉洁度不断提高。透明国际的CPI指数是一个综合性指数，每年要使用十多个国际机构有关反腐败方面的调查数据。例如，2019年，透明国际就使用了12家机构在过去两年里曾经开展腐败感知调查而公布的13种数据。[①] 因而透明国际的CPI指数应该是全球有关腐败的评估机构调查的全面综合。中国的反腐败不断向积极方面进步，得到了众多国际有关腐败评估机构的认可，从这个角度上而言，中国的反腐败是成功的。

表11-3　　中国在透明国际腐败感知指数中历年的得分和排位

年份	得分（分）	排名（名）	国家和地区数（个）
1995	2.2	40	41

---

① Corruption Perception Indes 2019, p. 26, www.transparency.org/cpi.

续表

年份	得分（分）	排名（名）	国家和地区数（个）
1996	2.4	50	54
1997	2.9	41	52
1998	3.5	52	85
1999	3.4	58	99
2000	3.1	63	90
2001	3.5	57	91
2002	3.5	59	102
2003	3.4	66	133
2004	3.4	71	145
2005	3.2	78	158
2006	3.3	70	163
2007	3.5	72	179
2008	3.6	72	180
2009	3.6	79	180
2010	3.5	78	178
2011	3.6	75	183
2012	39	80	176
2013	40	80	177
2014	36	100	175
2015	37	83	168
2016	40	79	176
2017	41	77	180
2018	39	87	180
2019	41	80	180
2020	42	78	180
2021	45	66	180
2022	45	65	202

说明：1995—2011年透明国际CPI得分为十分制，2012年将十分制调整为百分制。

资料来源：根据网上资料整理而成。

二 从具有可比性的国家看中国的腐败治理效果

中国从 20 世纪 90 年代中期以来反腐败的成功也可以通过与其他国家进行对比而得到。首先从发展趋势进行比较。如前所述，从历年透明国际的 CPI 指数可以看出，1995 年以来，中国得分和排名的趋势变化是积极的。虽然中国人口是美国人口的好几倍，但美国也是上亿人口大国，国土面积与中国差别不大，两国是世界上经济总量很大的国家，在反腐败成效方面具有一定的可比性。从中国和美国 CPI 变化趋势可以明显看出：中国得分不断提高，CPI 指数呈上升趋势。但美国却相反，CPI 指数呈下降趋势，从 1995 年最高 78 分，2021 年下降到 67 分，下降了 11 分（见图 11-1）。中美两国的 CPI 指数得分差距不断缩小。如果将廉洁程度或腐败程度的变化趋势作为反腐败成功与否的判断标准，以美国作为参照系，那么中国应该是属于成功的。

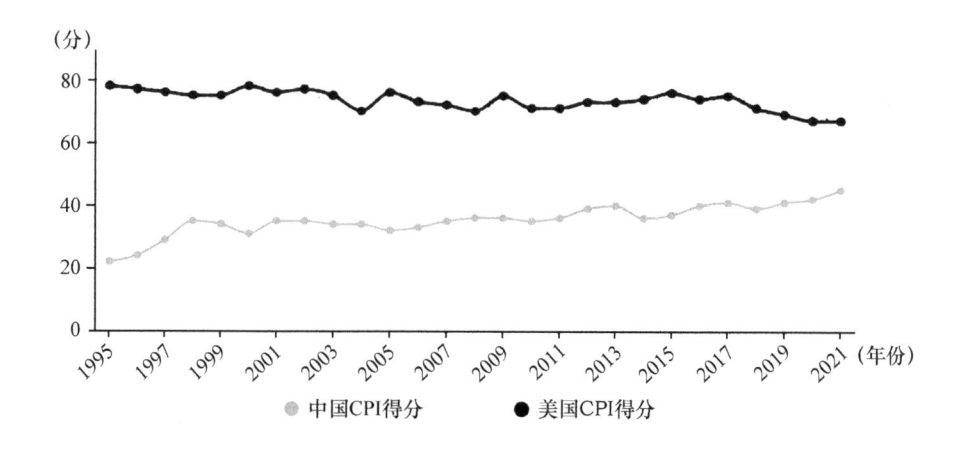

图 11-1 中国和美国 CPI 得分变化趋势

另一个与中国可比性较强的国家是印度。中国和印度都是人口超过 10 亿的人口特多的国家。两国 CPI 指数得分趋势都是上升的。中国与印度的得分和排名曾经相同。但最近几年里却发生了较大的变化。2021 年中国得分 45 分，排第 66 名；印度得分只有 40 分，排第 85 名。

两个人口大国的清廉水平开始拉开明显的距离。

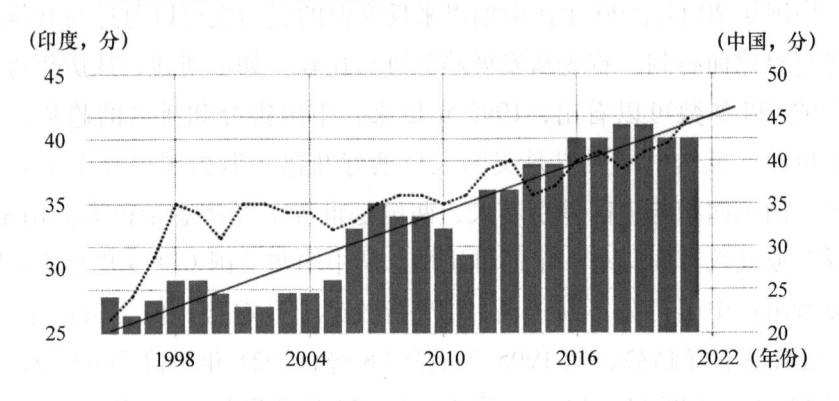

图 11-2　印度与中国 1995—2021 年 CPI 得分变化趋势

人口多的国家，其公职人员队伍庞大，管理难度系数大，反腐败的任务更为艰巨。从透明国际 2013 年的 CPI 可以看出，排在前十名的国家仅荷兰、澳大利亚和加拿大人口超过千万人，并且这三个国家因人口相对较多而排名靠后（见表 11-4）。

表 11-4　2013 年透明国际清廉指数排前十名国家人口比较

国家	得分（分）	排名（名）	人口（人）
丹麦	91	1	5384384
新西兰	91	1	3951307
芬兰	89	3	5190785
瑞典	89	3	8878085
挪威	86	5	4546123
新加坡	86	5	4608595
瑞士	85	7	7318638
荷兰	83	8	16150511
澳大利亚	81	9	19731984
加拿大	81	9	32207113

人口规模是影响一个国家和地区廉洁程度的重要因素。人口较多的国家在透明国际中的得分普遍较低，排名也相对靠后。人口超过一亿人的大国，如印度尼西亚、菲律宾、巴基斯坦、尼日利亚、孟加拉国、俄罗斯、墨西哥，在 CPI 中的得分一般不超过 35 分，全球排名都在 100 名之外。相对这些国家而言，中国的人口规模要大得多，但中国的 CPI 得分也高得多，排名非常靠前。2013 年巴西的得分高于中国，但之后其得分不断下降。到 2019 年，中国已经远远超过巴西。人口超过一亿人的发达国家依然只有日本和美国，但这两个国家在西方国家中的得分和排名相对比较靠后。2019 年透明国际的数据显示，中国在人口超过一亿人的 12 个国家和地区中，得分排名仅落后于美国和日本，与印度并列第三（见表 11-5）。但到 2021 年，中国的 CPI 得分已经超过印度，稳稳地排名第三，并且与美国和日本的得分不断靠近。中国和印度都是人口超过十亿人的国家，中国的人口规模超过现有发达国家人口的总和，人口数量稳居世界第一。中国目前的廉洁程度高于印度，政府办事效率也高于印度。中国执政党和政府反腐败力度比印度也要大得多，手段和措施要多得多。最为重要的是，中国反腐败保障了大目标的实现，中国的人均收入水平远远高于印度。2021 年中国人均 GDP 已经达到 12361 美元，印度只有 2183 美元。

表 11-5　人口超过一亿人的国家和地区 2019 年透明国际清廉指数得分与排名比较

国家和地区	CPI 得分（分）			CPI 排名（名）			人口（万人）
	2013	2019	2021	2013	2019	2021	2019
中国内地	40	41	45	80	80	66	139475.00
印度	36	41	40	94	80	85	134427.00
美国	73	69	67	19	23	27	32880.20
印度尼西亚	32	40	38	114	85	96	26807.46
巴西	42	35	38	72	106	96	20959.80

续表

国家和地区	CPI 得分（分）			CPI 排名（名）			人口（万人）
	2013	2019	2021	2013	2019	2021	2019
巴基斯坦	28	32	28	127	120	140	20388.50
尼日利亚	25	26	24	144	146	154	19339.25
孟加拉国	27	26	26	136	146	147	16155.00
俄罗斯	28	28	29	127	113	136	14679.37
墨西哥	34	29	31	106	130	124	12657.77
日本	74	73	18	18	20	73	12633.00
菲律宾	36	34	33	94	113	117	10729.50

资料来源：根据网络资料整理。

说明：人口数据是 2019 年百度网站上的数据。

三 国内机构持续多年调查结果表明中国的腐败大幅减少

中国是一个充满生机和活力、经济社会各方面正在发生快速变化的发展中国家。虽然实行并不断加快改革开放步伐之后，暂时遭遇了比较严重的腐败，但中国共产党坚决有效和持之以恒的反腐败取得了显著成效，中国的廉洁状况向着积极的方向发生变化。特别是党的十八大以来，中国实行全面从严治党的战略，反腐败力度进一步加大，腐败蔓延的势头得到有效遏制，反腐败取得压倒性胜利并持续巩固，多个机构持续多年的调查数据证实了中国发生的巨大变化。有的认为，中国政府加大反腐力度可能会导致公众在短期内察觉到腐败现象增多。[①]但中国几个机构长期多年的调查数据都显示，在反腐败力度加大之后，公众的腐败感知发生了积极而不是消极的变化。

首先是国家统计局的调查数据。受中央纪委委托，国家统计局从20世纪90年代开始每年采取随机抽样、入户调查的方式，对反腐败

---

① Ting Gong, Wenyan Tu, 2022, "Fighting Corruption in China: Trajectory, Dynamics, and Impact", *China Review*, Vol. 22, No. 2, pp. 1 – 19.

的满意度进行持续跟踪抽样调查。调查显示，受访者对反腐败工作成效的满意度持续增高，与国际机构对中国的评价趋势相同。1996—2003年历年依次为32.8%、39.96%、37.7%、38.4%、42.03%、42.43%、48.18%和51.92%。[1] 这8年的受访者对反腐败工作成效的满意度并不高，只有2003年过半数，其他年份都在半数以下，满意度呈现出不断上升的趋势，8年增长了19.12个百分点。在2004—2011年的8年里，受访者对反腐败工作成效的满意度继续上升，2011年达到72.7%[2]，比2013年提升20.78个百分点。党的十八大之后，反腐败成效更为明显，国家统计局调查显示，受访者对反腐败工作满意度的上升速度更快。国家统计局于2015年10—11月在22个省区市开展了全国党风廉政建设民意调查。本次调查采取随机抽样、入户调查的方式，共调查26400户，91.5%的群众对党风廉政建设和反腐败工作成效表示满意。[3] 国家统计局在2016年10月底至11月底的调查中，满意度已经达到92.9%，比2012年提高17.9个百分点。[4] 也就是说，在从2011年至2016年的六年里，群众对党风廉政建设和反腐败工作成效的满意度提高了20.2个百分点，与前面两个8年的变化相当。

中国社会科学院中国廉政研究中心从2011年开始对不同类群体每年进行调查，调查的题目和内容非常丰富。其长达十年的调查结果也验证了中国反腐败效果显著，廉洁程度快速提升。在2011年至2021年的问卷调查中，认为"腐败得到有效遏制"或"在一定范围得到遏制"的普通

---

[1] 《抽样调查：群众对反腐倡廉满意度进一步提高》，新华社2004年1月25日，转引自过勇《经济转轨、制度与腐败》，社会科学文献出版社2007年版，第70—71页。另参见孙承斌《群众对反腐倡廉满意度进一步提高》，人民法院网（https://www.chinacourt.org/article/detail/2004/01/id/101917.shtml），2022年4月14日访问。

[2] 《国家统计局：人民群众对反腐工作越来越满意》（http://politics.people.com.cn/n/2012/1106/c70731-19509430.html）。

[3] 《国家统计局：超九成群众满意反腐工作成效》（http://news.youth.cn/gn/201601/t20160109_7508624.htm）。

[4] 《民意调查显示：逾九成群众对反腐败工作成效满意》，《人民日报》2017年1月8日第1版。

干部从82.6%上升到97.7%；专业技术人员从65.5%上升至94.0%；企业管理人员从75.2%大幅上升至93.8%；城乡居民从2018年的83.7%上升至2021年的91.9%。中国与其他国家一样存在着腐败，然而，中国共产党具有强烈的忧患意识，对腐败始终保持高度的警惕，认为反腐败形势依然严峻复杂。党的十九大结束时的腐败形势已经远远没有十年前那么严重。2011年，认为腐败现象严重或比较严重的干部、专业技术人员、企业管理人员和城乡居民比率分别高达66.4%、72.2%、71.8%、74.2%，认为腐败不严重的占比极低；到2021年，认为腐败严重的比率分别只有13.9%、15.6%、11.6%、14.1%，认为腐败不严重的各类受访者均占大多数。可以说，经过十年的努力，认为腐败严重的与认为腐败不严重的受访者比例完全颠倒过来。各类群体对反腐败工作的满意度和信心度很快上升到90%以上的较高阶段并持续保持。对反腐败工作表示"满意"或"比较满意"的领导干部从2016年的96.4%上升至2021年的97.92%，普通干部由2013年的76.7%上升至2021年的91.89%；专业技术人员从2013年的47.5%上升到2021年的92.5%；企业管理人员由2014年的76.1%上升到2021年的93.5%；城乡居民也从2016年的61.9%快速上升至2021年的91.6%。2011年至2021年，对今后5—10年党风廉政建设和反腐败斗争"有信心"或"比较有信心"的领导干部由39.2%上升至98.96%，普通干部从74.3%上升至97.56%；专业技术人员从54.6%上升至94%；企业管理人员从72.7%上升至96.9%，城乡居民从57.5%上升至97.3%。

  在反腐败方面，中国机构持续多年的调查所得出的结果与发达国家和地区持续调查的结果具有较大的区别。其中一个明显差别就是中国的反腐败状况发生了快速变化，廉洁程度发生快速好转。但其他机构对本地区的调查结果则并没有看到这种快速积极的变化。如前所述，欧盟2005年以来组织的7次有关腐败的特别欧洲晴雨表调查都发现欧盟成员国的腐败非常普遍，认为腐败是本国主要问题的受访者比例在2005年、2007年、2009年和2011年分别为72%、75%、78%、74%，到2013年、2017年和2019年分别为76%、68%、71%，有时上升有时下降，变化较小。调查结果都是对反腐败政策实施效果的反映。欧盟有关腐败调查结果中的其他内容，例如，欧盟各国惩治腐败力度和效果不佳、预防腐败制度措施有漏洞缺陷、滋生腐败的文化土壤较厚、公众参与反腐败的积极性不高，这些内容很好地揭示了欧洲各国腐败比较普遍的原因。

香港1997年回归中国，但仍然实行资本主义制度，经济社会保持稳定和持续繁荣，廉洁程度也一样保持着较高的水平，处于世界的前列，是世界上最廉洁的地区之一。在2021年透明国际腐败感知指数中得分76分，排第12名。香港的廉洁状况曾经发生了剧烈的变化。在20世纪70年代之前，在港英政府的统治下，香港曾经非常腐败，腐败是人们生活的一部分，并渗透到消防、医疗、教育、社会治安等方方面面，但在廉政公署成立之后，随着经济的快速发展，香港在20世纪80年代之后开始走向廉洁。但腐败在香港至今仍然存在。香港廉政公署每年都查办一些贪腐案件。廉政公署社区关系处在1992—2009年期间，每年通过电话访问进行公众意见调查，自2010年起，民意调查由电话访问改为面对面的住户访问。2012—2021年，认为贪污情况不普遍的基本在六成左右，但认为普遍的超过四分之一（见表11-6）。

表11-6　　香港人对香港贪污情况普遍程度的看法　　（%）

	2012	2013	2014	2015	2016	2017	2018	2019	2020	2021
非常不普遍/不是太普遍	—	—	—	65.5	64.4	64.5	64.2	64.2	60.5	59.0
颇普遍/非常普遍	25.4	29.1	27.6	28.1	29.6	28.2	28.3	26.0	25.7	29.5
不知道/没有意见	—	—	—	6.5	6.0	7.4	7.5	9.9	13.7	11.5
样本数目	1529	1511	1498	1433	1528	1516	1518	1506	1530	1714

资料来源：根据香港廉政公署网站公布的2018年和2021年廉政公署周年民意调查报告整理。

我们可以看出，与经济社会发展一样，发达的国家和地区的廉洁程度会处于一个相对稳定的状态，反腐败的体制机制基本稳定，反腐败力度变化较小，廉洁状况发生显著改变的可能性较少。但是发展中国家和地区则不一样，中国共产党的性质和宗旨决定其与腐败水火不容，反腐败意志坚定、态度坚决，并且具有强大的自我革命力量，善于根据形势的发展变化主动作出改革，及时调整战略决策和部署，有针对性地提出反腐败策略和措施，始终保持反腐败的强高压和有效性，因而在新中国成立后很快解决了国民党政府留下的突出腐败问题，迅速成为干部两袖清风、无私奉献，贪污贿赂现象极少的清廉国家。改革开放之后，中国由计划经济向市场经济转变，国门打开后，在引入先进技术和管理经验的同时也会有一些"苍蝇"飞进来，腐败开始滋长并不断蔓延，从而成为公众高度关注的社会问题。中国共产党立足于新的国情，探索在改革开放和市场经济条件下的反腐败道路，在新的条件和环境下找到了解决问题的新途径，有效遏制了腐败蔓延态势，廉洁状况不断出现积极的显著变化。但这种变化，对于没有生活在这些国家和地区的人来说，往往会感觉不到或者感受不深，因而会对这些国家的廉洁状况形成认识滞后或落差。

四　经济社会发展的显著成效有力地证明了中国反腐败的成功

魏德安提出"双重悖论"来解释发展中国家经济快速发展与腐败加剧并存的现象，并没有从这些发展中国家腐败控制较为成功从而促进和保证经济快速发展角度进行解释。公开的数据表明，中国共产党的反腐败斗争至少成功地防止了腐败问题恶化到失控的地步，从这个意义上讲，其反腐败斗争是成功的。[①] 魏德安从减少腐败的微观角度上，认为中国的反腐败在党的十八大之前只是在防止腐败失控这一个方面取得了成功，并不是全面的成功。这个判断存在着很大的局限和

---

① ［美］魏德安：《双重悖论：腐败如何影响中国的经济增长》，蒋宗强译，中信出版社2014年版，第233页。

不足。因为魏德安对治理腐败成功的判断标准过于狭隘，仅仅局限于工具理性一个方面，而没有从价值理性的角度，从更为开阔的视野看待中国的腐败治理，因而得出的结论是片面的和不完整的。瑞典研究治理质量的学者 Bo Rothstein 等专门对魏德安提出的"双重悖论"进行了分析，认为中国的干部组织体制不同于韦伯的官僚制，基层干部具有较大的自由裁量权和处理事务的空间机动性，在某种程度上给腐败创造了机会，但中国腐败得到有效控制，国家政策能成功执行，其原因在于干部组织体制产生的对特定政策原则的忠诚，这对腐败行为产生了强有力的反作用力。[1] 有的学者认为，集中的反腐败运动虽然没有使中国变得像丹麦一样廉洁，但对防止腐败蔓延、失去控制相当有效。[2]中国经济发展和民生改善方面的成效显著地创造了政治合法性的坚实基础，中国治理模式具有可持续性。

如前所述，衡量反腐败成功与否不仅仅要看"小目标"，即腐败是否得到遏制和减少，更重要的是要看"大目标"。反腐败的目标是促进社会稳定、经济发展、人民幸福。脱离了这个大的目标和方向，反腐败是没有意义的，甚至会起反作用。廉洁的社会是人们所欢迎的，但群众绝不会仅仅满足于廉洁，他们同时关注自己的利益和发展机会。反腐败只有充分实现了人们对幸福生活的美好向往的目标，才是真正取得了成效。反腐败不能仅仅关注廉洁度一个方面，更要关注经济社会发展、群众获得感、满意度、信心度等指标。这些指标往往通过经济社会发展的客观指标来反映和体现。中国的经济总量已经稳居世界第二，2021 年，国内生产总值突破 110 万亿元；人均国内生产总值超过 8 万元，按年均汇率折算，为 12551 美元，已经超过世界人均 GDP 水平。[3]

---

[1] Bo Rothstein & Aiysha Varraich, *Making Sense of Corruption*, Cambridge, United Kingdom：Cambridge University Press, 2017, p. 120.

[2] Bo Rothstein & Aiysha Varraich, *Making Sense of Corruption*, Cambridge, United Kingdom：Cambridge University Press, 2017, p. 108.

[3] 《2021 年我国人均 GDP 1.25 万美元 已超世界人均 GDP 水平》（https://news.china.com/domesticzq/13004215/20220117/40959902.html），2022 年 9 月 4 日访问。

中国的基础设施大幅改善，几十年来发生了翻天覆地的变化。2022年，高铁运营总里程超过4万公里，县县通高速、村道道路硬化基本实现，群众出行便捷度大幅提升。中国人的生活条件大幅改善，20世纪80年代自行车、缝纫机、手表都是很稀罕的物品，90年代冰箱、彩电、洗衣机是很多人追求的目标，现在互联网、汽车、智能手机等都不再是稀罕物。20世纪90年代初，绝大多数人不知道互联网是什么，但现在大多数中国人已经成为网民。截至2022年6月，我国网民规模为10.51亿人，互联网普及率达74.4%。① 在改革开放初期，每天收入不到2美元的绝对贫困人口曾占90%以上，但经过20年的努力，到20世纪末中国基本解决了温饱问题。又经过20年的努力，2021年中国脱贫攻坚战取得全面胜利，所有贫困人口的收入水平显著提高，脱贫群众不愁吃、不愁穿、义务教育、基本医疗、住房安全有保障，饮水安全也都有了保障。中国人均预期寿命从1949年的35岁已经上升至2021年的78.2岁。1949年，全国仅有卫生人员54.1万人，医疗卫生机构3670家，专业妇幼卫生机构9个，没有疾病预防控制机构。1949年新中国成立前，全国仅有各级各类医院2600家，门诊所769个，医院床位8万张。② 到2018年末，全国医疗卫生机构总数达997434个。其中，医院有33009家，基层医疗卫生机构有943639个，专业公共卫生机构有18034个。2018年末，全国医疗卫生机构床位有840.4万张。每千人口医疗卫生机构床位数为6.03张。③ 中国是世界上公认的最有安全感的国家之一，极少有某些国家经常出现的枪击和恐怖事件，晚上12点后，各地城市仍然可以看到老人、妇女、儿童等弱势人群，群众的安全感有充分保障。我国是命案发案率最低的国家之一，每10万人中命案数为0.56；是刑事犯罪率最低的国家之一，每10万人中刑事案件数为339

---

① 《我国网民规模达10.51亿》（http://news.china.com.cn/2022-09/01/content_78399148.htm）。

② 胡克夫：《新中国社会主义卫生事业和防疫体系的创立与发展》，《当代中国史研究》2003年第5期。

③ 杨维中：《中国公共卫生70年成就》，《现代预防医学》2019年第16期。

件。美国民调机构盖洛普发布的《2021年全球法律与秩序报告》显示，中国以93分与阿联酋、瑞士并列第二名，国民具有很高的安全感。[1] 中国的环境治理取得显著成效，"美丽中国"迅速在大江南北、长城内外、城市和农村变成现实。中国政府得到公众的高度信任和支持。哈佛大学民调显示，中国民众对政府的支持率长期保持在90%以上。全球知名公关咨询公司爱德曼发布的报告显示，2021年中国民众对政府信任度高达91%，蝉联全球第一。[2] 中国坚持自力更生和平发展道路，经济社会发展已经取得了举世瞩目的成就，但与发达国家和地区在发展到了一定阶段就保持平稳不同的是，中国还在不断创造人间奇迹，国家治理不断带来新的变化。这些伟大成就的取得以及对未来满满的信心期待，是坚持不懈反腐败的重要成果，是持之以恒反腐败成功的有力证明。

---

[1] 韩亚栋、管筱璞：《加拿大持刀刺人事件、美国枪支暴力引发公众对公共安全境况担忧》，中央纪委国家监委网站（https://www.ccdi.gov.cn/toutiaon/202209/t20220912_217416.html），2022年9月12日。

[2] 粟用湘：《坚定历史自信》，《人民日报》2022年11月1日第9版。

参考文献

一 中文著作

《毛泽东选集》第 1 卷，人民出版社 1991 年版。

《邓小平文选》第 2 卷，人民出版社 1994 年版。

《邓小平文选》第 3 卷，人民出版社 1993 年版。

陈正云、李翔、陈鹏展：《〈联合国反腐败公约〉——全球反腐败的法律基石》，中国民主法制出版社 2006 年版。

达州市人民政府地方志办公室编：《达州年鉴》，中华工商联合出版社 2021 年版。

段龙飞、任建明编著：《香港反腐败制度体系研究》，中国方正出版社 2010 年版。

过勇：《经济转轨、制度与腐败》，社会科学文献出版社 2007 年版。

过勇、宋伟：《腐败测量》，清华大学出版社 2015 年版。

韩阳：《北欧廉政制度与文化研究》，中国法制出版社 2016 年版。

江泽民：《论"三个代表"》，中央文献出版社 2001 年版。

蒋来用：《新时代廉政建设策略研究》，中国社会科学出版社 2019 年版。

兰小欢等编译：《腐败与反腐败的经济学》，北京大学出版社 2016 年版。

李和中主编：《地方政府党风廉政建设评价案例研究（2012）》，中国社会科学出版社 2013 年版。

李后强、李贤彬等编著：《计量反腐学》，四川人民出版社 2016 年版。

李辉主编:《当代中国反腐败制度研究》,上海人民出版社2013年版。

李辉:《腐败、政绩与政企关系——虚假繁荣是如何被制造和破灭的》,复旦大学出版社2011年版。

李建华、周小毛:《腐败论:权力之癌的"病理"解剖》,中南工业大学出版社1997年版。

李秋芳主编:《世界主要国家和地区反腐败体制机制研究》,中国方正出版社2007年版。

李文生:《腐败防治论》,中国检察出版社2004年版。

李雪勤:《中国拒绝腐败——现阶段腐败透视》,中国言实出版社1997年版。

李雪勤主编:《中国共产党执政以来反腐倡廉思想研究》,中国方正出版社2020年版。

林喆:《权力腐败与权力制约》,山东人民出版社2009年版。

罗大华、何为民、解玉敏:《司法心理学》,人民教育出版社2007年版。

毛民生:《反腐败纵横论》,新疆人民出版社1996年版。

倪星:《惩治和预防腐败体系的评价机制研究》,中山大学出版社2012年版。

倪星:《腐败与反腐败的经济学研究》,中国社会科学出版社2004年版。

渠敬东:《缺席与断裂——有关失范的社会学研究》,上海人民出版社1999年版。

任建明、杜治洲:《腐败与反腐败:理论、模型和方法》,清华大学出版社2009年版。

王沪宁编:《腐败与反腐败:当代国外腐败问题研究》,竺乾威等译,上海人民出版社1990年版。

王沪宁:《政治的人生》,上海人民出版社1995年版。

王建元主编:《国外廉政建设述评》,武汉大学出版社2016年版。

徐静:《腐败对公共支出的影响及其治理对策研究》,中国社会科学出版社 2012 年版。

阎云翔：《礼物的流动：一个中国村庄中的互惠原则与社会网络》，上海人民出版社 2000 年版。

詹复亮：《当代中国反腐败问题与对策》，国际文化出版公司 1996 年版。

郑利平：《腐败的经济学分析》，中共中央党校出版社 2000 年版。

中共中央纪律检查委员会、中共中央文献研究室编：《习近平关于党风廉政建设和反腐败斗争论述摘编》，中央文献出版社、中国方正出版社 2015 年版。

中共中央文献研究室编：《建国以来重要文献选编》第 3 册，中央文献出版社 1992 年版。

中央纪委办公厅、中央纪委研究室编：《党的十四大以来中共中央纪律检查委员会历次全会工作报告汇编》，中国方正出版社 2006 年版。

中央纪委纪检监察研究所编：《中国共产党反腐倡廉文献选编》，中央文献出版社 2002 年版。

中央纪委监察部教材编审委员会审定：《国（境）外廉政建设与反腐败考察研究》，中国方正出版社 2007 年版。

中央纪委研究室编：《深入持久反腐败——中纪委三次全会专辑》，中国方正出版社 1994 年版。

周琪、袁征：《美国的政治腐败与反腐败——对美国反腐败机制的研究》，中国社会科学出版社 2009 年版。

二　中文译著

［澳］莱斯利·霍姆斯：《腐败》（牛津通识读本），胡伍玄译，译林出版社 2019 年版。

［澳］施易安、公婷：《直面挑战：香港反腐之路》，邬彬等译，中国方正出版社 2021 年版。

［德］马克斯·韦伯：《支配社会学》，康乐等译，广西师范大学出版社

2010年版。

[德] 约翰纳·伯爵·兰斯多夫：《腐败与改革的制度经济学：理论、证据与政策》，清华大学公共管理学院廉政与治理研究中心译，中国方正出版社2007年版。

[法] 埃米尔·迪尔凯姆：《自杀论》，冯韵文译，商务印书馆1996年版。

[法] 雷蒙·阿隆：《社会学主要思潮》，葛智强等译，上海译文出版社1988年版。

[法] 卢梭：《社会契约论》，何兆武译，商务印书馆2003年版。

[法] 莫里斯·哈布瓦赫：《论集体记忆》，毕然、郭金华译，上海人民出版社2002年版。

[古希腊] 柏拉图：《法律篇》，张智仁、何勤华译，上海人民出版社2001年版。

[古希腊] 亚里士多德：《政治学》，吴寿彭译，商务印书馆1965年版。

[加] 里克·斯塔彭赫斯特、[美] 萨尔·J.庞德主编：《反腐败——国家廉政建设的模式》，杨之刚译，经济科学出版社2000年版。

[美] 迪特尔·哈勒、[新西兰] 克里斯·肖尔主编：《腐败：人性与文化》，诸葛雯译，江西人民出版社2015年版。

[美] 金伯利·A.艾略特主编：《腐败与全球经济》，刘勇等译，北京出版社2000年版。

[美] 康灿雄：《裙带资本主义：韩国和菲律宾的腐败与发展》，李巍等译，上海人民出版社2017年版。

[美] 罗伯特·A.达尔、爱德华·R.塔夫特：《规模与民主》，唐皇凤、刘晔译，上海人民出版社2013年版。

[美] 罗伯特·K.默顿：《社会理论和社会结构》，唐少杰、齐心等译，译林出版社2015年版。

[美] 罗蕾塔·格拉茨阿诺·布茹宁：《不要贿赂：发展中国家如何繁荣不腐败》，范允龙译，光明日报出版社2015年版。

［美］迈克尔·约翰斯顿：《腐败征候群：财富、权力和民主》，袁建华译，上海人民出版社 2009 年版。

［美］曼瑟·奥尔森：《权力与繁荣》，苏长和、嵇飞译，上海人民出版社 2018 年版。

［美］曼瑟尔·奥尔森：《集体行动的逻辑》，陈郁、郭宇峰、李崇新译，格致出版社、上海三联书店、上海人民出版社 2014 年版。

［美］塞缪尔·亨廷顿：《变化社会中的政治秩序》，王冠华等译，上海人民出版社 2008 年版。

［美］塞缪尔·亨廷顿：《变化社会中的政治秩序》，王冠华等译，生活·读书·新知三联书店 1998 年版。

［美］苏珊·罗丝－阿克曼、邦妮·J. 帕利夫卡：《腐败与政府：根源、后果与改革》，郑澜译，中信出版社 2018 年版。

［美］魏德安：《双重悖论：腐败如何影响中国的经济增长》，蒋宗强译，中信出版社 2014 年版。

［美］谢默霍恩：《管理学原理》，甘亚平译，人民邮电出版社 2005 年版。

［挪威］库恩勒等主编：《北欧福利国家》，复旦大学出版社 2010 年版。

［瑞典］博·罗斯坦：《政府质量：执政能力与腐败、社会信任和不平等》，蒋小虎译，新华出版社 2012 年版。

［瑞典］缪尔达尔：《亚洲的戏剧：南亚国家贫困问题研究》，方福前译，首都经济贸易大学出版社 2001 年版。

［瑞典］斯塔凡·安德松、［美］弗兰克·艾尼提埃尼克：《腐败与腐败控制》，阳平译，中国方正出版社 2023 年版。

［新西兰］杰里米·波普编著：《反腐策略——来自透明国际的报告》，王淼洋等译，上海译文出版社 2000 年版。

［以色列］尤瓦尔·赫拉利：《未来简史》，林俊宏译，中信出版社 2017 年版。

［英］阿克顿：《自由与权力》，侯健等译，商务印书馆 2001 年版。

［英］史蒂芬·霍金：《时间简史》，许明贤、吴忠超译，湖南科学技术出版社 2007 年版。

三 论文

安徽省反腐倡廉工作综合评价系统研究课题组：《安徽省反腐倡廉工作综合评价系统课题研究》，《学术界》2002 年第 6 期。

本刊评论员：《清除一切腐败现象》，《学习与研究》1986 年第 4 期。

陈可雄：《反腐败必须釜底抽薪——访著名经济学家吴敬琏教授》，《新华文摘》1994 年第 1 期。

陈伟：《新中国反腐败 70 年的历史过往与时代序章》，《吉林大学社会科学学报》2019 年第 6 期。

程希孟：《金圆统治集团的腐败和反动——我所看见的美国内幕》，《世界知识》1951 年第 4 期。

楚文凯：《社会转型期预防腐败问题研究》，博士学位论文，中共中央党校，2007 年。

丁开杰：《世界银行——帮助受援国创造善政环境》，《中国监察》2003 年第 9 期。

葛延风：《腐败现象的社会学思考》，《管理世界》1994 年第 3 期。

公婷、杨丽天晴、肖汉宇：《何谓反腐败的成功？——理论与实践》，《廉政学研究》2018 年第 1 辑。

龚新玲：《腐败产生原因的结构化理论分析》，《湖北社会科学》2003 年第 7 期。

国家统计局、国务院第七次全国人口普查领导小组办公室：《第七次全国人口普查公报（第二号）——全国人口情况》，《中国统计》2021 年第 5 期。

韩丹：《惯用腐败定义质疑》，《青海社会科学》2007 年第 5 期。

韩少功：《人情超级大国》，《读书》2001 年第 12 期。

韩志明：《大国治理的负荷及其应对机制——以规模问题为中心的理论

考察》,《南京社会科学》2021年第4期。

何增科:《中国转型期的腐败与反腐败问题研究:一种制度分析》,《马克思主义与现实》1999年第5期。

何增科:《中国转型期腐败和反腐败问题研究》,《经济社会体制比较》2003年第1期。

胡鞍钢:《中国90年代后半期腐败造成的经济损失》,《国际经济评论》2001年第3期。

胡俊:《丹麦国家廉政体系建设的经验及其对中国的启示》,《学习与探索》2016年第4期。

胡克夫:《新中国社会主义卫生事业和防疫体系的创立与发展》,《当代中国史研究》2003年第5期。

黄志洪、丁志安:《从鲁迅祖父周福清狱案看清季试差的腐败》,《绍兴师专学报》(社会科学版)1981年第1期。

江金权:《新中国成立70年来反腐败斗争的经验与启示》,《中国纪检监察报》2019年9月26日第5版。

蒋来用:《国家监察体制改革的史鉴与对策》,《国家行政学院学报》2017年第2期。

蒋来用:《美国州长"前腐后继"》,《中国纪检监察》2014年第13期。

劳剑:《反腐败在瑞典》,《检察风云》2006年第24期。

李高山:《关于反腐败问题的若干思考》,《理论探索》1989年第3期。

李广民、李进浩:《世界银行反腐败措施研究》,《长春师范学院学报》(人文社会科学版)2008年第11期。

李辉:《道德论、功能论与嵌入论——西方腐败研究的范式转换(1960—2000)》,《经济社会体制比较》2008年第5期。

李杰:《论瑞典社会民主党执政形象的构建》,《上海党史与党建》2017年第10期。

李克杰:《渎职犯罪:不落腰包的腐败》,《人民论坛》2007年第12期。

李文、王尘子:《亚洲国家和地区走出腐败高发期的条件与机制》,《政治学研究》2014年第3期。

李兴才:《党内反腐败的对策和措施》,《理论探索》1989年第3期。

李学江:《"骗补贴之风"侵蚀加拿大参议院》,《人民日报》2015年6月17日第21版。

李雪勤:《党风廉政建设和反腐败斗争的成就与经验》,《党建研究》2018年第10期。

李云舒、柴雅欣:《最大政治献金案曝光美国制度腐败真实面目 起底美式"黑金政治"》,《中国纪检监察报》2022年9月19日第4版。

刘金源:《论亚洲国家现代化进程中的腐败问题》,《当代亚太》1999年第4期。

刘品新、蔡磊等:《中国反腐败指数与规律(2013—2017)》,《武汉科技大学学报》(社会科学版)2020年第2期。

刘予希:《尼日利亚反腐败行动受阻探析》,《国际公关》2021年第9期。

柳门:《腐败不堪的伊朗政权》,《世界知识》1960年第18期。

龙朝阳、田银华:《腐败行为及其治理选择——基于前景理论的研究》,《公共管理学报》2008年第4期。

骆兰兰:《在瑞典,官员腐败非常罕见》,《党的建设》2005年第7期。

马辉:《独具特色的北欧——访问瑞典、芬兰、挪威印象点滴》,《当代世界》2010年第4期。

马明洁、黄冲:《中纪委研究室负责人:当前反腐倡廉民调的重要性凸显》,《中国青年报》2012年9月27日第7版。

玛茨·哈尔瓦松、时进:《瑞典工业化一百年》,《国际经济评论》1980年第5期。

毛启信:《反腐败斗争是执政党建设的重大课题》,《实事求是》1988年第3期。

倪星:《腐败与反腐败的多学科研究比较》,《湖北行政学院学报》2004

年第 4 期。

欧庭宇：《瑞典防治腐败经验与启示》，《中共桂林市委党校学报》2020 年第 4 期。

潘佳瑭：《清廉相对值：评估经济体清廉程度的新指标——基于清廉程度与经济发展关系的研究》，《廉政文化研究》2016 年第 5 期。

片桐薰：《意大利政治腐败现象》，林朴译，《中共中央党校学报》1993 年第 18 期。

尚俊颖、何增科：《国家治理体系衰变如何引起反腐败回潮？——基于 14 个国家的定性比较分析》，《公共行政评论》2020 年第 6 期。

邵景均：《党的十八大以来反腐败的基本经验》，《中国党政干部论坛》2018 年第 2 期。

邵景均：《中国共产党 90 年反腐败的基本经验》，《广州大学学报》（社会科学版）2011 年第 7 期。

盛宇明：《腐败的经济学分析》，《经济研究》2000 年第 5 期。

苏力：《大国及其疆域的政制构成》，《法学家》2016 年第 1 期。

粟用湘：《坚定历史自信》，《人民日报》2022 年 11 月 1 日第 9 版。

孙飞：《坚决清除党内腐败分子——1987 年被开除党籍的 25000 名党员的剖析》，《党建》1988 年第 10 期。

唐皇凤：《大国治理：中国国家治理的现实基础与主要困境》，《中共浙江省委党校学报》2005 年第 6 期。

王传利：《1990 年至 1999 年中国社会的腐败频度分析》，《政治学研究》2001 年第 1 期。

王沪宁：《反腐败：心理分析》，《求索》1989 年第 5 期。

王华俊、季君丽：《瑞典的廉政建设经验及其启示》，《上海党史与党建》2014 年第 8 期。

王习加：《公权力配置资源与预防腐败研究》，博士学位论文，湖南师范大学，2012 年。

王玥超：《腐败背后的文化因素——以法国为例》，《法国研究》2012

年第 1 期。

王兆铮：《关于同各种腐败现象作斗争的几点认识》，《理论月刊》1988 年第 2 期。

吴晓：《清除腐败现象》，《新闻战线》1986 年第 3 期。

吴一平：《经济转轨、集体腐败与政治改革——基于中国转轨经验的经济学分析》，《当代经济科学》2005 年第 2 期（总第 27 卷）。

《习近平在中共中央政治局第四十次集体学习时强调 提高一体推进"三不腐"能力和水平 全面打赢反腐败斗争攻坚战持久战》，《人民日报》2022 年 6 月 19 日第 1 版。

谢岳：《联邦主义——大国繁荣的政治抉择》，《探索与争鸣》2012 年第 9 期。

信言：《清除腐败现象 永葆政治生命之青春》，《上海党校学报》1986 年第 4 期。

许瑞：《中国特色的预防腐败机制研究》，博士学位论文，中共中央党校，2013 年。

许增纮：《清朝吏治腐败是鸦片战争失败的重要原因》，《中国社会科学》1984 年第 3 期。

鄢利民：《对经济体制转轨时期腐败特征的认识》，《党校论坛》1993 年第 9 期。

鄢利民：《腐败的实质以及对市场经济条件下腐败现象的认识》，《新华文摘》1993 年第 10 期。

阎文学：《著名经济学家吴敬琏谈：中国改革战略和三次腐败高潮》，《中国政治》1995 年第 10 期。

杨共乐：《古代希腊城邦特征探析》，《北京师范大学学报》（社会科学版）2008 年第 6 期。

杨启先：《我对瑞典社会主义模式的认识》，《当代世界社会主义问题》2009 年第 1 期。

杨维中：《中国公共卫生 70 年成就》，《现代预防医学》2019 年第

16 期。

杨云成：《新中国成立 70 年来党的反腐败策略演进与发展》，《北京行政学院学报》2019 年第 5 期。

依旭：《虎威驱邪 吉星高照——谈谈中国向腐败现象作斗争》，《今日中国》（中文版）1986 年第 5 期。

于风政：《论"腐败"的定义》，《新视野》2003 年第 5 期。

袁柏顺：《公众腐败感知与腐败的民间传说——基于 C 市城区公众腐败感知调查的一项研究》，《公共行政评论》2016 年第 3 期。

曾繁茂：《寓反腐败斗争于改革之中》，《学习与研究》1988 年第 6 期。

曾唯一：《朱元璋的集权与明中后期的政治腐败》，《四川师院学报》（社会科学版）1985 年第 3 期。

翟唯佳、黄宏：《为什么说中国共产党是反腐败的主导力量，而少数人以反腐败为名攻击党的领导其实质在于否定党的领导？》，《学习与研究》1990 年第 7 期。

翟学伟：《人情、面子与权力的再生产——情理社会中的社会交换方式》，《社会学研究》2004 年第 5 期。

张本平：《瑞典廉政建设的经验及启示》，《中国监察》2007 年第 19 期。

张波：《建国初期的反腐败斗争及其历史经验》，《吉林师范学院学报》（哲学社会科学版）1989 年第 4 期。

张曙光：《腐败问题再思考》，《读书》1994 年第 2 期。

赵德教、黄才华：《试论建国初期反腐败斗争的历史经验》，《河南师范大学学报》（哲学社会科学版）1991 年第 3 期。

赵乐际：《以伟大自我革命引领伟大社会革命》，《人民日报》2021 年 11 月 18 日第 3 版。

赵婷：《瑞典社会民主党廉政建设与腐败治理机制研究》，《当代世界与社会主义》2019 年第 4 期。

周琪：《西方学者对腐败的理论研究》，《美国研究》2005 年第 4 期。

周淑珍、聂平平:《改革开放以来我国腐败状况透视和反腐败战略思路的变迁》,《探索》2009 年第 1 期。

周雪光:《权威体制与有效治理:当代中国国家治理的制度逻辑》,《开放时代》2011 年第 10 期。

[德] 汉斯·约格·阿尔布莱希特:《德国贿赂犯罪的基本类型与反腐刑法的最新发展》,韩毅译,《经济刑法》2017 年第 17 辑。

[法] J. F. 梅达尔:《论作为研究对象的腐败——评〈共和国的腐败〉》,蜀君译,《国外社会科学》1994 年第 3 期。

[法] 伊夫·梅尼:《法国的腐败政治》,吴言译,《国外社会科学文摘》2001 年第 4 期。

[意] 多纳泰拉·黛拉·波尔塔:《腐败的行为主体:意大利的商业政客》,《国际社会科学》(中文版) 1997 年第 3 期。

四 外文文献

Acemoglu, Daron, Simon Johnson, and James A. Robinson. 2003, "An African Success Story: Botswana", In *In Search of Prosperity: Analytical Narratives of Economic Growth*, edited by D. Rodrik. Princeton, NJ: Princeton University Press.

Arnold J. Heidenheimer and Michael Johnston (eds.). 2002, Political Corruption: Concepts and Contexts (3rd, ed.), Transaction Publishers, New Brunswick, New Jersey.

Baneriee, Abhiiit V. Pand, Rohini. 2009, Parochial Politics: Ethnic Preferences and Politician Corruption. Working Paper, Harvard University. http://www.doc88.com/p-225229331746.html.

Benjamin Olken. 2006. "Corruption and the Costs of Redistribution: Micro Evidence from Indonesia", *Journal of Public Economics*, Vol. 90, Issue 4-5.

Benjamin Olken. 2007, "Monitoring Corruption: Evidence from a Field Experiment in Indonesia", *Journal of Political Economy*, Vol. 115, Issue 2.

Benjamin Olken. 2009, "Corruption Perceptions vs. Corruption Reality", *Journal of Public Economics*, Vol. 93, Issue 7.

Benjamin Olken, Rohini Pande. 2002, "Corruption in Developing Countries", *Annual Review of Economics* 4.1.

Benjamin Olken, Rohini Pande. 2012, "Corruption in Developing Countries", *Annual Review of Economics*, Vol. 4, https://www.docin.com/p-1483893988.html.

Bergh, A., Erlingsson, G. O., Sjolin, M. and Ohrvall, R.. 2016, A Clean House? Studies of Corruption in Sweden. Lund: Nordic Academic Press.

Chang-Tai Hsieh & Enrico Moretti. 2006, "Did Iraq Cheat the United Nations? Underpricing, Bribes, and the Oil for Food Program", *The Quarterly Journal of Economics*, 121 (4).

Craig Depken, Courtney Lafountain, Roger Butters, Craig Depken, Courtney Lafountain. 2007, Corruption and Creditworthiness: Evidence from Sovereign Credit Ratings. Working Papers 0601, http://citeseerx.ist.psu.edu/viewdoc/citations? doi = 10.1.1.1071.5581.

Demsetz, H. 1967, "Toward a Theory of Property Rights", *American Economics Review*, 57.

Di Tella, R., & Schargrodsky, E. 2003, "The Role of wages and Audit during a crackdown on Cormption in the city of Buenos Aires", *The Journal of Law & Economics*.

Elaine A. Byrne. 2012, *Political Corruption in Ireland 1922 – 2010: A Crooked Harp?* Manchester University Press.

Faccio, Mara. 2006, "Politically Connected Firms", *America Economic Review*. March. 96.

Fisman, D. R., Fisman, J. Galef, R. Khurana 2006, Estimating the Value of Political Connections to Vice-President Cheney. Unpublished manuscript, Columbia Bus. Sch., Columbia Univ.

Fisman Raymond. 2001, "Estimating the Value of Political Connections", *Americ. Economic Review*, 91.

Fukuyama, Francis. 2014, *Political Order and Political Decay: From the Industrial Revolution to the Globalization of Democracy*, New York: Farrar, Straus & Giroux.

Glaeser, E., La Porta, R., Lopez-de-Silanes, F., & Shleifer, A. 2004, "Do Institutions Cause Growth?", *Journal of Economic Growth*, 9.

Gorodnichenko, Yuriy. Peter, Klara Sabirianova. 2006, Public Sector Pay and Corruption: Measuring Bribery From Micro Data. *J. Public Econ.*, 91.

Guo Yong. 2008, "Corruption in Transitional China: An Empirical Analysis", *The China Quarterly*, Vol. 194.

Svensson Jakob. 2005, "Eight Questions about Corruption", *Journal of Economic Perspective.* Vol. 19, No. 3.

James Bryce, *Modern Democracies*, New York, 1921, Vol. II.

Jie Bai, Seema Jayachandran, Edmund J. Malesky, Benjamin A. Olken. 2013. Does Economic Growth Reduce Corruption? Theory And Evidence From Vietnam, Working Paper 19483. http://www.nber.org/papers/w19483.

Johnston, Michael. 2006, "From Thucydides to Mayor Daley: Bad Politics, and a Culture of Corruption", *PS, Political Science and Politics*, 39 (4).

Joseph S. Nye, Jr.. 1967, "Corruption and Political Development: A Cost Benefit Analysis", *American Political Science Review*, Vol. 61, No. 2 (June).

Juneman Abraham & Murty Magda Pane. 2014, "Corruptive Tendencies, Conscientiousness and Collectivism", *Procedia-Social and Behavioral Sciences*, 153.

Karklins, Rasma. 2005, *The System Made Me Do It: Corruption in Post-Communist Societies*, Armonk, NY: Sharpe.

Kinzer, Stephen. 1999, "The Turkish Quake's Secret Accomplice: Corruption", *New York Times*, August 29, Sec. 4.

Korpi, W. 1992, Halkar Sverige Efter, *Sveriges Ekonomiska Tillväxt* 1820 – 1990 *Ijämförande Belysning*, Carlssons. Stockholm.

Kurer, Oscar. 2005, "Corruption: An Alternative Approach to Its Definition and Measurement", *Political Studies* 53 (1).

Lance L. P. Gore. 2019, "The Communist Party-Dominated Governance Model of China: Legitimacy, Accountability, and Meritocracy", *Polity*, Vol. 51, No. 1.

Legislative Council, Panel on Security. 2016, "Briefing by the Commissioner, Independent Commission against Corruption", LC Paper No. CB (2) 654/14 – 15 (06), 2February.

Linde, J. & Erlingsson, G. O. (2013). The Eroding Effect of Corruption on System Support in Sweden. Governance, 26 (4).

Mauro, P. 1995, "Corruption and Growth", *The Quarterly Journal of Economics*, Volume 110.

Michael Johnston. 2002, "Measuring the New Corruption Rankings: Implications for Analysis and Reform", In Arnold J. Heidenheimer, Michael Johnston (Eds.), *Political Corruption: Concepts & Contexts*. New Brunswick, NJ: Transaction Publishers.

Michael Johnston, and Yufan Hao (郝雨凡). 1995, "China's Surge of Corruption", *Journal of Democracy*, 6.

Mocan Naci. 2008, "What Determines Corruption? International Evidence from Micro Data", *Economic Inquiry*. 46 (4).

Mungiu-Pippidi, Alina. 2006. "Corruption: Diagnosis and Treatment", *Journal of Democracy* 17 (3).

Olken, Benjamin A. Barron, Patrick. 2009, "The Simple Economics Extortion: Evidence from Trucking in Aceh", *Journal of Political Economy*. 117.

Paul Niehaus & Sandip Sukhtankar. 2013, "The Marginal Rate of Corruption in Public Programs: Evidence from India", *Journal of Public Economics*. Volume 104, August 2013.

Prince, R. (2009, May 12). MPs' expenses: Clearing the moat at Douglas Hogg's manor, The Telegraph. www. telegraph. co. uk/news/nestopics/mps-expenses/5310069/MPs-expenses-clearing-the moat-at-Douglas-Hoggs-manor. html.

Reinikka, Ritva & Svensson, Jakob. 2004, "Local Capture: Evidence from a Central Government Transfer Program in Uganda", *The Quarterly Journal of Economics*, Volume 119, Issue 2.

Richard Cassin, "Norway Jails Four ex Yara Execs for India, Libya Bribes", FCPA blog, 8 July 2015, https://fcpablog. com/2015/07/08/norway-jails-four-ex-yara-execs-for-india-libya-bribes/.

Rose-Ackerman, Susan. 2004, "Governance and Corruption", in *Global Crisis, Global Solutions*. B. Lomborg ed., Cambridge: Cambridge University Press, Chapter 6.

Rothestein, Bo. & Varraich, Aiysha. 2017, Making Sense of Corruption, Cambridge, United Kingdom: Cambridge University Press.

Rothstein, Bo. 2011, *The Quality of Government: Corruption, Social Trust, and Inequality in International Perspective*, The University of Chicago Press, Chicago.

Sandra Sequeira, Simeon Djankov. 2014, "Corruption and Firm Behaviour: Evidence from African Ports", *Journal of International Economics*. Volume 94, Issue 2, https://www. wenku365. com/p-39357882. html.

Scott, James C. 1972, *Comparative Political Corruption*, Englewood Cliffs, NJ: Prentice-Hall.

Soma Pillay. 2014, Development Corruption in South Africa: Covernance Matters, Palgrave Macmillan US.

Svensson, Jakob. 2003, "Who Must Pay Bribes and How Much? Evidence from across Section of Firms", *The Quarterly Journal of Economics*, Volume 118, Issue 1.

Transparency International. 2004, *Global Corruption Report 2004*, London: Pluto Press.

Williams, James W., and Margaret E. Beare, 1999, "The Business of Bribery: Globalization, Economic Liberalization, and the 'Problem' of Corruption", Crime Law & Social Change 32 (2).

Yufan Hao (郝雨凡) and Michael Johnston, "Corruption and the Future of Economic Reform in China", In Arnold J. Heidenheimer and Michael Johnston (eds.), Political Corruption: Concepts and Contexts (3rd, ed.) New Brunswick and London: Transaction Publishers, 2002.

后　　记

在二十多年的廉政研究中，困扰我的有两个问题：一是什么叫腐败？二是如何判断反腐败的成效。无论是早期的反腐败研究、廉政研究，还是最近几年兴起的纪检监察学、廉政学、监察法学、党内法规学等学科建设，都绕不开腐败这个题目。与腐败相关的研究文献已经汗牛充栋，但绝大多数文献是没有对腐败下定义就直接进行论证的。在作者的心中似乎有一个明确的并且他自己认为别人也会同意或者接受的腐败定义。但事实上这个定义并不存在。人们对腐败定义的认识千差万别，其指向各不相同。正因为大家对腐败的定义没有一个基本相同的认识，虽然都使用"腐败"一词，但文中的意思并不相同。没有明确一致的概念界定，也就缺乏相互讨论切磋的理论基础。大家看似都在探讨腐败，却是在研究不同的东西，这是几十年来腐败研究或廉政研究的客观现实。这也许是纪检监察学或者廉政学界几十年来缺乏观点碰撞因而研究理论很难聚焦的一个重要原因。

如何判断和检验某个国家或地区反腐败成效，这是廉政学理论和实践迫切需要解决的问题。2005年，中国社会科学院根据中央纪委的部署组织力量开展惩防体系实施纲要绩效测评研究，与天津市、江苏省、浙江省、深圳市纪委组成联合课题组（简称"一院四地课题组"）进行研究，我作为课题组核心成员参加了这项持续多年的重大研究。2015年3月，中国社会科学院中国廉政研究中心转由社会学研究所代管，我从中央纪委驻中国社会科学院纪检组调入社会学研究所工作，继续组织中国惩治和预防体系绩效测评课题研究。没有想到的是，这项研究持续不断地干了近二十年，满头黑发也变成了一头白发。带着课题研究任务，我对信用评级、诚信体系等同时进行了多年的研究，力图从这些领域的研究中找到一套更好的判断反腐败成效的标准。研究越是深入，我发现困惑就越多，但兴趣和好奇一直指引着我在失望与希望交替中坚毅前行。

长期以来，大多数人认为西方国家的反腐败是成功的，这些国家廉洁程度高，腐败非常少或者没有腐败，尤其是北欧国家。新中国成立之后，中国反腐败的力度很大，效果也很显著，经济社会发展取得举世瞩目的成就，但很少有人说中国的反腐败是成功的。从2004年开始，我们就一直关注和研究美国和欧洲国家的腐败，并到美国和一些欧洲国家进行实地考察。在长期的研究中，我们发现这些国家也存在比较多的腐败，腐败普遍存在于各类公共与私营机构之中。有的腐败还是制度性和结构性的，如政治选举中的"黑金"、复杂隐秘的政商关系等；有的是系统性的，如医疗保障、国防军事领域中的腐败等。透明国际、世界银行等机构和组织通过指数等方式对各国各地区进行了横向比较，直观地展现了不同国家的廉洁或腐败程度，但他们得出的结论几乎如出一辙，即经济发展水平高的发达国家廉洁程度高，经济落后的国家和地区腐败严重。在二十多年的腐败治理研究过程中，最初我对这个结论是毫无意识地接受和认同，之后产生怀疑，然后经不断研究论证发现，这个常识性的感觉并不成立。但是"破"容易，"立"却很难。说不行容易，但论证如何才行，则更难。判断反腐败成功的标准是什么？目前隐含在各类国际机构和组织各项评估指标和方法背后的逻辑是什么？我觉得这是一个廉政学理论必须解决的重大问题。这本书给判断反腐败成功与否提供了一个与西方国家不同的新的标准。当然，这个标准是否能够立得住，不仅要接受理论的检验，而且要接受实践的检验，不仅要接受现在的检验，还要接受未来的检验。

2018年，我牵头创办《廉政学研究》，曾向香港城市大学公婷教授约稿，请她就判断反腐败成功的标准写一篇论文。公婷教授欣然答应，在约定时间里将其完成的论文《何谓反腐败的成功？——理论与实践》发给了我。《廉政学研究》第一辑将其作为特稿予以刊登后，我曾邀请几位廉政研究专家撰写论文继续探讨这个问题，想在廉政学界掀起一场关于反腐败成功判断标准的讨论，从而推动廉政学理论的研究。但几年了一直都无人愿意撰稿。孔子说："己所不欲，勿施于人。"这个题目研究难度较大，拒绝是完全可以理解的。这是自己出的题目，而且公婷教授已经有了一个很好的开始，我们就不应该放弃。因此我在他们研究的基础上继续就此题目进行了研究。原来计划是写一篇论文，但越写越发现值得研究的东西太多，最后就变成了这本书。在此，特向公婷教授表示衷心的感谢！

这本书首先对腐败的定义进行了界定，对腐败的特征作了概括，在此基础上对腐败程度和反腐败成效测量的标准进行研究。判断反腐败成功的标准主要有两个方面：一是经济社会发展水平；二是廉洁程度。我认为前者更为重要。在进行国际比较时，影响人们对反腐败成功与否判断的因素有很多，其中人口、经济发展水平是十分重要的因素，本书专门列出专章对之进行分析。从微观角度入手，我选取了欧盟、瑞典和中国作为样本进行分析。欧盟是区域性联盟，其中瑞典一直被认为是世界极为廉洁的国家之一。中国是世界人口最多的发展中国家。站在世界的视野，通过纵深比较，我们能够自信地看到，虽然目前中国反腐败形势仍然严峻复杂，但新中国成立 70 多年以来的反腐败总体是成功的，未来走向新的成功的基础雄厚，值得期待。

研究永无止境，对反腐败成功的判断标准，我仅仅是结合自己二十多年的研究实践所作的一些粗浅思考，仍然有很多没有研究清楚的地方，需要持之以恒地继续努力研究。

蒋来用

2023 年 12 月 9 日